国家社科基金项目"当代中原作家群资料整理与研究"成果
河南省哲学社会科学基础研究重大项目"中原作家群资料库建设"成果
本成果出版得到淮河文明研究中心资助

中原作家群研究资料丛刊（第二辑）

吴圣刚　沈文慧　主编

SUN FANGYOU YANJIU
孙方友研究

杨文臣　编著

河南大学出版社
HENAN UNIVERSITY PRESS

·郑州·

图书在版编目(CIP)数据

孙方友研究 / 杨文臣编著. — 郑州：河南大学出版社，2017.4
ISBN 978-7-5649-2809-4

Ⅰ.①孙… Ⅱ.①杨… Ⅲ.①孙方友－文学研究 ②孙方友－人物研究 Ⅳ.①I206.7 ②K825.6

中国版本图书馆 CIP 数据核字(2017)第 086983 号

出 版 人	张云鹏
出版统筹	侯若愚
责任编辑	时二凤
责任校对	申立萍
封面设计	侯一言

出　版	河南大学出版社
地　址	郑州市郑东新区商务外环中华大厦 2401 室
电　话	0371－60993151（人文社科出版分社） 0371－86059753
网　址	www.hupress.com
印　刷	河南瑞之光印刷股份有限公司
版　次	2017 年 7 月第 1 版
印　次	2017 年 7 月第 1 次印刷
开　本	710mm×1000mm　1/16
印　张	18.5
字　数	342 千字
定　价	65.00 元

本书如有印装质量问题，请与河南大学出版社营销部联系调换。

编选说明

"中原作家群研究资料丛刊"第二辑的编选是在第一辑的基础上进行的,其体例和编著方式也是相同的。第二辑的编著花费时间将近一年,编著者投入的精力也是较为可观的,因为丛书绝不仅仅是已有研究成果的简单整合。首先,编著者必须通读该作家的所有作品,包括文学作品、演讲报告、论文等,形成对作家作品的感性认识及理性判断,这是编著作家研究资料的基础和前提。其次是收集研究资料,编著者通过期刊、报纸、著作、网络、访谈作家本人及其亲友故交等各种途径获取材料,尽可能做到细针密缕的程度。最耗时、最费力的工作是资料的甄别、遴选和整理,它体现了编著者的眼光和学养,决定了研究资料的学术品质。典型性、历史性、多元性是编著者选文的基本原则,每册研究资料的编著都力求能够展现作家的全部创作活动状况,研究论文选辑则兼顾专家批评和新锐批评,呈现不同时期的文学生态和文化场域。总之,整个编著过程没有捷径可走,编著者花费的多是笨功夫、苦功夫。尽管如此,丛书中的疏漏之处也肯定不少,恳请专家学者不吝指正。

每册研究资料主要分为四个部分,即"自述·访谈·印象记""研究论文选辑""作品年表""研究资料索引"。"研究论文选辑"以时间为线索,以"问题"为中心,先总论、后分论,同一"问题"相对集中,体现逻辑性和层次感,并努力体现作家作品研究的历史进程。对入选的文章,为了出版上的便利,做统一技术处理,删减了摘要、关键词,注释一律改为脚注;出于保存历史氛围的考虑,编著整理中除对一些明显的文字和标点符号的疏误做订正外,其他方面包括注释的不完整、不规范,词语使用的不当等,一律保持原貌。"作品年表"部分按时间顺序排列整理收录,截止时间为2015年12月。作家的作品只列出作品的首发、首印时间,其再版、转载情况不再列入年表,海外翻译版本尽可能列入年表。期刊、著作均按年、月排序,报纸具体到日期。重要散文、发表的重要演讲等列入作品年表,但作家编辑的书目、研究资料等均不列入。"研究资料索引"包括单篇学术论文索引、学位论文索引、研究专著索引三部分,截止时间同样为 2015 年 12 月,均按刊发或出版的时间先后顺序编排。

需要说明的是,由于各种原因,编委会没能与被选用论文的作者一一取得联系,丛书出版后,将赠送样书,以示歉意和谢意!且本丛书仅用于学术研究而非商业目的,想学界同人亦能理解支持,在此真诚致谢!如需稿费,请与编委会联系。

编委会

2017.3.31

总　序

程光炜　吴圣刚

新时期以来,中国当代文学呈现为多样、多态发展的趋势。在当代文学的版图中,"文学豫军"或"中原作家群"早已成为中国当代文学的重要现象和重要构成。之所以称之为"文学豫军"或"中原作家群",是因为它呈现出群体性,是一个集合的概念。但是,这绝不意味着这个群体中的个体是孱弱的,没有独立呈现的分量。相反,正是一个个有分量的个体组成了一个有广泛影响的作家群体:姚雪垠、魏巍、李准、叶楠、白桦、苏金伞、宗璞、张一弓、南丁、田中禾、张宇、郑彦英、李佩甫、二月河、周同宾、刘震云、阎连科、周大新、刘庆邦、李洱、柳建伟、孙方友、墨白、邵丽、乔叶、计文君等,每位作家都有不凡的创作业绩,每个人都有自己的独特之处,都是文学中的"这一个"。

地处中原的河南,在当代中国政治、经济版图上不是核心地带,但在历史、文化地理图上却是积淀深厚的重镇。这里也在接受全球化的荡涤,也在搭载现代化的快车,但这里与中国当下的经济前沿存在着距离,呈现着现代化的滞后性。因此,河南在时代的节奏中存在着"时间差"。这使得中州大地在现代化的浪潮中还氤氲着农业文明、历史文化的气息,也使得中原儿女在这种相对的"慢节奏"中对历史、现实和文化进行思考,精神和灵魂回归这片土地,并以中原文化的思维方式进行着多种表达。走进历史、走进中原文化是豫籍作家的共同选择。无论是身居河南的作家,还是移居他乡的作家,他们的灵魂仍然栖居在家乡故土,并用他们敏感的触角细腻地联系和感受着中原文化,中原文化是他们精神发生的原点,河南历史和家乡生活是他们创作的源泉。对于这些河南作家来说,似乎只有这片故土和其中的点点滴滴才能够激活创作的灵性。正如阎连科所说:"我家住在一个镇子上,那是一个很大的村庄。那个村庄是我写作取之不尽的生活源泉、情感源泉、想象的源泉。一句话,是我写作的一切的灵感之源。那个镇子奇妙无比,任何现实中的一件事情都可能是荒诞的、合理的。"正是在这种表达中,作家们完成了自己的一个个皇皇巨篇,成就了当代河南文学的气象大观。

"中原作家群"不仅是河南的文学现象,也是全国的文学现象;产生于中原大地的河南文学,早已超越了这一区域空间。姚雪垠、魏巍、李准的作品在中国当代文学史上占有重要分量,二月河的作品红遍全国,阎连科、李洱的作品传播域外,在九届茅盾文学奖四十余位获奖作家中,豫籍作家有八位,都说明豫籍作家的作品是全国性的,也具有世界性的分量。这足以构成河南自己的文学史。关于河南文学和"中原作家群"研究,近十年来,随着作家作品的动态性呈现,更多表现为个案化的文学研究,而当代河南文学的整体性、系统性研究则不够。这一方面与河南的经济实力及其对文化提升、带动能力的不足有关,另一方面也与学界、文学界对河南文学在当下中国文化地理学上的地位认识不足有关,特别是与本土学界的研究、推介的成绩有关。弥补这一不足,是一项浩繁的工作。但起步必须从基础开始。

资料整理无疑是学术研究中最基础性的工作。学术界目前关于河南作家的研究资料,主要是20世纪80年代出版的《李准研究资料》《姚雪垠研究资料》等有限的几种。相关研究主要体现在三个方面:一是关于"文学豫军""中原作家群"正当性和合理性的阐述,这方面的研究成果主要有孙荪的《文学豫军论》等,该文系统性地评述了"文学豫军"的由来、构成及文化特征;二是"中原作家群"形成的历史文化原因以及具体作家作品的研究。刘增杰主编的《精神中原》以论文集的形式综合了学界对于中原作家群整体把握和作家研究的成果;张鸿声主编的《河南文学史·当代卷》则是系统描述当代河南文学发展的第一部史著;梁鸿的《外省笔记:20世纪河南文学》以"外省"的视角考察河南文学,从文化的角度寻觅和审视河南文学;何弘的《超越还是重复——中原文学论稿》试图对"中原作家群"或中原文学做出一个整体性的描述。这些研究对于解说一种文学现象的发生、发展是必要的,但都是初步的,特别是对"中原作家群"形成的历史文化原因和整体性特征的研究,远未形成对"中原作家群"完整的、核心的解说,更没有评估、揭示出"中原作家群"的应有价值。因此,就需要有人真正深入下去,沉入到纷繁的资料中去,耐心、细密地梳理,把那些能够反映和体现作家创作实绩、作品价值和当代河南文学整体面貌的资料整理出来,形成完整、系统的当代河南文学的资料体系,为文学史的生成奠定坚实的基础。

信阳师范学院文学院的一些老师近年来致力于河南文学研究,逐渐形成了自己的方向和领域,引起了学界的关注。作为一所本土的有长期人文积淀的高校,研究河南文学、推动河南文学发展是应有的责任。2013年起,文学院整合文艺学、现当代文学和写作学等学科的十几位教授、博士组成研究团队,集中开展当代河南文学研究,并在此基础上,建立了"当代河南文学发展与中原文化建设"协同创新中心,把当代河南文学研究与中原文化建设纳入统一视野,研究的空间更加广阔。这个团队以博士为主,中青年结合,队伍整齐,潜力很大。他们首先从资料整理开始,扎扎实实开展研究工作。第一批选取"中原作家群"中影响最大、创作力仍然旺盛的十五位作家,经过近一年的努力,整理出《白桦研究》（陶广学讲师）、《张一弓研究》（吕东亮副教授）、《田中禾研究》（徐洪军讲师）、《张宇研究》（杨文臣讲师）、《李佩甫研究》（樊会芹讲师）、《二月河研究》（吴圣刚教授）、《刘震云研究》（禹权恒讲师）、《阎连科研究》（方志红副教授）、《周大新研究》（沈文慧教授）、《刘庆邦研究》（杜昆讲师）、《李洱研究》（王雨海教授）、《墨白研究》（杨文臣讲师）、《邵丽、乔叶、计文君研究》（李群副教授）十三卷,2015 年 5 月,已由河南大学出版社出版。资料选编力求翔实、准确、有代表性,中国现代文学馆将其作为当代文学研究的重要著作,永久性收藏入馆。《人民日报》《光明日报》《中国青年报》《中华读书报》、新华网、搜狐网、新浪网等国内主流媒体相继进行了介绍和报道,在文学界和学术界产生了广泛的影响。

第一辑告罄之后,团队立即启动第二辑的编著工作,又经过一年的努力,整理出了《姚雪垠研究》（禹权恒讲师）、《李准研究》（王雨海教授）、《魏巍研究》（刘家民博士）、《叶楠研究》（陶广学博士）、《苏金伞研究》（樊会芹讲师）、《宗璞研究》（徐洪军讲师）、《周同宾研究》（吕东亮副教授）、《柳建伟研究》（王丹副教授）、《孙方友研究》（杨文臣讲师）、《乔典运研究》（王海涛教授）十卷,目标是把"中原作家群"主要作家的资料完整、系统地拓展出来,真正为当代河南文学的深化研究做些基础性的工作。

由于编选者的眼界、学识、水平有限,疏漏、不足,甚至差错定然存在,敬请学界批评指正。

目 录

自述·访谈·印象记

3	孙方友	在困惑的心态中打出自己的旗帜
5	孙方友	解释故土
7	孙方友	我写《一笑了之》
10	孙方友	我与《陈州笔记》
12	孙方友	本土与世界
14	刘海燕 墨 白 孙方友	创造出一片文化地域——关于孙方友小说的对话
18	孙青瑜 孙方友	尽力把家乡写成一片原始森林——孙方友访谈
32	孙青瑜 孙方友	从象义关系谈小说之"小"
39	墨 白	我的大哥孙方友
47	田中禾	颍河的精灵——漫说孙方友
49	聂鑫森	诚实儒雅 锦口绣心——孙方友其人其文
51	蓝 蓝	趴着看人生——孙方友印象
56	南 丁	再说孙方友
66	冯 杰	片段·说不尽的"孙淮阳"——印象中的作家孙方友

研究论文选辑

71	墨 白	《陈州笔记》的价值与意义
93	李少咏	叙述出来的世界——读孙方友小小说集《女匪》
99	李少咏	追寻：一个古老的故事——读孙方友的《玉镯奇案》
104	孙青瑜	孙方友小小说的独特魅力
111	段崇轩	传统叙事的魅力——评孙方友的小说创作
118	孙 荪	卷帙浩繁的百姓列传
121	王庆杰	民间叙事的精神隐喻——孙方友"笔记小说"的文化解读
125	郑积梅	孙方友小说的传奇故事
130	杨晓敏	孙方友：用传奇书写传奇

134　刘宏志　传统的魅力——谈孙方友小说中的传统叙事精神
140　张延文　乡土文化的理想精神——论孙方友"新笔记小说"的美学内涵
148　张延文　历史的映射及其反光——孙方友《小镇人物》的多重意蕴
155　杨文臣　"酒神艺术家"孙方友
163　谢志强　《陈州笔记》：一个独立的文学"天地"
168　王晓峰　重新发现孙方友——读《陈州笔记》有感
172　江　媛　来自民间的悼念——"《俗世达人》首发式暨孙方友先生追思会"综述
183　江　媛　张晓林　张延文　刘宏志　关于《陈州笔记》与新笔记体小说文体的对话
189　刘海燕　孙方友《陈州笔记》研讨会综述

作品年表

203　孙方友年谱
222　孙方友作品年表

研究资料索引

273　孙方友研究资料索引

282　编后记

自述・访谈・印象记

在困惑的心态中打出自己的旗帜

孙方友

我家人老几辈不识字,到我这一代才算有了上学的机会,本该混到大学毕业,只可惜又碰上了"文化大革命"。很明显,这是一个家族的悲哀。这就和托尔斯泰、普鲁斯特、马尔克斯、乔伊斯这些"斯"们以及鲁迅他们比不得。这些人大多是几代书香,是贵族阶层。有一个伟人说:"你一夜之间可以穿上贵族的服饰,可你的血管里要想流上贵族的血,恐怕至少得经五代人。"也就是说,这些人投身艺术时,已不再考虑生存条件,没有吃饭穿衣等诸多烦恼来干扰他的创作。他们不为自己发愁了,就为全人类而思考,为艺术而彻底献身。说白了,人家的创作目的或态度一开始就很伟大。如卡夫卡,世界级大作家,在死前叮嘱别人把他的手稿全部烧掉,那是一种境界,属大作家级对自己的否定和怀疑。这种严谨与我们急于赚稿酬的心态是格格不入的。如普鲁斯特,为完成《追忆逝水年华》,足不出户达十五年之久。虽然他得了一种奇怪的病,但他这种精神境界一般人达不到。面对生存的困扰,反正我是达不到。别说十五年,一年不发作品生活就会发生危机。吃饭要钱,孩子上学要钱,工资太低又老往后拉,怎能比得人家"吃饱饭文学"?文章穷而后工,指的也多是落魄富人。曹雪芹能写出《红楼梦》,因为他毕竟"贵族"过,没饭吃了,只写了八十回就死了。生存没保证,连命都搭了进去。如果清朝时刊物如林,写了就能换点儿钱什么的,曹雪芹也一定会先放下大部头。也就是说,他一定不会去考虑全人类,而是先考虑自己的生活。这虽然有点"度君子之腹",但设身处地想一想,也不无道理。

你别看我现在说得"挺落后",十多年前初涉文坛时,也是野心勃勃、张口合口要当大作家。十多年过去了,才提高到"落后"这一步。根据我的"家底"和受的教育,我慢慢认识到自己的浅薄。当然,我虽不能成为大作家,但我仍想把自己的作品往好上写。契诃夫说:"大狗叫,小狗也叫。"可见他悟得谦虚又真诚。纵观大作家写的书,像是专为后来的作家们写的。如果这个世界上全是像《尤利西斯》之类的天书,我想也是挺悲哀的。看来,为劳苦大众写书的重担就只好由我们这些成不了大作家的人来承担了。

先找到你的位置(并不误你往高处攀登,这当然需要后天的努力),然后就要努力打出自己的旗帜。普鲁斯特说:"人们敲遍所有的门,一无所获。唯有那扇通向目标的门,人们找了一百年也没有找到,却在不经意中碰上了,于是它就自动开启……"实言讲,十多年来,我也敲了不少门,后来在不经意中,碰上了小短篇这个小门,它就自动为我"开启"了。

于是,我就打出笔记小说的旗帜。它虽然还未高高飘扬,但文坛上已认可了我这一家。不少读者来信问我创作的诀窍,我只回答他们一句话,要注意作品中的震撼点。这样,你的旗帜就会更加鲜艳。

大凡写小说的人,都很注重作品的震撼点。无论是笔下流之或是无意为之或是有意谈之,无论从细节从语言从情节从结构上下功夫都不应该少了一个或两个或更多的震撼点——尤其是好的短篇小说。这种震撼点,不但作者创作时在寻找,编辑阅稿时在寻找,连读者在读小说时也有一种下意识的期待。如果没有这种期待心理,读者就极少有耐性把小说读到底。一个好的细节震撼了人们的心灵,能使人永不忘怀。如《红楼梦》中的黛玉葬花、《红高粱》中朝酒坛撒尿等。前些年,马尔克斯的《百年孤独》和国内新潮小说给人们的那种语言震撼至今让人记忆犹新。至于情节震撼的例子,更是不胜枚举:《项链》《麦琪的礼物》《最后一片绿叶》《陈小手》《象棋的故事》都给人某种出乎意料义在其中的惊诧。这种震撼多是结尾,而《百年孤独》《喧哗与骚动》《绿房子》《尤利西斯》那种奇异的结构给人的震撼,也不可低估。

现在有不少人看不起欧·亨利的结尾震撼,实际上大可不必。其实,欧·亨利的结尾技巧也并不是欧氏的专利。在他以前,部分古典戏剧和著名小说都很注重结尾艺术。这里有一个重要的问题,那说是内涵的容量问题。同样是小小说,《永远的蝴蝶》也是欧氏结尾,但它的深刻性远远赶不上《陈小手》《立正》《麦琪的礼物》。因为这些作品,用情节突变震撼你之后,接着涌来的就是思想或心灵上的震撼,也就是平常所说的深度。

如果说以上作品只给你一些深刻性震撼的话,那么鲁迅的《阿Q正传》、朱苏进的《绝望中诞生》以及张承志、史铁生、韩少功的一些作品,给你的远不是这些。那种对人生的新的发现新的启迪能像一团火一样使你热血沸腾。瞠目结舌之后,你获得的将是一种不可名状的醒悟和力量。这是一种什么震撼呢?我说不来,但我知道作为一个作家,最难得就是能给读者某种震撼。

可以说,目前的短篇小说中这类作品极少,原因自然很多,其中之一就是一个作家获得一点儿新的思维都不是太容易。写中长篇的作家,总会把这种自悟的新收获写成中长篇,为的是淋漓尽致地表达或怀有其他的目的,这就让写短篇的朋友有了可乘之机。尤其初学写作的朋友们,应该抓住机遇,扶摇直上。

以上所说,是我的教训,也是我的经验。但无论大作家小作家,都离不开自身人格的塑造和对艺术的真诚。寻找到自己不容易,打出自己的旗帜更难,但你只要去掉虚伪和造作,你很快就会切入真诚,走向纯粹。那时候,你虽然还不光芒四射,但你已经拥有了你自己的旗帜。

原载《短篇小说》1995 年第 8 期

解释故土

孙方友

据说司空图当年隐居中条山王官谷撰写《二十四诗品》之时,已不年轻。《二十四诗品》的第一首为《雄浑》:"大用外腓,真体内充。返虚入浑,积健为雄。备具万物,横绝太空。荒荒油云,寥寥长风。超以象外,得其环中。持之匪强,来之无穷。"实言讲,我极喜欢这首开卷之作,就把它抄在了笔记本上。这些年文坛盛行洋理论,很少有人再提这种老古董。在此以前,我从未读到过如此大气的诗论文字。这位官至礼部郎中、中书舍人的"山西佬"简直给创作者一个宇宙,逼你进入极境。那些极其单调枯燥乏味的创作理论到了司空图笔下仿佛就变成了一种力,使你热血沸腾,进入创作的最佳状态。

于是,我无形中就受到了这种激情的影响,开始操作以《陈州笔记》为题的系列笔记小说。

那大概是1990年的事情。

我的家乡河南淮阳,古称陈州,地处我国中部,有着古老的文化和渊远的历史,可称是中华民族的发祥地之一。据记载,传说中的伏羲氏不仅是我们的祖先,而且就是在陈州创建了中国最早的文化经典易经八卦;后来,伏羲氏的头颅就葬在这里,高大的伏羲陵每年香火甚旺。另一位中国传统文化的创建者孔丘也曾来过陈州,史书上记载孔子被厄陈州而发愤著《春秋》的故事是家喻户晓的;前209年,中国封建历史上爆发第一次农民起义,农民领袖陈胜、吴广率众反抗当时的秦朝暴政即在陈州建都建立了张楚政权;后来的汉室宗亲曹植被封陈恩王也在陈州;到了13世纪的宋朝,历史上著名的宰相包拯曾几下陈州放粮、办案,由此留传下来的故事数不胜数……所有这些,都给我提供了丰富的素材,这对于我的《陈州笔记》来说是笔丰厚的财富。陈州过去是一个贫穷之地,我很早就踏入了社会。1972年,我曾流落西天边陲,在新疆伊犁地区察布查尔县一个汉族人称"七乡"、锡伯语称"七牛"的地方"盲流"了九个月。那种艰苦的经历和人生的体验不是生长在城市书斋里的文人们能体会得到的,这对于我的创作也是一笔丰厚的财富,我就是靠着故乡给予我的这两笔财富从事我的写作的。几年来,已发表300万字,其中有200多篇"陈州笔记体",而《皇契》(将由《北京文学》发表)和《黑谷》则是我刚开始以陈州为背影创作的两部中篇小说。

其中的巫文化和营造的神秘氛围,又是我有意向无人问津的方向扩展和努力的尝试。虽未达到司空图所说"返虚入浑,积健为雄。备具万物,横绝太空"的气势,但我毕竟追求了。希腊哲学家赫拉克利特说:"对于醒着的人来说,大家只有一个宇宙。对于每个睡着的人来说,他就离开了这个共同的宇宙,进入了他自己的世界。"我虽没完全入睡,但总算打了一会儿盹儿。

1972年,在莫合林场的深山老林里,一位维吾尔族老汉问我是哪里人,我回答是"淮阳",他听后摇头不止。当我解释淮阳就是古陈州时,老人的双目顿然发亮,长长地"噢——"一声,然后跷起大拇指说:"陈州,包公下陈州!亚克西!"

从那时候起,我方知陈州早已超越本身,成了文化上的特殊区域,弥漫着历史的烟尘,充满了神秘氛围和传奇色彩。

作为陈州人,我将极力向世人解释故乡那片充满神秘和古老气息的"邮票大的地方"!

原载《绿洲》1997年第3期

我写《一笑了之》

孙方友

《一笑了之》于1991年第12期在《百花园》发表后,后果"极其严重":先是《小说月报》转载,然后差点儿获奖。接着,不少剧作家纷纷来函来电,要求将其改编为戏剧。湖南花鼓戏剧院捷足先登,用最快的速度将其搬上舞台,剧本发在《戏剧春秋》上,并获佛山剧本征集大奖;江苏扬州的刘鹏春不甘落后,自己掏钱买走版权,改为七场戏剧《刽子手世家》,发在《剧本》1994年第8期,获得1994年曹禺戏剧文学奖;接下来,内蒙古的一位剧作家,跃跃欲试,连连来函,扬言要尽快搬上屏幕,不想虎头蛇尾,至今后果不详……

一篇笔记小说,发表后能获如此声誉,是我始料不及的。因我初写小说时,只觉得这个题材怪有意思,写出来比较奇特,因为把刽子手当作好人写,可能我是第一个。其实,这个东西多是我瞎编出来的,也就是说,是我想象的结晶。一个作家如果不会虚构,你最好别吃这碗饭。当然,说全凭自己的想象,有点儿吹牛。无论从"流"从"源",总得有点儿"影儿"。所说的"影儿"就是平常所讲的"生活积累"。因为只有有"影儿",你才能"捕风捉影"。生活中很少有现成的素材让你写,这里要的就是编织和概括能力。作品中有一个小细节,就是刽子手封丘家几代杀人,每每遇到冤魂,都要在后庭院里为其立一块牌位,逢清明要给冤魂送些纸钱,以示自己的良心自责。这个细节是我道听途说来的,当然,原始素材全不是这个样子,说是过去我们这儿有一个刽子手,每逢杀错了人,他很害怕,担心亡灵会找他报复,所以逢年过节他都要给这些冤魂烧纸钱,诉说自己的无奈,痛斥县太爷断案不公,接着就摆出自己的困难,一家老小全靠一把鬼头刀生活,万请诸位饶恕……作为一篇小说,光有这个细节显然是不够的。只是这个细节有其鲜明的独特之处,久藏于我脑中,并不时地闪现,使你老觉得这里面有东西可挖。至于是什么东西,怎么挖,却没门路。也就是说,当时的思路"隔"在了原故事中,只把刽子手放在"顺"的思路里,翻不出新意,还没有对其"逆向思维",所以也就跳不出别人写刽子手的旧巢,就是硬着头皮编出来,也是一篇平庸之作。那时候我还在农村,常听母亲给我讲袁世凯的传说。因为我家距项城很近,所以有关老袁的传说就很多很多,而且多是夸赞袁世凯孝顺母亲的故事,这些传说给了我一个启示,打开了我的思路。作为历史人物,袁世凯已有定论无可争议,但作为人,袁世凯是孝子也是有口碑的。也就是说,坏人也不是全坏,好人也并不一定全好。

由此我又想起了那个刽子手,他害怕的背后,是不是也有一颗善心呢?这个亮点一闪光,我一下振奋起来,若把刽子手当作正面人物来写,其本身不就出新了吗?思路一通,写起来就很顺手,那时候我的创作还没有《陈州笔记》这个概念,只因为我是陈州人,所以一写笔记体就爱把场景安放在陈州。这样做的目的主要是因为环境熟悉,描写起来心中不虚,没想这种无心插柳的所为后来竟形成了洋洋大观的《陈州笔记》系列,构成了我小说创作的主要成分。

《一笑了之》虽不是发轫之作,但由于题材奇特,因此无形中就成了"陈州系列"中的重要作品。这只是后话,当时可没有这种想法,因为当时初开笔怪顺利,可写到封丘出场杀了人就没戏可唱了。面对着稿纸,心中一片空白。平常遇到这种情况,我就信马由缰地胡思乱想,为作品构思出多种可能性。比如刽子手自己劫走被冤枉的人,或者当场抗议不杀,要求当官的再重新审案……想了一圈儿,原始的那个绝妙的细节却用不上。再说,刽子手只能智救别人,绝不会连饭碗也不顾。如果他是这种没头脑的人,也不会在家为冤魂设灵堂。这说明他虽为刽子手,但活得很压抑,至少精神是抑郁的。这都因为他有善良的一面,为了糊口,他不得不接过祖传的鬼头刀杀人。如果他家为别人设牌位也是祖上传下的规矩的话,那说明这种善良与无奈是承上启下的,到了封丘这里,是继续压抑下去,还是要闹出个什么事儿……慢慢的,封丘的形象与心理清晰了,只是故事还不知如何朝下走。

我家后面有一屠夫,平常以杀猪杀牛为生,我时常去他家买鲜肉。有一天上午,我又去他家打肉,他正宰一头黄牛,见我来了,让我帮他老婆搂住牛后腿。那牛很有力气,他老婆一个人搂不住,我只好上前帮忙。那屠夫让我们搂牢了,然后他才用一只手把牛的两条前腿搂在怀中,腾出一只手,从口中取下尖刀,扎进牛的咽喉处,接着拔出刀来,不想竟不喷血。屠夫骂了一句:"日你妈,你还有冤呐!"说着,又猛劲一刀,连胳膊都伸进去了,那牛才喷出血来……从屠夫家回来,那头黄牛临死前的惨状还在我脑际里翻腾,突然,屠夫无意间骂牛的那句话又跳了出来,我一下怔了!牛冤喷血晚,人冤呢?《窦娥冤》里六月下雪,人冤能否像牛一样喷血晚?这一下,算是给封丘找到了为冤魂洗冤的"理论根据",而且极符合他的身份和职业性质。平常杀人,他封家作为刽子手是不会知道谁是冤枉的,唯有"血向之说"才能让他们从心中猜测出谁是冤鬼,然后再决定给他们立牌位。所谓"血向之说",就是说在同时被斩的几名罪犯中,若有人刀起头落后喷出血晚,就证明这个人是个屈死鬼。虽然它有荒诞的成分,却具有艺术真实性。当时我很为自己想起这个细节而骄傲十足,因为这是个承上启下的

"纽儿"。没有这个重要细节,后面的戏怕是再也唱不拢了。有了它,才能引出监察御史赏匾不挂的矛盾,有了这个矛盾,才能引起监察御史的愤怒与好奇,促使他到封丘家见到冤魂灵牌,激发出重审案件的良知和决心。所以,我很为自己的"聪明"而自鸣得意了一阵子。另外,我写小说很讲究细节的"绝",就是用绝细节让你连连出乎意料。同是欧·亨利式的结尾,却已有很大的不同。一般欧·亨利只是翻一番,翻番时我要力求翻三番,直至"震"得你叹为观止,连连唏嘘为后快。当然,这绝不可画蛇添足,必须要在前面埋下一个个伏线,最后一个接一个地"抖"出来。也就是说,不但语言讲究一石三鸟,情节也要争取达到一石三鸟的效果。当然,这里的难度是比较大的,弄不好,往往还会适得其反,让人感到假气和做作。在《一笑了之》中,结尾处用了三个高潮:第一个高潮是封丘拦轿替人喊冤,极力陈述哀求监察御史为冤魂昭雪;第二个高潮是封丘断臂,是自惩,也是抗议;第三个高潮是监察御史淡然一笑,轿子冉冉而去,留下一片空白。这个结尾外表看去情节突然从高处跌了下来,但内在的东西却又上了一个高度,让人望着那八抬亮轿,联想许多许多……

说了这些,全是"干货",经验谈不上,教训却含其中。若哪位看官能从中悟出点什么,我就足矣。

原载《短篇小说》1999 年第 4 期

我与《陈州笔记》

孙方友

我的家乡河南淮阳,古称宛丘和陈,是"龙师"太昊伏羲氏的都城。传说中的"三皇"——伏羲氏、女娲氏、神农氏均在此建都。伏羲氏"作网罟、正姓氏、制嫁娶、画八卦、造琴瑟,自号'龙师'以龙纪官",宛丘作为龙都自此始。女娲氏"兄妹相婚""抟土造人",繁衍了人类。神农氏"尝百草""艺五谷",开创了原始农业。这里还是兵家必争之地,历代统治阶级极为重视。从周武王封舜后妫满于陈起,到北宋徽宗封陈王止,先后有六十九位王、公、侯封于此。历史上很多重大事件都曾发生在这里。前550年,陈城爆发了世界上最早的筑城奴隶暴动,处死了大奴隶主庆虎、庆寅,震惊了列国诸侯。孔子曾在前496、前491、前489年三次来陈游说,经历了绝粮之厄,做过陈国的上宾。秦朝末年,陈胜、吴广领导的中国历史上第一次农民大起义,在陈州古城上空,竖起了"张楚"政权的大旗。刘邦、项羽固陵决战,黄巢率军攻城三百天,岳飞派兵三复淮宁府,陈亨祖率众驱金兵,包公陈州粜米等重大历史事件史不绝书。治陈名臣有"夜不闭户汲长孺""才高八斗曹子建""莅政廉明的张志道"等,早已成为千古美谈。李白、李商隐、卢纶、苏轼、苏辙、张耒、曾巩等文人骚客,都曾游历过陈州,题词作诗,留下千古绝唱。

我生于此,长于此,从小就浸淫在厚重的传统文化里,常常为那些数不尽的民间传说而惊叹。步入文学创作之后,便开始有意探索这些美丽传说中的神秘,并极力将众多民间传说和民俗文化融于作品之中,以报家乡对我的养育之恩。

于是我借"陈州"这块宝地,开始发掘历史掌故、逸闻趣事、志怪传奇,或琴棋书画,或玩壶赏玉,或医相扎剌,或偷混赌赖,或吹唱猎斗,或阳春白雪或下里巴人,或风情民俗或社会百态……古今荒唐事,尽在画卷中,奇乎?怪乎?何人说得清?

怎样立于继承之中创新,铸造出新的精神和现代意识,在小说创作中使艺术想象力与理性表达形成完美的统一,是我多年来创作的努力方向。在故事高度浓缩的基础上寻找理想的细节,利用故事的走向推动作品中人物命运的发展和理性的挖掘,是我创作《陈州笔记》的一个基点。可伏案二十余载,虽汇百万言,却难写尽陈州的千年历史!只能尽力在有限的人物身上写出一种博大,因为真正意义上的写作从来都是双向度的,它需要用强劲的想象力和成熟的叙事构置出具有双重审美倾向的故事,从而向读者放射一种强大的理性力度。在阅读过程中,读者总怀有一种期待,他们的这种期待不单单是对故事本身的期待,更重要的是想迎接一场理性上的震撼,一种从个人向群体、向民族的放射,从时段向历史长河的放射。当然理性的震撼是需要以绝的题材和绝的细节为依托的,只有让读者在阅读中永远揣摩不到创作者的笔锋走向,读者才会喜欢。

看官若不信,可随我走进《陈州笔记》,看几篇若觉得不亏,算俺没白吃陈州粮。

原载《大河报》2008 年 4 月 7 日

本土与世界

孙方友

《中华读书报》编者按：这篇文章是作家孙方友2013年7月20日在中国作协创联部、河南省作家协会和周口地区文联联合主办的名家看淮阳暨"周口作家群"崛起座谈会上的讲话，距7月26日12时20分他突发心脏病逝世，只有短短的六天，这也是他人生旅途中最后一次在会议上的发言，我们刊发于此，以此哀悼。

我们周口人，平原情节心比较浓，这与地域有关。你看我们周围的地区，虽然也是平原，但大多数地区有山有水，像商丘有芒砀山，驻马店有嵖岈山，许昌有紫云山，漯河有铁山，开封虽说没山，但是有丘陵。由于宋朝时是首都，至今开封人有吃喝玩乐的皇帝遗风，不信你看李静宜女士，她是开封人，至今仍保持着皇城遗子的风韵。唯有我们周口九县一市，是地地道道的大平原，最高的地方就是太昊陵伏羲墓，所以周口人的平原情节比较浓烈，一马平川，没什么险恶，闭上眼睛也不会走错路。与全国相比，河南作家显得老实；与全省相比，应该说是我们周口人最老实。

像山西人，经商意识要早上我们上百年，很早来我们这儿做生意的，都是山西和陕西人，所以周口至今仍保留着他们建的关帝庙，他们到周口赚钱来了，我们这里称山西人为"山西小枣"，意思就是比较精明，有贬义，同时带有嫉妒。为什么嫉妒？因为学不会人家的精明，眼睁睁看着人家挣钱。朱秀海能把《乔家大院》写成功，就因为我们对山西商人早有了解。由于这种地域的基因，我们就不能与别人比聪明，比也比不过，只能比扎实、比耐力，就作品而言，要写得经得起摔打，要比谁的作品能经得起岁月的淘汰。几十年和上百年之后，若我们周口作家比如刘庆邦的《平原歌谣》、朱秀海的《穿越死亡》、墨白的《欲望三部曲》、邵丽的《我的生存质量》、柳岸的《我的干娘柳司令》以及诸位还没有写出来的作品，还能在书店里面摆着，还在网上卖着，那就是和生养我们的这片土地的关系，牵涉到与这片土地的割舍。由于我们太老实了，因此应该走出去学聪明。就目前来看，好像走出去的河南作家的名声都比较大，我活到这个分上才明白，当一个作家完成了生活积累，就一定要走出去。生活要下去，人一定要上去，走不到洛杉矶，你就到北京；走不到北京，你就到郑州；走不到郑州，你就到开封、洛阳，反正要往高处走，千万别向我学习。回望三十年来，凡成名的大作家，都是很早离家，纵观历史，好诗人的诗都是走出来的，像李白、杜甫、苏轼。严歌苓说站在洛杉矶看北京的感受,就和我们站在北京看郑州差不多,她说她对我们周口很知道,她和前夫李克威生活几年,从李克威的父亲李凖身上学到很多东西,并说若李能在美国生活几年,再回首写《黄河东流去》,就离诺贝尔奖不远了。我们周口最早的作家是谢灵运,当初我一直不明白,谢老前辈生在太康,怎么会成为山水诗人的开创者?前年我去江西万载开会,当地人说我的老乡在万载当过县令,因为那个地方有名山,他的诗就是他走出去的收获。更有我们的老子西出函谷关,留下《道德经》,从此光芒四射。不单搞创作,就是当官、做学问、经商也应该走出去,为什么要走出去?就是要开拓思路,一旦爆发,能量就会放大。像恒大老板许家印,就是周口人走出去做生意最成功的一个。像袁世凯就是周口人走出去当官最成功的一个,若不是称帝,他就堪称中国的拿破仑,连历史都奈何不了他。写作比拼的是一种耐力,文学这条路就是意味着成名前要守住寂寞,成功后要守住名利的诱惑。从某种意义上说,缓慢才是成功的捷径,慢工出巧匠。

　　你当作家有虚荣心,那就写不出好作品。你有了生活积累,又有了丰富的知识储备、开阔的艺术视野,再加上先天的灵性和后天的修为,定能硕果累累。如你能耐得住性子,写出两部力作,再遇上好时机,在文坛崛起是指日可待,但你不要忘了,这就是耐力与缓慢的结晶。作家与作家之间一定要团结,但是作品之间一定要有霸气,不然你的作品就会被淘汰,残酷而无情。任何人都帮不了你,耐下心来的目的就是要做一个不倒翁,我们周口人就是最具备耐力的。我在这里提出一个不合时宜的口号,周口作家应该有一种袁世凯精神,袁世凯的人生丰富多彩,魅力无穷。他一生能完成两个不朽,一个是推翻清朝,当第一任大总统不朽;二是扭脸就后退当逃兵,这是第二个不朽。一生完成两部作品,非一般人能为,这就是周口人走出去发出来的能量。我说的袁世凯精神不是当官走仕途,而是让我们的作品透出一种博大。如果你的作品能有袁世凯那样的运筹帷幄的眼光、纵观天下的胸怀、敢于创新的勇气、急流勇退的睿智、忍辱负重的耐力、出手不凡的霸气,这将是能够代表我们周口人的一部大作,就是说我们不必去羡慕别人,也不要轻视自己,珍视我们曾经拥有的和正在追求的,就是成功之本!新一代作家,若与故土拉开距离,就会有新的意义和感觉,在拉开距离的审视中,你会获得更广阔的视野和多元的视角,这会为你们的书写带来新的生机,这也是一个老作家对家乡青年作家的期望。我就不行了,身体不好,心有余而力不足了。和袁世凯相比,他有心绞痛,我也有心绞痛,与他不同的是,我没有他那种智慧和力量,我比他骄傲的是目前我已经活过了六十岁。我是老了,但是我盼望着文坛有诸多的周口籍袁世凯式的人物出现,让国人为此震动,让"周口作家群"成为中国文坛不可小觑的劲旅!

原载《中华读书报》2013 年 7 月 31 日

创造出一片文化地域
——关于孙方友小说的对话

刘海燕　墨　白　孙方友

　　孙方友经历并承担着多样的生活或者说苦难，在那种极其苍茫的日子里，他最初的写作只是盼望一封退稿信。他是从土地上一步一个脚印地走过来的生活型作家，一个时代结束了，有这种厚实背景的作家将越来越少。越来越多的人靠知识智慧写作，作家在学院化，来自生命内部写作的张力锐减着，写作成了一种职业，文字远远多于生活。在这样一个和平和略为富足的年代，怎样获得生活的深度，使生活能够多于艺术，保持一种朴素的沉思能力，这几年这种想法一直影响着我的注意力。

——刘海燕

　　刘海燕：以前没有认真读你的作品，感到那些历史中的传奇故事离今天很远。现在安静地读你的作品集，发现里面有许多有趣的话题，譬如你审视历史的眼光，既看到了荒诞性，又看到了人性的真实，关注心理性的事件，使那些具有传奇色彩的人与事具有了多重性和感人的质地。

　　墨白：一切历史都是当代史，所有的写作都是正在进行时。因为写作就是回忆，"你昨天干什么去了？"昨天的事尽管你可以清晰地回想起来，可那已经是回忆了，现实只存在于一瞬之间，我们的生命也存在于一瞬之间，我们的写作也只能存在于一瞬之间，都是正在进行时，只是叙事的方法不同而已。

　　读友的小说，我们就好像在听一个面目不清的人讲故事。我们看不到那个讲故事人的面容，但又时时感觉到他的存在，能听到他的声音，那声音仿佛从很远很远的地方传过来，可又仿佛近在眼前，并且是那样的亲切。这就是方友的叙事策略，隐而不退。一个没有叙事人称的叙事者。你可以把这个叙事想象成不同的角色，他可以是一个乡间的老人，也可以是一个大学的教授；叙事的地方由你自己来定，可以是在驶动的火车上，也可以是几个人在一间屋子里闲聊。这就是方友的叙事立场，没有立场的立场，一种在变化中的立场。这也是方友小说艺术的一个重要的方面。

　　同样，这种立场也体现在他作品的内容上。他的叙事是客观的，是以一种旁观者的形象出现的。在他的小说中，我们看到的都是一个事件或者一个故事的本来面目，没有作者主观的评判，是与非都留给了读者。但是，没有评判并不等于没有立场，不等于没有现实性。我们读方友的《官威》《蚊刑》《守墓》《猫王》等，都能感受到作品里强烈的现实性。应该说方友把自己对生命的感受寄托在了小说的人物身上，把自己的情感都埋藏在了小说悲剧的氛围里，以自己的小说来展示社会场景和历史画面的波澜壮阔。

孙方友：我是以一个家乡记录员的身份写陈州的，与年轻作家们的民间写作不一样，多年来我就生活在其中，我像熟悉自己的眼睛和气息一样熟悉那里的一草一木。1993年以前，我一直居住在我的出生地——颍河岸边一个古老的小镇里，那个小镇隶属河南省淮阳县，也就是历史上的陈州。在那儿，什么活都干过，还演过戏，演遍了我们那一带的所有的村庄，中篇《艺术皇冠》写的就是那段生活。后来迁往周口市，住在离关帝庙北大约一千米的一座楼上，站在五楼的阳台上，就能看到关帝庙那绿色的琉璃瓦在阳光下闪闪发光。那些历代掌故、民俗、逸闻趣事、志怪传奇，好像就在你的身边飞舞着。

刘海燕：看得出你小说里的戏剧化因素，譬如高潮和气氛的烘托，好像一阵紧锣密鼓，很热闹，也很让读者悬心；还有语言的精、短、口语化，流淌在小说里的那种节奏感，属于民间艺术的语言。你写了很多属于民间艺术、艺人的题材，如《陈州影戏》《集文斋》《海氏花局》《泥兴荷花壶》等，都写得很细腻，如《墨庄》里制墨的工序非常细节化。你是靠资料考察了解得来，还是直接参与过？

孙方友：很多我都直接经历过，而且做得很好。二十二岁时去新疆，流落在石河子、奎屯、伊宁、察布查尔、霍城等地，体验过各种各样的生活和苦难。那时很珍惜自己的劳动，如给别人脱坯，那些坯未干时，被人或猪毁一块，我就非常气愤，一旦干了，成了，别人搬走多少都可以。

刘海燕：这样说来，那些坯像是你的艺术品。

墨白：在我们经历生生死死的时候，我们根本就没有想到以后会去做一个作家，但当我们现在重新来认识那些经历的时候，它们就像从泥土里筛出来的金子一样，在我们的注目下闪闪发光。

孙方友：我是一个生活型的作家，我的小说是从陈州那块宝地上，从生命的历练里生长出来的。一个作家没有十年的功夫是出不来的。毕飞宇说过，短篇小说是烤出来的。我的那些几千字、一两千字的小说，也多是经历了漫长的酝酿，寻找震撼点，打磨出来的。我写小说很讲究细节的"绝"，也就是说，不但语言讲究一石三鸟，情节也要争取达到一石三鸟的效果。当然，这里的难度是比较大的，弄不好，往往还会适得其反，让人感到假气和做作。

墨白：短篇小说（包括小小说）是小说门类里面极具空间因素的一种体裁，

方友对短篇小说的贡献,更明显地在这一点上体现出来。方友善于在不多的文字里讲述一个一波三折的故事,而在故事之外,又给读者留下一个充分想象的空间,如《雅盗》《神偷》《刺客》等。

无疑,故事是小说的母体,但并不是每个故事都可以写成小说。小说的故事要有情趣和故事性,要有深长的意味、丰富的内涵、出人意料的情节,这都是短篇小说(小小说)要讲述的故事应具备的基本因素。如《女匪》《花船》等作品里所讲述的故事,都具有这种故事性,因此,人物才显得光彩照人。

故事里包含着深厚的文化内涵,是方友小说的另一个方面。如《刀笔》里的孔祥斋,他深得中国文化的真谛,坦然而智慧地面对两江总督曾国藩,使曾听候他的摆布,为之研磨。说到这里,还应谈一下方友小说中的人格力量。《天职》里的何伏山,出于医生的职责,为一个无恶不作的日本鬼子治好了病,而他又以一个中国人的身份站在民族的立场上亲手杀死了他;日本军医宁愿用手枪打死何伏山,也不愿意用手术刀活活解剖他。这种人道主义与个体精神的对立,是对人格力量的一种深刻展现。在《泥兴荷花壶》里,民间艺人陈三关为了挑出一件稀世珍品,可以不顾一切,可是那件珍品挑出来后,当他知道站在自己面前的人是段祺瑞时,他又用计让段祺瑞自己把那壶打穿了。

刘海燕:技巧可以模仿,文化底蕴、人生历练是不可模仿的,因此精品是极少雷同的。契诃夫离开这个世界一个世纪以后,我们还在学习他的短篇艺术。

孙方友:现在有不少人看不起欧·亨利的结尾震撼,实际上大可不必。其实,在他之前,不论古典戏剧,还是小说,都很注重结尾艺术。这里有一个重要的问题,就是内涵的容量和分量。情节突变之后,如果没有接涌而来的思想心灵上的震撼,也就没有深度。不能把欧·亨利的结尾看作简单的技术问题。

无论大作家小作家,都离不开自身人格的塑造和对艺术的真诚。

刘海燕:你的笔记体小说多写陈州,当初是出于怎样的考虑?

孙方友:涉入文坛十多年后,我在困惑的心态中打出了笔记体小说这面旗帜,确实想创造出一片文化地域,一片只属于我自己的领地。那时候我的创作还没有《陈州笔记》这个概念,只因为我是陈州人,所以一写笔记体小说就爱把场景安放在陈州。这样做的目的主要是因为环境熟悉,描写起来心中不虚,没想到这种无心插柳的所为后来竟形成了《陈州笔记》系列,构成了我创作的主要成分。

墨白:应该把方友的陈州系列称为新笔记小说,因为他的小说与我们看到的笔记体小说有许多的差别,如前面我们所讲的那些特色,是他对笔记体小说的丰富和完善,当然,也是他对当代短篇小说的贡献。

方友的小说里具有一种现代性,这也是我把他的陈州系列称为新笔记小说的原因之一。这种现代性体现在他小说里的精神内涵和故事的荒诞性上。《壮丁》里,那个名叫袁二狗的壮丁,在战场上与那个头颅和身体没有连在一起的大胡子长官对话;《瘫匪》里,瘫子在抢劫的过程中,幻想着自己真的站了起来。这些情节看上去十分荒诞,但体现了现代艺术的一种精神实质。

我们读马尔克斯的《巨翅老人》、卡夫卡的《骑桶者》,以及鲁迅的《铸剑》,都会有同样强烈的感受,那就是这些小说里面所具有的现代性,感受到的是作家们内心世界的无限张扬。

刘海燕:生活在变迁,很多东西都在消逝。随着全球一体化的进展,类似陈州这样的生活将越来越珍贵,拥有独特地域文化的生活型作家也将越来越少。你以后的创作,还坚持地域文化这一方向吗?另外,我想知道你目前的创作状况。

孙方友:我努力把陈州这块神秘的区域保存在我的小说中。关于小镇人物和民间艺术,我在后半生还会坚持写下去。

历史淘汰的往往是"数量"。我主张精品主义,十年过去了,二十年过去了,那些没有留下精品的作家,也许就永远消失了。事实上,用不了那么长时间,一些名字就被抹去了。努力创造精品吧!

原载《百花园》2002 年第 8 期

尽力把家乡写成一片原始森林
——孙方友访谈

孙青瑜　孙方友

孙青瑜：有不少人说，在中国如果不提笔记小说则罢，如果提，必提孙方友。这对于一个扎根于传统土壤的作家来说，无疑是一种莫大的肯定。

孙方友：是的，这是评论家和读者们对我的厚爱，实际上，我写笔记体小说之前，没有读过明清笔记小说。我采用笔记小说的笔法写作，很可能与我生长的地方古陈州有关。我住的小镇也非常古老，有一千多年历史了。我记事的时候，大街上是麻石铺路，一街两行全是"道人帽"式的明清建筑和店铺，街道也比较窄。每到春节年集的时候，"街"就无限制地朝外扩展。那时候，颍河通航，从皖地去漯河的商船络绎不绝。由于镇子古老，文化气息很浓，有画家、书法家、易经学家，还有博古通今的老右派。他们多是镇里显赫家庭的后裔，比如西街的马家、东街的雷家，上辈都出过京官。也就是说，这个镇子本身就很传奇。这种文化氛围对我的熏陶是无形的，虽然那时候我没直接读过明清笔记小说，但从小就听过《三言二拍》和《聊斋志异》上面的故事。再加上小镇上常来唱大戏和唱小戏的，连创作初始的语言都受这种传统文化的影响。

孙青瑜：嗯，笔记体小说在古代影响力的确很大，渗透到了民间文化里，从古书到戏曲不少都是以它为母本。曾经几何，它在传统小说中也占据着主流地位，可是随着诗学"载道"思想的影响，这种书写奇闻怪事的模式好像已经无法满足读者的需求，越来越边缘化了。

孙方友：每一种文化在起始之初都是以"先锋"的面目出现的，当它们在时间中跌为"传统"，有不少都逃不了被边缘化的命运。比如说寓言和神话，在先秦的时候可以说都是"前卫"文学，再比如说骈文、唐诗、宋词和元曲，《红楼梦》和《堂吉诃德》，当初它们是以一种异化传统的面目出现的，当它们在时间中成为传统时，我们不要忘记它们曾经"先锋"和"前卫"过的历史。当然，这期间也包括同一文体的内部发展，比如说，唐诗在韩愈等人的文化运动下，对于唐以前的骈文传统来说，从语言到内容都出现了异化，这种对传统的异化，用今天的话说就是一种"先锋"。当然，今天的新笔记小说对于传统笔记体小说也有很多异化的部分，尽管如此，它依然没有跳出被边缘化的命运。

孙青瑜：现在文坛上也有另一种说法叫"古有《聊斋志异》，今有《陈州笔记》"，还有人称您的笔记体小说为"新笔记小说"，一古一今、一新一旧间，是不是说明了同一文体内部存在着发展变异的过程？记得蒲松龄有一篇小说叫《好快刀》：（刽子手）出刀挥之，豁然头落。数步之外犹圆转，而大赞曰："好快刀！"你有一篇小说，其中的一个重要细节与《好快刀》有些表象相似，但细看之后，却又是迥然不同的。从这两篇小说的细节背后所承载的东西，似乎反映小说艺术从整体到局部有某种说不清楚的发展痕迹，我这句话虽然说得可能还比较感性，不知您是否也有同感？

孙方友：我的那篇小说叫《狱卒》，说实话，我一直没读过蒲松龄的《好快刀》，直到前年有个记者采访我，提及这篇百字小说的时候，我才知道这个小说的故事情节。你说得不错，我的《狱卒》里的一个细节的确与《好快刀》有点表象类似，但内在却有很大区别。

说起《聊斋志异》，要先说一说薄伽丘《十日谈》，这部小说集和中国的《西游记》《聊斋志异》一样都是取材于传说逸闻、历史故事，都来自民间思考。三位大师都具有高超的艺术驾驭能力，不但能别出心裁地以框架结构把这些散乱的故事有机地组成一个严谨、和谐的叙事系统，更重要的是，他们能把民间故事升华。本来没有什么艺术含量的民间故事和传说，经过他们这道工序之后，就成了世界经典。这三部小说除了结构和来源相似之外，还有一个相似之处，它们的价值都不在局部，而在于整体和系列。他们不是用情节载"道"，也不是单篇的故事在载"道"，而是在用"系列"创作载着沉沉的"道思"。尤其是《聊斋志异》最典型，如果单抽出一篇来读，并不比一般的鬼怪故事和民间传说丰厚，但是它的力量在于整体、在于系列，如果分开，它们都是一般故事，整合在一起，它放射的艺术思考就如同原子弹一般威力四射。这就是说，理性的爆炸点，可以依靠故事的局部，也可以依靠故事的整体，同样也可以依靠"系列"创作的力量。从世界文学的大路子来看，依靠故事整体凝聚力的经典例子比比皆是，而依靠故事局部引发"理性爆炸"的文学个案相对就比较少了，《项链》是一个很有名的例子。

你说的"从整体到局部有某种说不清楚的发展痕迹"，这句话虽然说得有点感性，但说得很好。古今对比，新笔记小说里故事和细节的含金量大了，或者说"象外"丰富了。比如我这篇名气不大的笔记体小说《狱卒》。《狱卒》中狱卒的名字叫贺老二，专看死囚，这一天号子来了一个小土匪，小土匪知道自己死罪难逃，就不吃不喝，天天泪流满面。贺老二为让阳寿不多的少年小土匪余生过得快乐点儿，就冒充匪首王老五写了一封密信，让老伴送入狱中。白娃接到"大哥"的密信，便开始猛吃猛喝，精神大变，专等秋后问斩时，兄弟们勇劫杀场的快乐时刻。人一快乐,时间就像抹了润滑油,转眼间就到了秋后,拉出白娃问斩的时候,白娃精神昂扬,满面含笑地跪在刑场中央,双目充满希望,在人群中扫来扫去……直到白娃的人头倔强地离开身子,在刑场中滚动一周——充满希望的双目仍在人群中扫来扫去,扫来扫去……这个细节和《好快刀》中人头落地喊一声"好快刀"是有内在区别的。蒲松龄的一声"好快刀",还属于奇闻奇事的原生态范畴,这个细节的含金量不大,如果用"理趣浑然"来评论,此细节只有"趣",却没有多少"理"镶嵌其中。我小说中的贺老二为了让白娃忘记死亡恐惧,以一种博爱的情怀关爱着这个"可怜"的小土匪,为了让白娃的余生过得快乐,他好心地设置了一场骗局,让年轻的白娃充满了强大的生的希望。由于求生的欲望,白娃在头颅落地之后,双目仍在人群中扫来扫去,扫来扫去……这个细节的出现除了给读者呈现出一个凄凉而美丽的画面之外,还构建了一个更具人性的真实世界。两个表象类似的细节,可以说直接代表着笔记体小说内在的发展轨迹,从奇闻奇事的记述到有意识地加入艺术思考。

当然,我的"笔记小说"里像这样的推动理性爆炸的细节还有不少,像《壮丁》《瘫匪》《打手》《方鉴堂》《刘老克》《张氏修车铺》……

孙青瑜:写这种小说需要很强的想象力,我觉得想象力对一个艺术家来说是一种极为可贵的品质,艺术家要具有超乎常人的逆向思维。拿现实主义小说来说,想象力可以将主题表达推到极致,甚至能闭合一个文学母体。比如说卡尔维诺的《分成两半的子爵》,卡尔维诺在表达人的双重性的时候,把人劈成两半,一个极坏,一个极好,从表面上看,像是一种顺向思维,其实属于一种反叛传统的大逆向。因为一个人被劈成两半,是不可能存活的,可是它在艺术世界里又是极其可能的。正是这种"可能"与"不可能"的转换,造就了极少的伟大和众多的平庸。不知道我的这种观点对不对?平庸的艺术家之所以平庸,是因为他们一直用顺向思维在"生活—艺术、艺术—生活"的天地里转悠,永远难以伟大。而卡尔维诺之所以伟大,是因为他利用逆向思维,越过了"生活—艺术"的思维樊篱,直接在"艺术—艺术"的天地里构置小说,可以说,他从一开始就抛弃了形而下的思维模式。用中国文论说就是,卡尔维诺敢于反叛并逾越"自然",打破"取法自然""始于自然"的套路,用一种冒自然而为的做法去直抵"自然",用一种形而上的思维和手法来表达同样形而上的主题,用一种生活的大假直抵艺术的大真实,从而把人的双重性这一文学母体写到了极致,让一切顺着生活和自然编故事、安排细节的作家,在表达人的双重性上再也难以企及。不知您是否认同?

孙方友:可以说整个小说史的存在都是由想象力在支撑。从小说营造的过程来看,无论是写实主义,还是马尔克斯的魔幻现实主义和卡尔维诺的《分成两半的子爵》,书写的都是过去,作家们在把握自己或他人的过去时,这中间就是有一个再造的过程,这个再造的过程就是形象和场景的重构过程,重构出来的艺术场景和艺术形象对于过去的那个真实模板,可以说已经面目全非了。这就是说,无论多么写实的文学,它的营造的过程都摆脱不掉想象力的浸透。当然,想象力也是分层次的,就像你说的,好的思维能闭合一个文学母体,的确是这样。

  我们可以看出,想象力的问题归结到实处其实就是故事与道的关系。有很多人把故事分为几个层次。我很赞同这种观点。但是他们的这种划分看似很明晰,其实又是含混的,我觉得还是用中国古典文艺理论中的"妙悟"来创造一个词语,叫"故事的含金量",为最好。故事的含金量,其实就是故事本身所具有的艺术价值、所含带的"象外"。说白了,想象力的目的就是在小说创作中使事与理的表达形成完美的统一!换句话说,如何用想象力使事和理达到"妙悟"?靠的就是故事"象外"的力量。你曾经给小说总结出一个个性特点叫"以事载道",可以说"以事载道"的传统可以追溯到庄子的寓言故事,甚至更远。故事作为"道"的载体,便成了一种传统的思维模式,它一直以感性的方式在传承。小说写得好不好,其实就是看你笔下的故事所蕴含的那个"象外"好不好、大不大、故事的象外之思与你要表述的"道"和得妙不妙。比如《分成两半的子爵》,赢就赢在故事的含金量之大上,也就是说,故事本身所蕴含的"象外"已经具备了经典素质。它的想象力或者说逆向思维集中在选材之初,属于整体的故事。可以说,《分成两半的子爵》已经超出了鲁迅所说的"选材要严"。鲁迅所说的"选材要严"属于从形而下的生活去套形而上的主题,但依然属于"从生活到艺术"的思维模式。而《分成两半的子爵》从营造之初就是形而上的,就像你说的卡尔维诺走了一条"从艺术到艺术"的逆向路子。这是一条冒险的路子,如果把握不好,容易写假,容易给读者造成一种主题先行的感觉。这就是说,并非沿袭"从生活到艺术"的思维传统就是平庸,也并非走"从艺术到艺术"的路子,就一定能造就伟大,因为艺术背后有一个"浑然天成"的高标,无论走哪一条路子,达到"浑然天成""妙不可言"和"自然生成"方为高!

  孙青瑜:您是不是从一开始创作时,就有这种文学自觉意识?
  孙方友:不是的,每一个写作者都不可能一开始就有明晰的理性追求,都要经过一个从感性模仿到自觉理性追求的过程。像我这种起点比较低的人更是如此,只是我的感性模仿阶段比较短。因为那时候,我每天都在如饥似渴地学习,每天都在拼命地创作,有点边战争边学习战争的意思。到了20世纪80年代中期,我从传统现实主义写作转向了"先锋文学",在写《谎释》《虚幻构成》等作品的时候,我就已经明晰地意识到了"故事"在小说中的决定价值,对"想象力"也有了从感性到理性的认识,后来我又从"先锋"的洋派创作转到中国传统的笔记小说,在对想象力的自觉追求中我一直在思索一个问题:我如何使"自为"和"人工"的追求,达到"无为"和"理趣浑然"的"自然"境界?后来想想,这其实还是故事含金量的问题,还是细节含金量的问题。故事与文学的关系,其实仍然属于古典文艺理论中"诗画一律论"的范畴,也就是"诗中有画,画中有诗""借物引怀"的高境。换句话说就是,只有故事和艺术思考结合得理趣浑然一体,才能让"人工"和"自为"的主观努力达到"无为"和"自然"的高境。故事和思想的关系,其实就是你说的"以事载道"的小说个性,故事是小说的附道载体,故事走向的最终目的是让创作意向妙镶其间。

可以说,我的想象力是架接在生活的积淀上,也就是说,我属于在生活中悟道的一类人,正是你刚才说的,走的是"从生活到艺术"的传统思维模式。我四十多岁才进城,在小镇里住了近半个世纪,我干过的行当也多,种庄稼是个好把式,摇耧撒种都会,在县公路段当过养路工,熬柏油锛坑槽,在生产队耕过地、施过肥、挖过河、喂过牲口,也卖过豆腐,在公社和县宣传队演过样板戏,跟侯宝林老师学说过相声,搞人力运输,我一个人能拉两千多斤。1972年还去新疆当过盲流,上深山伐木,去窑厂打土块……这些包括鲁迅、汪曾祺、沈从文都没有干过,所以我虽然没有他们的学问大,但论生活底子,我是强项。(笑)就是说,他们多是富家子弟,写穷人,他们都是旁观者,不像我是亲历者。换句话说,他们是从形而上去"罩"形而下的,而我却是从形而下去"推"形而上的。形而下的生活一直是我的周遭环境,形而上的思考在最初的时候是我的直觉绝对,当我有意识去反观升华当初那些无意得来的"直觉绝对"时,我的想象力是有根的,这个根就是生活本身。从哲学的起源和发展史来看,真正推动哲学发展的哲学家都是从形而下着手的,也就是说都是回归生活,都是从生活中悟道的结果。所以从这个意义上来说,我的小说能经得住时间和真实的考验。(笑)是不是话说大了,有点吹牛?

孙青瑜:不是吹牛,有不少人都有这种看法!更何况您的学问已经很大了,每次看您的小说,每次听您给我讲文艺理论,讲写作的技巧性时,我就觉得您是一个大杂家,简直有点无所不通,什么都知道,从三教九流到阳春白雪,您都相当内行。

孙方友:内行不敢当。学问"杂"是一个小说家最基本的职业素养,我比较赞同"小说在小说之外"这一观点。也可能是我干的行当比较多,在三教九流间生活的时间比较长,我以一种家乡记录员的身份书写陈州和小镇,与20世纪30年代和现在的民间写作不一样,多年来我一直生活在其中,我像熟悉自己的眼睛和气息一样熟悉那里的一草一木。1993年我搬到周口,住在关帝庙北边的一栋楼上,站在五楼的阳台上,就能看到关帝庙那绿色的琉璃瓦,在阳光下闪闪发光。那里的逸闻趣事、民俗掌故、志怪传奇,好像幻影般在我身边飞舞。过去的生活和苦难不断给我阵痛,所以说我的小说是从生活的历练里生长出来的。

孙青瑜:我每次听您说起从前种种的"经历",回眸中没有一丝忆苦的情绪,生存片段的回忆被您乐观的性格剥去了当初的情感内涵,不知是时间的力量,还是性格的乐观和坚毅?充满艰辛的过去,在您嘴里就如同一段鼓书,不但轻轻抹去了岁月的"苦涩",还激起了我对那段苦涩日子的向往。我一直觉得您嘴里的过去与大众的那段灰色记忆是不一样的,讲挖河、下乡卖豆腐,讲去新疆当盲流、上山伐木……苦难常常带着一种喜剧的传奇魅力从您嘴里喷射而出,让我百听不厌,一点也没有您所说的"阵痛"感。

孙方友:哈哈……将苦难当成一种"乐"去享受可能是我的性格吧。

孙青瑜:作为一个专业研究您小说的读者,我对您小说的喜爱无以言表,您对小说细节的极度考究,对我的小说创作甚至小说观都有着极大的影响,特别是您极为精练的小说语言,可以说是很多人无法达到的,颇有点福克纳的"电报体"的味道,每一次看到您的小说,我总会想到"简笔主义小说"这几个字,每当我看到"简笔主义小说"几个字,就会想到您的小说,而不是卡佛。我觉得卡佛的小说语言只讲"减",却没有让语言飞翔的内在张力,有笔减神也减的意思。而真正的简笔主义小说或者是电报体小说,应该有梁楷减笔画笔减神凝的效果,笔减神增,寥寥几笔,神韵便跃然而出。

孙方友:这可能与中国的文字有关,你说得不错,真正的简笔主义小说应该在中国诞生,因为中国的文字给予了它诞生的基础。"一石三鸟"叙事手法是中国传统文化的精华。光从语言学的角度来说,汉语的张力就是其他语言不能企及的。它字字可以卓然独立,句句可以含义无穷。如孔孟、老庄、周易,短者数千,长者两三万字,便可包罗万象,成为经典学说。这些传统经典不但是精神传承的基石,而且还留给我们一种"浓缩"的思维方式:寥寥数语,便有泰山压顶之险、雷霆万钧之势。但"浓缩"并不是"简化"!我不喜欢将精神内涵剥落残尽跌落到故事行列的"小说",包括语言。笔减神增才是高手,就像熬了一锅鸡汤,肉没味了,但味道全溶化在了汤里,语言就像鸡汤一样。我写的虽是传统题材,但一直把现代派的东西运用到小说中,可用的却是中国最传统的"一石三鸟"的叙事语言,因为它是笔记体小说一种独特的叙事方式,更是新笔记体小说篇幅越来越简短化的一个基础。

但是,这并不代表我否定了卡佛,相反,我一直很喜欢他。

卡佛的小说很特别,看似在传统之中,其实却在传统之外,他是心理小说,却很少定性地、直接地去描述心理,如果说传统的心理描述是作者给予我们的一个定性场景,那卡佛的小说却是通过制造画面,在让我们去"看"小说人物的心理。我们通过画面呈现"看"到的东西,肯定要比作者直接给予的那个单向度的东西更多义、更鲜活、更能直抵人心,像《洗澡》《凉亭》《家门口就有这么多的水》就是卡佛在这方面的代表作。当我们读完之后,或者干脆说看了简单的场景描述之后,小说人物的复杂心理也会随即跃然纸上,就像我们在与小说人物面对面坐着,切已地在"看"他们的难过、挣扎、焦急和无奈……这无形中就有了我刚才所说的"一石三鸟"的效果,也就是外国理论所说的多义性。卡佛看似在单纯地描写场景,其实小说人物复杂的心理活动也随之"活"了起来。这大概正是大家都说他是简笔主义大师的内在原因。当然,传统小说也有通过制造画面呈现小说人物心理的,但是我个人觉得都没有达到卡佛这种"纯度"和"高度"。卡佛是一个很了不起的小说家,他不但改写了心理小说的路径,也拓宽了小说的选材领域。我们都知道,经典传统小说一般都是以宏大、重大、沉重的社会学思考入文,而卡佛却将日常生活甚至细节搬进了小说,直接成了他小说的故事,而且写出了一种前所未有的"纯度"。这种美,我们只有在重读中才能发现它,并且为它而惊诧。

孙青瑜:是不是说简笔主义小说,就是通过最少的文字,传达出足够多的意义,不管是心理的、社会学的,还是文字本身和场景,都要达到一种"文小而指大"的丰富效果。

孙方友:对,正是这样。要想通过最少的内容,传达出最多、最丰富的意义,就得有与众不同的"绝招",才能出奇制胜,才能与众不同,才能实现这种自觉追求。

孙青瑜:那您能不能给我说说,您的精简和卡佛的精简有什么区别呢?

孙方友:卡佛是得到承认的作家,而我还处在排队等候中……(大笑)

孙青瑜:(笑)文学作为另一种历史记载,需要一定的篇幅来容纳它的历史性想象。随着生活节奏的加快,现代笔记小说越来越趋向于精短化,缺少了传统笔记体小说的篇幅优势,这不仅需要从语言到细节的多重浓缩才可达到中、长篇的艺术含量,更需要作家有丰沛的想象力方能将历史思考镶入有限的文本,从而达到"文小而指大"的审美效果。您的笔记体创作就一直面临着这种审美考验。如果把您的笔记体小说浓缩为一个句子,这个句子是复杂的,我们不仅能在语义学的层面上感受到它的层次和张力,还能从结构与形式上找到它的多元性,比如您的很多小说,看似有很多个结尾,其实又是没有结尾的,比如《雅盗》,可以结尾的地方多达五六处,可是您都没让它结尾,翻了一番又一番,光一个结尾就被您翻了五六番,于是这篇看似处处都可"结尾"的小说,其实已经被您翻得没有结尾了。

孙方友：这也属于一种多义性，是结构的多义性。卡夫卡用没有结尾的小说达到了筒子型结构，也就是不让小说封口，看似没有结尾，其实从一开始就有了结尾。而我则用多个结尾来个迂回之策，也达到了不让小说封口的筒子型结构，看似有多个结尾，其实又是没有结尾的，用句大白话说，还可以永远地续写下去。我的一篇一千五百字的小说《女匪》就是一个例子，后来被我改成了长篇小说。因为生活本身就是没有真正意义上的起点和终点的，包括我们的生存，因为我们一直用生儿育女的方式来延续我们存在。

孙青瑜：从《陈州笔记》到《小镇人物》大多的篇章都具备了一个"绝"字：人物绝，题材绝，结构绝，立意绝。您的筒子型小说结构，大概就是众人所说的四绝之中的"结构"之绝。渐渐的，这"四绝"便成了您创作的一大特点。从"以事载道"的角度来说，我个人觉得您小说中"四绝"的立现，以及多义性的传达，都应该缘于翻三番的"细节"飞翔上。

孙方友：随着时代节奏的加快，笔记体小说也越来越趋于精短化。作为一种文体，新笔记小说必应承载起中篇、短篇，乃至长篇一样的文化思想内涵。这就是说，篇幅的短小对于"新笔记体小说"创作来说，遭遇了比其他小说文体更大的难度。它需要一种从语言到故事的高度浓缩，才能达到其他小说门类同等的艺术效果。这就摆在作家面前一个难题，这个难题，就是艺术想象能力。你常在评论中说："一个好的艺术思考可将理性表达拉上令人叹为观止的绝境，甚至可以闭合一个母体。"这句话说得很好。如何在小说创作中使艺术想象力与创作意象的表达形成完美的统一，是我多年来创作的努力方向。在故事高度浓缩的基础上寻找理想的细节，利用故事的走向推动作品中的人物命运的发展和理性的挖掘，是我创作《陈州笔记》的一个基点。但在《小镇人物》的系列中，我却有意淡化了小说的故事性，用一种淡淡的叙述语言来讲家乡小镇上的熟人熟事，但这样并不代表我避开了文学的想象力将作品滑向庸常的经验制复，相反，作品中每一个重要的细节都倾注着我苦思冥想的心血。比如《打手》里对那根钉子的处理，《大洋马》中老毛戴着"绿帽子"游街，《方殿堂》中对那个"墨疙瘩"的构置，《雷老昆》和《张氏修车铺》中最后的那一喊……细节如果没有理性爆发点，我是不会轻易下笔的。《蚊刑》在我脑海里酝酿了二十多年，《雷老昆》《打手》都是在我脑海里酝酿几十年的东西……我个人觉得，真正意义上的写作从来都是双向度的，它需要用强劲的想象力和成熟的叙事构置出具有双重审美倾向的故事，从而向读者放射一种强大而又丰富的理性力度。在阅读过程中，读者总怀有一种期待，他们的这种期待不单单是对故事本身的期待，更重要的是想迎接一场思想上的震撼。当然思想的震撼是需要以绝的题材和绝的细节为依托的！也就是说，小说的震撼力或者说故事所蕴含的"象外"，不仅需要以绝的题材为依托,更需要用绝的细节去推动!还拿《分成两半的子爵》来说,它的题材本身就绝,属于题材制胜。而在实际的小说创作中,用细节制胜的例子也不少,但形成风格的作家却不多。我记得有一位评论家说过:"小说不死的唯一理由就是发现别人没有发现的存在细节,塑造别人没有塑造的精神景象……"只有让读者在阅读中永远揣摸不到作者的笔锋走向,读者才会喜欢,只有"理"和"趣"浑然一体,读者才会看得入迷。很多人却将我所说的"翻三番"理论狭义地理解为情节之"翻",其实我在小说创作中"翻三番"不光是为了让单纯的情节"翻",情节翻腾的最终目的是让思想翻腾和飞翔。就你所言的"以事载道"的小说个性来说,事也好,细节也好,在小说这种艺术形式中出现之初,便有一个重要身份——那就是载道的对象。作为附道的载体,它必须含有足够多的"象外",才能达到理和事的浑然,才能让作者的创作意象得到更大化的体现。

凡是有创作经验的人都会知道,将单纯的故事和情节置之死地而后生很难,如果后生两次、三次自然更难,如果再将思想镶入其间去"翻三番",甚至"翻四番""翻五番",自然就是自己跟自己过不去。也可能我在创作过程中比较喜欢自己给自己设卡子、设"死结",所以我的小说的营造过程一般都很长,尤其是我比较看重的选材,营造过程多则几十年,少则一两年,因为用细节推动思想爆发是我创作过程尤其注重的地方,没有带着思想和趣味双重审美的绝妙细节,就无法实现你刚才所说的"文小而指大"的效果,可能正是注重,"翻三番"不知道什么时候就成了我小说创作的一个小特点。

孙青瑜:您经常给我说,写的时候要抱着"天下第一"的心态去写,写完之后,要抱着"天下倒数第一"的心态去面对。可以说,每一个作家写每一篇文章时都抱着"天下第一"的心态在写、在努力,可文章完成之后,"天下倒数第一"的平常心却很难做到。您觉得小说达到什么样的标准才能称得上"天下第一"?

孙方友:哪里有什么"天下第一"?那都是作者对自己的高要求。可以说"天下第一"是全世界作家的高标。中国古典文艺理论上所讲的"至文"可能就是这个意思。所谓至文,不但要具有"至真、至美、至法"的高品格,还要达到道艺论所提倡的"精艺合道"、讲究"以天合天"的境界。

中国古典文艺理论不但讲究"精艺合道"、讲究"以天合天",方法论上讲究"理趣浑然""肇于自然""造乎自然",创作经验上又特别注重"天机""天籁""自然",这三种"神明之中,巧力之外"的东西同时降临,方能达到"诗之至也"的境界……文学的方法论很多,但所有的方法论都高不过"无法乃至法"这一条!文学的标准也一样,也属于"无法乃至法"范畴。什么是至文?看似有标准,其实又是没有绝对标准的,也就是说,至文的判断若套用"无法乃至法",就是"无标"乃"至标"也。

孙青瑜：我曾经所说"一个好的艺术思考可将理性表达拉上令人叹为观止的绝境，甚至可以闭合一个母体"。可在传统笔记体小说里似乎找不到由情节推动理性"爆炸"的典范之作，包括蒲松龄的《聊斋》系列。您是如何对此进行继承和创新的？在您创作风格形成的过程中您得益于哪些作家？

孙方友：我喜欢读精品，说起得益，可以说是广泛阅读，广泛吸收，广泛受益吧！

孙青瑜：有一位作家说："文学之根应该深置于民族传统文化的土壤里。"历史、文化这些历时性的因子一直是您所投向的视野。您的作品里除去浓烈的文化气息外，连语言也渗透着"一石三鸟"的古朴遗风。在文学日益朝"单向度"滑落的当下，您的笔记体小说却犹如一片原始森林，蕴藏着层层迭出的艺术内涵。这与明清时期以离奇怪事、立传于个人为主的笔记体小说相比，多出了由情节到理性、由个人到社会的辐射力。这种辐射力又多是以您"翻三番"的情节"爆炸"为依托的。由于篇幅的限制，这种"爆炸点"来得会更集中、更火爆，更能给读者带去击骨的一震。您作品中具有"爆炸力"的细节往往又是以一种非常态的、超越庸常生活经验的姿态出现，比如《打手》中您对"钉帽子"的处理，《雷老昆》中雷老昆以自虐对抗恐惧的非常态手段，《大洋马》中您对大洋马丈夫带着"绿帽子"自己游街这一细节的构置，《张氏修车铺》中主人翁外强中干的喊声……这些非常态的细节在揭示常态生活背后的问题时，的确达到了闭合文学母体的高度。您在前面说："……利用故事的走向推动作品中的思想和理性的发展……"这里所说的"故事走向"是否就是您"翻三番"的结尾策略？文章结尾的"爆炸"是不是更适合于短篇文本的创作？

孙方友：我不喜欢将精神内涵剥落残尽跌落到故事行列的"小说"。小说作为人类精神生活的一种特殊载体，需要有足够多的意义来支撑。要想在浓缩的篇幅里注入足够多的精神内涵、足够多的"象外"让读者去妙思，这是一个难题！解决这个难题最好的办法，我个人觉得就是回归传统，当然这并不是一种完全意义上的回归，更准确一点说应该是"继承"，在继承的基础上发展……

作家莎伦·斯达科说："小说结尾时柔和的震撼，应该像是两扇对称的翅膀在朦胧中展开时那最后的一颤。"重视小说结尾的爆发性不只是笔记小说，各种小说都是如此。有人说："一个好的结局能使我们经历一种典礼式的缓释，使我们在掩卷之后反思故事给予我们的启迪。"寻找理想的细节，利用故事的走向推动作品中的思想发展，这是文学的内在理想。刘庆邦说短篇小说是自然生长出来的，毕飞宇说是"烤"出来的。我偏向于毕飞宇的这个"烤"字。好的小说必须来来回回地"烤"，烤过之后再走向"自然生成"，就和单纯的"自然生成"，属于两个层面上的东西，就像禅学大师"从无到无"地悟了一圈，又回到当初的原点上，但是两个"无"的境界却是大不相同的。有一个词语叫作"炉火纯青",说的就是这个意思,只有烤到一定的火候,才能把"自为"烤成"无为",才能达到炉火纯青。我的《蚊刑》前前后后共有十多年才写出来,若是从听到传说算起,几乎用了二十多年。那么多年为什么不动笔?就是没"烤"出内涵和结尾,没有找到理性依托的那个最后的爆发点,没有这爆发点就不可能让读者产生最后的一颤。如何将"烤"出来的思想巧妙地融入故事和情节中,从而达到更高意义上的"自然生成"呢?这是一个难题,不但是短篇小说的难题,中、长篇同样面临这样一个难题。如何将具有多重所指的形而上的思维纳入形而下的生活,我觉得还是靠细节和选材。由于我的笔记体小说篇幅都很短,细节的理性爆发一般都聚集在结尾上。把"道"自然融入故事,融入细节,需要技术的支持。而这"技术性",要靠长期积累,化入笔下。就像武林高手,将"技术"含在灵魂深处,才能"道""技"相和,出神入化。结尾艺术也是如此。刻意去追求,就是暴露你的"技术性"之弱,反而捉襟见肘了。在这一点上,我习惯用一个"挤"字来形容,虽然每一个作家都是在"有为"地为主题而主题,但必须要达到"无为"的效果才叫高。也就是说,好的细节不能暴露您"有为"过的痕迹,要给人一种事态"挤"到那里了,不得不这样的感觉。这就是"烤"过之后的"自然生成"。

孙青瑜:从整个创作量来看,笔记体小说只占您作品总量的四分之一。您的中、短篇频频现身于各大刊物,当年的《虚幻构成》,今天读来,仍有一种穿透时空的震撼力。文章中,通过对命运这一主题的探索,时刻都有触怒意识形态的危险,无论是从哲学角度还是社会学角度,都达到了应有的高度,可事实上,这篇小说却因一场政治风暴,没达到应有的影响力。就在这次落寂之后,您的写作发生了变化,开始在历时性的空间里寻求突破的可能,《蚊刑》可以说就是您寻求突破的一个典型,也可以说是您创作的一个转型符号。这篇只有一千五百字的笔记体小说承载了对历史和人性的理性总结,成功地达到了"文小而指大"的审美要求,可以说是中国笔记体小说的典范之作。在我看来,您的这种从故事到思想的高度浓缩,不但是一种艺术追求,还应该有来自中、短篇构置的思维习惯?

孙方友:的确有一种思维习惯。也可以说我把对中、短篇的艺术追求,运用到"笔记体"的构思与创作中去了。

孙青瑜:除了"本质性"的社会学、人性学等文学主题之外,您还经常涉及情感这一人的内在主题。比如说《程老师》《张氏修车铺》《黑婆婆》《刘老克》等,都是在抒写着人生的无奈感、酸楚感,看了之后常常会让人心五味瓶倒,情感激荡得无以言表。情感主题也是您弟弟墨白小说的主要表达,您是怎么看墨白的小说的?

孙方友：情感主题是文学史上的一个大的母体，尤其是诗学，一直在表达情感，一直在借物抒情。情感属于人的内在，无法去把握，也无法表达，更无法传递。因为中国有一句话叫"诗无定诂"，说的就是情感在传达过程中会遭遇"面目全非"的解读和变异，读者通过故事也好、细节也好、文字本身也好，得来的情感解读，从人自身存在的角度来说，已经与作者原初的意象世界大相径庭了。我弟弟墨白在情感传达上是一个高手，他笔下的小说已经将情感表达推向了真正的存在学高度。当然，我在评价墨白的小说时，是作为一个纯粹的读者来评价的，而不是他的兄长，因为艺术的标尺往往会超越亲情让人变得六亲不认。作为一个纯粹的读者，我觉得传统现实主义小说和传统诗学中的情感表达都没有达到墨白的高度，当然这是他这么多年一直不懈努力的结果，因为他在"以事载道"的传统之外，为文学开辟出了一个新的附道载体，从而让情感在传达过程中进入了"目击道存"的高度。而我在书写人的内在情感时，沿用的依然是"以事载道"的传统技法，附理附道的载体依然是细节和故事，依然是通过外在之物和他人的世界在引领读者的情感。比如《程老师》《铁匠王直》中酸楚感的表达，我把人的酸楚感镶在了细节上，从而让读者在阅读的时候牵动起自己的内在经验，产生情感上的共鸣。共鸣不是直接生成的情感，属于人的间接内在，是文学载体给予的。情感在传达过程中的多与寡、浓和淡，可以说和细节含金量有直接的关系，是成正比的。也就是说，对于传统文学来说，情感的传递值还是要依赖故事和细节的"象外"。故事和细节的"象外"大，情感传达就会浓烈一些；故事和细节的"象外"小，情感传达就会寡淡一些。可以说，每一个艺术家都希望自己的意象世界得到完全传达，对于依赖传统载体的小说家来说，只能依靠故事和细节的含金量去激发读者的间接内在，与存在学上的理想很遥远。墨白正是认识到这一点，这么多年一直俯身"实验"，可以说，他今天已经成功了！当然他的成功还没有得到普遍的认识，因为人们对开创性的东西从接受到认识存在着一个过程，这个过程其实就是在等待"发现者"。

孙青瑜：说得真好，我希望有朝一日能成为这个"发现者"。当一个民族或一个地域的历史和文化渐渐淡出集体记忆，像文物一样搁置在史料里成为学术界研究的专利之时，当我们面对有关文明的发问无从作答，从而陷入集体失语的尴尬境地时，您却从文学的角度开始了一场文化拯救，不惜笔墨，将文化大量融入小说，在这些文化传播当中包含您对家乡一种怎样的感情？

孙方友：一个民族、一个地域的文明不能只是一个随意可解的符号，更重要的是展示出符号所依托的内容和价值，这样才能使缄默不语的文明或城垣恢复它的体温，才能使人们真正意识到符号背后的独特意义，展示出支撑这个区域存在的人文精神与文化传统，展示出岁月演变进程中渐次形成的区域个性和魅力。

　　一个民族、一个国家和一个地区的成熟,在很大程度上取决于对自身传统和文化的追寻与承袭。但是面对传统文化失利的当下,舶来文化几乎独撑了当下的文化框架,造成了传统的文化断层,而这种断层有可能是终结的危机信号。我的故乡淮阳为古陈州,那是一片充满神奇的土地。那里不仅有人祖伏羲的陵墓、伏羲画八卦的八卦台、神农尝五谷的五谷台、龙山文化的遗址平粮台、孔圣人厄于陈蔡的弦歌台,还有曹子建的衣冠冢、包龙图下陈州怒铡四国舅的金龙桥,以及水波荡漾的万亩城湖。除此之外,她还是中国第一次农民大起义的建都之地!这些地区特有的文化瑰宝,无论是从历史学还是从文化学意义上,都是值得我们长久凝视的。但是随着西方文化的攻入,传统文化早就淡出了青年一代的耳目。他们除了知道有一座象征人类始源的伏羲坟墓之外,并不知道我们的这块土地上曾有过的其他辉煌,甚至连承载文化记忆的民间传说也早在他们这一代中间消失了。我从小就浸淫在这种古文化的环境中,不自觉地吸取着传统文化积淀中的精华,并常常为那些数不尽的民间传说而惊叹不已。步入文学创作之后,便开始有意探索这些美丽传说中的神秘色彩,并极力将众多的民间传说和民俗文化融于作品之中,一是以报家乡对自己的养育之恩,二是承担起一个文人应该承担的宣传传统文化的一点儿责任。这些年,以发掘历代掌故、民俗、逸闻逸事、志怪传奇为能事,立创意于继承之中,化古朽为神奇,更是吾努力之处。

　　孙青瑜:阅读您的作品,使读者一次次进入已经消失的历史场域,您在作品中对这种历史场域的选择在很多人看来:似乎隔断了与现实的联系,无力穿透时间与现实对话,或者让意义书写陷入苍白的尴尬。因此有些同行,甚至有些所谓的评论家,将您的《陈州笔记》随意地定位为"传奇"一列。这些对作品的定义不但抹杀了您有意追求的"现代指向",而且还抹杀了您作品里浓烈的艺术含量,您对此有什么看法?

　　孙方友:真正的经典都具有很浓的传奇因子。我不能要求别人怎么看我的作品,或者怎样对我们的作品做什么样的评价,但我清楚我的写作是以人性为基点,表达我对社会的看法的,正是永恒不变的人性将历史与当下联系起来。比如马尔克斯的《百年孤独》,比如莫里森的《宠儿》……作家们正是出于对社会与人性的双重关照,才让这些历史小说具有了浓烈的当下意识。作家对特定历史时期的选择,透视着一个力度强弱的问题。时间的选择对于小说创作来说,是自由的,而环境的时间选择绝不会造成艺术空间内的"时间差",或者说"历史错位",更不会让历史书写陷入苍白的尴尬。

　　孙青瑜:至今为止,《陈州笔记》《小镇人物》两个系列一共有多少篇?

孙方友：《陈州笔记》是三百六十余篇，《小镇人物》是三百五十篇左右。这两个系列已结集出版，《陈州笔记》八卷，《小镇人物》六卷。

孙青瑜：您以后的创作，还会坚持地域文化这一方向吗？

孙方友：我会努力把陈州这块神秘的区域保存在我的小说中，关于小镇人物，我还会坚持写下去。但不一定会用小小说的形式，也可以写成中篇或短篇，顺便说一下，我的两个中篇小说集也将出版，题材也多是写陈州和家乡小镇的。

原载《西湖》2012年第8期

从象义关系谈小说之"小"

孙青瑜　孙方友

孙青瑜(河南省签约作家)：前一段《文艺报》上发表了一版著名作家和评论家的"短篇小说创作论坛"——《像蒲松龄那样讲精彩的故事》，细看之后发现论坛并没有涉及故事在小说中到底起什么作用的问题，也没有细说如何通过故事把小说"短"下来的方法问题。所以我很想听听您作为一位笔记体小说家，是如何认识故事之大用的？

孙方友(河南省文学院专业作家)：这个问题好像把我推到了浪尖上(笑)。可能是会议上时间有限，他们没法细谈，而实际上他们个个都怀揣着一肚子让人醍醐灌顶的真经。因为每一个作家对故事都有独特的认识，也都暗怀一身独特的小说观和方法论。但我个人觉得，现实主义小说中的故事和现代派小说中的语言功能一样，它的第一作用就是充当联系文本与世界的桥梁和纽带。现代派小说家一直想解构故事，其实就是想置换掉文本与世界的那根联系纽带。比如在《芬尼根的守灵夜》中，乔伊斯在用语言互文世界时，巧借了一个语义学和语言逻辑之间的一个偶然性和巧合性在结构文本，通过句子的互文、文学样式的互文、语种的互文，等等，不但曲线妙说他的纸上世界，并让他笔下的语言世界一直处在"正在构成着"的状态，进入了有"根"的互文状，将艺术联系世界的纽带直接从故事置换成了语言。当然，从乔伊斯、卡佛、卡夫卡等作家那里我们还可以看出，在现象学的影响下西方人认识世界的方式，越来越趋向于中国古人。而中国文化大体概括下来，就是一种正在生成着的动态文化，看重的不是物质自然，也不是主体的人，而是人在物质自然中摩荡生发的时境，所以极为讲究"变""几"和"域"，而故事在小说中恰恰能够承担起生成它们的重任。这种艺术传统，最早可以追溯到《庄子》，庄子以寓言为主的方法论，本来是为了更清楚地阐明没法直接言说的"道"，不想他借在用"事象"这个中转站曲线论道时，却给中国美学、中国文艺留下了很多具有实战经验的方法论，可以说，庄子直接为小说定下了一个"以事载道"的基调。而故事在小说中的第二个大作用，正是你常说的曲线"载道表情"功能，当然也可以传趣，比如传统笔记体小说就是以趣味为主，义味为辅。

孙青瑜：我之所以提出以事载道的概念，是因为我在研究八卦和中国语源学时,发现言和义之间没有直接的互生关系,从言到义必须要有一个中转站——象。无论是事象,还是境像、物象、气象,还是形象……这些具有"中转站"性质的概念在中国古典文论中无处不在,可以说离开了它们,中国古典文论几乎要有瘫痪之险。正是这些"中转站"的存在,让语言在能指无力的部分,给我们留下了丰盈、动态的象外之义,正是你刚才所说的"正在生成着的"。而在营造这些能生出动态意义流的"中转站"时,是不是有很多技术手段?

孙方友:是的,因为再高水平的语言学大师也不可能单单通过压缩文字本身,去直抵笔简义丰。文章贵活,这个"活",不是现成的展示,而是生成着的。如何营造这股子活性意义流,主力军不是语言自身,而是你所说的这些言义"中转站"。但是光有概念意识还不行,还得有实际操作的经验和方法论上的指导。比如庄子通过寓言故事曲线论道为什么要比老子鲜活生动,就是因为庄子利用了一个言道中转站:事象。比如卡佛的简笔主义小说里几乎没有一句心里直陈,为什么我们却能从中看到那么多动态、多维的心理展示?原因就是卡佛的言和他所要表达的人物情感之间也有一个中转站:时境。再比如中国传统诗学,四言五字,便能巧通世界。其内在手段,却是通过物象的比兴关系为语言结构出了一个互体空间,来以小指大、以微探宏的。

孙青瑜:您说的这些都是极简主义文学的代表,那小说如何才能小不遗大呢?

孙方友:这又是一个难回答的方法论问题。因为方法论是理论倡导得以实行的"根",也是文学理论的一个重要组成部分。可是方法论的推行,又必须要由作家也就是艺术操作者来完成,而不是纯粹的理论家。比如"气韵"外延和内涵的急剧萎缩,就是古人没有积极地将自己的方法论贡献出来,才让"气韵"这个鲜活的中转站萎缩到不能再担当言义"中转站"的地界。这就是说,每一个作家积极地将自己的创作经验贡献出来,才能全面推动中国文艺理论发展,推动中国文学的发展。

孙青瑜:是的,不少作家都有这种使命感,我记得方方老师曾在微博上说:"中国的小说只剩说,没有小了。"眼光就很敏锐,在中国文学的叙事普遍过满过密的当下,如何回归艺术的空灵,如何形小义丰,真的是一个迫在眉睫的事情。

孙方友:要说形小而指大,我觉得必须得从"最简"的中国诗学说起。中国诗学四言五字,便能巧通世界,其内在手段,就是诗人在营造艺术时,找了一个具有类推功能的"巧事"或"巧物","先言他物以引起所咏之词也"。而这个寻物表义的过程,正是朱熹所说的"以彼物比此物"来寻"兴",从而结构出一个文本与世界联系的纽带,以达到《周礼·春官宗伯》中"'兴'是见今之美,嫌于媚谀,取善事以喻劝之"的美刺效应。而在传达过程中,这个具有类推功能的"彼物"

和"巧事",恰恰是读者进行"艺术还原"的机关所在。比如"一片冰心在玉壶",从镶道的角度来说,作者将清白之心镶在玉壶上,为啥不镶于铜壶和砂壶上呢?因为玉在中国文化里有清白、君子和高洁之喻义功能,而铜壶、铁壶和砂壶们都不具有这种类推式的隐喻功能。所以作者在营造艺术时,必然存在一个目扫众"物"涉猎所需的过程,一打量不当紧,就看到了玉壶与中国文化间这层特殊的隐喻关系,玉壶便成了诗人以"比"及"兴"的媒介工具,成了载道载情的艺术之物。进入艺术传达后,我们要想进行意向还原,必须将"玉"这个具有类推功能的特殊之物放在整个中国文化的大场域里,如此一来,玉就成了文本与世界联系的一个眼或纽带,成了牵出本象与外象(世界)的互体联系的一个重要机关,从而才能让读者进行活泼的意向构成。

孙青瑜:小说是不是也可以利用这种比兴关系来以少胜多嘞?

孙方友:是的,中国诗人在营造"中转站"时,可以说将八卦触类旁通的解卦手法运用到了极致,以此达到了字少义丰的艺术效果。诗学的比兴手法说白了就是八卦中的类比、演绎推理法的一个术语异变。而这种变异,看似与小说创作毫无关系,其实却有着极强的内在互通性,这种互通性之所以没有被打通,就是因为中国文论里没有小说,当西方理论框架像潮水一般涌来时,中国小说的理论建构,因目光的过分向外,而缺失了很多精华的传统因子,比如作家们自觉的"比兴"意识,因为得不到理论上的阐释和推广,让中国的短篇小说创作陷入了低迷状态。

孙青瑜:在西方现代和后现代的影响下,很多人都误以为言可以直接达义,这是一个误区!因为从《易经》一直到来知德和王夫之,差不多整个中国哲学史都涉及了言义问题,都强调中转站"象"的重要性,而企图直接用言表义的结果,只能像来知德所说的"止于一死理"。

孙方友:对,卡佛就非常聪明,他在环境主义思潮的影响下,从来不直接说小说人物的心理,而是使读者掉进他的小说时境之中,让读者在小说境域中摩荡生发出一种动态、多维的心理,活性意义流像滔滔黄河水,汹涌而来,从而达到一种以少胜多的效果。通过时境表义,也是比兴手法之外中国诗学能以少胜多的一个重要写作技巧。比如"床前明月光,疑是地上霜。举头望明月,低头思故乡。""众里寻他千百度,蓦然回首,那人却在,灯火阑珊处。""不识庐山真面目,只缘身在此山中。""春风又绿江南岸"等著名的诗句,多是通过时境的虚像铺叙,将读者引入其中,与诗句之时境相摩相荡,生出的活性意义流。

孙青瑜:您说得真对,卡佛的创作等于说抛弃了全知全能的叙述方式,拒绝了定义性的文字和观点性的阐述,抛弃了"想""觉得""以为"等词语,他给人的感觉就是在努力模糊着语言被对象化的尴尬,力图回到语源学的层面,还原出那个"由象生言—由言生象"的"原初"空间,从而将叙事语言从作家全知全能的规定性中解放出来,让读者直接入到"镜像"中去体义。从结构语义学来讲,卡佛的白描语言,既是语境,又是元语言,正是因为它们本身具有双重身份,等于说把具有开放性的元语言放置在一个环境(也就是我们在其中的世界)里,让读者直接站在第 N 层复义上去考察它们的妙处了。这是不是卡佛笔简义丰的内在玄机?

孙方友:是的,卡佛习惯让他笔下的人物"陷"进具体的"象中",在不知然而然中进行着言着、行着。他的大笔呢,就像在拍摄电影,摄像机和录像机并用,拍录下一个个镜头,其目的就是将我们推进"艺术虚像"中,自由地直观小说人物的复杂心理。比如《取镜框》中,无手先生无儿无女的生存状态,卡佛没有做直接的交代,但我们却能随着场景的线性发展,一一可"见"。比如《凉亭》一开场,"我受够了,我再也受不了了!"带着浓烈的情绪指向,向我们直扑而来,但是卡佛却没立即交代为什么,而是让我们突兀地陷入了一个生存场景。如果我们认真地把小说看完,就会发现,这是更高意义上的写实,真正的写实,没有旁白解说,没有插叙插议,没有倒叙,也没有看似"真实"其实仍属作家全知全能的意识流,因为它就是我们线性进展着的存在场景。

孙青瑜:您说到这儿,我突然明白了卡佛为什么在他生平最后一篇小说《差事》中,借助于契诃夫之口说出他"不相信不能被五官所感受到的东西",因为是卡佛面对缺失外部环境的书面语言,认知是极其深刻的,所以一直在巧用语境的活性空间,将人物的复杂心理都镶于场景、活动和对话中,从而把他的叙事推进他所说的"五官所感受"的"体觉"层面上,由此所达到的空灵性和延展性,都是直述人物心理的传统手段所无法比拟的。而传统心理小说那些"直接给予"的心理直述,属于"系辞"式的意向直陈,其实就是企图从言直接及义。这种写作方法到王安忆先生和毕飞宇先生这里,达到了一个无以复加的地步,这两位先生对中国文学的写作现状影响很大,尤其是对中国女性作家影响很大,于是就形成了一种文学灾害,我不知道这种词用得是不是有点过,但我觉得中国只能有一个王安忆和一个毕飞宇,当大家都去学这种由言直接及义的创作形式时,无形中将中国的心理小说推向了一个死胡同。因为这种试图由言及义的直接后果就是来知德所说的"无象则所言者,止一理而已"。

孙方友:王安忆和毕飞宇都是我很喜欢的作家,他们两个都有自己独特的小说观和小说方法论,在中国文学中的影响力超级之大,正是这种影响力的无形存在,让他们的写作方式得到广泛普及。一种文学形式普及得过广,就会面临着改革的问题。比如魏晋玄言诗、骈文都是很好的说明。再加上模仿者模仿的都是"表",而内在的"魂",由于内功不到,因此模仿不来,这就造成了中国文学,尤其是女性写作"过繁"、"过密"、没有阅读空间、遗失空灵感的现状。这种直接把握的心理指向和"直陈式"的做法,无疑是想走一条从言及道、从言及义的捷径,而实际它有点"看山近,离山远"的意思,不但抹杀了"象"这个言义中转站,还扼杀了艺术传达过程中读者进行"艺术还原"——自主解义的过程。所以我们只得在那个作者直接给予的心理直陈中,被动地收获着单向度的"意义解说",正是你刚才提到的那个来知德所说的"无象则所言者,止一理而已"。

孙青瑜:刚才我们说的卡佛之"小",只是众多方法论中的一个,而您作为一个以小取胜的作家,肯定有一肚子如何让小说小下去的真经。

孙方友:真经不敢说,小经验还是有一些的。如何用故事让小说小不失大,还得回头看诗学之物和比兴的关系。如"一片冰心在玉壶"中,通过"玉"与中国文化场域的呼应;"李广难封"中,李广与广大老来嗟叹者的遥相呼应;"春风又绿江南岸","又绿"二字与"四象"的动变间的呼应;《庖丁解牛》中,庖丁"技进乎于道"之后的解牛过程,与人类所有技艺工作的呼应。更有趣的是蒲松龄的《聊斋》,单抽一篇来看,多是以趣味为主,甚至可以说只有趣味,义味寥无,可是当你将一个又一个的鬼故事联系起来,就于形而上的角度与现实世界构成了强烈的比兴联系,阴阳两界糜荡而存,人鬼结婚,阴阳合一,于是一个哲学意义上的大世界就产生了……正是因为"比"的存在,艺术才有了一个"显器"的"活结"机关,让解构成为可能,让"象中""象外"回应激荡成为必然,让意义场域和生存场域浑而同一成为必需,让喷发出的活性意义流在过去、当下和未来之间激荡徘徊,甚至生生不息,都不再是传说。

孙青瑜:如果说卡佛是通过"象中"取义,来直抵笔简义丰的,那您的笔记体小说,是不是就是通过"象外"观义,通过比兴手法完成了传统诗学意义上的笔简义丰?

孙方友:比兴手法经常用,但是笔简了神丰有没有达到,这还得让读者说(笑)。我在创作上的确吸纳了很多诗学技巧,包括"镜像"手法我也是常用的,比如《程老师》《王洪文》《张氏修车铺》《雷老昆》《大洋马》等,都借用了"时镜"空间这个表义中转站。只是这种手法,不像故事那么张扬,很多读者看了,还以为我是在利用故事走向推动"道"的爆发,其实从方法论上来说,它们已经是多元因子杂糅后的产物了。也就是说,方法论是活的,一篇小说写下来,可能要牵筋动骨用到很多方法。比如我写《蚊刑》就借用了中国诗学里的比兴手法,将读者从象中取义推到象外去观道,目的自然是想完成"艺术虚像"的象外建构。就像我前面列举的"一片冰心在玉壶",在阅读时,读者通过"艺术还原",玉成了读者联系世界的一个"眼"或者纽带,换句话说,玉这具有隐喻功能的"物",成了读者扩卦取义的"本卦",我们要想进行意向还原,必须将"玉"这个具有类推功能的特殊之物,放在整个中国文化的大场域里,如此一来,玉就成了我们与"外卦"互体联系的一个"纽带"、一个"观道"的谜口,它已经不是本象,也不再是卡佛的"象中",而是在本象与外象(世界)的互体联系中,进行着意向构成。比如我那篇只有一千四百字的小说《蚊刑》,正是巧借了这一传统思维。让读者通过阅读文字还原出一个"蚊子吸人血"的事象。"蚊子吸人血"就像"一片冰心在玉壶"中的"玉"一样,具有比兴艺术功能,从而让我们深入到社会化以来的整个人类历史,类推出"官吸民血"的残酷现实,构成了文本与世界的联系,让这篇看似简单的寓言小说,内藏着一定的所指意蕴,原因就是我借用了一个具有比兴功能的特殊事象,建立了象中与象外的互体空间,从而完成了文本与世界、个体与历史、人性与政治、特殊与普遍间的深层联系。人民反贪官,贪官层出不穷,官员的频繁调动让底层人民饱受了吸血之痛。当您审美能力不强时,或许看到的只是一个趣事;当审美水平提高时,您会恍然大悟,这个寓言故事内藏着我近二十年的思考。因为好的现实主义小说在手法运用上,与传统诗学都有着极强的互通性。比如《阿Q正传》中,鲁迅物色出的阿Q,与整个国民性之间的呼应;汪曾祺《陈小手》中,陈小手这个男医生因给人家老婆接生,被害死的事件,与中国文化影响下人的世界观间的遥望;毕飞宇《睡觉》中,被人包养的二奶对"纯洁"的渴望和追求,与"铜臭"污秽着的世界间的遥望对比;方方《在我的开始是我的结束》中,黄苏子白天当白领,晚上当"鸡"的双重性生活,与人的多重性、多面性导致的多重人格间的遥望;鲁敏《思无邪》中,祥和无邪的村子与道家文化的遥望;以及刘庆邦的《鞋》,等等。当然这样的小说,我也有不少,比如我的系列小说《雷老昆》中,雷老昆的反常举动与整个大时代背景下国民的恐惧心灵间的呼应;《狱卒》中,白娃人头落地后,那双依然滚来滚去、滚去滚来的眼珠子和求生欲望的对视;《宋散》中,假宋散"革命"的目的性,与历代农民起义目的性之间的遥望……

孙青瑜:我觉得您的另一篇小说《雅盗》,比兴手法也很明显。

孙方友:是的,《雅盗》属于一个知域背景较强的小说,读懂它需要一定的知识积累,首先,您得看懂《灞桥风雪图》这幅画;其次,您得知道中国古典文论提倡的"入"是何意。我为啥让赵仲一次次从入神的欣赏中走出来?原因很简单,雅盗在面对《灞桥风雪图》进行审美活动时,想直入到艺术虚像里,实际上却入不了,一次、两次、三次……中国文论家大倡"入",而在实际的审美活动中,赵仲(当然也包括我们)面对审美对象"入"不了的状态,刚好和在儒道两家文化的双重影响下的中国文人"入中有出,出中有入"的集体性格形成一个很强的比兴关系。此等大文人的代表有李白、苏轼,小文人的代表有《范进中举》中的范进、《灞桥风雪图》中赶考归来凄孤而行的老者——正是因为这等比兴关系的存在,我借用雅盗赵仲几"入"和几"出"的审美过程,隐喻了中国文人的悲凉命运的病灶。而实际上"比兴"到中国文人这里,审美活动还没有比兴完。读过我创作谈的读者都知道,我在创作谈中提到了艺术原型张父,我为什么会从一个军人的艺术原型,联想到一个沦为贼寇的文人呢?这里面也有一个文化联系,因为在学而优则仕和官本位的影响下,中国人还有武而优则仕的心理,求学为了当官,从军也是为了当官。出而为仕,出不了的情况下,内心的不甘和失意,让很多人在哀怨、自怜、悲愤,看似死心,其实是不死心、不甘心,这依然属于人不能全人,仍想出的心理,好像有个词叫东山再起,起来了皆大欢喜,否则就是雅盗赵仲和作者创作谈中提到的艺术原型张父。

孙青瑜:正是因为这些具有比兴功能的事象媒介,文本才得以神通内外。而"比"得好不好,直接关乎着"兴"的艺术效果,是不是这样?

孙方友:是的,可惜中国文化里有太多精华的思维传统,皆因西方理论框架的全盘侵占而失去了。或者说,我们的小说理论从诞生就是一个彻头彻尾的殖民式理论体系。在没有中国的中国小说理论中,中国的小说创作严重缺失了"以小及大""以微探宏"的内在性技术支撑,只能落下方方所说"中国的小说,没有了小,只剩下说"的严重下场。

原载《南方文坛》2013 年第 6 期

我的大哥孙方友

墨 白

关系

  我们兄妹七人,方友是老大,我是老三。
  当年父亲在劳改农场里服刑的时候,家里除了母亲,扛将的就是大哥了。大哥说,老三,你小的时候吃得肥胖,都是我看护你,我背着你到镇子里的面粉厂里去找咱妈,一路下来都快把我累死了! 常言说,长兄如父呀,那种感情是能用文字表达得了的?
  多年以来,我们兄弟都生活在一起,情如手足,享受着生活带给我们的苦难和幸福。
  1993年以前,我们都居住在我们的出生地——颍河岸边一个古老的小镇里,那个小镇名叫新站集。镇东居住的大多是从山西老槐树下移来的汉民,镇西居住的大多是穆斯林信徒,人口大约四千左右,是镇政府所在地,隶属河南省淮阳县,也就是历史上的陈州。陈州在历史上小有名气,比如孔子、陈胜、吴广、包拯包大人等多少都和她有些关系,当然还有人祖伏羲。人祖的故事大多为传说,用文学上的术语叫虚构,虚构的故事流传长久往往就形成了某种真实,许多传说中的人物都证明了这一点。你看,淮阳城里至今还保留着宋朝宋太祖年间建成的气势非凡的太昊陵,每年农历的二月二到三月三那里都要起庙会,庙会期间每天都会有成千上万的人到那里去朝拜,香火十分旺盛。
  熟悉孙方友小说的人肯定能从中找到一些有关这方面的故事,我在这里这样不厌其烦地讲述这些,一方面是想说明我们非常热爱我们的故乡,我们像熟悉自己的眼睛和气息一样熟悉那里的一草一木。不说大哥,我就知道我最初的对世界和人生的感受都是来自那个小镇,我小说里的颍河镇的格局也基本上是以那个镇子为蓝本的,只是那个镇子在不停地发生着变化。
  到了1998年,我们兄弟又一同搬迁到郑州,仍在一幢楼的二层楼上居住,门仍然挨着门。这么多年来,我和大哥一直生活在一起,尽管我们都是以写小说为生,但我们兄弟二人的创作风格完全不是一条路子。这并不是说我不喜欢大哥的小说。我觉得一个作家用什么手法、走什么路子,或者他打出什么样的旗号,属于什么流派都不太重要,重要的是,看他自己把他所建造起来的那个艺术世界推没推到极致,是不是像造山运动那样在人类的文化视野里耸起一座高大的山峰。比如陀思妥耶夫斯基就是一座山,比如达利是一座山,比如贝多芬是一座山,比如罗丹,也是一座山。就文学作品来说,成为一座山峰,我认为应该有以下几个方面的维度:

一是对自己民族苦难的体验。二是对人类生存状态的再现。三是对自身灵魂的拷问。四是作品里体现出某种形而上的宗教品质。

孙方友的小说创作也应该是一座山,当然,山的状况与大小也应该由评论家和读者来评定。在这里,我只是从生活的角度,来回忆一些有关他与他的小说创作的零星往事。

经历

我大哥 1950 年出生,年长我七岁。大哥出生的那一年,我父亲刚刚丢掉他卖烧饼的筐子参加工作。现在我还保留着父亲年轻时的照片,父亲站在春日的阳光里,白色的衬衣束在裤腰里,留着分头,系着皮带,在我的感觉里家父神采奕奕、光彩照人,在我幼小的印象里,父亲是神圣的。留着分头,腰里系着皮带,那个时候我们镇上有谁能这样?没有。

家父后来走南闯此,几乎走遍了大半个中国,而且坐过飞机。那个时候,我们镇上的人有几个人能坐上飞机?如果我的同伴之中有谁敢叫一声父亲的名字,那我一准会和他打架,并十分刻骨地仇恨他。我父亲的名字,能是你叫的?我觉得就连父亲坐牢到劳改农场去服刑也是十分了不得的。

父亲服刑的原因直接来自 1964 年的"四清"运动。在 1962 年生活困难的时候,我父亲承担了我们县的用煤采购任务,在运输的过程中损失的煤,都成了我父亲贪污的证据。父亲服刑生活的开始,也为我们兄弟苦难生活的开始做了一次让人难忘的洗礼。

那个时候,大哥正在离我们镇子十二里的一个叫作程寺的小集镇上中学。父亲服刑开始的时候,我大哥正在投身于红卫兵轰轰烈烈的大串联运动中。父亲出事以后,哥哥就中断了学业,为了有点读书的时间,他到生产队里的牲口屋里去帮槽,挨家挨户去人家厕所里挑大粪。那个时候生活困难,我们家里一年分的粮食不够半年吃,母亲就领着我们兄弟给供销社里推麦面,留下下面我们吃。我们几乎每天都要推石磨推到深夜,大哥说,真是累得要死,倒在床上不知不觉就睡着了。而母亲还要给我们做饭,做好饭一个个把我们叫醒。

母亲说,起来,都起来吃饭。

有一天夜里,我们又被母亲叫醒了。那天母亲破例给我们兄妹做了一顿好面条,那面条没有放盐,淡的,可是我们一伸筷子却从里面捞出一块红薯来。我的天呀,那真是好吃,那个时候春红薯刚刚下来,鲜物呀!

大哥说,后来我吃过山珍海味,可是总觉得都没有那碗面条好吃。

为了改变家中的生活,大哥就领着我们兄妹到颍河里去捞砂礓,卖给公路段里。初冬,河水凉呀,刺骨。我们的腿冻麻了,就跑到岸上把腿埋在干沙里取暖。我们的手被河水泡得惨白无血,一摁一个洼坑,半天还不起来,我们的脚被藏在淤泥里的砂礓刺破了,那真是疼呀,疼得钻心。

那个时候,大哥正在跟我们街上的一个姓雷的姑娘谈恋爱。可是人家看到我们家成了这个样子,就跟大哥吹了,大哥肯定很伤心。为了争口气,他就用卖砂礓的钱跑到离我们家二十里路的项城买了一台春雷牌收音机。可是我二伯父却不让大哥听,二伯父说,这收音机能是你听哩?人家告你收听敌台。

母亲一听就怕了,就借了一辆车子让大哥去把收音机退掉,可是大哥死活不去,母亲就哭了,母亲说,怎想气死我呀!大哥不忍看着母亲伤心,就同意去。要走时,却找不到自行车了。自行车哪里去了?被我推到镇外的打麦场上学骑去了,那个时候谁摸过车子?我没骑两下就把车子骑沟里去,把前叉子都摔坏了,我推着一辆摔坏的自行车从街上走过,要经过多少复杂的目光呀。那个时候大哥就是生产队里的整劳力,他干着和大人一样的活儿,却拿不上大人一样的工分,大哥常常为这愤愤不平。因为父亲的问题他和二哥常常被叫去开可教子女会,常常被生产队里派去干一些又脏又累的活。

有一年快过春节的时候,大哥和二哥被派到离我们镇上一百六十里路的漯河去拉生活用煤。他们回来的时候天下了大雪,颍河里结了冰,不能行船,年三十他们冒着大雪回到我们对岸那个小村里的时候,我和母亲就站在白茫茫的大堤上等他们。隔着宽宽的河道我看到了他们,我就叫了一句,大哥——一句话没有喊出来泪水就顺着我的面颊流下来,大哥在对岸叫妈——,二哥也叫妈——,可是他们却过不了河。妈叫一声,乖——声音就嘶哑了。

那一天,我和母亲看着大哥二哥沿着河道向东走去,他们要冒着鹅毛大雪到离我们家二十里路的项城去,那里才有一座桥,然后他们再往回走。大哥的脚步踏在厚厚的积雪上,在黄昏里,在我的感觉里发出经久不息的嚓嚓的声响,那个时候镇子里就响起了鞭炮声。

在那几年里,大哥几乎学会了所有的农活。等到后来实行生产责任制的时候,播种的时候,大哥就是耧把式。地里种什么,上什么肥,都是大哥说了算。直到今天,我们兄弟在颍河的河套里还都有一亩责任田。

1967年,我们公社里成立了豫剧团,现在我说不清大哥当时是怎样进的剧团,但我知道,那段生活应该是他生活历程上一次小小的辉煌。1968年是我们镇上的豫剧团移植革命样板戏最红火的年头,大哥演过《白毛女》里面的穆仁智、《沙家浜》里面的刘副官、《智取威虎山》里的小炉匠。而使他红遍我们那一带的角色是《红灯记》里面的鸠山,大哥头上戴着一个用猪尿泡做成的光头道具,几乎演遍了我们那一带所有的村庄。大哥有一部中篇小说,名叫《艺术皇冠》,写的就是那段生活。

1972年的冬季,作为盲流,大哥去了新疆。那段生活应该是他生活历程中的又一次小小的辉煌,在石河子,在奎屯,在伊宁,在察布查尔,在霍城,在新疆的很多地方都曾经留下过他的足迹,他体验过各种各样的苦难。

在这里我顺便说一下我的大伯父,新中国刚成立他老人家就从部队上转到了新疆石河子的农七师,尽管他老人家已经长眠在那块异乡的土地上,但那里还有他的儿女。尽管我没有到过那片土地,但我却十分热爱那里。我在绘画艺术上的启蒙老师一九八几年的时候,带着他的妻子儿女离开了我们的镇子,也到了那里。大哥说,在冥冥之中,我们似乎和那块遥远的土地有着某种联系。我明白大哥的意思,也清楚那段为我所不知的生活,在他后来的创作之中应该是起着很重要的作用。

一年后大哥从新疆回到故乡,几年后他成家立业,尽管又经历了许多风风雨雨,但他的生活基本上稳定下来。1985年他因为文学创作上的成就而被县里破格录用为国家干部,调到县文联工作。可以说就是从那时起,一直到调到省城的这么多年里,大哥一直是用他手中的笔说他想说的话,应该说是他创作的陈州系列小说,给我们那片土地增添了许多光彩。同时他也是用自己手中的笔养活着他的妻子和儿女。

大哥有时就会感慨地说,唉,不容易呀,我们农家的孩子,有俩钱不能算翻身,重要的是要从文化上翻身。

大哥在多年前说过的这句话,一直深深地刻在我的骨子里。是呀,小到一个家庭,大到一个国家、一个民族,文化教育上不去,那她就永远也别想强立于世界之林,一个民族是因为有了自己伟大的文化,她才生发出耀眼的光辉。比如俄罗斯,正是因为有了普希金、托尔斯泰、陀思妥耶夫斯基,才光芒四射的。

我认为对于人类苦难的体验,就一个作家来说是十分重要的,那种无意识地、你不可回避地把整个生命都投入进去的生活,和我们所提倡的那种下去体验生活有着本质的区别,因而也会产生出层次不同的作家。在我们经历生生死死的时候,我们那个时候根本就没有想到以后会去当一个作家,但当我们现在重新来认识那些经历的时候,它们就像被雨水从泥土里冲出来的金子一样,在我们的注目下闪闪发光。

读书

  大哥对文学的接触最初来自那些小人书。有一个夏季的上午,大哥要坐渡船到颍河的对岸去,然后再乘车到周口去找父亲。颍河对岸那带莽莽的长堤,对于幼小的我来说,是个十分神秘的地方,更别说离我们十分遥远的那座城市了。大哥给我讲过许多有关周口的故事,颍河上的老洋桥、桥头的镇水铁牛、关帝庙……我很向往那个地方,他的那些讲述,更加引诱着我要跟着他一块去周口的渴望。那天下午我抱着大哥的腿,坐在镇子南门外的红石码头上不停地哭闹,我一定要他带我到那个神秘的地方去。大哥实在没有办法,最后才对我许诺。他说,听话,等我回来,箱子里的画书随你看,好不好?我不同意,大哥又说,回来我一定给你买几本连环画,好不好?这下我同意了。但是大哥并没有实现他对我的承诺。那次他回来是买了连环画,可是,等他手里一有连环画,他就忘记了对我的承诺。他先在画册上写上孙方友三个字,然后又小心翼翼地把那些本应该属于我的小人书放进了他的画箱里。他的画箱里已经有了满满一箱子画书,可他就是不让我看。他说,你会看个啥?他不让我看,我就哭。一哭,母亲就会放下手中的活儿,过来吵大哥。母亲说,你买画书不就是让看的吗?大哥说,他看不懂。母亲说,不看咋会懂?给他拿一本。大哥翻眼瞪我一下,嘴噘得能挂上一把水壶,在母亲的监督下,他只好打开箱子给我拿出来一本画书,可他当时难受的样子,就像谁要取他的命。我当时那个心里呀,真是个乐!

  幼小的时候,对于我来说,大哥的画箱才是最神秘、最令我向往的。我最初的读书活动就是从大哥的画箱里开始的,从那里,我接触了大量的文学作品:《孙悟空三打白骨精》《林冲雪夜上梁山》《崂山道士》《杨七郎打擂》《画中人》《马兰花》《济公斗蟋蟀》《红旗谱》《红日》《红岩》《林海雪原》《铁道游击队》,等等。真正的书我也是从大哥那里看到的。

  记得我上三年级的时候,大哥在生产队的牲口屋里帮槽。所谓帮槽,就是帮助生产队的饲养员打杂、挑水、出粪、铡草等。等干完了这些,大哥才能挤出一些时间去看书。那个时候家里穷,一个冬天也洗不上一回澡。第二年夏天该穿单衣的时候,我的膝盖上就积了一层厚厚的黑灰。由于不卫生,我的头上就生了黄水疮。那种疮真是厉害,黄水流到哪儿,哪儿就起疮。母亲从医生那里求了办法,把树上的槐豆打下来,放在蒜臼里杵成泥,用香油配成药。母亲忙不过来的时候,就让大哥往我头上抹药。因为他等着看书,就抹得很不耐烦,三下五除二就抹完了,把帽子往我头上一戴,抡起巴掌照我头上就是一下子,痛得我抱着头在屋里直叫喊。母亲从外边进来了,大哥就笑着说,吃木了,吃木了。一边就拿着书本逃走了。往后去我就不愿让他给我抹药了,那时他心里有多得意呀,他可以安安稳稳地看书了。那个时候我一放学就往牲口屋里跑,趁他干活的时候,偷着把他看的书找出来看两眼。大哥一看我拿他的书,就急了,他说,放下。我就把书藏在身后,我说,我看看咋了?大哥说,你看不懂。我说,你咋知道我看不懂?大哥怕我把书给他弄坏了,就只好向我妥协。他说,好好,你给我念两段,要是念下来了我就让你看。我一听大哥这样说,我就高兴得要死。

那一天大哥看的是《平原枪声》,我兴高采烈地翻开那本书,看了大哥一眼,然后我读到:老鬼树上另着一个人……

还没等我读完,大哥就呵呵地笑起来,他把自己的腰都笑弯了。我不知所措地看着大哥,他的笑声使我心虚。他笑完之后伸手把书从我手里夺了回去,学着我的腔调说:老鬼树上另着一个人……

那一年我十岁,后来我才知道那句话的原文是:老槐树上吊着一个人。后来,我就把这段往事写进了《红房间》里,这部中篇小说发表在1991年第2期的《花城》杂志上。

写作

1974年"批林批孔"的时候,大哥重操旧业,进了公社组织的宣传队。这次他不是去演革命样板戏,而是改说山东快书。"文革"时期,北京广播事业文工团曾经在我们淮阳建立了一个五七干校,说相声的侯宝林、马季、唐杰忠,说山东快书的赵连甲等许多曲艺界名流都到我们淮阳劳动过,我大哥曾经去五七农场向他们求过教。那个时候,他的山东快书《赔茶壶》说得已经有些味道了。后来县里会演,就把一些自编自演的优秀节目留下来临时组成一个团,准备到地区去会演。大哥的节目被选上了,同时选上的还有我四弟和其他三个小学生演的《四个老汉学毛选》。只是大哥进了宣传队,为了配合当时的形势又改说了相声,节目也是他自己创作的,叫作《陈蔡绝粮》,说的是孔子当年来陈国游说的时候被饿了七天的故事。那个相声段子,被登在当时我们县文化馆办的内部刊物《革命文艺》上,可以说那是大哥写下的最早的文字。

最初的《革命文艺》是油印本,后来才改成铅字,封面是白皮红字。在我幼小的记忆里,那是一本很了不起的刊物。编《革命文艺》的老师姓张,也是临时从乡下的一所中学里抽来的,他和大哥很熟,大哥创作的曲艺作品大都在《革命文艺》上发表过。那个时候县文化馆设在太昊陵里,他们的宣传队就住在高大的统天殿里。在那段时间里,大哥结识了文化馆的霍进善老师,霍老先生祖籍不是淮阳,但他却是一个淮阳通,大哥没事就缠着他讲古,三皇五帝、传说掌故,霍老先生直侃得唾沫星子四处飞扬,那真是我们陈州的一张国嘴呀。1997年朱镕基到太昊陵参观,他就能把总理讲得哈哈大笑。可惜的是霍老先生1998年的一个春天被人误杀在他的家中,这个案子在我们那一带曾经轰动一时。霍老先生的故事应该是一篇小说材料,我曾经动过写他的念头,说不定什么时候这个念头就会变成现实,我在这里说到他,主要是他在我大哥的写作生涯中,起了一定的作用。但对大哥的写作影响最大的,是作家郑克西。

郑老师是我们省文联的专业作家,1976年他到我们淮阳去收集创作素材的时候,就住在太昊陵人祖坟前面的一排小房子里,那个时候大哥和他住隔壁,那间房子我去过。那一年我高中没有毕业就独自一人出外去闯世界去了,我一连在驻马店流浪了两年,干过各种各样的活计,我也常常收到大哥写给我的书信。

大哥在信里说,我的第一个电影剧本已经写好,第二部《水葫芦的小伙伴》已经开始动笔。大哥带给我的消息总让我十分的激动。那年的夏季我从驻马店回到故乡,在人祖爷坟前的那排小房子里见到了郑克西老师。见到郑老师的时候我真是很激动,你想,他是省城来的大作家呀!也就是从那个时候起,大哥在郑老师的影响下开始了小说创作。郑老师对我大哥说:你应该写小说!

也就是从那时候起,大哥从郑老师那里开始接触一些外国文学作品。比如普希金的《大风雪》、梅里美的《伊尔的美神》、莫泊桑的《羊脂球》、欧·亨利的《最后一片叶子》,等等,同时我大哥写的第一篇小说也刊登在《革命文艺》上。可是当时我们地区文联的一位文学权威看了那篇小说后说,这是小说吗?话传到大哥的耳朵里,他十分不服气,他说,那不叫小说叫什么?你不是说那不是小说吗?那我就写给你看看!从此,他才算真正走上了文学创作之路。

那个时候写作,条件真是差。没有稿纸,就用白油光纸;没有信封,就到我们镇上的新华书店里给人家要几张牛皮纸自己回家叠。好在那个时候投稿不要邮费,邮资总付。记得大哥第一次投稿是寄往《解放军文艺》的。大哥说,用不用没关系,只要他们能给我退稿。那个时候我的一个堂姐在大队代销点里营业,大队里的信件都走她那儿。有一天上午堂姐给大哥带回了一个大信封,是《解放军文艺》的退稿。大哥接到那个信封后,激动得泪流满面,连连说道,哎,退稿了,哎,他们退稿了,"高兴"得就像范进中了举人。

从那个时候起,我大哥就开始了他勤奋的写作生涯,他的稿子一篇一篇地往外寄,可是又一封一封地被退了回来,那里面大多都是一些铅印的退稿信。大哥把那些退稿信一封一封地用书夹夹到一起,挂在我家的土墙上。没事儿的时候,大哥就把那些退稿信拿过来翻看,每当接到一个大信封,大哥就怔一下,他说,啥时候才能接到一个小信封呢?

1978年的秋季,有一天上午我们正在地里出红薯,堂姐又给大哥带过来一个大信封。大哥接过信封用舌头湿了一下他干裂的嘴唇,用他那涂满黑色的红薯筋的手慢慢地撕开了那个信封。信封里出现了两本杂志,我看到大哥拿书的手都在颤抖,那是两本一模一样的杂志。他轻轻地翻开其中的一本,突然一下子跳了起来,在红薯地里朝河道里奔跑起来,他一边奔跑一边叫着,发了——我的小说发了——

起初,我们都被大哥突然出现的动作吓着了,等我们明白过来,也朝河道里追过去。等我们追过去的时候,大哥的情绪已经平静下来,但是有泪水从他的眼睛里流了下来。他对我说,发了,你看,真的发了,你看,这不是我的名字吗。

孙——方——友——他一字一句地给我念完了他的名字。

那篇小说就是大哥的处女作,小说的名字叫《杨林集的狗肉》,发在1978年第10期的《安徽文艺》上,而且是小说专号的头题。后来我们才知道为了发这篇小说,编辑部还专门往县文化馆来信搞过外调,调查一下看作者是否有政治问题。不是为了别的,因为那个时候都是那样,上级有明文规定。

原载《时代文学》2010年第9期

颍河的精灵
——漫说孙方友

田中禾

和方友相识多久了？在哪一年？哪个会上？写这篇小文时才意识到时光的飞逝、人生的短暂，怎么转眼就过去了二十五年？人一生有几个二十五年？即使活到百岁，和方友在文学路上一起走过的时光也足有生命的四分之一了。外人看来我们肯定有了很大改变，在我眼里，方友好像并没什么变化。还是那副笑悠悠乐呵呵的样子，操一口地道乡音，使用着乡土语言，朴实里透出机敏、狡黠，憨厚外表掩不住精明、内秀，交往不深的人往往会被他这种宽厚的笑容和看似本色的行止所迷惑，不知道孙方友其实不但有自己的思想和哲学，更有执着的个性和犀利的棱角。

1986年黄河笔会时我和孙方友都是从县里来的业余作者，既是会议的参加者，又是大会的服务人员。来自黄河流域八省和北京、上海的百多位作家在中州宾馆联欢，舞会正酣时突然闯进一员大汉，以独特的舞姿踏着迪斯科节奏在舞池里纵横驰骋。那旁若无人的气势、独创的舞步把全场跳舞的人震住了，舞伴们一个个停下脚步，退到舞池边缘，偌大一个舞会变成了壮士的独舞。他那淋漓酣畅、挥洒自如的样子让我赞叹，使我看到另一个孙方友——纯朴憨厚包裹着一颗自由、自信、自我的心。两者有着强烈的反差，而又自然而然地融为一体。孙方友的迪斯科是那一届黄河笔会最具轰动效应的花絮，孙方友的名字在文坛声名大震，全国文学界的朋友从孙方友的迪斯科认识了河南作家精神深处的景观——乡土与现代、质朴与时尚、传统与创造的交融。

我和孙方友先后调入省会，虽然同在一个城市，但相聚的机会并不多。省会文学圈子从20世纪80年代的活跃喧嚣逐渐变为21世纪的庸俗应酬，各种时髦的笔会被各种作品研讨会代替。如果说那时的笔会很浮躁，它还有一种文学氛围，还有激情的碰撞和激励，而今的研讨会不过是逢场作戏、吹吹拍拍，为某人捧场，不说是炒作，起码是宣传。在这样的会上，只有少数迂腐的人不识时务，煞有介事地说出自己的想法和见解，孙方友和他的弟弟墨白就是这群人之一。孙方友发言好像姿态很低，一副谦虚、礼让的样子，笑眯眯地奉承一段，话锋一转，突现峥嵘，让在座的人不能不刮目相看——这家伙不但认真，而且并非随波逐流之辈，他的发言不但是真话，而且常有不俗的见地。讨论文学，你千万不可小觑这个貌似忠厚的人，他不但有自己的想法，有自己的文学观和写作观，而且执着、执拗，不会轻易被某种潮流所裹挟。

  20世纪80年代，由于林斤澜、汪曾祺等人的影响，笔记小说曾红火一时，可把它坚持下来，作为创作的主打，到今天，恐怕只有孙方友了。20世纪80年代后期，方友的创作被评论界看好，他的一些中短篇受到评论家的好评。然而孙方友并没有如他们期望的那样朝中、长篇发展。从90年代起，他执着于《陈州笔记》，在笔记小说里找到了自己。我写《落叶溪》和孙方友写《陈州笔记》时间差不多，我只写了三十多篇，孙方友却把它当作毕生事业，锲而不舍一以贯之地经营着。虽然知道他一直勤奋地写着，发表了不少，影响也很大，但看到一摞十几本装帧精雅的《陈州笔记》系列小说集的时候，我还是很吃惊。"起初并没感到难，后来就感到难了。要保持题材、风格相近，又要避免面貌单一……"《落叶溪》代后记里这段话是我对笔记小说写作的真切体会，因而深知孙方友在《陈州笔记》上花费的心血和展现出的才华。十几本书，几百个精短故事，洋洋百万言，他把笔记小说这样的小东西做出了大品牌。翻读这十几本书，品味书中的故事，我更加明白孙方友的人生和他的创作。当主流文坛浮漾着泡沫和垃圾，以强势力量带动着势利的潮流呼啸而过的时候，孙方友守持着沉静的心态，坚持着民间立场，沉醉在家乡的人物和故事里。他讲述的是个体生命对历史的关照、乡土文化对人性的诠释。若干年后，那些轰动一时的宏大叙述湮灭之后，《陈州笔记》将因它的民间性、因它的野史的价值而显现出一个时代的文化内涵。

  而今每每与方友一起谈笑，仍然感受着他那外表与内心的反差。那眼神、表情、说话的方式，好像方友仍然是颍河边那个古老乡镇纯朴的乡民，在他的话语间我会感受到乡土的气息、泥土的亲情、乡风的濡染，恰恰是他这种出自本色、来自民间的机警、乐观、智慧，就如他的《陈州笔记》一样，在城市病态污染的文化环境中，在酸腐轻薄的文人风气里，显出质朴与执拗的笃定。孙方友是民间文化滋养的精灵、颍河的精灵。二十多年后回首一望，我得祝贺方友，幸亏他没听从大腕评论家的指点，埋头走着自己的路。看来人应该有所坚持才会有希望收获属于自己的人生价值。

见《小镇人物·重逢·附录》，河南文艺出版社2009年版

诚实儒雅　锦口绣心
——孙方友其人其文

聂鑫森

在中国文坛,同胞兄弟皆为作家的,为数不多,且卓然并立、成绩斐然的,则更少了。孙方友、墨白兄弟,便是此中的双星座,光芒四射,时日久矣。

墨白从文,是否受到其兄的熏陶和敦促,远离河南而处于湖南的我,自然无法细究。但墨白在为其兄出版的《陈州笔记》系列丛书(一共八本)所作的序中说:"阅读《陈州笔记》,对我来说是一个十分漫长的过程。可以这样说,我阅读《陈州笔记》的过程,就是《陈州笔记》的写作过程。"而孙方友坚持关于"陈州"的笔记小说创作,前后达二十余年,墨白耳濡目染,受到的感染可想而知,尽管他写小说的路数与其兄迥异,开辟的是小说创作的另一番新天地。

我读方友的作品,也是一个漫长的过程,先是知其名而未谋其面,后来是相见相识,成为要好的朋友。方友小我几岁,也是五十好几的人了,但仍然宝刀不老、才气逼人,在各个刊物上,他的名字和作品成为一个常量,数多而质优,可说是文坛一道奇异的风景。他写小说,以短篇为主打,兼及长篇和中篇;此外,还有百余集的电视剧面世。朋友们说起方友,都会赞不绝口,用河南口语使用得最多的一个字形容他,那就是"中"!

好些次与方友面对面相坐晤谈,或叩访其家,或开会相逢,他的诚厚总是让我感动。对于故乡文坛的是是非非,他从不会涉及,更多是对身边作家人品和作品的赞扬。当说到他从中得到了什么有益的启示时,他则双眸发亮,满脸是笑,嗓音也高亢起来。他最喜欢谈的,是生养他的那块土地,民间说唱、地方戏剧、风土人情、传说故事,以及他此生的种种际遇、阅读中国古典文学的"拍案惊奇"。

于是,我从方友的谈话中,体会到他立世做人的要旨。他诚笃地待人,公正地看人,圣贤即在身边,可学之处多矣。正如庄子所言"此亦一是非,彼亦一是非",当他跳出这些家长里短的纷争,便有了一个祥和的心境,便赢得了读书、创作、接触社会的宝贵时间。"外师造化,中得心源",其意专一,方友的锐意进取也就不可阻挡。他的诚厚,同时也是一种儒雅,以大胸襟容纳生活中的人事,便能以平常心描写小说中的人物,简洁而传神,有血有肉,呼之欲出。

我极为喜欢方友的笔记小说，此中的两个系列誉声满路，即《陈州笔记》和《小镇人物》，林林总总，达数百篇。方友曾赠我一套八本的《陈州笔记》系列，包括写陈州奇士的《雅盗·神偷》、陈州奇女的《仙乐·青灯》、陈州百行百业的《墨庄·花船》、陈州怪事的《蚊刑·媚药》、陈州传奇的《刀笔·绝响》，等等。所谓笔记小说，必须精致短小，容不得"篇苍苍，字茫茫"，写人述事，以简练取胜；同时又要求在有限度的情节中，人物神形毕现，于是细节的运用成为"点睛"之笔，不可不精心安排；文字的诗性调遣，必以一当十当百；文化氛围的着意营造，亦全力以赴。方友的笔记小说尽现这些特征，小巧玲珑，却有大境界、大气象，如旧体诗词中的绝句与小令，起承转合，摇曳多姿。

笔记小说，能写出一个出奇制胜的故事情节，能写活此中的一个或几个人物，并非易事，但能写出瑰丽的文化形态及潜质，则尤难。方友笔下的"陈州"和"小镇"，从某种意义上来说，是历史与现实深厚文化的凝结体，山川、风物、人事，都成为一个一个的文化符号而芬芳飘逸，从中可看出作者的博雅胸襟、高明见地、渊深学识，而且涓涓汩汩，自然、隽永，不着痕迹，此为"化"境，如《墨庄·花船》中所涉及的诸种行业："泥泥狗""守墓""名匠""饭庄""当铺""戏班"……不能不叹服这些文化"标件"的声色并茂，岁月的演变、社会的浓缩、人物的沉浮，皆笼罩在一种奇诡、悠久的文化气氛中，让人感同身受，陶陶然，醺醺然。正如墨白所言："《陈州笔记》确实成了认识和了解中原历史与文化的一把钥匙，你无法估量这种精神层面的传播有多么深远和持久。"

这就是方友的笔记小说，不，应称之为"文化笔记小说"，与那些只有一个奇巧故事的短小说拉开了长长的距离，自成一番独特的面貌。作为他的老友，我能不表示由衷的祝贺吗？

几年前的一个夏天，我到郑州做短暂停留，方友兄弟来看我，并送我一盒"淮阳泥泥狗"。这些"泥泥狗"，自古相传至今，造型古朴，似拙实巧，黑底彩绘，艳而不俗。

我想：方友的"文化笔记小说"，就像这传承不衰的"泥泥狗"，总给人历史的沉思和现实的惊喜！

原载《时代文学》2010 年第 9 期

趴着看人生
——孙方友印象

蓝 蓝

2005年10月，河南省作家代表团到西北采风，过嘉峪关，横穿戈壁，渐渐地开始有了棉田和人烟，路边买哈密瓜的人说一口河南话，破旧的收音机放在油渍斑斑的小饭桌上，里面咿咿呀呀播放着豫剧《穆桂英挂帅》的唱腔。有一瞬间我恍惚感到回到了河南，只有眼前一望无际、人烟稀少的大地提醒着我，这是到了离河南几千里地的新疆。路边在风中低伏枯瘦的骆驼草分明诉说着这片土地千万年的荒凉和贫瘠。

旅行社的中巴车在车辆稀少的大道上奔驰，导游举着麦克风说，前面就是石河子了。几分钟后，扭头忽然看到身边坐着的作家墨白眼睛里两行热泪从脸颊滚了下来，不由得吃了一惊，却心中忐忑不敢作声。良久，他对我说，他小的时候家里有很多亲人在周口活不下去，背井离乡来到这遥远的荒蛮之地，为的是有个活命的机会。当年逃来的叔叔就死在石河子，至死尸骨也未能回归故乡。他的大哥孙方友曾在新疆流浪，卖冰棍、打短工，吃尽了生活之苦……听他这么一说，我更吃惊了。

孙方友也是河南文学院的专业作家，在小小说界大名鼎鼎。我认识他之前很长一段时间里，并不知道他就是墨白的大哥。应该说，我很早就知道孙方友这个名字，但第一次直接和他的作品发生联系，还是在20世纪90年代初，我在著名作家张一弓先生任主编的《热风》杂志任职，负责编辑一个文学栏目。就在那时候，我收到过孙方友的小小说。

记得那次一共编发了他三篇小说，内容是我喜欢看的笔记体。说起笔记体，仿佛已经是古旧的事情了。在当代的小说创作中鲜见这种平民化中透着智慧的写作方法。我一向认为艺术形式的高境界就是特别，就是打着强烈个人印记的风格，所以，孙方友那些记述描写引车卖浆者流的小说，一下子就把我牢牢吸引。个中原委，后面再说。

我第一次近距离看到孙方友，是在他调到文学院后的作家例会上。大眼，炯炯有神，前额微秃，有了皱纹。高个子，大脚——我很少注意到别人的脚，但他那双挤在鞋里不断扩张的大脚板子给我留下了深刻印象。那是一双属于泥土的脚、习惯于行走在坎坷道路上的脚,它似乎在向人表明准备随时踏平人间的台阶。和他平日喜欢开幽默玩笑不同,每遇发言,无论大小会议或讨论,孙方友都会先认真地写好稿子,然后念。与张口就来、滔滔不绝的作家潇洒作风相比,显得本分且拙,背后却透着一点不为人觉察的硬硬的傲气。这一点在他平日里表现出的幽默中展现无遗。

一般来说,幽默意味着民主,盖因幽默以一种智慧的方式化解了权威,其中也包含着盔甲一样用来抵御对手的自我嘲讽。大部分拥有幽默性格的人都是在强权面前懂得反击和自我保护的人。孙方友的幽默平易近人,我这么说的确是把一些高高在上的幽默拿来做比较,后者的目的似乎并不在于显示自己的幽默,而是要显示智力上的优越感。孙方友显然不是这样的人。他能讲大量让人瞠目结舌的故事,简直是绘声绘色、活灵活现。我还从未在第二个人那里听到过这样迷人的讲述。通常,我们的开会之余或者是一起出外采风的途中,他就会开始讲故事。有时,我会从他充满魔力的讲述中逃出片刻,注视着他的脸和不断变化的表情,我感到一种神秘的东西从古老的黑暗中蔓延开来,围绕在他的周围。那是一代又一代底层人的命运,是多苦多难的人间可以生生不息的根源。

他曾告诉我年轻时在乡间写东西,随草台班子演出,以及遇到相声大师侯宝林的故事。毋庸讳言,和来自京城、曾是毛泽东座上客的曲艺大师那次亲切朴素的见面,对他的人生产生了巨大影响。和孙方友不多的几次聊天,他会随口来一段让人捧腹的山东快书、各种各样流传在民间的谚语,甚至是打卦算命的顺口溜。他曾在我婚姻出问题的时候以过来人的呵护向我提醒着男人和女人微妙的相处智慧和斗争技巧,我不得不承认他说得全对。

这个昔日的农民,这个曾背井离乡到处流浪的男人,这个只写小人物、底层民间的汉子,他不是不明白,从古到今凡书写帝王将相、英雄伟人,方能为当世所瞩目,为当权者所欢喜,即便在今天的各种文学评奖里,也鲜见因为写不知名的草民而捧杯戴冠的。明知其俗利而不为,愿为蝼蚁般小民立传,大勇也。他的书赠予我,不独我喜欢,我的父母弟妹都轮流着读过,并在左邻右舍的坊间继续着讲述。我自己也写作,尚不曾享有这般荣耀,这便是孙方友艺术渗透力的强大了。

再说笔记体小说何以是我所钟爱的文体。记得前些年,著名文学批评家李陀先生曾说,他对幸福生活的理解是:一杯茶,读笔记小说。这大大出乎我的意料。须知,李陀先生80年代驰名文坛,后远赴美国,对西方文艺思潮的了解如数家珍,对新马克思主义亦颇有研究,名副其实学贯中西,却独对笔记小说钟情,想必自有他的道理。不知道李陀先生喜欢笔记小说的理由是什么,我对笔记小说的喜欢源于童年时代姥姥和父母给我讲述的各种民间故事和古怪传奇。这些故事培养了我的想象力，培养了我对神秘事物的好奇心和敬畏，尤其培养了我对于语言的敏感。可以这么说，这些民间故事深厚丰富的土壤，养育并催发了我心中文学的幼芽和花蕾。对，是它们而不是各种各样来自异族的思潮或概念。当下有各种文学形式、五花八门的写作技巧，人人都以求新求变为荣，唯独孙方友"抱残守缺"，对笔记体小说不离不弃，主动放弃"前卫""先锋"的姿态，并以自己坚持多年的创作赢得了万千读者，这其中既有小众，亦有大众，不能不说在当代文坛是一个引人注目的现象。记得去年美国大名鼎鼎的桂冠诗人罗伯特·哈斯到中国进行文化交流，他曾问我是不是"先锋诗人"，我回答说不是，他眨着眼睛会意地点头道："我也不是。我是个传统的诗人。"由此可见，孙方友对传统的看法，与哈斯是相同的，他们对肤浅而媚俗的写作不屑一顾，坚守着传统文化中最广阔的原野和开放的可能性，而这恰恰是能够经受时间考验的一种写作。很多读他小说的人，也是他小说中的人物，如此众多的人物构成了当代社会的众生相，既无谎言般的粉饰，亦不回避各种复杂的社会问题。孙方友和别人不同，他趴着看人生，其身体力行的写作最贴近泥土和大地。他诚实地记录了世相百态，其叙述手法形态百变，但笔记体仍是在近乎数学般精确的框架里行使作者的意图。说孙方友是当代笔记体小说的集大成者，此言应该不假。说孙方友是当代笔记体小说的一座山峰，更是名副其实。他的一生都在为陈州地方甚至更广袤土地的百姓父老说话；在更多人面对苦难的沉默和麻木中，他的声音是低沉而有力的，一如他的为人。

　　说到他小说的艺术特点，我以为，近代社会资本主义化以来，以讲故事为主要叙事特征的古典小说，逐渐被个人化经验叙事所取代。以往有着集体文化背景的叙事，日渐衰落。个人化经验叙事虽然突出并强调了个人感受与世界的关系，但也隐藏着逐渐脱离人所共有的情感体验，走向极端的"自言自语"，法国新小说在曾经风行一时后，也慢慢地失去了越来越多的读者。

　　一位拉丁美洲的汉学家曾经告诉我，他翻译过很多中国的作品，其中，中国古代的小说有《聊斋志异》和《搜神记》，现当代小说也有选集，但销量远远比不上前者。其中的原因，虽然不排除读者对异族传统生活的好奇，但也有着更深层次的阅读期待。譬如，现当代小说与古典小说相比，后者似乎拥有更多读者群。相对于现代人不再有"故事"，只有"片断"和破碎的人生经验，以往"讲故事"人的身份从启蒙者开始撤退到自说自话的位置。但这并不意味着"故事"的最终结束，反而由于缺乏，更多的人对"故事"的需要也越来越多。那位汉学家告诉我，他翻译的《聊斋志异》干脆就叫《中国故事》。

　　孙方友的新笔记体小说，可谓是这种现实主义小说在当下硕果仅存的不多例子之一。

其一,他的笔记体小说不同于许多作家在个人化叙事创作体验中的回归。拿写作风格非常个人化的作家虹影来说,她是在有了很多写作实践后,才决定重新回到笔记体小说创作的道路上来的。孙方友和他们的不同在于,他的创作一开始就扎根于民间故事、民间艺术的沃土,几乎从未背离这片深厚的土地。他的作品就像一株天然生长出的植物,携带着"陈州"这片土地的气味、湿润,毫不做作地展现了一个作家对脚下本土文化的忠实守候。《陈州笔记》几大卷,正如序言中所说,犹如一部"百科全书",包罗万象,笔墨所到之处,人物、风俗,洋洋洒洒,栩栩如生。仅此一点,在目前国内的作家中,已经屈指可数。

其二,孙方友的叙事语言,有着极其典型的本土文化特点,行文中人物的对话和状物描写,鲜活生动,譬如他写壮硕的马屁股,形容"犹如两陀凉粉",非常形象,呼之欲出,叫人叹为观止。他的叙事语言继承了传统笔记体小说自由从容的特点,但也有自己的创新和发展。既质朴又典雅,方言俚语运用自如,出神入化。

其三,孙方友小说情节以奇取胜,奇则奇矣,却未超出情理之外。他的小说故事通常是一波三折,起伏跌宕,结尾又如康拉德般出人意料,令人拍案叫绝。这般构思非奇思妙想所不能。

其四,也是最重要的一点,孙方友笔记体小说——或曰故事在当下的意义。和当代小说有着最大不同的是,故事里的人物有着完整的命运。故事有着寓言般的启示意义,同时也承载着当代小说已经放弃了的集体记忆,或者集体文化含义。故事所讲述的人物命运,都能在现实生活中找到他所对应的影子。这几乎是每一个文学大师的梦想,那就是将个人体验与他人的经验感受联结起来,通过虚构建立起一种现实。它用"故事"来达到现实,它以"发生过"的讲述,寄托着"当下"人们的愿望和幻想。它唤起的读者的想象力抵抗着将生活和命运虚无化的危险。正如他的《陈州匠人》中那个不肯为日本人做花席的赵典,在他死后很久,唯一一个与他有着共同记忆的村人常到他的坟头坐坐,作者在结尾时来了淡淡一句:"后来,那人也死了。"这淡淡一句话,却令我震撼。作者无限感叹的不是时间的流逝,而是遗忘。或许,我们这些当代人对"故事"的遗忘,恰恰是对我们自身完整命运的遗忘,也是对叙事正在疏远当下真实生存的危险忽视。

我在孙方友的小说集中看到过他年轻时的样子:一双明亮的大眼睛,流盼生辉,鼻若悬胆,茂密的黑发覆盖着额头,真可谓相貌堂堂,风流倜傥。我根本无法把这个朝气蓬勃的美男子和一个"盲流""流浪者""卖冰棍的人"联系起来。但是,有一件事却给了我难以忘怀的印象。那时前些年文学院的作家们到欧洲交流,在罗马机场,他忽然找不到回国的机票了。眼看就要登机,他拖着行李箱张皇失措。我赶紧帮他翻找,一面安慰他,无意中我瞥见他的手在紧张地颤抖——那一瞬间,我惊呆了。一阵酸楚涌上了我的心头。那只手曾干过多少又苦又脏的活计,它锄过地、割过麦子,它和泥搬砖头、扛大活盖房子,它摘棉花、凿石头……这只手写下过中国篇目最多的笔记体小说,记下了小人物最为众多的生活。可是现在,它在为一张机票发抖,显示着往日漫长的岁月里不可预测的命运、噩梦般的生活、被剥夺尊严的经历所留下的后遗症。

我敬重这只手,一如我敬重所有经受过苦难、承担过苦难,却为见证这苦难而留下文字的人。

孙方友,他做到了。

原载《时代文学》2010 年第 9 期

再说孙方友

南 丁

小说家孙方友，2013年7月26日12时20分，因心脏病突发，抢救无效，猝然去世，享年六十四岁。酷暑炎热的那一天，他正坐在案前写作小说《戴仁权》，他就倒在那未完成的小说残稿上。

我未去向方友的遗体告别。我不想不愿去看方友的遗容。我不忍去白发人送黑发人，我与方友的母亲同庚，我可以算是他的长辈。我希望在我的心中永远保持着方友的生动形象，那被颍河上空的太阳晒黑又被颍河原野上的风吹红了的脸庞，那被对生活对文学的热情燃烧着的明亮的双眼。我不愿这个形象受到任何打扰而有所损坏。

想起三十多年前孙方友的三十岁，那是1980年。是时，我已在文学圈折腾跌爬滚打了三十年，正与方友的年岁相当。我说折腾跌爬滚打，至今仍痛楚和伤感。这些折腾跌爬滚打，大都与文学的发展无关。或可进一步说，大都对文学有害，比如"反胡风""反右派""文化大革命"。1980年春天，河南省在距第一次文代会二十六年之后召开了第二次文代会。如果正常，会间隔得如此之久吗？终于回归了文学，可以为文学做些事情了，真想为文学多做些事情，以弥补找回那失去了的太多太多的时光。于是，在文代会不久，河南省就召开了农村题材座谈会。我在1992年所写《晕说孙方友》（《莽原》1992年第3期）里记下了对孙方友的最初印象：

> 那使自己骄傲的十二年前的我的那目光，看到了什么呢？一架壮实的身材被一身褪了色的军装所包装，一张黑不溜秋的还挺英武的脸膛，一对贼亮贼亮的眼睛，那眼神里放射着狡黠与诚实、谦逊与自信掺杂在一起的光芒。整个的散发出颍河岸边的泥土气和水草味。对于城市里被污染的空气，这个黑脸亮眼壮实的乡村青年散发出的气味，就挺新鲜挺好闻，多少有那么一点净化效应。那手也算得上做过庄稼的手有握力够粗糙有膙子。

孙方友也有他的版本，他于1993年应《老人春秋》之约所写的《南丁印象》中，如此描述：

> 第一次见他，大约是1980年。"文化大革命"后，省文联召开了第一次农村题材座谈会，从下面邀请八个人，我是其中之一，论年轻，非我莫属，其

次是叶文玲,再次是乔典运。那时候我还在家务农,去省城开会还要按天缴纳工分款。当时河南文坛新人辈出,为何让我捞了个便宜?现在想来很可能是郑克西与南丁两位老师没少从中作"梗"。由于家穷,我穿着一件褪色的黄军装,裤子上还补了补丁。第一次走进省文联会议室时心情很紧张。刚刚进屋,就听一个沙沙嗓子的人问:"哪个是孙方友?"郑老师拉我走了过去。那是一位精瘦而不弱的中年人,迎着走了过来,握手,打量,目光慈祥,平和而善良,许久,只说了一句话"坐吧",话,像是已从眼睛里说完了!

那个沙沙嗓子、目光慈祥、平和而善良、精瘦而不弱的中年人,就是1980年时孙方友眼中的我。

方友这里说起郑克西郑老师,我稍说几句。克西与我是华东新闻学院同学,1949年9月我们一起由上海来河南,先在河南日报,1950年2月又一起被重新分配至河南省文联。1980年河南省第二次文代会上正式成立了中国作家协会河南分会,克西与我都当选为副主席。方友这个文学新人,是克西首先发现的,他介绍我看了方友发表的两篇作品《杨林集的狗肉》《颍河风情录》,记得好像是发表在《安徽文艺》和《百花园》上。我也喜欢,以为是从泥土里生长出来的真家伙。我们就商量决定,虽是刚刚起步的乡村青年作者,但路子很正,潜力很大,请他来开会。这就是方友说的所谓作"梗"。于是,他心情紧张地走进省文联会议室,这就算是他进了"场",进了文学这个场。1980年冬天办了三个月的文学学习班,也请方友到了场。后来被那个班上的有些学员包括方友在内昵称为"黄埔一期",那是他们作为写作者的难忘记忆。学习班结束后又组织学员去西南而后华东的采风活动,历时近月,大开眼界。克西已于2010年去世,享年八十一岁,有小说集《杏林春暖》、散文集《三门峡纪事》等存世。

之后,方友就成了经常被邀到场的人。1985年,我以为对新时期的河南文学界是重要的一年,那一年河南的小说家们勤奋劳作,获得好收成,在全国引起很好的反响,令人高兴。年末,即1985年12月10日,我们开了个小说创作评论工作座谈会,这个会也请方友参加。我在会上有个讲话《继续推进小说创作的好势头》,专门讲了方友几句话,"还有一个孙方友,也是农民作家,他在颍河旁边编织着他的颍河风情画,他的作品、他的语言,我认为是有个性特色的,这也是个'危险人物'"。现在回想起来,那个"危险人物"看着我的眼睛里写着感动和兴奋。方友在《南丁印象》中说,"扫描器般搜索着他所熟悉或陌生的眼光,每次'扫描',总要在我的身上'顿'一会儿。我就与他用目光'交谈',仍是投机,仍是和谐"。这大约可以算作这种目光"交谈"中的一次。

1990年方友从他的家乡淮阳县新站镇给我来信,对我1985年时的"危险人物"说,做出回应:"何老师:半年未见,甚是想念。今年我情况可以,到年底有望发出二十万字,已占《星火》《北京文学》等刊头题,《钟山》将发表我的中篇《虚幻构成》，用崭新的视角叙事，由苏童责编，我不知此篇能否构成'危险人物'的前奏？但我对这部小说抱希望颇大，当然这也有个命运问题。另外《百花园》第 10 期也将以头题推出我的笔记小说，第 4 期推出我的四篇已有《小说月报》等几家转载。墨白今年也行，《清明》《钟山》《百花洲》《当代作家》都有中篇问世，《收获》也有一部《同胞》写得可以，责编已经送审。情况汇报完毕。学生孙方友敬上，1990 年 9 月 10 日于故里。"墨白是方友这位大哥的三弟，当年也在故里做小学教师，从事业余写作。可以看出，方友对其 1990 年的成绩单有些情不自禁的得意，迫不及待地要告知我。

随后，又来了，1992 年早春，方友寄来一份长长的成绩单，还说是要目。我在此不一一列举，大体上，中篇十几部，短篇数十篇，小小说上百篇，一百二十余万字。他在附信中夸我的眼睛，说我在十二年前的 1980 年第一眼看他时的眼神就充满自信，自信没看错人，云云。并请我为他写篇文章评说评说。我看了方友那成绩单，高兴，我看那附信，就想笑，这哪里是夸我，分明是拐着弯儿夸自己啊。文章我写了，大约是较早评说方友的文字，题为《晕说孙方友》，文章的开头我就说："据说十二年前我第一眼看方友的目光叫方友难忘，据说我那目光非常自信，自信没看错人。当我看到方友寄来的洋洋洒洒的作品要目时，就很为自己十二年前的那目光骄傲，就很想回忆那目光，只可惜自己的目光自己看不到，回忆就发生了困难。虽然难于真切地回忆起那目光，看着眼前这要目的洋洋洒洒，也如同喝了杯新毛尖茶那般滋润了……"可以看到我情不自禁地对方友的赞赏之情。

1992 年，我与方友大约有一次见面，方友在《南丁印象》中如此描述："由于我去年（1992 年）身体欠佳，南丁先生离职之后我只见过他一面。在省文联小招待所，他去看望作代会代表，306 房间，他握住了我的手，目光慈祥，平和而善良，打量许久才说，'要力作！'话仍然低沉凝重且残留着主席风度。"方友在同一篇文章中两次提到我的目光，重复用了慈祥平和善良这几个词，我自己不知道是否如此，因为我看不到我自己的目光。还说起我的风度，还是主席的，且残留着。我还有风度吗？有意思。小说家孙方友这里用的手法是写实还是浪漫呀？

1993 年末，我应邀为"颍河作家丛书"写总序，在那总序中我写道"于是就顺理成章地生长出这套'颍河作家丛书'来。这个阵势中写小说的挺红火热闹的孙氏兄弟方友、墨白，写诗的梁辛，搞评论的李少咏，是熟识的，其他各位朋友则暂未谋面。第一辑即推出十二本，也够浩荡。我当然知道这只是他们阵势中的一部分，这只是他们作品中的一部分""搞文学的企求什么呢？自己的作品，如能像颍河水里的波浪中的一滴滋润过了什么，如能像颍河平原上的春风中的一缕吹拂过了什么，也就得到欣喜和安慰了吧""倒真的不必夹着尾巴作文。说不定也有人会弄出更大的气候来，走向不朽，与永恒奔流不息的颍河共存。那就让颍河做证吧"。这最后一段文字,是期待也是预言。"说不定也有人"是暗指,颍河作家群中人会看得明白,那是指孙氏兄弟的大哥孙方友的。

20世纪90年代中期吧,方友被借调至河南省文化厅属下的《传奇故事》编辑部工作,编辑部报请文化厅拟正式调入,数年过去仍无消息。方友着急,来找我求计求助。看着方友那两只无助的渴盼的眼睛,我当即爽快答应,此事我来办。就好像此事就归我管,我只一句话就可办成事。其时,我早已离开文联的领导岗位,但我与文化厅厅长是可以说上话还谈得来的朋友,可能是因为厅长政务繁忙忽略了此事,也可能是因为对方友了解不多,导致对这个难得人才的价值认识不足,我要亲自去向他游说推荐,我相信他会听取我的意见的,我信心满满把握十足。那天上午送走方友后,我随即骑了辆自行车直奔文化厅。那时文化厅还在花园路那老地方,经七路往南左拐纬一路往东至花园路,十几分钟就到了,我爬上四楼,就找到了正在开会的文化厅厅长,我把他拉了出来,坐在外间,说了此事,他仔细倾听并用笔记下。不久,1997年10月,孙方友正式调入《传奇故事》编辑部,户口也随着转入郑州。一切顺利。此后,方友老将此事挂在嘴上,说我对他有知遇之恩。真不敢当。

赵富海在《南丁与文学豫军》(作家出版社2013年10月版)里说,他于2009年11月4日至9日首发在《大河报》上的长文《南丁与文学豫军》,触动了一些人的情怀,首先是"'黄埔一期'的学员孙方友,他第一个打电话给我,说:赵兄写得真好,我也写过南丁,写得不好,我感恩,没有南丁,就没有我孙方友。南丁老师第一次见我时,(孙方友学南丁的口气)用低沉的声音问:孙方友来了没有啊?把我这个农民吓一跳,这么大个文豪,还知道我孙方友。孙方友是很会过日子的人,打电话很节省时间,这次很长,他继续在电话里说:南丁老师握住我的手说,方友特色,笔记小说。富海兄,听到这话,我的手都抖,差点晕过去。他话又转回来,你咋恁会写,记得那么美,珍贵呀!下蛋呀,咱们那班蛋下得都不错,那时南丁就说,搭个窝,你们下蛋吧!那啥时候啊,刚改革开放,不说啥题材,给咱创造个条件,自由写作,了不起!"(见该书28页)

赵富海这段文字,夸张了。他于2009年冬天发表在《大河报》的那篇文章《南丁与文学豫军》,事先我并不知晓,发表后我才看到。发表后,方友第一个给富海打电话,他们之间有很好的友情,方友向富海表述对我的情意,我以为这是真诚的。但是,说我握住方友的手说,方友特色,笔记小说。方友的文章《南丁印象》并无此记载,我也不记得说过此话。因为,方友的笔记小说,是从1985年时才启动的,就是我说孙方友是个"危险人物"时的1985年,而不是我和方友第一次见面的1980年。至于方友在电话里向富海说"这么个大文豪还知道我孙方友",也可能是他们朋友之间随意说,形诸文字,我看到,就感到有种嘲讽意味,如坐针毡,扎得我不是"差点晕了过去",是真的晕了过去,叫扎晕了过去。

我知道我是谁,我对自己定位十分清晰,我就是一个一生在文学界工作的文学人,在文学界做过编辑做过创作做过评论做过组织领导服务各项工作的文学人。

我之所以要详细叙述方友正式调入《传奇故事》此事,是因为要澄清另一件事。赵富海所著《南丁与文学豫军》中说,孙方友是由我调入省文联的。有误。没有此事。应予更正。富海可能是将这两件事弄混了。

方友到河南省文学院搞专业创作,是2002年,为时任省文联的领导和时任文学院的院长评论家孙荪、常务副院长及小说家李佩甫所为,他们有比我更为聪明的慧眼。

我以为,作为一个文学写作者的方友,在《传奇故事》编辑部的数年历练,到文学院去从事专业的文学创作,都是重要的。《传奇故事》编辑部的数年历练,恰与他正在写作的新笔记体小说相类近,这使他开阔了眼界、增长了才干。去文学院当专业作家,使他有了全由自己支配的充裕的时间。这不但保障了他创作的量,也促进了他创作的质。有其三弟也是小说家的文字为证,墨白在长文《〈陈州笔记〉的价值和意义》中说:"方友创作的第二阶段是1999年至2013年,这一时期创作完成的《陈州笔记》一百六十八篇,《小镇人物》二百八十八篇,构成了孙方友新笔记小说总量的三分之二。孙方友这一时期的新笔记体小说的叙事风格日臻成熟,特别是到了晚后期,《陈州笔记》里的篇章不仅写得从容自然气运畅通,还写得出神入化,形神浑然一体。"这符合方友创作轨迹的实际,也是理所当然的。

方友去世后不到两年的时间,为他开过三次会。这种礼遇、这种荣光,对于一个已逝的作家来说,也属少见。三次会,我全都去参加了。这三次会分别是,2013年8月9日,插图本《俗世达人》首发式暨孙方友追思会;2014年7月26日,孙方友小说全集(二十卷)前八卷《陈州笔记》《小镇人物》首发式暨孙方友逝世一周年纪念会;2015年3月28日,《陈州笔记》《小镇人物》研讨会。《俗世达人》为方友笔记体小说的精选本,在方友生前即编就下厂,出版时方友刚刚去世,作者本人未能看到。三次会安排得各有侧重,话题太多,真是说不完的孙方友。我在三次会上也都做了发言,关于方友,我有许多话要说,如今想来,意犹未尽。

2014年7月26日的孙方友小说全集(二十卷)前八卷《陈州笔记》《小镇人物》首发式暨孙方友逝世一周年纪念会上,方友的女儿孙青瑜送我一本书,作家出版社2014年7月出版的孙方友著《小镇奇人》,计六十三篇,二十八万字,为《小镇人物》的精编本,说是为方友生前亲自编定。书的封面和扉页用了我一句话:"孙方友的新笔记体小说要传世,他是当代伟大的小说家。"这句话,为我在2013年8月9日方友的追思会上所说,作家出版社在报刊上摘了我这句话作为广告词。能为方友的小说的推广做点事说句话,我感到高兴和荣幸。

我如此说,不是感情用事,不是一时冲动,不是哗众取宠,是有着方友的创作实绩作为依据的,坚实的依据。河南文艺出版社编辑出版的《孙方友小说全集》,已先推出他新笔记体小说《陈州笔记》《小镇人物》计八卷,将要陆续出版的为中篇小说三卷《虚幻构成》(1985—1991)、《血色辐射》(1992—1995)、《都市谎言》(1996—2011),短篇小说二卷《黄色的雾幔》(1978—1989)、《浪漫在瞬间》(1990—2013),小小说、百字小说一卷(1978—2013),长篇小说六卷《武大郎歪传》《鬼谷子》《衙门口》《女匪》《乐神葛天》《濮家班》。

中篇小说、短篇小说、小小说、百字小说、长篇小说等且都不说,只说新笔记体小说。孙方友的新笔记体小说七百五十六篇,共约二百六十万字,收录《陈州笔记》的三百五十一篇,收录《小镇人物》的四百零五篇。陈州即孙方友生于兹长于兹的河南省淮阳县的古称,淮河的主要支流颍河流过境内。小镇,孙方友笔下的小镇颍河镇,是他生活了四十余年的新站镇的文学称谓。《陈州笔记》讲述的是民国故事和人物,《小镇人物》说的是1949年新中国成立之后的人物故事。五行八作,种种色色,这些人物的爱恨情仇命运遭际无不刻印下他们所生活的历史时代的印迹,反过来,这些人物的命运则反映了那个历史时代的风云变幻、跌宕多姿。将其连缀起来读,即可看作是一部反映中国现当代百年来历史风云的史诗。这是孙方友站在民间立场以中国气派的大繁至简的新笔记体讲述的中国故事,是孙方友历经数十年的耕耘所创造的史诗。方友新笔记体的某些名篇早已在民间不胫而走,雅俗共赏,获得广泛的欢迎,民间也早已有"古有《聊斋志异》,今有《陈州笔记》"的赞誉。也有不少名篇已译成多种外国文字。

这就是我所以说出"孙方友的新笔记体小说要传世,他是当代伟大的小说家"这句话的理由和底气。还记得我说此话时,还说了大意如下的话,说起伟大,我们的目光总习惯地投向远方,时间历史的悠远的远方,空间地域的遥远的远方,就仿佛只有茫茫的远方才是生产伟大的地方。谁料想,伟大就在我们身旁,就是这个我们熟悉的孙方友,糙不拉几地靠着写写小说混进城里的土气至今也尚未褪尽的不吸烟不喝酒不唱歌不跳舞整天就是写写写,听说稿费挣了不老少,不但养家糊口而且养育子女而且听说在省城郑州置买了不止一套房产,且都是大房子,也算是有本事,全靠自己那原先做庄稼磨出腿子之后写小说磨出茧子的手,不容易,不简单。但是,他伟大吗?他可以被称作伟大的小说家吗?你说呢。

孙方友生前所获的文学奖项中,小小说金麻雀奖,小小说终身成就奖,为其比较亮眼的两个奖项,获得此奖的有当代十分著名的作家王蒙、冯骥才等诸位,与之为伍,当然荣幸,就小小说这一文体而言,与王、冯诸位相比,方友也无愧。因此,在《小小说选刊》做了近三十年总编辑的杨晓敏从这个角度出发,提出他的见解:"孙方友生前创作了许多小小说作品,加在一起近千篇,这对中国文学来讲,对小小说来讲,都是令人感到非常欣慰的。一种文体,总要有一些非常优秀的作家来支撑,孙方友就是支撑这种文体的伟大作家。"晓敏是将方友的新笔记体小说(其多数都符合三千字之内的小小说之规范要求)都算在小小说之内的。方友之所以获得金麻雀奖、终身成就奖,是因为作为主持此两项奖项的资深小小说编辑家,对方友是算总账的。晓敏认为,方友继承并发展的新笔记体小说,只是小小说的一种写法。将其认定为20世纪80年代以来新兴的并发展繁荣壮大的小小说文体的开拓者奠基者之一的伟大作家,或更适宜。杨晓敏对小小说的深深的情有独钟的情结,当然可以理解。他的说法,也自有其道理在。顺便说一句,坊间有本书《杨晓敏与小小说时代》(赵富海编著,作家出版社2014年第1版),据说卖得相当火。

我在1992年早春所写《晕说孙方友》,有这样的文字:"70年代末期80年代中期的中国,文坛够热闹。搞文学的有两支队伍特活跃:一是经历过坎坷的中老年作家,做出好像真的'减去十岁'了的样子在那儿意气风发;一是下过乡的知识青年,即知青作家群,北大荒陕北山地草原平原乡村给了他们许多感受,他们要借助于文学倾诉,他们的势头那时已初见端倪。河南有河南的特色,这就是直接从泥里土里庄稼棵里冒出来几个愣头愣脑的家伙。孙方友是其中的一个。"

孙方友如何冒出来?不妨先往前查勘他的人生步履。大约也是天意,我以为三个七对于方友有重要意义。1956年,他七岁,这年他家遭遇一场火灾,一场大火将他家化为灰烬,烧得他家倾家荡产。七岁童年的方友,就深刻体验了灾难与贫困带给他的痛苦。1966年,他十七岁,他父亲因"四清"中的经济问题被捕入狱,次年被判三年徒刑在西华农场劳动改造,这对于方友的家来说,好像抽掉了顶梁柱,不啻十年前那场火灾。方友是七个兄弟姐妹中的老大,他是长子,十七岁少年的方友,他的尚未坚强起来的柔弱肩膀,就要协助母亲承担起家庭这副重担,正在读中学的他回家务农做庄稼,之后于1972年初春又远去新疆察布查尔谋生,在九个月的"盲流"生活中,干过深山伐木、窑场打土坯、卖冰棍等各种营生。1976年,他二十七岁,《孙方友年谱》中如此记载:"春天,在淮阳太昊陵结识作家郑克西,开始接触西方文学,学习小说创作。"我当然十分熟悉我的朋友郑克西。克西祖籍浙江舟山,在上海出生,在上海长大。他心直口快,性格直爽,敢于承当,热心肠,乐于助人,也好为人师(我以为这也是克西的优点)。他平日好读书,阅读范围甚广,阅读量甚大,其中西方文学占相当分量。他记忆力好,口头表达能力也甚强,能够复述他读过的书的故事,并能点评出它的出彩处,反映着他的文学欣赏水平的高档次,说起来滔滔不绝,口溅白沫,极其兴奋。聊天闲谈中,我就常领教他的风采,欣赏着,受益着,并快乐着。面对《年谱》那简短的文字,我都能想象出方友在太昊陵前与克西结识会面的场景,那必定是方友求学若渴谦逊求教而克西诲人不倦谆谆教导循循善诱滔滔不绝,于是方友就开始接触西方文学,就学习小说创作。

实际上,在这个春天的此前一年的冬天,即 1975 年的 12 月,方友刚刚拜访过在淮阳五七干校劳动的侯宝林先生,开始学习写相声,并于 1976 年创作了山东快书《找花镜》,被收录河南人民出版社的曲艺集《新风格》中,为他的处女作。1977 年在淮阳县公路段宣传队做临时工,边修路边演出自编的相声、山东快书节目。1978 年回到他的新站镇,在文化站做文化专干。

他的短篇小说处女作《杨林集的狗肉》发表在《安徽文艺》1978 年第 10 期小说专号的头题,一开始就出彩,极大鼓舞了他写小说的信心。从此,他开始带领比他小七岁的也酷爱文学的三弟墨白,打起以写小说为内容的文化翻身仗。何谓?稍加解释,就是要以写小说来改变自己的命运,改变自己的人生。写小说能改变命运、改变人生吗?只有初中文化水平的孙方友,竟敢做如是想,真乃壮哉!勇士。

七岁童年和十七岁少年的孙方友相继遭遇到的家庭灾难,教会他坚强,滋养着他坚强人格的成长。二十七岁青年的孙方友与作家郑克西的偶遇,那是造化派遣的使者,专为指点他的前程而来。

所以,我说,七岁,十七岁,二十七岁,这三个七,在方友的生命中有其不一般的意义。

结果,都知道了,方友从一个农民,墨白从一个乡村小学的教师,他们兄弟二人双双都成了专业作家。正如他们所预想的,硬是靠写小说改变了自己的命运和人生。

写小说靠什么呢?靠生他养他育他的那片土地,靠他的那个在生活中叫作新站在他的作品中叫作颍河的小镇。靠他生活在其间的如今叫作淮阳古称陈州的那个县域,靠滋养他的颍河,靠在颍河上空的太阳,靠颍河原野上的四季风,靠百年来曾在那里和正在那里生活的百姓,苦涩也好欢乐也好,悲剧也罢喜剧也罢,或现实或浪漫或传奇,故事全在他们之中。有一颗悲悯爱怜的心灵,有一双热情渴望的眼睛,便会感知便会发现那是取之不尽的文学宝藏。

还有,还有。

还要行万里路。方友 1972 年曾去新疆"盲流"九个月。1980 年冬入了文学场后,与同辈的许多文友一起去西南的云南四川而后华东的上海采风。逐步著名之后,受到各地邀请,或获奖或研讨,皆为座上宾,南方北方,饱览祖国大好河山。成了专业作家之后,又有机会去了欧洲的法国、德国、意大利、荷兰、比利时、奥地利、卢森堡、梵蒂冈,复又去了俄罗斯。他的腿比我长,全是我未去过的地方。

还有,还有。

还要读万卷书。

从两篇孙方友与他的女儿孙青瑜的对谈中,可以窥见方友读书的一些消息,一篇是《努力把家乡写成一片原始森林》(《西湖》2012年第8期),一篇是《从象义关系谈小说之"小"》(《南方文坛》2013年第6期)。这两篇对谈中,涉及中国古典的骈文、唐诗、宋词、元曲,涉及《红楼梦》《西游记》《聊斋志异》,现代的文学巨人鲁迅,古代的思想家庄子,当代的作家汪曾祺、王安忆、刘庆邦、方方,甚至年轻的毕飞宇、鲁敏,等等;国外的,涉及《十日谭》,涉及马尔克斯、卡夫卡、卡佛、卡尔维诺、莎伦·斯达科,等等,方友不但对他们的作品熟稔在心,且能讲出他们的小说观,说出自己的取舍。从这里可以得知,他的读书之广,他的写作的高度自觉,他在写作实践和阅读借鉴中早已壮大。

现在,可以大体知晓,这个从泥里土里庄稼棵里钻出来的愣头愣脑的孙方友,如何借助于外力,自己将自己培养锻造成为一个响当当的小说家了。全靠他只知进取的勇敢的心、吸纳万象之营养的包容的心、心无旁骛执着专一持之以恒不知疲倦的心。之所以如此,是因为皆在情理之中。

在《努力把家乡写成一片原始森林》这篇对谈中,方友也谈及他三弟墨白的创作。墨白的创作,与其大哥方友走的是全然相反的路径,是在进行现代派的实验。方友认为,墨白的实验已经成功,只待发现者。据我所知,墨白的作品也是海量。20世纪90年代,墨白曾将其已发表的作品打包寄我,我也都一一拜读,但却无力评说。当时已在周口地区文联《颍水》编辑部工作的墨白,曾表示要来省城从事专业创作的意愿,将其已发表作品的也是洋洋洒洒的要目寄我,已经离任的我,也只能扮演一个热心向继任者推荐者的角色了。至于方友所说的只待发现者,据我所知,坊间关于墨白的评论也是海了去了。我想,如果将其兄弟的作品放在一起读放在一起评论,做一篇比较文学的大文章,大约会做出一些意味意思意义来。这是另外的话题。

前些日子,我在我的电脑信箱中看到方友的女儿青瑜发来的她的已发表出版的作品的要目,知道她已有评论集《小说叙事的差异性》出版,知道她写了许多评论文字,写了许多笔记小说、许多随笔,等等。此前,我在《文艺报》《中国艺术报》上,不时会看到她的随笔文字,我在她与她父亲方友的两篇对谈中,也已看到了她的学问和悟性,她将她父亲的文学基因全然继承,仿佛对她有了些认识。但这要目的洋洋洒洒(也是洋洋洒洒),依然让我这个耄耋之人的昏花老眼看得只剩下眼花缭乱的份儿了。我在看的当时,心中竟升起一句说给青瑜的话:"闺女,不要太累着了啊。"

青瑜所写《亡父不知亲人痛》,是篇痛彻肺腑的文字,使阅读的人也肺腑彻痛。

我的童年和少年时光，在淮河之滨度过，淮河里有从颍河流来的水，我与方友曾同喝一个水系的水，感情中就有种说不清的亲近。我想，方友对我大约也是如此。

想起方友去世五年前的那个 7 月，即 2008 年 7 月。那年年初，河南文艺出版社首次推出他的《陈州笔记》（八卷本），那年的 7 月某日上午，在省文学院二楼小会议室有一个小范围的《陈州笔记》研讨会。文学院的小范围的研讨会大都在小会议室，大都在上午的 9 时开始。由经七路的文联去经三路的文学院，车程大约需要半个小时，左或右视路程中堵塞的情况而定。我每次去开会，大都是向老干部处要部车，于 8 时 30 分出发，并未误过点。那天上午，道路堵塞略严重，我迟到了几分钟，快步上到二楼，就看到孙方友正站在小会议室门前廊道的西窗口，往文学院的大门那里张望，他听到我的脚步声，回过头来说："何老师，正等你。"不用他说，从他由张望而喜悦的瞬间变化的眼神中，我已看出。果然只差我一人。我到了。开会。

方友，如今陆续为你开的三次会，我都到了。唯独没有了你。三次会都在小会议室对面的大会议室开，到会的你的朋友甚众，当然都是围绕着你的议论，议论颇多。议论些什么，你都听不到了。那都是对你不倦劳作所获成果的赞誉和致敬。现在想来，朋友的议论总难免要掺杂些感情因素，想不掺杂，也难。我是否也难免？我在前面说，我说方友传世，我说方友伟大，绝不是一时激动，绝不是感情用事，可靠吗？值得相信吗？且不论。但是，我知道，我说了不算。当代作家，谁人传世，谁人不朽，谁人伟大，当代人说了都不算。需要等待，等待那个绝对权威的历史老人发声。

再想想，什么传世，什么不朽，什么伟大，全是非诗的非文学的话题，全都多少沾染上些功利的世俗的色彩，那么就让我们且摒弃它们，以离诗、离文学更近些。

方友的骨灰已于 2013 年 8 月 4 日安葬在他的故里新站那片生他养他育他的土地上，他最牵挂的最放心不下的两位老人他的父母也已先后随他而去。颍河上空的太阳依旧照耀着他，颍河原野上的风依旧吹拂着他，颍河流水的声响，是他最爱听的音乐，那音乐伴随着他的长眠。他劳作他奉献他做了他想做的，他无愧于故里这片土地，他是颍河值得骄傲的儿子。这就够了。

方友，安息。

原载《莽原》2015 年第 6 期

片段·说不尽的"孙淮阳"
——印象中的作家孙方友

冯 杰

有缘,我和孙方友先生在河南省文学院同事。说是一个单位,作家多各自为战,耕砚犁纸,平时很少见面。他在学识创作和人生经历上都是我的老师,却一直谦称我"老弟",我则恭称他"孙老师"。

一天再见面,他说退休了。我听了感觉不习惯。

作家实际上无退休的性质,文学能退休吗?唐诗能退休吗?曹雪芹退休吗?以后,大家还在多种笔会研讨会上碰面、交往,单位体检时看到路上一个背影是他,偶遇也要同行,一个桌子上我为他敬酒,听他来讲一桌子幽默的段子,能笑翻盘子。

同样是作家,大家仿佛是在做豆腐,有机器的,有手工的。有做得白嫩的,有掉到灰里的。我更多时要加水,要稀释,孙方友他做的是豆腐皮,更筋道、厚实,文字不欺人。

他写的全部是豫东故乡,是故土的翻版,充满故乡情结。

2012年冬天,河南省作家冒着寒风来到豫东鹿邑酒厂采风。我俩同座,他说二十多年前他写小说时,就开始写故乡的酒了,在举办的宋河小小说大赛中还当评委,以后写酒必写宋河,广告誉言我都忘了,只记得一段他说的幽默:由于宋河酒名声大了,到后来冒充宋河的酒很多,影响了牌子,社会上有"不想活,喝宋河"一句民间版广告。他的幽默和智慧装满一车,让我难忘。

他说过去这里村庄都弥漫着酒糟的气息。豫东人善饮,淮阳的麻雀也能喝二两。在酒厂,我们一同喝了那些如火一般冲人的陈年酒头。弥漫四野。外面是未化的豫东残雪,他青年时代从这里外出流浪,以后靠文学走向世界。他那个小镇出了八名中国作协会员,世上少有。

我称他为"孙淮阳",说世称袁世凯为"袁项城",过去以籍贯谓人是雅称,他快速地回应"那你就是'冯滑州'"。以后我再赠他新书时,都题上"孙淮阳赐教"。

在我眼里,他们都是豫东的精英,平时每提起我单位的"孙氏兄弟作家",我都引以为豪,河南过去出有"白桦叶楠"兄弟作家,今天有了"孙方友墨白"兄弟作家。此一文学个案少有。袁世凯当属一代君王,孙方友属于一代文豪。他的笔记小说在中国当代文坛同类里属于一个高峰,《陈州笔记》是另一种文字版的《清明上河图》,里面三教九流,世态风貌,都能一一对应。你能听到里面一面铜锣的吆喝声。

他是中原作家群里的高产作家,出版了几十本书,他生前出版的最后一本书是《俗世达人》,我有幸和他合作,编辑是李辉。全书一共十九篇传奇,书名我题写,内文每一篇题目也由我用毛笔书写。

书出来的前一周,他还过问书事,电话里对责编开玩笑催促:生前能否看得到?可惜一语成谶。他最终也没有看到我俩的合作,我更感遗憾。

这是他的一个自选精选本,一篇篇读后都令人拍案叫绝。

我对责编李辉说过:"把我写的那些题目装裱成一个册页,上面再请孙先生抄写一些内文段略,墨白补上一些文字,题上签,你就可以拿到拍卖行去了。"

可惜这一趣事我们做不成了。

2013年7月孙方友去世的那一天,我和诗人马新朝、评论家李静宜等人正在一个宴席上,墨白最早把这一噩耗电告在座的何弘院长,何弘悲怆地说:"方友不在了。"听到这一消息大家都难以下咽,宴席提前收场。这讯息来得有点突然,文学还没有准备,让人不相信。我想起他发言的认真劲头,每次都要在纸上写成文字。我跟他学习了这一习惯。

他像一位战死在沙场的士兵,临终前还在修改一篇小说《戴仁权》。他是累死的,照我们北中原老家的话说是"使死的"。他把自己的生命融化在自己的作品里,这样的作家是欣慰着走的,他永远在自己的文学情节里。

他的人缘很好,省内外那么多相识和不相识的人自觉发来悼念之词。南丁先生说:"第一次见面,我就感觉方友眼睛贼亮贼亮的,身上透着一股颍河的气味,还有土地的气味,在城市里很难闻到这种气味,这种气味能给人带来清醒。"

在孙方友去世的追思会上,我撰一联:"狐说天外蒲柳泉,人语世间孙淮阳。"一年后在河南文艺出版社出版的《孙方友小说全集·〈陈州笔记〉》卷首发会上,我又撰一联:"古藏蒲柳泉《聊斋志异》,今观孙淮阳《陈州笔记》。"两副楹联技巧上不一定恰当,直抒其胸,文字都是心里之言。

《孙方友小说全集》二十卷,初次就出了《陈州笔记》皇皇八卷,我建议还可延伸做成珍藏本、限量版、绘画本、书法本,甚至红木盒子作文化礼品,淮阳、周口,甚至河南文化界都可作文化礼品,孙方友的书不是畅销书,会是长销书,会是传世书。他有传世的品位,有研究的价值。

这些虚誉,比起他的实在与成就都不为过。

我对淮阳来的地方领导说,淮阳需要建一个孙方友纪念馆或小说馆,作家需要一个故居之类的标记,建成后是淮阳一个文化景点、一方文学场地,多年后也会像我们到凤凰去看沈从文故居,到呼兰去看萧红故居一样,淮阳促成此事,是做一件传千秋的文化善事。比多开发几座大楼更有独到长远的眼光和文化意义。房地产中国哪里都不缺,孙方友纪念馆却是唯一的,在他的那一块故里,更应该有一个孙方友和这个世界"继续对话"的地方。

时间会证明,像孙方友这一位作家,从故土背景、出身经历,到文学成就,在淮阳都是百年不遇。

河南作家 2002 年在郑州升达艺术馆举办首届书画展,在展厅里,他看到我画的猫头鹰《辟邪图》,很是喜欢,直接问我,能否照这给他画一幅,也挂在家里辟辟邪。

回去后我画了一只,睁一只眼闭一只眼,落款时写满了文字,称他的笔记小说堪与《聊斋志异》相比。十多年了,在暗夜,那一只鸟不知飞到哪里?

2012 年秋天,北京国际图书博览会把河南作家作为首场,设立"中原崛起——中原作家群论坛"中原作家群读者见面会系列活动,李佩甫带队进京。那是中原作家一次群体出征。

他在讲台上向首都读者讲了一个避雨少年的故事。

他上台时很激动,稿子密密麻麻写了两张,他自信说是来推销自己的,他最后讲了一个故事,他说自己就是那一个避雨的少年。这故事我在北中原乡村也听过,版本大同小异,同样是这一个避雨的故事。三个月之后,获得诺贝尔文学奖的莫言在斯德哥尔摩皇家大厅的讲台上才开始讲述,河南的孙方友比山东的莫言讲早了三个月,可见中国民间的河流都是相通的。其实他俩都是得到民间地气的文学高手。不同的是莫言的文字肆意恢宏,孙方友文字更节俭收敛。他们都在做豆腐。

作家为了把日子过得宽松,还要写一些影视剧本之类。他其实更钟爱自己的那些笔记小说。没有人沉思。

那一次在京城中原作家轮番上阵中,只有孙方友先生和我,俩人顽固地讲着河南话。褒义是原汁,贬义是土气。

孙方友先生死了,六十四岁,倒在一个作家创作的黄金时刻,让文坛一片叹息,没有人沉思。

有一天,我想到,当以后大家再"外出卖艺"时,就没有河南作家来和我一块讲河南话了。

原载《大观(东京文学)》2014 年第 10 期

研究论文选辑

研究论文选辑

《陈州笔记》的价值与意义

墨 白

2013年7月26日12时20分,中国当代小说家孙方友先生因突发心脏病抢救无效,在郑州去世,享年六十四岁。在随后的日子里,国内外的众多网站、报刊对孙方友的逝世进行了大量报道,方友生前的好友和读者或发表纪念文章,或发来唁函,或编发纪念专版、专辑、专号来悼念孙方友先生[1],各地喜爱孙方友作品的网友与读者也纷纷以不同的形式对其进行追忆。8月9日,河南省作协、河南省文学院、河南文艺出版社在郑州共同举办了"《俗世达人》首发式暨孙方友先生追思会"。从孙方友逝世到追思会,在短短十几天内,青年评论家江媛编辑了一册题为《来自民间的悼念——纪念孙方友先生》的资料集,共收录来自全国各地文学界朋友、读者与网友撰写的纪念文章与资料七十余篇,这些饱含情谊的文字,证明了孙方友的小说不仅来源于民间,又回到了民间,赢得了民众的喜爱。

文学艺术界的许多作家、评论家、诗人、学者、艺术家、编辑家和众多读者、网友在得知方友逝世的消息后,纷纷写下了纪念诗词与挽联,对其文学成就做出评价:"孙方友先生的辞世是中国文学不可弥补的重大损失,他的新笔记小说具有不可替代的文学价值和精神意义,为世人留下了宝贵的文学遗产。"[2]著名作家李洱说:"孙方友是当代小说大师。"[3]著名作家李佩甫说:"他(指孙方友)的文学成就是巨大的,方友的新笔记体小说是要传世的。"[4]

---

[1] 根据江媛编辑的《来自民间的悼念——纪念孙方友先生》资料集、《河南经贸职业学院学报》2013年第3、4期合刊——"纪念'小小说之王'孙方友先生专号"统计,有人民网、新华网、凤凰网、新浪网、北青网、中国作家网、小小说作家网、大河网,及《文学报》《文艺报》《中华读书报》《北京青年报》《解放军报》《大河报》《郑州晚报》《中华日报》《中国日报》《山西文学》《时代文学》《朔方》《莽原》《小说月报》《雨花》《长城》《长江文艺》《收获》《十月》《南方文坛》等。

[2] 江媛:《来自民间的悼念——"〈俗世达人〉首发式暨孙方友先生追思会"综述》,《莽原》2013年第6期,第143页。

[3] 见2013年7月30日《北京青年报》。

[4] 江媛:《来自民间的悼念——"〈俗世达人〉首发式暨孙方友先生追思会"综述》,《莽原》2013年第6期,第143页。

编辑家杨晓敏说,"除去新笔记体《陈州笔记》《小镇人物》,孙方友生前创作了许多小小说作品,加在一起近千篇,这对中国文学来说,对小小说来讲,都是令人感到非常欣慰的。一种文体,总要有一些非常优秀的作家来支撑……孙方友就是支撑这种文体的伟大的作家"①。杨晓敏先生的评价是中肯的,孙方友生前荣获的"金麻雀"奖、"小小说终身成就奖"都和小小说有关,但是,在孙方友的新笔记小说里,有许多篇幅在三千字以上的短篇小说,这显然是不能简单用小小说来概括的,《陈州笔记》里的小说用新笔记体命名这种文体更为适当,正如杨晓敏先生所说,"一种文体,总要有一些非常优秀的作家来支撑",孙方友的小说创作既支撑了小小说这种文体,同时又支撑了新笔记小说这种文体;因此,南丁先生说,"方友的新笔记体小说要传世,他是当代伟大的小小说作家"②。因此,李佩甫先生说,"在写作的选择上,孙方友是正确的,他写新笔记体小说,创造了一个新的文体"③。因此,评论家孙荪先生在他的文章里引用了在社会上广为流传的对孙方友小说创作成就的定论:"古有《聊斋志异》,今有《陈州笔记》。"

南丁、李佩甫和孙荪都把孙方友的小说创作定位于新笔记小说,这代表了文学界对孙方友小说文体价值的共识。方友终其一生,坚持新笔记小说创作,不仅获得了中国文学界和社会的广泛认可,也为新笔记小说这种文体奠定了坚实的基础。

新笔记小说,一个成熟的文体

新笔记小说在中国现、当代文学的进程中能形成一种文体,源于对中国古代笔记小说的继承、发展与创新,因此,只有将孙方友的新笔记小说放在中国文学史中考量,才能充分体现其价值与意义。中国古代笔记小说泛指用文言写就的随笔、传记、杂录、琐闻、志怪、传奇之类的文学作品,自魏晋、唐、宋以来至清末,著作不下三千种,可谓渊源深远。笔记小说的题材源自历史、社会与民间的奇谈笑话、琐闻逸事、天文地理、风俗民情、鱼虫草木、神仙鬼怪、艳情传奇、历史考证、朝章典制等,其代表作为《搜神记》《世说新语》《太平广记》《聊斋志异》《阅

---

① 江媛:《来自民间的悼念——"〈俗世达人〉首发式暨孙方友先生追思会"综述》,《莽原》2013年第6期,第140页。

② 江媛:《来自民间的悼念——"〈俗世达人〉首发式暨孙方友先生追思会"综述》,《莽原》2013年第6期,第139页。

③ 江媛:《来自民间的悼念——"〈俗世达人〉首发式暨孙方友先生追思会"综述》,《莽原》2013年第6期,第141页。

微草堂笔记》等。自20世纪开始白话文运动至21世纪初,以白话文作为叙事手段的新笔记小说不但具有笔记小说广泛驳杂的社会内容,而且继承了表达人生哲思与价值观念的散文化倾向的创作形式,它以小说的虚构手段从宏观和整体上反映现实生活的本质,"小说"故事性与"笔记"叙述性的兼容,构成了新笔记小说的文体特征。近百年来,经过中国现、当代数代作家的尝试,到了20世纪80年代至新世纪以来,经过孙犁、汪曾祺、林斤澜、冯骥才、田中禾、何立伟、王蒙、贾平凹、谈歌、聂鑫森等众多作家的创作实践,特别是得到孙方友创作出《陈州笔记》系列的推动,最终促使新笔记小说成为一种独立的文体并修成正果。

古典笔记小说与新笔记小说在文体上是传承与创新的关系,蒲松龄和孙方友的创作分别代表着这两种文体的最高成就。清代的蒲松龄从四十岁左右开始创作《聊斋志异》,历时三十多年完成四百九十一篇,这部文言小说集不仅以内容丰富、题材广泛、故事情节曲折离奇而赢得口碑,还以简练的文笔塑造出众多性格鲜明的人物形象,达到了中国古代笔记小说的高峰。

孙方友从三十五岁开始创作《陈州笔记》,目前收集整理到的共计七百五十六篇(不计残篇),创作历程近三十年。孙方友的新笔记小说包括《陈州笔记》和《小镇人物》两个部分,写作时间同时起于1985年,止于2013年7月,其创作大致分为两个阶段:第一阶段是1985年至1998年。这一时期,孙方友的新笔记小说的艺术成就主要体现在《陈州笔记》系列,比如《蚊刑》《女匪》《刺客》《泥兴荷花壶》《神偷》《雅盗》《官威》《猫王》等篇章都是足以传世的名篇。在1993年以前,方友除去偶尔参加一些与文学相关的社会活动外,其余近四十三年的时光都是在故乡的土地上渡过的。1993年,孙方友举家搬到周口市颍河北岸,在一套站在阳台上就能看到周口关帝庙的居室里完成了《陈州笔记》里的《狱卒》《旗袍》《当印》《刀笔》《天职》《神裱》《张少和》等著作,1998年才调入河南省文化厅下属的《传奇故事》编辑部任职。方友创作的第二阶段是1999年至2013年。这一时期创作完成的《陈州笔记》一百六十八篇,《小镇人物》二百八十八篇,构成了孙方友新笔记小说创作总量的三分之二。孙方友这一时期的新笔记体小说的叙事风格日臻成熟,特别是到了晚后期,《陈州笔记》里的篇章不仅写得从容自然气运畅通,还写得出神入化,形神浑然一体。这一时期国内众多文学期刊如《收获》《钟山》《十月》《当代》等发表了《小镇人物》系列里的《吕家渔行》《雷家炮铺》《花家布店》《汪家果铺》《吕家染坊》《马家茶馆》《康记货栈》《朱氏鞋铺》《赵家酒馆》等著作,并陆续发表了创作于这一时期的《小镇人物》里的诸多名篇如《王洪文》《刘邦宪》《邵投递》《打手》《雷老昆》《大洋马》等。《陈州笔记》的创作不但汲取了中国古典文学特别是笔记小说、公案小说、明代白话小说的叙事精髓,而且将民间文学、评书、曲艺、戏剧等说唱艺术与西方现代文学的创作理念融入新笔记小说的叙事与故事结构,在清末民初和新中国远不止一个世纪广阔的社会背景下,"写出了民族历史的沧桑巨变"①。《陈州笔记》以陈州文学地理为中心,立足于民间的精神立场,运用鲜明的语言风格创造出集人文历史、人物传记、社会百科为一体的不可重复的审美领域,并以非凡的想象能力塑造了上千名小说人物形象,"是继蒲松龄之后中国文学笔记小说的又一座高峰"②。

《陈州笔记》无论在社会学上还是叙事学上,均完整地构成了自己特立独行的文学世界。在社会学方面,《陈州笔记》的创作成就与价值则体现在源于民间的人文历史、根植人性的百姓列传、中原文化的百科全书等诸多方面。

源于民间的人文历史

1949年9月9日(农历闰七月十七日),孙方友出生在河南省淮阳县新站镇,从此他的生命就和这个镇子里所发生的事件,和这片养育他的土地血肉相连无法分割:从1950年起陆续进行的土地改革、抗美援朝、"三反""五反"运动、对私营工商业进行的改造、成立初级农业生产合作社与高级农业合作社到1957年的"反右"运动,从1958年成立的人民公社以及浮夸风、大炼钢铁、建集体农庄到1959年的反瞒产运动、反右倾机会主义运动、1960年因浮肿病引发大量的非正常死亡、人民公社实行的三级所有制和接下来的"四清"运动,从1968年开始的无产阶级"文化大革命"和"文革"中的红卫兵大串联、武斗、知识青年上山下乡、五七干校到1970年的"一打三反"运动和接下来的林彪叛逃事件、"批林批孔"运动、1976年的"天安门事件"等,这些在中国大地上发生的事件和接下来的改革开放、农民从农村向城市的迁徙潮,一直到新旧世纪的交替,几乎共和国所有的经历,包括数次因水、旱、风、霜、雹、虫、暴雨、大雪、寒流等自然灾害而引起的河道决口、房屋倒塌、农作物歉收以及黑热病、浮肿病、麻疹病、乙型脑膜炎的流行,还有向新疆察布查尔、塔城、沙湾、乌苏、伊宁、绥定、巩留、新源,向甘肃

---

① 吴同发:《河南文学界追思孙方友》,《文艺报》2013年8月14日,陈杰语:"孙方友把民间传说和民族文化融入他的'新笔记体小说'中,写出了民间社会的千姿百态,写出了民族历史的沧桑巨变。"
② 分别见《"小小说大王"逝世 文坛泪别孙方友》,《北京青年报》2013年7月30日;《从象义关系谈小说之"小"》,《朔方》2013年第11期编者按,第67页;江嫒:《来自民间的悼念——"〈俗世达人〉"首发式暨孙方友先生追思会"综述》,《莽原》2013年第6期,第136页;《"小小说之王"走了》,《郑州晚报》2013年7月27日等。

陇西县、会宁县,向青海门源县、宁夏贺兰山数次的支边移民,等等,都成为他《小镇人物》里故事发生和人物活动的社会背景。自1949年到21世纪初叶,共和国所有的历史都可以在《小镇人物》众多的人物命运里得到印证。

《陈州笔记》中故事发生的时代背景是从1949年逆行:在《奸细》里写到的前209年在陈县建立张楚政权的陈胜,应该是《陈州笔记》里最早的历史人物;在《符晟》里写到的后唐(923—936年)主庄宗灭了后梁以后,封大将符存审为宣武军节度使,这符存审就是陈州人;在《生脉散》里写到宋金时期著有《脾胃论》《内外伤辨惑论》的著名医学家李东垣;在《曾公廉》里写到北宋(960—1127年)时曾在陈州做知府的曾明仲;在《宛丘先生》里写到因在实行青苗法上与王安石意见不合被贬到陈州做府学的苏辙;在《陈州二杰》里写到北宋画家阎士安;在《崔氏》里写了包拯的儿子包义和他的妻子崔氏;在《空慧》里写到元朝(1206—1368年)的一代名医空慧与忽必烈;在《怪医》里写到明朝(1368—1644年)的御医刘杏林;在《宋昭》里写到明永乐年间生于陈州的巡抚宋昭;在《银杏酒楼》里写到天子朱棣在明永乐年间的某个元宵佳节微服私访来陈州等,都是《陈州笔记》里涉及的较早的历史。除了上述小说的故事背景之外,《陈州笔记》里大量的小说历史背景均是清朝末年及民国自1912年成立到1949年。

清光绪十五年(1889年),孙方友的祖父孙传智出生,这一年的5月15日,周家口颍河北岸的六千余间民房毁于一场大火,孙家的产业也在其中。这一年夏季,又因颍河决堤引起瘟疫,导致众多民众死亡。为此,孙家乘船沿颍河东迁四十里,在后来出现在孙方友笔下的颍河镇,也就是现实中的淮阳县新站镇居住下来,以开烧饼铺为生。颍河地处黄河流域与淮河流域的中间地带,在夏、商、周时期名为颍水,"颍水出颍川阳城县西北少室山"[1],是淮河的重要支流,一直处在华夏文明的中心地带,[2]因此,清末的许多重要历史事件都和这个地区有着关联:清咸丰元年(1851年)至清同治七年(1868年)爆发于黄河、淮河流域,由捻党转化而来的农民起义军的反清战争;从1898年的戊戌变法到1911年的辛亥革命、1912年的朝代更替,还有随后而来的恢复帝制运动、军阀统治时期、改良运动、五四运动、国民革命、共产主义运动、农民运动、中日战争、国共冲突,等等,自然都成为《陈州笔记》里人物与故事生成的背景。2012年冬季,我在广

---

[1] (北魏)郦道元原著,陈桥驿、叶光庭、叶扬译注:《水经注全译》,贵州人民出版社1996年版,第748页。
[2] 谭其骧:《中国历史地图集》(第一册:原始社会、夏、商、西周、春秋、战国时期),中国地图出版社1982年版。

东梅州参观客家人纪念馆时,看到客家人第一次南迁范围的终端是淮阳,①而到了客家人第二次南迁时,淮阳却成了起端,这一终一起,使我突然弄清了《陈州笔记》里写到那么多外埠人自四面八方来到陈州的原因。从清朝末年到民国初年,从中华人民共和国诞生至今,《陈州笔记》讲述了先后三个朝代足足百年有余的历史。

从人类的精神主体出发,我们所看到的任何历史都具有主观性,并且残缺不全。在历史学家那里,充满血肉的细节都被忽视或遗漏,而作家的使命,就是对被遗忘的具有人性的历史与细节的打捞与重现。孙方友"对中国民间社会的秘密、野史、风物、传说、人性,等等,比一般史学家、人类学家、心理学家多了一把开启的钥匙,因为他不是田野作业,而就生活在田野之中"②。因此,《陈州笔记》里所呈现的历史,"不是历史学家眼中的历史,不是政治学家眼中的历史,也不是哲学家眼中的历史,而是一个文学家眼中的历史。这是一部带有个人体温具有文学特质的被浓缩了的20世纪的中国民间史。这部民间史有着明确的历史观,那就是民间立场"③。在《陈州笔记》里,孙方友以民间的精神立场,用独立的文学家的目光,去观照被历史遗忘的人性的精魂,去观照被忽视的具有质感的脉络,去观照最隐秘的世风民情,以普通百姓的现实生活与精神世界为蓝本,用民间的奇事奇人、历史传说与民情风俗来结构出完整的故事,将历史的碎片通过一篇又一篇溶解了复杂人性、温热生活与情感充沛的故事,借助于众多血肉丰满经历了悲欢离合的人物,描绘出一幅具有民间精神的历史画卷。

根植人性的百姓列传

尽管同《史记》里帝王诸侯列传一样,《陈州笔记》在《枣泥藕》《墓谜》《蓍草》《墨庄》《弦歌书院》《赵翰林》《寿图》等小说里写到袁世凯④,在《刀笔》《买马》《花

---

① 随着朝代更替,淮阳历史沿革繁复:夏属豫州境;殷封虞遂于陈;西周初武王封妫满为陈侯国;秦置陈县;西汉高祖十一年置淮阳国;三国时为魏地,陈县属陈郡,明帝封曹植为陈王,遂改郡称国,后复作郡,隶豫州;唐置陈州淮阳郡;宋代升淮宁府;清雍正十二年置陈州府,辖项城等四县。
② 江媛:《来自民间的悼念——"〈俗世达人〉首发式暨孙方友先生追思会"综述》,《莽原》2013年第6期,第137页,王鸿生语。
③ 墨白:《孙方友新笔记小说·〈小镇人物〉系列》序一,河南文艺出版社2009年版。
④ 袁世凯的故乡项城,清朝时隶属陈州府,而袁世凯本人年轻时也曾经有在陈州安居逗留的一段历史。

杀《相士石梦达》里写到身为两江总督的曾国藩,在《泥兴荷花壶》写到官至国务总理的段祺瑞等这些在中国现代史中声名显赫的人物,但他们多是以次要人物出现的,《陈州笔记》里众多的传记人物的主体则是底层的民众,"中国的二十四史有大量的篇幅是人物列传,但基本是帝王将相达官贵人,没有老百姓。孙方友写的是'民间版的史记',是'老百姓的列传'"①。

在《陈州笔记》七百五十六篇新笔记小说塑造的上千个人物里,几乎涉及了人世间各个阶层、从事各种行业的人物,像来自民众生活中的修风箱补锅、修车打铁、打烧饼磨豆腐等这些从事最基本生活行当的人物的身世都有涉及。在《陈州笔记》系列中,有的人物是以某种职务入传,像村长、支书、乡长、镇长、县长、书记、主任、班长、团长、参谋,等等;有的人物是以某种职业入传,像投递员、老师、阿訇、裁缝,等等;有的人物是以绰号入传,像"打手""小上海""朱麻子""洋人儿""谭老二""杨大眼儿""胡罗锅",等等;更多的人物则是直接以名字入传,像"王洪文""袁克文""袁克定""刘邦汉""沈玉刚""罗仰羲""何玉灵""罗维娜""雷老昆""关学亮""毛西海""曾庆年""李明望""曾老廉""李怀素""韩武兵""刘邦宪""傅全宝",等等。

在《陈州笔记》中,即使涉及相同的行当,也有不同的人物入传,比如写匪:有瘫匪、女匪、匪婆,有为恩人报仇的土匪,有开药店的匪医,有办学校的土匪,有爱好书法爱好收藏满腹经纶的儒匪,还有扬言等打走了日本鬼子,然后收拾八路军,再收拾国民党以武装夺取政权的土匪。

比如写画家:有《范宗翰》里画《百雁图》的范宗翰,有《画家姚昊》里被称为东方毕加索自成怪派的画家姚昊,有《张广臣》里教导徒弟到自然中画竹的张广臣,有《寿图》里用屁股绘出巨荷的吕老道,有《指画》里的指画名家于天成,有《滕派蝶画》里的"滕派蝶画"传人靳儒学;同是画虎,《虎痴》里以虎为题画了《十二金钗图》的画家甘剑秋和《蒋宏岩》里同甘剑秋一样也画虎的蒋宏岩却有着不同的命运。

比如写梨园世家:《刘昌大》里写能反串旦角的武生刘昌大,《赵宝庆》里写京剧武生赵宝庆,《王满囤》里写丑角王满囤,《杨乐》里写受毒品毒害的既善须生也善武戏的杨乐,《易连升》里写生、旦、净、末、丑样样齐全戏路足宽的花脸王易连升,《余金亭》里写主攻武生的余金亭,《陈一侃》里写京剧票友陈一侃,《红绣女》里写越剧演员红绣女,《名优》里写豫剧名角好妮子,《祭台》里写梆子戏演员钱莹,《仙舟》里写唱京韵大鼓的盲妮儿,《青皮龙三》里写在戏园子里当管事的龙三,《霍大道》里写黑白须生的霍大道。

---

① 孙荪:《卷帙浩繁的百姓列传——读孙方友〈小镇人物〉》,《文艺报》2009年11月10日。

如在《瑞竹堂》一篇里写医生刘鸿川：

> 据《刘氏家谱》记载，瑞竹堂已有四百多年的历史，始于明朝万历年间。据传瑞竹堂刘氏原籍江西庐陵，明洪武三年迁来河南虞城，明万历初年四世祖刘华绅调任陈州府教谕训导时，携眷迁入陈州湖岸街。瑞竹堂刘氏虽从始祖氏四世祖都曾为官，但实可谓中医世家，热衷于习医济民。刘华绅迁来陈州后不久，便创办了瑞竹堂药铺。
>
> 民国初年，瑞竹堂的主理叫刘鸿川，也就是刘家的第十一世。刘鸿川，字浚石，七岁时便始读私塾及家传药书。十八岁时，曾去汴京学医四年，结业后回陈州主理瑞竹堂。他为人忠厚朴实，沉默寡言，颇具儒医风度，并深得祖传秘诀，擅长儿科，又通西医。每次应诊，必以望、闻、问、切四诊合参诊断病情……

这位擅长儿科的名医刘鸿川虽然与《袁世济》里的袁世济、《天职》里的何伏山、《媚药》里的欧阳果、《陈州名医》里的罗汝汉、《恒源祥药店》里的赵汇鑫、《冷若雪》里的冷怀谷、《神医》里的陈一堂、《丁济一》里的丁济一等诸位名医的身世与命运各不相同，但和《陈州笔记》里其他人物的命运一样，都与他们所处的时代息息相关：

> 年轻的掌柜叫康顺风，20世纪50年代他大约三十几岁，白净脸儿，瘦削，头上还留着30年代的那种一分两停的分发头，生发油涂得滑亮，阴丹士林布褂又阔又大，黑吹风呢裤子有点儿吊，白底儿圆口呢鞋，说话爱打哈哈，因为他口中有颗金牙。这种过时的打扮在当时已显得扎眼，有点儿汉奸相，又有点儿旧上海小老板的软里柔气，所以就很出众，使人见一面就忘不下。
>
> （《康记货栈》）

所有事件的展开，又都是为了塑造人物与人物情感的表达。《陈州笔记》在书写人物的内在情感时，沿用的是"以事载道"的传统技法，依赖的是故事和细节的"象外"，像《刘老克》《程老师》《黑婆婆》《张氏修车铺》《铁匠王直》这样的小说写人生的酸楚与无奈，就是通过"事之象外"和他人的世界来引领读者的。《陈州笔记》的文字里蕴含着对历史与生活的补充与完善，蕴含着对记忆的唤醒与复原，蕴含着对人间是非的判断，而所有这一切又都是在冷静的叙事里展开，在不动声色之中完成；还有，对人性善恶的反思与审视、对渗透我们骨髓的权力意识的厌恶、对民族劣根性的批判等这些对人类精神的深层挖掘在《陈州笔记》里从未中断过。

《陈州笔记》在向中国传统文化本源的回归中，对现代社会始终有着世界性的审慎与批判精神,"那种多向度宽领域的省察,是一种披坚执锐的追问"①,更是一种深情款款的坚守。正是方友笔下的那些根植民间文化、在数千年的风云激荡里沉淀和再生的草芥般的人物,用他们卑微却丰富的生命,为中国的沉沦和崛起做证。在《陈州笔记》里,无论是引车卖浆者,还是士绅名流甚至像生活中的无赖,一旦遭遇民族危亡之际,身上便呈现出中华民族威武不屈的血性和朴素的品质。《陈州笔记》里由众多身份低微、精神饱满的小人物所构成的审美视野,不仅体现了孙方友对传统精神初源的向往,也体现了潜藏民间的传统文明本源的价值与魅力。方友这种在小说中融入时代、命运、性格、情感的人物传记的写作,不仅获得了其社会学意义,而且形成了《陈州笔记》特色鲜明的叙事风格,这是孙方友对新笔记小说叙事学的重要贡献。

中原文化的百科全书

有评论家把《陈州笔记》和北宋张择端的《清明上河图》相比,这无疑是从表现内容的近似、复杂与丰富性上获得了对照,《陈州笔记》里所描述的和《清明上河图》这幅现实主义绘画里所描绘的男女老幼、士农工商、三教九流这些人物在百肆杂陈、店铺林立的街道里摩肩接踵、川流不息的情景相同,二者在诸如药房、酒肆、茶馆、肉铺、米店、庙宇这些建筑里所做的诸如望闻问切、看相算命、修面整容、聚谈闲逛、喝茶饮酒、买卖交易、推舟拉车等生活内容也很接近;同样重要的是,《清明上河图》和《陈州笔记》都为我们提供了与他们各自所处时代有关的工业、农业、商业、民俗、建筑、交通等翔实的第一手资料,因此具有重要的历史文献价值。

《陈州笔记》里所涉及的金店、银号、会馆、当铺、装裱、花局、烟厂、烟火、炮铺、药房、药店、药铺、粮号、粮行、米店、商行、盐号、渔行、布店、鞋店、鞋铺、货栈、杂货店、烙花店、钟表店、白铁铺、弹花店、炕房、澡堂、浴池、染坊、剃头铺、修表铺、旧书铺、成衣店、影戏、唢呐、戏班、馍铺、酱菜店、菜行、烧饼铺、油坊、豆腐店、面铺、果铺、面条铺、茶馆、饭庄、酒馆、酒坊、酒楼,等等,只要是我们所处社会存在或者存在过的营生与行当,《陈州笔记》和《小镇人物》里不仅都写到了,而且还常常在前面加上地名、姓氏与称谓,比如《陈州金店》《吕家渔行》《海氏豆腐店》《康记货栈》等,这一切我们不仅从小说的题目上就可管中窥豹,而且还能领会到方友将行业

---

① 江媛:《来自民间的悼念——"〈俗世达人〉首发式暨孙方友先生追思会"综述》,《莽原》2013年第6期,第140页,邵丽语。

常识巧妙地融入小说叙事中的美妙，比如《龙氏装裱坊》里写的装裱：

> 龙家不但收藏名字画，也收藏名裱。龙家收藏大厅里，收藏了许多流派：如配色素净的苏裱、善于仿古的扬州裱、色彩艳丽的京裱、颜色典雅的杭裱，以及湘裱、赣裱、沪裱、岭南裱等。装裱格式也丰富多彩，如中堂、手卷、册页、画片、对联、条幅、横批、立轴、屏条、扇面各色不等。当然，裱法也各异，有纸裱、纸裱绫边、半绫全绫、三色绫、控空绫应有尽有。走进龙家收藏厅，简直就如走进了中华书画的装裱史，所以，人人皆说，光龙氏装裱坊的珍藏，也顶半个陈州城——这还是保守的说法！
>
> 据传，陈州名盗胡老九曾费尽心机让人潜进龙家宅院，然后里应外合偷走了大厅内的展品。不想回去让内行一看，全是赝品。原来古时的人作画多用夹宣，龙家有本领将其揭开，面上一张装裱后珍藏，而下一张又据墨迹另加描摹，而且一描再描，裱起来，作为展品示众。因而，那胡老九盗走的书画还未到家，这方龙岩已派人把展厅恢复了原样。

有的直接以某种行业为叙事主题，像妓女、玩猴、杂技、红案、厨师、脚行、车夫、装卸、轿夫、更夫、保镖、邮差、铁匠、油匠、刻章、师爷、私塾、兽医、算命、丐帮、盗墓、哭丧、抬棺，等等，比如《大鸿酒坊》里写酿酒：

> 大鸿酒坊为泥池。酒坊也叫槽坊、甑房。大鸿酒坊能在陈州城占头名，主要是制作很讲究。首先是曲好，曲为酒骨，没好曲就没好酒。大鸿酒坊把选好的上等小麦、大麦、豌豆，用白石磨磨细，十多个男人身裹新白布，把料兑足、踩匀，然后放在温房内发酵，直到曲中间呈菊黄色，方可使用。所谓泥池，也叫发酵池，全是清初年间传下来的。池底由上而下泥色由青变灰，泥底已呈蜂窝状，香味扑鼻，据说其香能浸入地下丈余。除去曲骨，酿酒用水也极重要，业内人称水为酒之血，好酒离不开好水。大鸿酒坊用的是蔡河水。酿酒业称河水为第一好，尤其是河水中游得阳光最多的活水最佳。大鸿酒坊的程家酒以"太昊白酒"为主打，畅销方圆七州八县。据传"太昊白酒"倒在酒盅里，酒液高出盅面一线而不外溢，喝过之后"挂盅"；一般"挂盅"酒多为酒中上品。开坛之后倒酒时，酒香异常，酒花多多，酒香从酒花中飘溢而出，能香数里之遥。据说若人常闻此种酒香，能青春永驻，所以，程家的男女老少都比一般人显得年轻有精神。

有的常识因人物而引入，如《泥人王》里由王二写捏泥人，《女保镖》里由女保镖写镖局，《泥兴荷花壶》里由陈三关写烧陶器，《一笑了之》里由刽子手封丘写刑法，《赛酒》里由封家写酿制贡酒，《鬼像》里由贺七写照相，《陈州秀笔》里由书法家段象豹写书法，《伊文成》里由伊文成写书店，《麻祖师》里由麻德昌写制作毛笔,《集文斋》里由罗云长写报馆,《马石匠》里由马老大写雕塑,等等,所有的常识都含在叙事里,为故事的发生和发展、为塑造人物、为人物树碑立传所用,如《冉氏剃头铺》写剃头的手艺:

> 冉师傅是祖传,自然是童子功,七八岁时就开始练手腕,行话叫腕子功。除此之外,还要练站功、架势功,双手要举过头顶,一站就是一两个小时。冉师傅的父亲叫冉老全,对儿子要求极严,一边做活一边盯着练功的儿子,稍有不对,就扔下剃头刀走过去打棍子。基本功过关后还要学会十六技,所谓十六技就是梳、编、剃、刮、捏、拿、捶、按、掏、剔、剪、染、接、活、舒、补。编是梳发编辫(论说这应该是清朝必备的手艺,民国后用不着了,但老冉师傅仍让小冉师傅照练不误,说手艺手艺,全靠一双手,多学几手艺不压身,说不准就用得着),剃是剃头,刮是刮脸,掏是掏耳,剔是清眼睛,剪是剪鼻孔内的鼻毛,染是染发,接是接骨,捏、拿、捶、按等类似现今的按摩,活、舒、补是正骨。就是说,过去当一个剃头匠并不限于会用剃头刀,十六般技艺你都要掌握。据传有一次冉师傅家遭了贼,被冉师傅抓住,当即就被卸了一只胳膊。那贼的胳膊脱臼后,疼得直跪地求情,发誓再不当贼。冉师傅等他疼了一阵之后,看他有悔改之意,才给他端上了卸下的胳膊。

不胜枚举。这些日常生活中普遍存在的常识,在《陈州笔记》里成为故事的切入点或者是事件的核心部分,这些常识极大地丰富了小说的叙事内容,能深入反映人生。方友使常识成为烘托和塑造人物的手段,把常识巧妙地融化为小说人物所处的时代背景,把生活常识有机地融入小说的叙事载体,是他新笔记小说叙事的一个重要特征。

如今,很多遗失了的民间工艺、民俗、古物,都被孙方友珍藏在《陈州笔记》之中,如《商幌》里写招牌的制作:

> 商幌,又称望子,一种在商店门外表明所卖货物之招牌或标志物。商店悬望子,是古老的商业风格,最初特指酒店的布招,即酒旗,别称很多,又叫酒招、帜、酒幌、酒望、布帘、酒子等。以布缀于竿头,悬于店铺门首。有些大商号为显示其资金雄厚,特用金箔帖子的招牌或黄绸招牌,称之为"金字招牌"。

通过这段文字,不但再现了"商幌"这种即将消亡的民间工艺的起源、演变与发展,同时我们也看到方友在抢救那些将要消逝的民俗文化上所做出的努力。《陈州笔记》里不仅涉及了方方面面的人物,还囊括了人世间五行八作的生活常识,堪称一部纵横百年的民俗文化志。有评论家把《陈州笔记》喻为产生于日本江户时代的浮世绘不是没有道理,浮世绘所关注的社会时事、民间传说、历史掌故等不但和《陈州笔记》里所关注的近似，而且孙方友和那些同是出身民间的浮世绘作者所汲取的来自佛意的"忧世"精神内涵也很接近。《陈州笔记》在满足读者阅读趣味的同时，既能做到把人文风物与民族文化有机结合，又能通过对文化景物的描述来展示人文精神，如在《泥兴荷花壶》里，把陈州特产泥兴荷花壶的神奇和匠人的品质有机地结合在一起；如通过《袁世钧》里的袁文玉、《霍大道》里的王丫丫、《易连生》里的宋一梅、《赵宝庆》里的程蓝蓝、《刘昌大》里的宋家小姐宋青霜等这些新女性，来表现她们的价值观与道德观，表现她们为追求爱情、追求自由所做出的反抗与牺牲。孙方友是一位"最富有中原特色、最具广泛意义的作家"①，他"创造了属于他的一方文化地域，这一文化地域是博大精深的中原文化的一部分"②。《陈州笔记》运用人世间的百科常识来展示市井人生的民俗风情、士农工商的悲欢离合，通过人世间芸芸众生为我们展示了一个纷繁多姿的世界，成为一部集历史、民俗、民情、民风为一体的带有明显的人文情怀与地域文化的百科全书。

《陈州笔记》对新笔记小说在叙事学上的贡献，体现在对传统叙事艺术的继承与发展，"一石三鸟"与比兴手法，故事情节与悬念的"翻三番"，故事与人物的奇、妙、绝等几个方面。

对传统叙事艺术的继承与发展

《搜神记》里的奇幻、《世说新语》里对人物与事件在内容上的提炼，《聊斋志异》里怪异的灵魂与异化的社会现实相融合，这些笔记体小说里的叙事风格我们在《陈州笔记》里都能领略到；从白话小说的传奇性到公案小说的悬念设置，从说书人的全知视角到传统戏剧人物的限知视角；从《史记》里借助于人物的生平事迹来塑造人物，这些不同的叙事艺术在《陈州笔记》里都得到过借鉴。我们读《陈州笔记》里偏重写人物的《蒲黄》《刘老克》《方鉴堂》《丁文政》《王洪文》《炮兵白社》《安主任》，读偏重写故事的《泥兴荷花壶》《指画》《蚊刑》《花杀》《女票》《女匪》《奇药》《会文山房》等小说，处处都能感受到从《世说新语》《太平广记》到《阅微草堂笔记》《聊斋志异》这些笔记小说的叙事精髓。《陈州笔记》里所描述的人物与事件，都能在已逝的历史里寻找到相对的记载或者在民间寻找到相对的传说，这同《太平广记》里的志怪故事及《世说新语》里的僧侣、隐士或帝王将

---

① 《"小小说之王"走了》，《郑州晚报》2013年7月27日，何弘语。
② 段崇轩：《传统叙事的魅力——评孙方友的小说创作》，《小说评论》2006年第5期。

相的言行与逸事同样具有历史或野史的味道。《陈州笔记》与《太平广记》《聊斋志异》这些小说有所不同的是真正脱离了志怪,并经过作者的苦心构思将每一个故事都建立在现实生活之上,成为创造出来的纯文学作品。在叙事里,孙方友绝不仅仅是要"实录"故事和人物,他是以历史事件为背景来呈现社会的本质与最为细微的人性脉络,是为了通过所讲述的故事表达对处于社会底层民众悲惨的生活境遇的同情与悲悯。

在《聊斋志异》里,蒲松龄对他所处时代的黑暗与腐败进行了有力批判,用狐仙、鬼妖、人兽来隐喻概括了当时的社会关系,揭露了社会矛盾,表达了底层民众的愿望。《陈州笔记》在叙事内容上与《聊斋志异》有着很大的差异,《陈州笔记》深深地扎根于现实生活的文学土壤,在反映所处时代的社会矛盾和民众愿望的同时,融入了作者对社会与人生的认识和感受,寄托了作者在历史进程与现实生活中产生的凝思与情怀。具体到艺术形式上,我们拿《聊斋志异》第十卷中的前二十篇与"《陈州笔记》系列"之《雅盗·神偷》中的前二十篇做一番比较:

《聊斋志异》:《王货郎》《疲龙》《真生》《布商》《彭二挣》《何仙》《牛同人》《神女》《湘裙》《三生》《长亭》《席方平》《素秋》《贾奉雉》《胭脂》《阿纤》《瑞云》《仇大娘》《曹操冢》《龙飞相公》[1]

《陈州笔记》:《雅盗》《泥人王》《匪医》《瘫匪》《刺客》《猫王》《飞贼》《逃犯》《神偷》《神枪》《赵翰林》《王子由》《水老鸹》《棋魂》《封国栋》《易连升》《黄算盘》《余金亭》《虎痴》《帝王星》[2]

从上面所列小说的题名可以看到前后两者在叙事艺术上的承接关系,与《聊斋志异》里的狐仙、鬼妖不同的是,《陈州笔记》里的"传奇"是建立在现实生活之上,以现实生活为基础的"传奇性",从对古典笔记小说的继承与创新的角度来考量,这是方友对新笔记小说在叙事艺术上的贡献。同《聊斋志异》里的狐仙、鬼妖一样,《陈州笔记》里的许多篇章也都有点睛之笔,这个点睛之笔就是"传奇性"。根植于伸手可触的真实情节与细节、根植于精心结构的传奇故事与人物中的传奇,构成了《陈州笔记》"传奇性"的魂,这个"魂"落实到具体内容上,就是对中国古典文学精神的继承,就是对世道人心的关注,也可以这么说,方友以传奇人物与传奇故事为载体,呈现的是紧贴世道人心的社会现实。

在小说的叙事伦理上,由于对世道人心的关注,《陈州笔记》与中国传统小说构成了继承与发展的关系。中国古代小说有文言和白话两个系统,文言小说起于魏晋南北朝时期,成熟于唐传奇,像《柳毅传》《李娃传》《霍小玉传》《莺莺

---

[1] (清)蒲松龄:《聊斋志异·图文本》,上海古籍出版社2004年版。
[2] 孙方友:《雅盗·神偷》,河南文艺出版社2008年版。

传》《长恨歌传》这些作品;白话小说成熟的形式是宋元话本,特别是到了明代的《三言二拍》这样的话本小说;在我们现在看来所谓的国计民生的大问题,不是文言与话本小说的主题,唐传奇与明清话本小说关注得更多的是人间传奇,是人的伦理与人的内心世界。由于 20 世纪中国社会的特殊历史环境,特别是到了 20 世纪上半叶,清朝与民国、民国与共和国的朝代更替,外强的入侵以及军阀混战、民族精神的觉醒,等等,迫使生活在这个环境里的作家在文学题材的选择上,更多地倾向于民族精神的启蒙,或对国民精神的批判,更多地倾向于民族的生死存亡和民族的复兴。在这个过程中,小说本身的趣味性被作者所忽视。在《陈州笔记》里,像《张少和》《墨庄》《贼船》《陈州饭庄》《鳖厨》《花杀》《吕娘》《尚仁枫》《王满囤》《程秋业》《陈州盐号》《宝珠》《越王剑》《金铸樵》《银杏酒楼》《赵林》《胡罗锅》《吕家渔行》《张氏修表铺》等众多的小说主题,都回溯到了中国古典文学的传统。在叙事学方面,《三言二拍》中的误会巧合法、利用贯穿始终的"道具"使故事波澜迭起、喜剧性与悲剧性的情节在小说里的相互穿插等这些,孙方友在《陈州笔记》里都有所继承和发展,他在继承了古典笔记小说的叙事艺术的同时,在新笔记小说里融入了人性思维。孙方友以独立的民间立场根植于中国残酷的社会现实,运用传奇的叙事手法真切地再现了人性与世道,从而使《陈州笔记》承载了更深刻的社会内容。

由于孙方友出生并成长的颍河镇在历史上处于经济、文化相对发达的地区,因此《陈州笔记》对"公案小说"叙事艺术的汲取与发展绝非偶然。据清顺治十五年《陈州志》记载,明朝末年这个镇子南边的颍河上架有三座桥梁,①这足以见证颍河镇当时作为水旱码头在商贸与交通上的发达。清朝后期统治阶级以整肃纪纲为由,实行文化专制,特别是嘉庆、道光年间达到了清代禁毁小说戏曲书刊的高潮时期。颇具戏剧意味的是,随着都市文化的繁荣,当时南北方评话评书与弹词鼓词的流行,还有地方戏的兴起,迅速促成了曲艺、戏剧、小说三者的融合,并风靡于市井坊间。颍河镇作为一个商贸与交通比较发达的集镇,便接受了这样的文化浸润。在民间,曲艺与戏剧对这个地区的影响一直延续到 20 世纪中叶,"商船从京广线上的漯河顺水而下,能抵达远在天边的南京和上海。由于航运,那个生养孙方友的集镇不但是当地的物资集散地,而且是民间说唱艺人乐意光顾的场所。农闲的时候,身背简单乐器的民间艺人乘船而来,说上十天半月之后又乘船而去,他们走一拨来一拨,顺水而下或逆流而上,一个码头又一个码头地赶,不停地做着营生。在秋高气爽月光明媚的夜晚,如果碰巧了,镇里的街道上就有四五个艺人在说唱。从河南坠子到山东大鼓,从木板大鼓到

---

① (清)王士麟修,何润、罗广韵、刘灏、辛承和纂:《陈州志》第三卷《营造志》"津梁"条目,1658 年刻本,淮阳县地方史志办公室 2007 年影印。

山东琴书,甚至还有来自豫西和皖北的艺人,他们往往唱的是河洛大鼓和凤阳花鼓。这些艺人说唱的内容从《三国演义》《水浒传》《杨家将》《呼家将》到《岳飞传》,从《三全镇》《金锁镇》《大红袍》《响马传》《蓝桥会》到《包公案》,从《梁祝下山》到《白蛇传》,几乎无所不有。在那些被夜色所朦胧的面孔里,幼小的孙方友往往是最后一批离开的听众之一。因此,露水常常打湿他的眼睛和耳孔。即使在'文革'当中,这种简单的说唱艺术在那里也没有绝迹,仍在地下流行"①。而生活在其间的孙方友无疑是个受益者。评书故事的来源大多是公案小说,像《七侠五义》《彭公案》,等等,"公案传奇"里所描写的政治腐败、生灵涂炭的社会现实,民间的铲霸诛恶、扶危济困、伸张正义的侠客精神等再现普通民众心态的文学主题在《陈州笔记》里都有所体现。为了加强小说的故事性与可读性,孙方友在小说中不但融入了公案小说的悬念与明清小说中的惊奇手法,而且融入了说唱艺术与戏剧的叙事结构,这样不仅使《陈州笔记》里的小说情节纷繁曲折、条理清晰,而且增加了小说的思想深度。

　　《陈州笔记》里的小说题材,或出自不同典籍与史志,或来自民间传说与史料,而20世纪上半叶丰富多彩的历史与民众的社会现实生活则成了《陈州笔记》传奇故事最主要的素材来源。《陈州笔记》通过离奇曲折的故事从不同的角度反映社会现实,通过塑造个性鲜明的人物形象使社会生活变得混沌自然,并以此歌颂真挚的情感、感叹人生的无奈与命运的悲苦、讴歌行侠仗义、谴责忘恩负义或暴露时政的黑暗。与传统文学不同,《陈州笔记》里的小说并不是为传奇而传奇,而是将所有"传奇"的哲学根基建立在朴素的自然法则之上,由于这种朴素的自然法则让小说中所有的传奇都实现了不可置疑的艺术真实,形成了一种儒雅与世俗互摄互涵的审美形式。

　　与《陈州笔记》一脉相承,新中国成立以来各个不同的历史时期的社会生活构成了《小镇人物》广阔的文学背景。新旧朝代的更替、不同的价值观念的撞击、人为的阶级矛盾与阶级斗争所产生的充满荒诞与苦难的社会现实、革命状态下的丧失人性的被谎言所弥漫了的中国人的精神状态、城乡二元对立下的被扭曲了的精神现实、改革开放后的道德与价值观念的瓦解与颠覆,等等,构成了《小镇人物》的骨骼与血肉,使《小镇人物》里的人物个性鲜明、生动丰满;方友匠心独运的情节设计,使小说的叙事更加紧凑巧妙,口语化与生活化相融合的文学语言,使得新笔记小说的叙事更加统一、完整,达到了与《三言二拍》难分伯仲、浑然天成的艺术境界。

　　《陈州笔记》不仅继承了中华民族人文精神的精髓,而且对中国传统叙事艺

---

① 墨白:《仙乐·青灯》序言,河南文艺出版社2008年版。

术的继承与发展也是全面的,比如在继承中国古典文学中的白描语言的基础上,融入传统文化的诗词韵律、戏剧中的说唱艺术、民间文学中的民间俚语与口语化的同时,又运用现代小说的理念切入历史、切入现实生活、切入人物命运。方友通过近三十年的小说叙事实践,使自己的叙事语言既有深厚的韵味,又显得风趣幽默,继而形成了简洁准确、朴实意深、富有感染力并独具个性的语言风格,而最能体现这种风格特征的,就是语言的"一石三鸟"与叙事的比兴手法。

"一石三鸟"与比兴手法

对叙事语言"一石三鸟"的理解与运用,用孙方友自己的阐述更具有说服力:"'一石三鸟'叙事手法是中国传统文化的精华。光从语言学的角度来说,汉语的张力就是其他语言不能企及的。它字字可以卓然独立,句句可以含义无穷。如孔孟、老庄、周易,短者数千,长者两三万字,便可包罗万象,成为经典学说。这些传统经典不但是精神传承的基石,而且还留给我们一种'浓缩'的思维方式;寥寥数语,便有泰山压顶之险、雷霆万钧之势。但'浓缩'并不是'简化'!我不喜欢将精神内涵剥落残尽跌落故事行列的'小说',包括语言。笔减神增才是高手,就像熬了一锅鸡汤,肉没味了,但味道全溶化在了汤里,语言就像鸡汤一样。我写的虽是传统题材,但一直把现代派的东西运用到小说中,可用的却是中国最传统的'一石三鸟'的叙事语言,因为它是笔记体小说一种独特的叙事方式,更是新笔记体小说篇幅越来越简短化的一个基础。"[①]具体到《陈州笔记》里叙事语言的"一石三鸟",是指句子的构成,指叙事语言的丰富性,既是塑造人物性格、推动情节的载体,又包含着深刻的寓意,其中的奥义,大致可以归纳为两个意思相近又相互渗透的层面。

第一层面:A. 由叙事语言的精和短构成准确性;B. 由对民间与说唱艺术语言汲取而形成的趣味性;C. 由叙事语言对古汉语字、词的运用所构成的韵律感。在古代,诗词不仅能诵读,还能歌吟,诗与乐是共生的,诗歌从古典诗歌发展到现代诗歌,其韵律也由严格的格律转变成隐含的韵律,如《杨纯斋》的开篇:

> 民国初年,杨先生罢官治学,徜徉山水,寓历城西关平信桥,著有《笔谏堂全集》《耄学问答》等。与原配李夫人,伉俪和睦,敬爱如宾,贵后,不娶偏房,不纳小妾,终生不二色。平时自奉俭约,唯酷爱古籍和各种文物,多方购置,不遗余力。

[①] 孙青瑜、孙方友:《尽力把家乡写成一片原始森林——孙方友访谈》,《西湖》2012年第8期。

为加强节奏感,叙事多用四字短句。《陈州笔记》在语言的音乐性上采用了隐含的韵律,亦即借鉴了诗歌的韵律,在语言上追求语言的远阔及意蕴空灵,在节奏上讲究诵读的轻重缓急、悦耳动听。隐含的韵律在于表现情绪和句法的气韵优美,情绪的韵律运行于句与句之间,表现出情绪的轻重缓急,句式的韵律则表现为句与句的对仗、押韵等形式。

第二层面:A.语言的丰富性写实能力;B.对人文历史与世俗生活的穿透力;C.小说的象征性与隐喻性。在《陈州笔记》里,小说的象征与隐喻表现在对比兴手法的运用上。如在《程老师》《王洪文》《张氏修车铺》《大洋马》这样的小说里借用"时镜"空间来做表达的中转站;如《雷老昆》中雷老昆的反常举动与整个大时代背景下国民的恐惧心理的呼应,《狱卒》中白娃人头落地后那双依然滚来滚去的眼珠子和满含求生欲望的对视,《宋散》中假宋散"革命"的目的性与历代农民起义目的性之间的遥望,等等,都借用了中国诗学里的比兴手法。还有《蚊刑》与《雅盗》,都是运用比兴手法的典范之作。

《蚊刑》让读者通过阅读文字还原出一个"蚊子吸人血"的事象。"蚊子吸人血"就具有比兴艺术的功能,这种手法让我们深入到整个人类的历史,类推出"官吸民血"的残酷现实,折射出文本与世界的联系。这篇看似简单的寓言小说,之所以内藏一定的所指意蕴,就是因为作者借用了一个具有比兴功能的特殊事象,建立起象中与象外的互体空间,从而完成了文本与世界、个体与历史、人性与政治、特殊与普遍间的深层联系。这正如《蚊刑》预言:贪官层出不穷是因官员的频繁调动,那个贪官深知其中的奥妙:

蚊子,懒虫也,吃饱喝足便是睡觉。吾一夜如眠,怕的就是惊动它们。这样一来,后边的蚊子过不来,趴在身上的已吃饱,是它们保全了我!

蚊子叮咬作为一种刑法,寓意着哲学层面的思考,而在叙事手法的运用上,则与传统诗学有着极强的互通性。作者似乎在"讲古",其实是用了与中国传统文学中比兴相近的象征手法,在一千五百字的篇幅内写出了中国黑暗的官场史,表达了对现实的观照,具有极强的现代寓意。

《雅盗》属于一个知域背景较强的小说,读懂它需要一定的知识积累,首先,您得能看懂《灞桥风雪图》这幅画;其次,您得知道中国古典文论提倡的"入"是何意。在小说中,为什么赵仲一次次从入神的欣赏中走出来?原因很简单,雅盗在面对《灞桥风雪图》进行审美活动时,想直入艺术虚像里,实际上却入不了,一次、两次、三次……古典文论家在审美时大多提倡"入",而在实际的审美活动中,赵仲面对审美对象"入"不了的状态,刚好和在儒道两家文化的双重影响下的中国文人"入中有出,出中有入"的集体性格形成很强的比兴关系,正是因为这种比兴关系的存在,小说通过雅盗赵仲几"入"几"出"的审美过程,隐喻中国文人的悲凉命运。《陈州笔记》对"一石三鸟"与比兴手法的运用,不但展现了汉字特有的能量,而且体现了孙方友新笔记小说叙事语言的风格。

故事情节与悬念的"翻三番"

"翻三番"指的是在小说叙事里不断滚动的故事情节与悬念,是孙方友新笔记小说叙事的核心理论,《陈州笔记》里的《雅盗》《泥兴荷花壶》《玉镯》《泥人王》《名优》《皮袄》《陈州装裱坊》《陈州饭庄》《陈州药号》《马家茶馆》《赵家酒馆》《黄氏面条铺》,等等,都是足以让人信服的、呈现孙方友新笔记小说"翻三番"叙事理论的名篇。比如《花船》里,先写尤三偷扒嫖客的钱物,结果被方匣里藏的毒蛇咬伤;尤三就拿刀切下手指,从手指里挤出毒血逼着嫖客喝掉;接着尤三对嫖客说那风尘女子是他老婆;嫖客一惊脱口而出,说那咬你的并不是毒蛇。一篇千字小说,故事的悬念就翻了四番,前浪未落,后浪又起,从高峰推向极致,在惊愕之后又生惊叹。

在《陈州笔记》里,"翻三番"与现代派小说中的语言功能一样,是沟通叙事文本与现实世界的桥梁。现代派小说运用语言功能置换了现实主义小说中的故事这根联系文本与世界的纽带,文本里的时间、记忆、语言、梦境、幻想、现实、历史等这些叙事元素在现实主义小说当中由故事的"统领"更替成用叙事语言来"统领",因此,小说所呈现的文本世界处在由叙事语言"正在构成着"的状态之中。而《陈州笔记》里"正在构成着"的状态是由建立在中国古典小说中的"以事载道"的故事基础上,再用情节与悬念的"翻三番"来主宰,而"翻三番"的理论根须是深深地扎在中国传统文化之中的。中国传统文化看重的不是物质自然,也不是主体的人,而是人在物质自然中摩荡生发的时境,是一种正在生成着的动态文化,所以极为讲究"变""几"和"域",而故事在小说中的作用,就是能够承担起生成它们的重任。"以事载道"的理论最早可追溯到庄子以寓言为主的方法论,庄子的理论为中国后来的现实主义小说的叙事定下了"以事载道"的基调,而《陈州笔记》里故事的情节与悬念的"翻三番",基础就是"以事载道"中的事。"凡是有创作经验的人都会知道,将单纯的故事和情节置之死地而后生很难,如果后生两次、三次自然更难,如果再将思想镶入其间去'翻三番',甚至'翻四番''翻五番'自然就是自己跟自己过不去"[①]。孙方友在创作过程中比较喜欢

[①] 孙青瑜、孙方友:《尽力把家乡写成一片原始森林——孙方友访谈》,《西湖》2012年第8期。

给自己设卡子、设"死结",所以他的小说创作营造过程一般都很长,像只有一千五百字的《蚊刑》,在他的脑海里就酝酿了近二十年。《陈州笔记》里小说中所有的"番",都是建立在真实可信的细节上,利用细节这个可以看得见的"事",来承载形而上的"道",方友运用既有思想又有趣味的绝妙细节所承担的审美事件,促使《陈州笔记》里的小说实现了"文小而指大"的效果。运用细节与悬念不断升华思想是孙方友的新笔记小说"翻三番"叙事理论核心的核心,孙方友"翻三番的创作方法和理论是对小说叙事学的重大贡献,具有文学史意义"①。

故事与人物的奇、妙、绝

《陈州笔记》里的"翻三番"叙事理论,是以故事中的"奇、妙、绝"来实践的,故事的"奇、妙、绝"则是以现实生活为基础。如《泥兴荷花壶》里写陈三关制壶的过程,无论是从土质的挑选、壶的外观造型,还是陈三关用壶弹奏出《春江花月夜》的韵律,都充满了神奇。小说把陈三关制壶的弹奏法写得生动活脱、纤毫毕现;当陈三关得知要买宝壶的是段祺瑞时,就用激将法让段祺瑞本人持枪打穿了壶壁,小说又用子弹击穿壶壁只留下一个四周没有一点炸纹的圆眼儿的情节陡转来装载陈三关的人格魅力,读来实在让人感到神奇。

《陈州笔记》里故事的传奇并非空穴来风,而是体现了孙方友对中国古典文学中传奇元素的自觉继承。孙方友的故乡淮阳县古时为陈州,这里不仅有水波荡漾的万亩城湖,还有人祖伏羲的陵墓、伏羲画八卦的八卦台、神农尝五谷的五谷台、龙山文化的遗址平粮台、孔圣人困于陈蔡的弦歌台、三国曹植的衣冠冢、宋代包拯下陈州怒铡四国舅的金龙桥。不仅如此,陈州还是秦朝农民起义军陈胜、吴广的建都之地。孙方友从小就浸淫在由浓厚的传统文化熏陶的环境中,自然而然地吸取着传统文化积淀的精华,在历代的人文掌故、民俗、逸闻逸事成为《陈州笔记》里传奇故事的文化背景下,孙方友运用民间传说的渲染与说唱艺术的铺排技法,委婉而紧凑地给我们讲述着一波三折、起伏变化的传奇故事,既出人意料,又让人深信不疑。比如《狱卒》中那个专看死囚的贺老二,为了让少年囚犯白娃生命里最后的日子得到快乐,他竟然冒充匪首给白娃写了一封密信,说到时候会劫法场救他。白娃接到"大哥"密信后,内心充满了求生的欲望,到了秋后问斩时,白娃精神昂扬地含笑跪在刑场中央,一双充满生存希望的眼

---

① 江媛:《来自民间的悼念——"〈俗世达人〉首发式暨孙方友先生追思会"综述》,《莽原》2013年第6期,第140页,杨晓敏语。

睛仍然在人群中扫来扫去。这个极具荒诞传奇性的故事结尾,写出了心灵的真实。这故事和一般的现实不同,贺老二好心设置骗局,希望让白娃的余生过得快乐,但是当年轻的白娃在临死前依旧对未来充满希望时,我们看到那些散落在历史角落的碎片被文学家所具有的现代意识所照亮,这就是方友所呈现出的人性的真实所获得的神来之笔。

在《陈州笔记》里,哪怕是一个小人物,他的身上也散发着强烈的精神气场,如《陈州名医》里的罗先生拒绝为日本军人看病,却用刚宰杀的猪肚子的中医疗法为日本孩子焐毒治病,以此所展现出的人道主义力量。在《陈州笔记》里,人物的命运都在环环相扣充满悬念的故事里展开,无论是《官威》里的李进士为了光宗耀祖让全家人练鹅步,还是《神裱》里的任振乾为了抢救国宝破坏祖规用活人的生命之体除去出土名画潜藏在宣纸内的死亡气息;无论是《女老包》里的女包拯假戏真唱来激将县长为民除害,还是《陈州饭庄》里的众乞丐用计给金聚泰讨要外欠账,每一篇小说都用传奇故事做内核,每一个精彩的传奇故事都经过精心设计,将笔触潜入人物最为隐秘的灵魂深处,牵引出命运的必然因果,最终达到"象为义说,以象载义"的效果。

《陈州笔记》里的妙,体现在孙方友创造出的俗雅融合的审美视角上。雅俗融合的美学运用在《陈州笔记》中随处可见,比如将高尚与残暴相融合的《匪医》,将大义与大恶融合的《神偷》,将动物的本能与人性情感相融合的《虎痴》《鬼像》,将强悍与卑弱融合的《女匪》《匪婆》《瘫匪》《女保镖》,将大美与大丑融合的《水妓》《花船》,还有在《棋魂》《荒劫》里运用的虚实移换,在《脚行》《张大锤》《官抬》《红案》里运用表露心酸的自嘲,在《蚊刑》《媚药》里运用的以轻托重。基于这种美学趣味,《雅盗》里的强盗可以是高雅的;《神偷》里的小偷可以成为神人;《花杀》里的花是美丽的,但还有充满杀气的一面;《刀笔》里的笔可以像刀子一样锋利,等等,均将矛盾既对立、相克又相融的叙事美学发挥到极致的同时,还将苦难留在人世间的烙印运用调侃或自嘲的语调呈现出来。

《陈州笔记》里叙事的微妙还在于小说的结尾,孙方友擅用点到留白的技法,将"悟"的妙处留给读者,激发阅读兴趣,留下无穷的思考来启迪心智;在篇名的设计上,孙方友打破常规思维,像《雅盗》《神偷》等均是采用美丑对峙的方法来结构;在遣词造句方面,孙方友打破口语与文言文难以相融的常规,将矛盾对立的词语放在叙事里统一起来,营造出百姓哀而不伤、丑而不厌、烈而义存的可爱性情,形成了《陈州笔记》俗雅相融的精神内涵。

《小镇人物》中的《雷老昆》《打手》《刘老克》《方鉴堂》《雷家炮铺》《小上海》《大洋马》,《陈州笔记》中的《蚊刑》《狱卒》《壮丁》《雅盗》《匪婆》《匪医》《女匪》等众多篇章,我们都能从中读到一个"绝"字。具体到叙事元素上,这个"绝"体现在细节绝、故事绝、结构绝、人物绝上,由于这个"绝",孙方友总能在短小的篇章里切入人性深层,留给世人说不尽的意味。在《陈州笔记》里,方友处处不动声色地设置着细节的"绝",如《打手》中处理"钉帽子"的细节、《雷老昆》中的雷老昆以自虐对抗恐惧的悲剧、《大洋马》中大洋马的丈夫自己带着"绿帽子"游街,等等,都根植于深厚的现实生活土壤,散发着人性的气息。故乡对方友来说,具有丰富而深刻的本源意义,在他的记忆里,关于故乡的一切,都渐渐转化成他的文学叙事经验,转化成他观照人性的素材。因此,方友在揭示常态生活背景下的历史真相的同时,又能准确而深刻地表达复杂的人性。

《陈州笔记》小说中的每一个重要细节,都倾注了方友的苦思冥想,像《红女》《雷老昆》《打手》《刘老克》这些小说中的细节,在他的脑海里酝酿了几十年,"细节如果没有理性爆发点,我是不会轻易下笔的"①。在阅读过程中,读者对小说叙事总怀有一种期待,这期待不单是对故事本身,更重要的是要获得实现震撼思想的能量和形式。在《陈州笔记》里,小说的震撼力,就是以"绝"的故事、"绝"的结构为依托,由"绝"的细节来推动的,如《狱卒》中的贺老二为白娃设置的那场求生的故事,所依托的就是这个"绝"字,由于这个"绝"如同平坦之处突现的奇峰,从而在凄美之中构建了一个充满人性的真实世界。

独立的文学世界

《陈州笔记》的产生源于对社会生活的积淀与人生命运的思考,孙方友在故乡生活了将近半个世纪,不仅从事过挖河修路、脱坯烧窑、帮槽铡草、夏收秋种、扬场放磙各种体力劳动,而且演过样板戏,跟侯宝林先生学过说相声,还到新疆当过盲流,可以说《陈州笔记》里像《壮丁》《瘫匪》《猫王》《绝响》等众多篇章里那些充满想象力的故事与结构,都源于他对生命的感悟。孙方友属于在生活中悟道的小说家,走的是"从生活到艺术"的创作道路,面对生活,他从来都不是旁观者,而是深刻的体验者,因此,形而下的生活一直是他的周遭环境。从哲学的起源和发展史论,真正推动哲学发展的哲学家都是从形而下入手,都是回归生活并从生活中悟道。小说创作也不例外,尽管小说的特征是虚构,但虚构的根源是充满血肉的生活。特别是到了晚后期,由于建立在扎实的生活经验之上,《陈州笔记》里的小说在结构故事上逐渐自然,读者甚至已经很难把虚构的小说人物与故事和真实发生在现实中的事件分割开来。

---

① 孙青瑜、孙方友:《尽力把家乡写成一片原始森林——孙方友访谈》,《西湖》2012年第8期。

《陈州笔记》融汇了古典文学的精髓与现代小说叙事,以一贯如一的民间写作立场,记录了新笔记小说这种新的文体的完善与成熟轨迹,因此可以说,新笔记小说浓缩了小说家孙方友对文学的毕生追求。"当主流文坛浮漾着泡沫和垃圾,以强势力量带动着势利的潮流呼啸而过的时候,孙方友守持着沉静的心态,坚持着民间立场,沉醉在家乡的人物和故事里。他讲述的是个体生命对历史的观照,乡土文化对人性的诠释。若干年后,那些轰动一时的宏大叙述湮灭之后,《陈州笔记》将因它的民间性、因它的野史的价值而显现出一个时代的文化内涵"①。孙方友以他超然的艺术想象力给大众的审美触觉带来冲击和感动,并长久留存在阅读的愉悦中;孙方友不断创造着常态生活背景下的非常态世界,为新笔记小说开拓出一个他人无法重复的审美领域。《陈州笔记》使他成为"一代文豪"②,成为中国当代文学史中新笔记小说最重要的收获与成就。

陈州是孙方友的故乡,更是他的精神圣地和写作源头。《陈州笔记》不是封闭的,而是开放的;《小镇人物》也不是封闭的,而是开放的。2013年8月4日,孙方友先生的骨灰在家人和生前好友的护送下,同他在《陈州笔记》里塑造的成百上千的像野草一样鲜活的曾经在陈州或颍河镇生活过的人物,又回到他们熟悉的故乡,开始一起静静地聆听天空和河流的低语。在此后的日子里,孙方友将在他曾经耕种过的土地里长眠,而那些随他而归的文学人物,将在这片方友曾经播种过的土地上像植物一样继续生长。

当生命恍如过客,唯有大地带来安慰。按照佛学的阐释,谁在一个地方存在过、思想过,那么这个地方就是世界的中心。方友在《陈州笔记》中爱过千千万万的人,并让他们性性情情地活过,因此《陈州笔记》与现实中的陈州就成为我们感悟世界存在的中心。孙方友用文学的形式为我们保存了20世纪中国社会的世道人心,再现了众生灵魂的孤独与痛苦,成为我们民族20世纪前后历史的一个缩影,"使颍河小镇进而古陈州成为中原乃至中国的文化符号之一"③。这个独立的由《陈州笔记》构成的文学世界,这个典型的由"陈州""颍河镇"构成的文学地标,已经成为文坛一个强大的存在、一座很伟大的丰碑,并将永远被人们所记忆和向往。

2014年2月10日写完

见《孙方友小说全集·〈陈州笔记〉卷》序言,河南文艺出版社2014年版

---

① 田中禾:《颍河的精灵——漫说孙方友》,见孙方友:《小镇人物·重逢》,河南文艺出版社2009年版,第175页。
② 江媛:《来自民间的悼念——"〈俗世达人〉首发式暨孙方友先生追思会"综述》,《莽原》2013年第6期,第140页,冯杰语:"袁项城,孙淮阳。袁世凯是一代君王,孙方友是一代文豪。"
③ 孙荪:《卷帙浩繁的百姓列传——读孙方友〈小镇人物〉》,《文艺报》2009年11月10日。

叙述出来的世界
——读孙方友小小说集《女匪》

李少咏

　　小说艺术发展到今天，无论就其所表现的社会生活内容来说，还是就其所运用的表现技巧来说，都已与萌芽时期大不相同了。姑不论以复杂多变为特征的西方文学评论界如何说，仅我国近几年文学评论界对小说艺术界定的各异其趣的定语就已不下数十种之多，可谓琳琅满目、不胜枚举了。但是，也不能不说，尽管小说艺术经历了这样那样的历史变化过程，然而它的某些基本方面，却是始终恒定不变的。随便举一个例子就能证明这一点，如小说语言内涵的丰富性与深刻性、暗示性与象征性等。我们都知道，语言是人类之间相互交际时的一种有力承诺媒介，现代语言学研究更证明，它是一种完全能够自主的符号，它不允许我们在用它去说某一件事的时候不表示对那件事情的态度。小说作为一门公认的语言艺术，在这一点上体现得尤为明显。尽管小说作家们的创作过程是如冯骥才同志所说的那样一种"点亮（寒冷的）星星"似的艰苦细致而又相对缓慢的过程，但是只要这些小说家们在创作，他就必须自觉不自觉地承受语言表意的压力。说穿了，每一位小说家的创作，事实上都是在选择一种表意的语言形式，借此恰当地表述出某种"故事"，也就是说，他们是在利用经过选择的语言形式创造出一个个与我们的现实世界不同的虚构的艺术世界。

　　我读广西民族出版社出版的孙方友的小小说集《女匪》，最突出的一个感觉就是作者的叙述方式独特，由此结构而成的那些艺术世界耐咀嚼、有回味，意境优雅，含义深长。具体一点说，这本小小说集中的大部分文本有效地创造出了一组美好诱人的艺术空间。

　　由于这些文本是我们通常所说的小小说，自然它们首先就要具备所谓小小说的一般的特征，如以小见大，咫尺万里，篇幅高度浓缩而意蕴无限延伸等。这些特征说起来倒很轻松，而真要在一个作品中具体体现出来，却并不那么容易。

　　认真说来，孙方友的艺术理论素养不是很高。他出身农家，身上多的是农民的朴实，当然也不乏农民当中的智者的某种智慧与狡黠。作为一个接受过现代文明熏陶的小说家，他信奉美国小说理论批评家、《小说修辞学》的作者 W.C. 布斯的一句话："小说不是讲述，而是展示，展示！"而作为一个农民出身的文化人,他又信奉中国农民常说的一句老话:"天下文章八大编,就看你会编不会编。"他巧妙地把这两句话融汇到了一起,要通过"编"来"展示"他的故事。他又明白这展示离不开合适的"场地",也就是所谓的"特定环境"。并且他还认为,作为一个"编"家,在这个选定的特定环境里,要冷酷地把自己的人物往生存绝路上推,让情节置于死地而后生,推向悲剧的高峰,让读者感觉到被毁灭的颤悸和深沉的悲怆![1]

这种土洋结合的小说观看起来不伦不类,却也不失为一种格局。就是基于这种对小说艺术的直观意识,孙方友操练出了一套独特的小小说操作本领,这使他的小小说作品显示出某种与众不同的特点,当然也就有了存在的价值和意义。

首先,我们注意到孙方友选择的叙述视角很奇特,几乎所有的故事都是"过去了的"。这就产生了一种独特的审美效果,由于适当的时间疏离带来一种阅读时的审美快感。在这种过去时态的故事叙述过程中,作者不再仅仅是一个叙述者,而是同时担任了两个不同角色。一方面,他是故事的发现者、组织者;另一方面,他又是对这些故事进行分析、解剖和评论的局外人。正因为作者选取了这种过去时态的叙述视角,又在叙述中承担着上述两种不同甚至还相互抵触的角色,就使得他所叙述的那些故事的意义超越了故事本身,而显示出某些更为重要的东西,即这些故事在叙述者脑海中留下的印象,一些挥之不去的若隐若现的记忆的痕迹。这些痕迹由于隔着一段记忆的空间,当然是既遥远又会显得陌生的,它们不仅与叙述者,也与我们读者之间隔着一些岁月的重重迷雾。但同时我们也会发现,它们与我们之间的这种时间距离虽然十分遥远,而有时在我们的感觉中却又像是近在咫尺一般亲切可感。这种感觉产生的重要原因,是小小说的作者在故事叙述当中有意地运用了一些可以拉近两者之间感觉距离的媒介物。这些媒介都很简单,或者是语词,或者是事件,或者只是一件小道具,却都能起到沟通过去与现在、融合作者与读者思想歧异的奇妙作用。正是由于这些特点,我们在阅读过程中往往能够透过故事的叙述表象,直接体悟到它们的深层语义内涵,从而心醉神迷、流连忘返,达到某种神与物游、物我两忘的超妙境界。

孙方友小小说所叙述的故事的主体,大多都属于在我们目前的生活中业已消逝的风尚、思想、传闻等。既然这些东西都属于已消逝的过去,那么在对它们叙述时,在语词的选择上当然就必须紧紧围绕着"过去"这个核心来进行。孙方友很清楚地明白这一点,在他这本薄薄的小册子中,明显带有过去时态意味的

---

[1] 孙方友:《女匪·半路出家,难得真谛》,广西民族出版社1991年版。

语词和句子可谓俯拾皆是。

先看这本集子中几乎每篇皆有的一个双音节词："陈州"。这是一个很明显的专有地名词，稍有一点历史和文化常识的人，谁不知道这个"陈州"呢？古往今来，太昊伏羲曾于此地建都，农民起义领袖陈胜曾在此称王，孔夫子也曾在此被困，老包下陈州的故事更是尽人皆知。所以，"陈州"很显然是一个属于过往时代的历史的名词，如今的陈州早已经不复存在，而只是一个处于湖水环围之中的小小县城——淮阳。孙方友在他的作品中之所以不说淮阳而讲陈州，一方面固然是因为他所叙述的故事大都属于过往时代所发生的，那时淮阳就是陈州；另一方面，也不能不说是因为有一种潜在的文化心理积淀在起作用。前文我们已经说过，孙方友出身农家，从小生长于豫东平原上的一个偏僻小镇，淮阳新站。而淮阳则正是古陈州，是一个繁衍生息过无数古圣先贤的地方。在我们的作者的心目中，它自然是亲切的，也自然是可以引为自豪的一个地方。这样的地方既尊贵，又不可亵渎，这就是孙方友在讲到这个地方时舍"淮阳"而就"陈州"的内在心理因素之产生的依据。

除了"陈州"之外，这些小小说中另外还有许多明显具有时间间离效果的语词和句子。如在《捉鳖大王》中，叙述者开头就先推出了故事的主人公刘二，介绍刘二捉鳖的神奇和做汤的绝妙，接着就导入了故事的正题，引出了那一场惨烈悲壮的灵魂与肉体之间的搏斗。而导入正文的第一句话就是"这一年，陈州沦陷"。虽只简简单单几个字，却清楚明白地交代了故事发生的具体地点和时代背景，成为一种连接读者与故事之间的时间间隔的恰当媒介，使作品既显示出一种实实在在的真切感，又与读者之间有一段若隐若现的距离，因而也就形成了一种朦胧的审美境界。让我们可以从容地对之静观默想，而获得一种雅致脱俗的美的享受。这正如山中遇虎与画中赏虎之间的不同一样，后者已褪尽了前者所可能产生的那种恐惧与惊慌的感觉，而变成了只是在体验一种雄壮的、带有原始古朴韵味的美感享受。

《瘫匪》着意在塑造人物，它叙述了一个人的人格升华的过程，开头同样先介绍故事发生的地点和时代背景，同样选择了几个具有过去时态意味的语词和句子。"民国三十一年，日环食。天狗吞日后，遭大旱，百天不雨，秋粮绝收。人们吃树皮，啃麦苗，面黄腹肿。为保命，便四处逃荒，流离他乡。"这简直是一幅饥荒年代的灾变图。文中所说的"民国三十一年"，也就是1942年，在河南近代史上确实是一个令人心酸落泪的大灾之年。那一年，河南大部分地区尤其是豫东地区夏麦季歉收，六月无雨，秋季绝收，米珠薪桂，饿殍载道。小说所写，正是当年的真实情景。这样的写法，当然首先还是获得了一种间离带来的美感效果，却也还有更深一层的意思在。它体现出了作者创作的另一个特点，就是把自己的人物推到生存的绝路上,使情节置之死地而后生。作者把自己的人物安排在民国三十一年这样一个难以生存的历史绝境中,可谓狠毒刻薄兼而有之了。不过也不能不说,正是因为处于这样一个别无选择的生存绝境中,瘫匪的挣扎、搏斗、人格升华过程才显得那么凄壮、惨烈,那么撼人心魄。

瘫匪虽然在站立起来的那一瞬间便走完了自己生命的历程,却留下了一腔贯冲斗牛的壮志与豪气,虽然这种豪气你可以说并无重大的社会意义或其他意义,但对于一个生命个体来说,它已经使这个人物永远留在了人们心里,那一瞬间也就具备了一种永恒的意味。

我们认为,一部文学作品的主题素材不仅要能够反映出作者的主要思想、感情和倾向,还要能够反映出两种不同力量的存在,也就是要反映出某种冲突。这种冲突一般表现为文化心理的不同之间的冲突,或者说是文化心理积淀与现实生存环境之间的冲突。孙方友在为自己笔下的人物安排活动场景时,有意无意地表现出了这种冲突的存在。他的《瘫匪》是这样的,《无辜》和《泥人王》也是这样的作品。人处于生存绝路之上时这种冲突表现得最为明显,也最能撼动读者的心灵,孙方友紧紧抓住了这一点。《无辜》中的气功大师郭铁头的气功堪称一绝,但也正因为此,他在一个偶然的时间里被逼走进了一个生存绝境,必须面对死亡的危险。一方面要生存下去,要活命;另一方面又要保护自己"铁头"的声誉不被损害。要活命,就难免名声受损;要保住声名,就难免有被夺去生命的危险。两者在一个小伙子的大铁锤下似乎不能两全了。在这种情况下,"人过留名"的心理占了上风,郭铁头决心不顾一切保住自己的"名"。他把所有的精神所有的气力全部贯注到了那颗光光的大脑袋上,以抗拒那即将如雷霆一般压顶而来的千钧之力。却不料,执锤的小伙子虽然原本有意狠命砸下铁锤令郭铁头出丑,却在砸下去前的一瞬间手软了,怕白白伤了一条无辜的性命。悲剧就从这里不可避免地发生了。郭铁头精神气力专注过甚,而巨大的外力却没有如时而来,于是,他的"脑袋发生了大爆炸——天灵盖冲天而起,血浆脑浆如天女散花般射向空中,红的白的黄的……犹如元宵夜的焰火,五彩缤纷……"一个生命消失了,但是,一个中华气功的最高境界的创造却完成了。正是在生存与保护声誉的剧烈冲突中,郭铁头完成了前人从未完成过的这个至高至美的境界。面对这种情景,我们还能简单地说郭铁头死得"无辜"吗!

《泥人王》中的王二有一手精绝的捏泥人手艺,捏制的泥人形象逼真、栩栩如生,而且在水中长时间浸泡照样完好无损,甚至比原来更加灿烂夺目、光彩照人。按说捏泥人并无刀光剑影之险,他却也照样遇见了厄运。一位洋教士就雇了一帮土匪来抢劫,并扬言如不交出珍品,就杀死王二的独生儿子。处此情景,王二只得把珍品交出。故事至此,却又发生了曲折,王二找到洋教士,告诉他交给土匪的珍品全是假的。结果,洋教士派人送信羞辱了土匪们一通,土匪们羞怒之下把那些泥人全都倒进了城湖里,泥人倒进湖水的第二天,王二才领着洋教士去城湖里观看,并告诉他那就是他所藏的泥人珍品。故事又一次发生了曲折,原来那洋教士并非谋财贪利之徒,而是表示真心喜爱这些精绝的艺术品。王二大受感动,就跳进水中,捞出三套并未损毁的珍品送给洋教士以资留念。就其表象来看,这篇小说中的人物似乎并无生存绝境的威胁,从深层分析,它却也同样是惊心动魄的。王二宁可与泥人同毁而不愿泥人落入匪人之手,一方面显示出了他高尚正直的气节,另一方面却也透射出了他的生存智慧,这同样是中华民族文化心理积淀的一个有机组成部分。

孙方友小小说叙述方式的又一个特点,是叙事简单明了,含义深长,具有某种强烈的感染力。这种强烈感染力的产生主要得力于故事叙述的含蓄蕴藉。为了获得这种含蓄蕴藉的审美效果,孙方友有意地采取了两种不同的叙述措施。

一是选取最富特征性的事物或富包孕性的时刻进行表现,从而以小见大,概括丰富、复杂的生活内容。这也就是文学理论批评中所常说的"取一孕万"或"收万于一"。正像司马迁对屈原的《离骚》所称赞的那样,"称文小而其指极大,举类迩而见义远"。不论是《捉鳖大王》《水老鸹》,还是《无辜》《泥人王》《帅痣》《追魂》等,无不是简单明了,线条单纯而又含蕴深长。如《捉鳖大王》中的刘二号称捉鳖大王,捉鳖技艺和烹制老鳖汤的技艺都可说已达炉火纯青之境,但最后还是死在与鳖有关的事变中,其中的深意虽然未经作者道出,我们却都能体会到一二。《追魂》中的大肚子旅长是一位抗日英雄,他的死也很简单,只不过被部下一个副官打了黑枪,无什么大的曲折。但士兵们为其追魂的仪式——乱枪射死杀害他的凶手,那个为了保存部队实力或者干脆说就是为了保存弟兄们的生命而打死了发狂的旅长的副官——却体现出一种鲜明而又深刻的精神气韵。士兵们是在维护一种精神,这种精神是支撑他们生活信念的一个强有力的支柱。《帅痣》中白团长的那颗痣是整个故事发生发展的核心,故事却也简单不过,为了保住一颗帅痣,白团长可以胡乱杀人,可以背信弃义,可以在战斗时临阵脱逃,最终因而被处以死刑。帅痣不仅没能保佑他成为元帅,反而使他丢了性命,这也算是一个可悲可叹的例子吧。

二是不明确叙述出作者的感受和倾向,而是通过形象来展示,在情节发展中自然而然地让其流露出来,从而留下了一部分欣赏、回味的空间,使作品有了某种艺术的张力。如被作者选作全书书名的《女匪》,只是叙述了一个原来出身于高门大族的女匪首与一位富家少妇之间的一场冲突的解决过程,着力刻画了两个人物的精神心理状态,至于作者对人物持什么态度,读者无从得知,却能各人得出自己的感受。这也就是这个作品耐人寻味的艺术魅力之所在。还有《崔先生》,着力塑造崔先生,一个充满着民族传统文化精神的乡间教书先生。崔先生饱读诗书,却穷愁潦倒,穷愁潦倒却还要摆足一个读书人的清高的架子,结果闹了不少笑话。这自然是一个极有个性的象征性人物,但作者对他的所作所为同样不加任何评论,只让读者在阅读过程中去体会,从而收到了高度浓缩而含义无限延伸的阅读审美效果。

这些小小说除了叙述视角独特、场景设置巧妙、叙述方式简捷明了之外,还有一个重要特点,就是充满某种神秘的寓言式的文化意蕴,这一点从《神断》《蚊刑》《帝王星》《傻瓜和元宝》诸篇中可以明显地体会出来。如《蚊刑》中的县太爷那一番说话,就是一种文化哲学的思辨。《帝王星》中马步云的一生经历,也能给我们以很多有益的启示。由于篇幅关系,这里不再一一列举分析。

最后,我也不得不说明,孙方友的小小说在结构上还存在着明显的不足,最集中的一点体现在作品的结尾上。这些作品中的一部分结尾显得多余,如《捉鳖大王》的结尾,尽可以不要最后两句交代的话,那样会更好,更有回味余地。《瘫匪》的结尾也是这样,说白了反而不如不说。这让我想起了海明威短篇小说的特点。海明威小说的"零度结尾",即不把话说完,而是有意留下悬念,把读者悬在空中,更能激发读者阅读和理解时的主观能动性思考。如果孙方友在结尾方面处理得更好点,那么他的小小说无疑会更上一个新台阶的。

见《没有人看见草生长》,河南人民出版社 1994 年版

追寻:一个古老的故事
——读孙方友的《玉镯奇案》

李少咏

一

读完中篇奇案故事《玉镯奇案》(载《传奇故事》1991年第2期),我的思绪像一只风筝,慢慢离开地心引力的磁场,摆脱了现实世界的制约与羁绊,向着空旷、渺远的古代中国的天宇冉冉飞升而去。在我的潜意识中的第三只眼中,迭次出现了一组一组缥缈虚幻而又清晰逼真的故事镜头:一大群赤身裸体、毛发披散的我们的先民们在那空旷的大草原上左奔右突,追杀着豺狼虎豹、黄羊麋鹿;一大群手持树枝树皮编结的粗陋渔网的汉子,沿着一条条小河往来逡巡,搜寻着河里的猎物;一大群用树叶裹着下体的妇女在那里呼天抢地地号哭着,诉说着儿子被野兽叼走的悲哀……啊,一个古老而又古老的故事,一个关于失落与追寻的故事。

孙方友的这篇《玉镯奇案》,从本质上来说,正是一个关于失落与追寻的故事,是古代精神文化遗续的一个现代呈现、一个精巧的艺术变体。

二

这个只有两万多字的中篇故事,紧紧围绕着一只珍贵的"玉镯"展开情节,随着这只玉镯的出土、入土、失窃到复现的过程的叙述,引出了一系列各具特色的故事和人物形象,揭示出了一些深刻的生活哲理内涵,从而显示出了诱人的艺术魅力。

故事中的玉镯是个通灵之物。说它是个灵物,不仅是指它具备"一出土""看方实圆"等珍奇特点,更重要的是因为它是这篇作品的内核,或说戏眼。

小说中的玉镯,原本是主人公之一孙老贯的爱若性命的珍物。孙老贯是颍河镇错对河下埠口的一个著名兽医,方圆几十里皆知道孙老贯医道高超,也都知道他有一只好玉镯。这玉镯后来被一位在本地英勇抗日的姓马的骑兵团长看中,这马团长在见到玉镯,表示了爱慕之意不久便阵亡在抗日疆场上。孙老贯钦佩马团长的铮铮铁骨和民族正气,把玉镯戴到了他的手腕上,随他下葬了。这就引出了一场莫大的风波,故事从此开始进入了主体。

先是盗墓贼袁鳖儿深夜掘墓盗宝,什么也没有找到,却反而在墓前遭到了土匪司令陈三刀的武力挟持。陈三刀本来也是想盗玉镯,却没想到只抓住了一个两手空空的袁鳖儿。这还不算,他自己家藏的一把慈禧太后用过的宝扇也在他盗墓的同时丢失了,被一蒙面大盗伤人盗走。于是,故事又沿着蒙面大盗这条线索发展了下去。

蒙面大盗在陈家盗扇之时留下一枝燕尾镖,这枝燕尾镖使陈三刀想起了十年前陈家宝扇被盗未成之事,感到了事情的严重性。他决心弄个水落石出,就请出了曾经当过县令、号称断案如神的吕正斋出马破案。而乡绅吕正斋虽然答应破案,却提出要陈三刀赠送宝扇作为酬报,因为这宝扇原为吕家所有,而且吕正斋断定陈三刀丢失的是把赝品,真品还在陈三刀手中。就在双方刚谈妥条件时,突然有人报告说马团长的贴身副官金杰单身一人行商打扮重回到了颍河镇。大网就从这里撒开。马团长的七姨太何翠翠被挟持到了陈三刀的匪窝里。通过几天的明察暗访,吕正斋的第一步猜测得到了证实,是副官金杰从背后打死了马团长,因为此前他已与七姨太勾搭成奸,并且早已想把马团长收藏的珠宝攫为己有。

心中有了底,吕正斋去找孙老贯,直言要借真玉镯。玉镯果然还在孙老贯手里,是孙老贯发现了七姨太和金杰的阴谋以后把玉镯用一只假的换了回来。吕正斋借了玉镯回来,在河边又遭两个蒙面人劫持,幸好有两枝燕尾镖打倒了蒙面人,他才得以解脱。

可是才脱狼窝,又入虎口。陈三刀撕破脸皮,要杀人灭口,把玉镯据为己有。正这时,蒙面大盗从天而降,飞镖打落了陈三刀手中的枪,原来是孙老贯。而且,陈三刀的几个贴身弟兄竟也全是孙老贯的心腹。孙老贯救下吕正斋,一番话道破了天机。原来,孙家祖上原是捻军,被吕家祖上所杀,吕家祖上因此功被慈禧太后赐予宝扇以示荣耀,孙家后人却引为奇耻大辱,决心盗出宝扇以祭奠先人之灵。孙老贯的父亲盗出了宝扇,自己却身受重伤,被陈三刀的祖父暗杀,夺取了宝扇。孙老贯抛出玉镯,也正是为了引出宝扇。

最后,孙老贯正气凛然告诫陈三刀:"人生在世,无论当官当民,当匪当盗,总须以仁义为本!世上财宝万千,但生不带来,死不带走!贪心不足,作恶多端,总会得不到好的报应!"然后,义赠玉镯与陈三刀的贤德夫人方一品。又和吕正斋一道,提出金杰,去马团长墓前祭灵,谱写了一曲人间正气歌。

从这个不很完整的故事情节的复述中,我们很明显地可以看到,这个故事的确应和着我们人类古老的民间传说故事的某些神韵,或者更明确一点说,它是一个古老的故事模式的典型的现代变体。

三

在对叙事文学的历史的研究中我们可以发现,在发展了的叙事文学的现代形式中,原始叙事文学的基本成分经过精心的加工以及变形,几乎难以被识别出来了。但是,我们也能发现,现代叙事文学形式从本质上来说从来没有完全失去原始的特点,它们经常回转到它们的源头,吸收那里所特有的近乎魔术一般的力量。叙事文学作品的魅力,主要就来源于此。

俄国著名学者普洛普在研究古代叙事文学作品时,把从对情节发展的意义来看的人物的行动称为"功能"。它认为这些功能可以大致划分为七个"行动范围"。这些行动范围涉及童话(叙事作品)的七种人物角色:1.反面人物;2.给予者(供给人);3.帮手;4.公主(一个被救的人或被追求者)及其父亲;5.派遣(主人公行动)者;6.主人公;7.假主人公。在任何一个特定的故事中,这些角色可以由各种人物担任,有时也可以由一个人物担任几个角色,也有时几个人物共同担任同一种角色。这些便是叙事文学作品所需要的全部的角色,这种角色的存在是原始叙事作品的本质特点。我们看一个作品是否是优秀的叙事文学作品,某种意义上可以看它是否出色地写出了这几种角色的行为过程。《玉镯奇案》作为一个叙事体裁的作品,这几个方面的描写都是比较出色的,因此,我们完全可以说它是一个优秀的作品。

在《玉镯奇案》中,反面人物是由几个人物共同担任的。最明显的是金杰,这是一个典型的民族败类。他本来只是周口一家珠宝店的伙计,后来跟了爱国抗日的马团长,不去学马团长的一腔爱国豪情,却与马团长的七姨太勾搭成奸,目的不过是想借此攫取马团长收藏的金银珠宝。最后,又冒天下之大不韪,妄想把孙老贯赠予马团长陪葬的珍贵玉镯也据为己有。正因为有这样的思想基础,他才暗杀了与日寇浴血奋战着的马团长。

陈三刀从某种意义上说也是一个反面人物角色。他贪心不足,一心攫取玉镯,不惜杀人灭口。所好的是,他最终有所悔悟,还不算十恶不赦。

袁鳖儿和何翠翠也有某些反面人物的角色特点,见利忘义是他们共同的特征。他们的出现,是对金杰和陈三刀的性格补充。

给予者的角色在作品中似乎不很明显,但仔细分析,还是客观地存在着的。如孙老贯,不仅献出(给予)了玉镯为马团长陪葬,而且还把一些正确的做人道理宣示给了陈三刀、吕正斋等人。对于安置在陈三刀手下的那几个心腹来说,他则既是给予者(给予他们正确的人生道理),又是供养者。马团长从某种意义上说也是一个给予者,他把一腔热血和一股浩然正气留给了后人。

援助者或者说帮手的角色在作品中表现得比较明显,也是由几个人物共同担任的。第一个是吕正斋。吕正斋是一个双重的援助者。表面看来,他是陈三刀的援助者。整个作品中,他的活动主要是帮助陈三刀破案,追寻珍贵的玉镯与宝扇,追查杀害马团长、抢走马团长珠宝的凶手。另一方面,他本质上又是孙老贯的援助者。孙老贯追寻宝扇,总也得不到,是他无意中的帮助使孙老贯的心愿得偿。他在破案的过程中,把陈三刀的宝扇引了出来,孙老贯这才能够最后取得宝扇。

袁鳖儿也是一个援助者,没有他的出面,吕正斋和陈三刀就很难抓住金杰。甚至孙老贯和金杰也充当了援助者的角色。孙老贯献出玉镯,使吕正斋得以顺利完成破案任务;金杰的到来,则使吕正斋找到了破案的契机,澄清了一些事实真相,为顺利破案奠定了基础。

被救者或被追求者的角色在作品中相对来说是最模糊的。但也不是无迹可寻。稍明显一点的是吕正斋,两次关键时刻都是孙老贯以蒙面大盗的身份救了他的性命。较为隐含的是陈三刀。作为一个土匪头子,陈三刀虽然也有内心光明向上的一面,但毕竟不能出淤泥而不染,陷溺日深。是孙老贯以真诚的语言和真诚的行动感化了他,使他认识到了过去作为之非,决心重新做人,他无疑也是一种被拯救者,而且是灵魂的被拯救。被追求者的角色不明显,勉强算起来,恐怕也只有玉镯与宝扇了。这是两件灵化了的物品。如果没有对它们的追寻,那么这个故事就整个失去了意义与魅力。

派遣者这个角色在作品中表现为一种冥冥中的对人物行为起支配作用的无形力量。对于孙老贯和吕正斋来说,这种力量来自伸张人间正义的渴求与愿望。对于陈三刀来说,则来自某种膨胀的私欲。这是一个很值得注意的方面,即人物以外的客观事物充当了故事的某种行为角色,这是对于叙事文学传统的一个创造性的发展。

主人公和假主人公的角色在作品中是比较难以分清的。就作品隐含的意义层面来说,孙老贯应是作品的主人公,整个作品都暗自受着他的行为的制约,他是故事的幕后操纵者。他一会儿是一位富有而医道高超的兽医,一会儿是蒙面大盗,一会儿又是捻军的后代、正义的伸张者。扑朔迷离,变幻莫测,却一直决定着故事发展的每一个环节。在这个意义上,这故事描写篇幅最多的土匪司令陈三刀只能算是一个假主人公。陈三刀的行为活动虽然贯穿于故事主体发生、发展的全过程,对故事情节的发展起着重要的推动作用,而实质上却被孙老贯在暗中把握着、操纵着。他的行为活动由于贯穿主体故事的始终,因此很容易被人误认为他就是作品的主人公。这种以假乱真的设计,正是作者孙方友的苦心孤诣之所在。它使作品呈现出一种极为可贵的陌生化的艺术效果,造成了一种神秘、奇异而又引人入胜的艺术氛围,使读者在阅读过程中不自觉地产生了心理共鸣,流连忘返,品味不尽。

四

前面我们已经提到过,原始的叙事文学一般都有普洛普所说的七种行为角色的存在,这是叙事文学作品具有魔法般诱人的艺术魅力的关键所在。因为这些行为角色的活动不仅决定着作品主题的实现和完成,而且它们还使作品的叙述过程显得扑朔迷离、曲折跌宕,应和了人类探幽寻奇的微妙心理,容易引发人们的心灵共鸣,从而提高了作品的艺术品位。根据上文的分析,《玉镯奇案》或隐或显地具备了这七种足以使作品增色的角色行为,确实应该说是成功了。它通过这些行为角色活动的变形、交叉的组接,向我们叙述了一个以"追寻"为内核的曲折离奇的故事,再现了一个古老而又富于现代意蕴的艺术世界,使我们在阅读过程中获得了一种愉快而持久的审美体验,作为一个艺术品,它的创作目的显然得到了很好的实现。

当然,我们也不能讳言,这个作品也还有一些纰漏,一些属于常识性的纰漏。如孙老贯与陈三刀对话时,作者一连让他用了几个"令侄",就很不符合我们的此类用语的习惯。在这种父执辈对子侄辈的对话中,一般是只能用诸如"贤侄""贤契"等词句,而绝不会用"令侄"之类词句的。这虽然只是小毛病,却也直接影响了读者的审美快感。希望作者在以后的创作中能够更加精益求精,写出更好更具有诱人的艺术魅力的作品来。

见《没有人看见草生长》,河南人民出版社 1994 年版

孙方友小小说的独特魅力

孙青瑜

一

从孙方友的小说中可以看出,他致力于对艺术深度的挖掘和对文体美的追求,他以奇特的思维和想象力构筑了一个又一个耐人寻味的故事。从历史向文化楔入,由历史向现实折射,读者在强烈的阅读快感中,将过去与现在、历史与未来互相融合、对照,从而进行一场从历史到现实的反思和拷问。

一位青年评论家说:"孙方友这些一两千字的小说远远超出了小小说范畴,混淆了短篇小说和小小说的概念,使这些一两千字的小说滑进了文学的殿堂,产生了灿烂奢华的光彩。"如《刺客》《匪婆》《首富》等,当整篇故事的时间跨度不知不觉跃入你的头脑时,你也许没有上升到理性,只是朦胧地意识到这个故事很丰厚,它丰厚的容量完全是短篇或中篇才可能有的。然而,孙先生的小小说带给读者的这种厚重感不单单来自故事本身,而是多层艺术因素给你的视角和思维所带来的那种撞击和震撼。把多元性的艺术成分融入小小说创作,将多重性的艺术魅力浓缩在一篇仅有千把字的小小说之中,无疑是一次大胆的尝试和探索。精简老道的语句、奇特的思维和奇特的人物以及玄妙的故事和翻三番的煞尾无不渗透和汇聚着作者的心血。在小说文体的造型艺术(表象艺术)给读者所带来快慰和满足的同时,隐藏在文中的深刻思想,又会使读者的思维在广阔的感性和理性的空间中得到回荡、沉思和升华。

如《蚊刑》,短短的一千五百字便道出了中国上下五千年官场上的黑暗历史,指出了历代政坛上的弊端。不仅是过去、现在,甚至将来也会如此。贪官如陈州城吸人血的蚊子,来了一批又一批,一直把人的血吸干。但是身处官场的那个县官,深知其奥妙。当那群被他惩以蚊刑而死的土匪们逮住这个县官时,也决意用其人之道,还治其人之身。奇怪的是第二天,这个县官没有死。问之,县官说:"蚊子,懒虫也,吃饱喝足便是睡觉。吾一夜如眠,怕的就是惊动他们。这样一来,后边的蚊子过不来,趴在身上的已喝饱,是它们保全了我!说出道理怕你们不懂,这就叫逆来顺受。"《猫王》中专拿"官耗子"的猫王被皇上派来的钦差打死了,从此陈州城的"官耗"也便肆无忌惮起来。透过文中的艺术象征,我们清楚地透悉了那个已逝的历史以及构成我们这个人类社会的原始基础,看到了我们今天的社会就是由这样一个可怕的、已逝的现实演变而来的,并且强烈地感受了历史没有过断层的影响力。人民反贪官,贪官层出不穷,贪官由民而生,由清白正直的民众蜕变成反人民的贪官,这个复杂的问题本该由哲人或现代派作家来回答的,但是作为传统派作家的孙方友主动去触击它,这本身就说明了传统的作品中并不乏具有深层结构的作品。这种象征主义的应用是对历史实存的否定与抗议。它使读者深刻而形象地完成了一次对历史的重组,迫不及待地要返身于现实,以历史观照当代,从而对现实进行了一次重新的观感,由此激发读者思索造成如此这般的历史原因。

二

孙方友的小说弥漫着浓郁的文化气氛,有着浓厚文化积淀的孙先生将各种鲜为人知的传统文化移入了小说之中,增强了小说的文化成分。孙先生热衷于在小说的开头将各个行当的规矩和各种工艺的制法精辟地介绍给读者,然后才进入故事的陈述。对传统文化的宣扬,像是争夺了小说故事的陈述空间,使作者的小说游离于小说的文本之外,但对于具有巨大想象力与虚构能力的孙方友来说,绝不会受拘囿于所剩不多的空间而无力伸展,他以简洁老道的笔法将故事的诱人程度和反复多变的情节推向一个又一个极致。曲折离奇的故事中掺杂着对已逝文化的宣扬,不但增强了小说的文化意味,更重要的是使流失的传统文化获得一个很好的传播场地。整篇看来,这样做大有画龙点睛之笔的完美之感。这种独特的小说结构无疑也是为小小说开创了一种文本模式,为读者提供了一个文本结构的审美参照标准。这种文本模式的开创不仅丰富了读者,也引起了其他小小说创作主体在创作形式上的重新思考和探索。

如《泥兴荷花壶》,从土质的选择,到外观和壶音的处理,以及后来陈三关为段祺瑞择选精品中的极品的过程,无不在向今人展示着传统文化的精奥。陈三关用壶能弹出《春江花月夜》,看来每一把壶的壶音都是按着音律调制而出。当陈三关挑选出宝壶时,方知买壶者是段祺瑞,大惊,平静下来后对段祺瑞说:"此种宝壶为百里挑一,实属宝中之宝!据我所知,此种壶多有灵性,得此壶者,能救主人一命!"段祺瑞不信,便对着壶身打了一枪,子弹果真只过一壁。那子弹穿过之处只一个圆眼儿,四周且无一点炸纹儿。陈三关哈哈大笑,一个民间艺人的政治立场、爱国情怀也由此表现出来。

在孙方友的每一篇小说中几乎都涉及一个历史地域名词——陈州,渗透着古老的陈州气息,提供着那片乡土上特有的地域文化。他为小说创作设置的这个想象的空间是他的家乡,也是创作的家园,他将很多人和事都拉入他所熟悉的这片热土,在这个特定的时空里源源不断地产生和放射着独特的人生体验和历史感悟。

孙方友在小说中传播的多是已逝或即逝的传统文化,凭着对中华文化的钟爱,他进行着大胆而艰难的探索和尝试,担当起一个文人的天职——给读者灌输知识、捍卫小说的文化意义,冲击了小小说纯故事性地展示文本。他凭着稳重、良好的心理状态和老辣的写作技巧、驾驭艺术客体的能力,让传统文化与西方文化在小说艺术这一空间里得到了平衡。

《捉鳖大王》中的刘二能捉鳖,是远近闻名的捉鳖大王。他首先将自己变成了一只鳖,知其行,懂其道,手到擒来。这是人类与自然融会为一体的经验。刘二深知其道,对鳖的食居规律他了如指掌,所以能日捉几十只。刘二做的团鱼肉团鱼汤更是鲜美。具体的制作过程,作者也一一道来。陈州城沦陷后,日本军官大佐听说刘二汤绝,便派人命令其日送一汤。刘二应下,做了。送去,将汤一分为二,刘二先喝,大佐后喝。街人大骂刘二,说他用鳖汤养肥了一只狼。还骂刘二对狼如此孝敬,可见是一条没有血性的巴儿狗!

以后再没人去刘家订汤。刘二有苦难诉,仍是垂着眼皮去送汤,每日一次,从不敢怠慢。这一天,刘二照例前去送汤,大佐照例一分为二。不想半夜时分,大佐七窍流血,一命呜呼,宪兵队便火速捉拿刘二。谁知到了刘家,刘二也早已七窍流血、命丧九泉了。

青年学者摩罗曾说过:"艺术家的可贵之处在于他对命运既有清醒的洞悉,又能担当起命运的重压,并在不懈怠的担当中悲悯一切受难受辱的生灵。"孙方友应该称得上是这样一位"可贵"的艺术家,他用当代人的眼光去烛照历史,去关注已逝的小人物命运。如《捉鳖大王》写出了一个小人物在压抑中扬起民族气节后的那种壮烈,以及罪恶的战争煽动起惨无人道的侵略本性,激起了中国民众的反抗。刘二是个弱者,他不可能像平原游击队上的英雄们,一人能打死几百个日本鬼子。但是刘二身上隐藏的那股血性,让他抉择了用自己的生命去反抗,完成了一个小人物的生命辉煌的一笔。

三

孙方友的文章在对民族精神和民族情节的赞颂中，又折射出深刻的历史哲理、人生哲理或挖掘出人性深层的东西。这种多层面的折射，是孙方友的小小说成为经典的一个最为重要的原因。如卡尔维诺所说："第一次重读经典，就像初次阅读一般，是一次发现的航行。这种发现，不是简单的重复，更不是由一个进入口进入的寻觅和探索。面对一本经典，我们得从不同角度、不同方位去观察、去了解、去判断、去熟悉。"

《匪婆》中描写了一对母子为救土匪周大炮的妻子和其儿子而牺牲的故事。母子二人的命运是在富人（周二少）有仇必报的信念和圈套中走上绝路的。狭义的或只属于穷苦人的报恩思想对杨婆实行着绝对的精神统治。"恩惠"在穷人眼中的分量是重的，使他们不惜牺牲自己的性命也要报恩。别人给予的滴水式的"恩惠"像音乐一样安抚他们困惑已久的生活和心灵，他们渴望这种"恩惠"润泽。然而，当时动荡不安的社会因素决定了在他们所得恩惠的后面，往往又会埋藏着一个更大的困惑。

作者对传统精神的某种批判性和道义上的体验，或说是对人与人之间的"情义"的质问，是没有时间跨度或者说是超越时空的。作者使已逝的周夫人和杨婆与现代人在人性的黑白两条通道上分别联系了起来。周大炮的夫人一直将杨婆当亲娘来看待。在二人生离死别的时候，周夫人一步三回头的身影，最终被一片密林遮掩了。这种场面是感人的，但它留给读者的触动不是文章表面所赞颂的情义，而是更深一层的东西。周夫人走的时候虽然是一步三回头，但还是走了。周夫人走后，杨婆母子为她牺牲了性命。当杨婆母子的头颅在城门口悬七七四十九天仍鲜血欲滴时，我不知道土匪夫人有没有冒着生命危险去城门口看上他们一眼，这个作者没有写出，那么我们只有凭借对"情"字的理解去猜测。

孙方友在这篇小说里以现实生活做出了对道德仁义的诠释。他敢于把道德仁义本身置于现实世界，从而怀疑了它、贬低了它、否定了它。道德精神本身与现实实存的生活之间存在着巨大的对立。道德精神在现实里成了一口陷阱，讲良心、讲仁义的好人一不小心便会跌入这口陷阱。孙方友从虚无的一面否定了道德意义。杨婆在仁义道德里走向了人生的悲剧。

四

　　人奇、事奇、意奇是孙方友的小小说建构艺术上的又一大特点。他将具有传统色彩的"奇"与西方现代艺术中的"荒诞"有意地糅合起来，混淆了读者的视线，分不清他在传统与先锋的划分中应归属哪一类。孙方友有意地在其作品中去划破传统与先锋的界线，一次又一次地尝试着将"洋气"的东西渗入他的小说之中，但他还是一个标准的传统型作家，或者说他是一个不太安分的传统派，因为他只是在传统小说的基础上去尝试一下、突破一下。

　　为了达到艺术的真实，文学的思维空间留给作家们的不再是现实世界的狭小，这个空间是魔幻的。在选材、编故事、拟定人物的时候，作家便成了各怀技艺的魔术师。能不能让观众（读者）佩服你花样（思维）的新颖和奇特，能不能被你高超的技艺（思想的威力）所震慑，这绝非一般的功夫！《首富》中的二哥由于三弟不承认是因他的权势发的家，而得了气鼓。在病笃时，叫来三弟，伸出握紧的双手，问三弟：你猜我拿的是什么？三弟掰开一看，竟空无一物。二哥苦笑道：我死什么也没有带走吧？三弟问："包括官欲吗？"二哥用劲点点头。这里折射出的人生哲理，使我撼动，同时也为二哥对人生深层的感悟而佩服。这个人物的情感反应，也是对人生的整体体验。再往下看，三弟说："大清朝完蛋了！"话音没落，只听一声巨响，老二的肚子爆炸开来，这里显然充满了荒诞色彩。看到这儿，我不禁为上面二哥用一只空手来启导三弟的细节而深思。人性的痛苦弥漫于黑暗的每一个角落，平凡而恒常的挣扎，别人认为不必要的东西，自己深陷其中不能自拔。虽然文中的二哥是一个城府很深的人，他一直把希望和报复埋藏在肚子里，但是日益鼓起的肚子，却在向人们暴露着他内心深处的痛苦和隐晦。三弟肯定早已看出了这一点，却故意说出"大清朝完蛋了"的话！

　　《壮丁》中的大胡子尸首分家之后，仍能与主人翁大狗对话。这显然是不可思议的，但是你再看看大胡子的话语间流露出的人情味儿，你就不得不佩服作者，他往往能把作品的情节逼到绝境。如果大胡子只是奄奄一息，那不叫高招。作者的笔下，大胡子尸首分了家，但灵魂仍不甘离去，仍在关心他手下的弟兄。直到大狗把这些弟兄们的"阴阳头"全剃了，他才安心地闭上了双目。作者在文章的最后"大胡子只剩一个头颅"将情节推到了高潮，把人情推向了极致，再也没有这样更能如此真实地表达人与人之间那种浓厚的情义。

五

　　孙先生用历史眼光塑造着五花八门的人物形象,从而表现出了一个又一个微妙而深刻的主题。现实总是或多或少地存在着令人不满的地方,作为作家能及时地发现社会存在的弊端,是他们的职责。孙方友的小说往往是回避现实的,但从未与现实脱过节。从"古"入手,讲出一个个奇异的故事,玄而又玄的煞尾,又有着很强的现代寓意。总而言之,走进历史,反射现实世界,构成孙方友先生小说的又一个重要特点。在一个个情节曲折的故事背后,读者进入一场历史的反思和拷问。也就是说作者从历史着手将读者引入一个内涵丰富的现实世界的沉思。

　　《侠女》描写了一对情人为了钱而互相残杀的故事,在生命垂危的时刻刺客说了一句话:"多年来,你是我挣钱的目的,可不知为什么,当我挣钱的时候,一切都是为着你,可当我见到钱的时候,就忘掉了一切,其中也包括你!"看到此,读者想象的空间不再局限于狭小,而是几个世纪的伸展。这种伸展的基点靠的就是人性的相通。这种相通是没有(或舍弃了)时间跨度的,只有那种几千年来,以不变应万变的人的本性。人是爱情的奴隶,更是金钱的奴隶,在爱情和金钱两个主宰者面前,人往往会变得身不由己。一些人在爱情和金钱两者之间权衡时,爱情便成了一片虚无!被金钱填充的那片虚无便构成了刺客不择手段的全部动机。

　　《女匪》讲述了一群女匪利用去富家当佣人而绑架小孩子的事,从而表现了永恒而伟大的母爱主题。

六

　　孙方友的小说涵盖和满足了各个层次阅读者的不同需要。故事性强,这便是他小说能够雅俗共赏的一个重要原因。我个人认为故事性是小说的根。一个事物外观的美最能吸引人,故事性就是小说的外观。一个外观丑陋的人,会使其失去很多与人沟通的机会,更谈不上让人去发现其心灵的美。小说也正是这样,现在有一些作家以生涩的文本模式去模糊读者的视线和思维,像是很深奥,其实思想性也并不见得如何。小说是写给读者看的,思想也是让读者接受,并受到某种启发和感染的。小说的起源就是演义和话本,说白了,也就是广大人民喜爱听的故事。故事是小说的根,思想是小说的血液,读者就如树叶。没有根,血液就不能流动,思想也自然流不向读者。

七

  孙方友的小说不但故事性强,有着一波三折的情节。小说里玄而又玄的情节、出奇制胜的结尾,每一个情节,每句人物的对话,都洋溢着作者的机智和老辣。而且情节的这种出乎意料在一篇文章中又不止一次地出现,用孙方友的一句话就是:"翻三番"的结尾。我想这个"翻三番"的问题凡是读过孙方友小说的人,都有所领略。亲爱的读者,您从孙先生任意一篇小说中都能找到至少三处可以结尾的地方,但是聪明而熟知读者心理的作者不会就此罢休,他笔锋一转,一个又一个的出乎意料,再一次逼近您视角的时候,您就会由衷地佩服作者的智慧!

原载《南方文坛》2003 年第 2 期

传统叙事的魅力
—— 评孙方友的小说创作

段崇轩

地域文化与传统叙事

读孙方友的小说,我们感受到的一面是浓郁的中原文化的地域色彩,一面是朴素的传统小说的叙事魅力,二者古朴凝重、相辅相成。尽管作者赋予了作品某种现代意识,也融合了多种现代表现手法,但它的特质和风格依然是本土的、民族的。就像从中原厚土层下发掘出来的一件青铜器,它自然属于那个已逝的时代,但其蕴含的文化精神却是与今天相通的,甚至是很现代的。孙方友的小说不断发表、转载于全国一些重要刊物,不断获得各种各样的文学奖项、受到各个层面读者的欢迎,不断走出国门被翻译成英、法、日、捷克等文字,就说明这种地域文化和传统叙事,依然具有强劲的艺术生命和广阔前途。

中国的现代小说已走过了九十年的历程,新时期以来的小说也已三十年的历史了。回顾这长长的小说轨迹,我们不难发现,面对丰富多样的小说传统,其中有继承、有融合、有创新,自然也有令人骄傲的成绩。但我们恰恰忽视、扬弃的是中国古典小说、民间文艺的优秀传统,重视、强化的是"五四"新小说和西方文学的传统。这几十年来的长、中、短篇小说中,我们还能看到多少源于本土的、民族的小说传统?还能看到几个致力于承传、发展中国小说传统的作家?这种传统的"缺失"现象,实在是值得我们深思的!

俗话曰:一方水土养一方人。一个地方的自然环境、社会生活、历史变迁、文化传统,等等,对于一个作家后来的文化性格、思想倾向、表现题材以及创作方法和手法等,几乎有着一种宿命般的关系。孙方友说过:"我的故乡淮阳为古陈州,那是一片充满神奇的土地。那里不仅有人祖伏羲的陵墓、伏羲画八卦的八卦台、神农尝五谷的五谷台、龙山文化的遗址平粮台、孔圣人厄于陈蔡的弦歌台,还有曹子建的衣冠冢、包龙图下陈州怒铡四国舅的金龙桥,以及水波荡漾的万亩城湖。除此之外,她还是中国第一次农民大起义的建都之地。我从小就浸淫在这种古文化的环境中,不自觉地吸取着传统文化积淀中的精华。这些年,以发掘历代掌故、民俗、逸闻逸事、志怪传奇为能事,立创意于继承之中,化古朽为神奇,更是吾努力之处。我试以当今语流走向和现代意识:或沿袭其故事注入先锋意识,或创意于民间传说浇铸新的精神。"①中国的中原地区,是一个历史特别悠久、政治变动异常剧烈、文化思想格外深厚和发达的地域。淮阳县处于中原文化地带的中东部,历史文化的积淀尤为厚实。生长于这样一块文化沃土上,孙方友能逃脱地域文化的影响和支配吗?作为作家能不表现这块土地上的生活吗?

但孙方友并不是一个站在辉煌的传统面前晕头转向了的作家,他总是努力学习和借鉴着现代的思想理论,包括西方的思想观念,去表现历史的、现实的、传说的生活,使他的作品具有了某种现代性。他的题材领域较为宽广,写当下的农村生活,几十年来的农村变革,农村中出现的新矛盾、新问题,但现实生活的背后又往往隐含着一个较大的地域文化背景。而他最擅长的是站在民间的立场上,表现历史中的底层生活和普通百姓的文化精神风貌。他写古陈州(淮阳县)、颍河镇(大约是他出生的新站镇吧?)的历史传说、民情风俗、奇人奇事……他不是为了自己的"猎奇"和向读者"炫耀",而是为了潜入历史深处,探寻传统文化的脉动和在今天的价值,触摸和发掘历史人物身上的文化精神,启迪人们如何汲取前人身上的传统文化。孙方友在他的小说中创造了属于他的一方文化地域,这一文化地域是博大精深的中原文化的一部分。依我有限的文化知识和对孙方友作品的有限阅读,我还不能完整、清晰地描述出这一方独特的文化地图,总的感受是:这是一种儒道兼有的生生不息的古老文化,是一种注重人的道德修养和人格境界的人文文化。这种文化在今天的现实生活中已几近消失,取而代之的是一种实用的、功利的、"弱肉强食"的市场经济文化。

表现一定地域的社会生活和文化形态,需要一定的表现形式和手法。孙方友采用的是中国古代小说的创作传统和叙事方法。正如著名学者杨义所说:"中国小说在其自古及今的漫长发展中,文体形态异常丰富和复杂。甚至令人感觉到,小说一门几乎成了文学领域众多不登大雅之堂的拉杂文体的'收容队',它出入于典籍和民间,收容了志怪、传奇、笔记、话本和章回,给人以海纳百川,有容乃大之感。"②在众多作家拥挤在"五四"小说和西方现代小说道路上的时候,孙方友却回转身来,走向"海纳百川"般的中国古典小说传统,从中选取了叙事方式、传奇手法、笔记文体等"十八般武器",形成了一种具有浓郁的地域文

---

① 孙方友:《虚幻构成》,云南人民出版社 2005 年版,第 283—284 页。
② 杨义:《中国古典小说史论》,人民出版社 1998 年版,第 1 页。

化和民族风格的小说文体。其重要作品有长篇小说《鬼谷子》《衙门口儿》《紫石街》，系列短篇小说《陈州笔记》《小镇人物》等。两组系列短篇由于题材的独特、写法的精妙，被文学界称为新笔记小说。孙方友在回归小说传统方面，迈出了坚实的步子。

叙事方法与继承创新

小说叙事学理论是西方人建构的，它几乎囊括了小说艺术的全部理论，并在过去的基础上又有新的扩展。西方有小说叙事学，90年代以来中国的学者也创建了本民族的小说叙事学体系。依我看，中国古代小说无论在创作上，还是在理论上，比西方小说更为复杂一些，其原因就在中国小说的发展中，总是有两个源头，一个是民间艺术家的俗文学创作，一个是正统（宫廷）文人的雅文学写作，前者的轨迹是由俗到雅，后者的发展是从雅向俗，雅俗的借鉴和融合，使中国的古代小说在文体形态上变得"异常丰富和复杂"，充满了生机和活力。面对这样一个叙事传统，多数作家修养甚浅，其实是想继承也力不从心的。而只有一部分作家，对传统小说有兴趣、较熟悉，能够深入堂奥，才有可能继承乃至发展的。孙方友就是其中的一位。他出生于农村，对底层社会有着深切的体验；他写过山东快书、相声小段，还在宣传队演过戏剧，这又使他熟悉民间文艺；他酷爱文学，读过大量的、各种各样的古代小说，有着较厚实的古典文学修养。同时，他从1978年开始发表小说，一直追踪新时期文学，这又使他能够立足于文学前沿，反观古典小说传统，有助于他处理好继承与创新的关系。在他近三十年的创作历程中，他大体上借鉴了古代小说的叙事角度与语言，传奇性、悬念式表现形式，笔记体、公案体小说表现方法，等等，并在继承的基础上有新的发展。下面做一些简要论述。

叙事角度与语言。"五四"以来的新小说，其叙述者的面孔越来越清晰，甚至作品中的主要人物就是叙述者的"我"，"我"的叙述角度与语言也带有明显的个性化色彩。而在孙方友的小说中，这个叙述者的身影既无处不在，又面目不清、隐而不显。在反映现实生活的《荒道》《幽您一"默"》《霸王别姬》中，作者采用的是全知视角，俨然是一位富有良知的知识分子作家，揭露现实，解剖灵魂，激浊扬清。在叙述历史故事的《谎释》《一九四八年的那桩奇案》等作品中，作者又似乎变成了一个专业的说书人，全知视角中又有限知视角——设置一个曾经在场的见证人，而设立限知视角人物是为了更深入地刻画人物的行动和心理。全篇以讲述为主，但又不时停下来描述风景和一些细节。在故事的发展、人物性格的展示、悬念的设置上,大多运用的是古代说书人的方法。而在他的《陈州笔记》《小镇人物》系列小说中,那个叙述者有时像一个古代的文人雅士,有时像一个洞察古今的现代作家,一律是全知视角,既是在讲述,又是在描写,态度客观,语言简洁。读着这些篇什,你真有一种"不知有汉,无论魏晋"的时空倒错感觉。孙方友的小说语言总是随着他的叙述身份的变化而不拘一格,一会显得朴素而土气,一会显得华丽而洋气,一会又显得凝重而雅致,但整体风格是质朴、简练、蕴藉的。

"传奇性"故事与手法。孙方友的小说最具吸引力的地方在哪里呢?在于他的小说故事的传奇性。他生活的那块土地上有无数神奇的传说,这是生活的厚赐,同时他也有意识地调动艺术手段,把平常的故事讲述得"传奇"起来。马振方在总结中国古代小说的艺术特征时指出:"我国古典小说,情节大多很生动,在很大程度上得力于其中的故事性。一部《水浒》创造了多少生动的故事;一部《三国》呈现着何等错杂的纷争;就是短篇,情节也都曲曲折折,有很强的故事性。"①短篇小说《罗汉床》本是一篇写官场心理的现实小说,但一张来历奇特又与官员升迁有着微妙关联的"罗汉床",给一个现实故事平添了传奇色彩。中篇小说《虚幻构成》把一个人的人生道路设置成两种可能,真真假假,虚虚实实,初读感到匪夷所思,读完才觉得大有深意。短篇小说《蚊刑》中的特殊刑法——用蚊子叮人,《泥兴荷花壶》里陈家传人用弹奏之法挑壶的绝技,等等,情节虽然不大也不复杂,但却神奇而微妙。我们在孙方友的每部每篇作品里,几乎都可以找到一个传奇性的故事、情节或细节,它构成了小说中的"眼睛",使作品充满了阅读的诱惑力。但这样的"眼睛",看似容易成时难,不经过对生活的披沙拣金般的选取、对艺术表现手法的苦苦寻觅,是很难创造出这样的艺术效果的。

"笔记体"手法。笔记小说是中国古代小说中的一个重要品种。石昌渝在《中国小说源流论》一书中说:"笔记小说和野史笔记都是'笔记'类文体,大体都是随笔杂录,坚持实录原则,篇幅略近尺寸短书。笔记小说以记短小故事为主,略偏重于文学价值,野史笔记以记历史琐闻为主,间杂以考据辩证之类的文字,略偏重于史学价值。"②在孙方友的全部小说中,笔记小说所占比重最大,作者用功也最勤,也最能代表作者的思想和艺术风貌。《陈州笔记》《小镇人物》两个系列中的三百余篇作品,都属于笔记小说。古老的淮阳留下了那么多民间故事、民情风俗、奇闻逸事,其实作者完全可以把它们拿来,或写成不加修饰的民间故事,或制成中规中矩的短篇小说,或变成长篇小说中的故事和情节。但作者却

---

① 马振方:《小说艺术论》,北京大学出版社 1999 年版,第 133 页。
② 石昌渝:《中国小说源流论》,生活·读书·新知三联书店 1994 年版,第 208 页。

偏偏把它们用笔记体的种种写法，构成了古色古香的笔记小说。因为他熟读过大量古代笔记小说，精通这种文体的写法。得到一个精彩的故事或传奇人物，抓住其中的"眼睛"，然后精心构思，巧设悬念，突出主题，最后用简练、含蓄、实录的文笔描述出来，——这是孙方友惯用的笔记体手法。由于所写的人事都有一点记载或是传说，因此便有历史和野史的味道。由于经过了作者的苦心构思和创造，因此又都成了很纯正的小说和小小说。作者绝不仅仅是要"实录"这些故事和人物，他要潜入历史，把握生活的脉搏和人性的底蕴，因而又使他的作品有了一种打通古今、借古鉴今的味道。从这个意义上，我们完全可以称之为新笔记小说。偏重写故事的《会文山房》《女票》《女匪》《蚊刑》《花杀》《泥兴荷花壶》等，偏重写人物的《安主任》《王洪文》《炮兵白社》《方鉴堂》《刘老克》等，都是孙方友笔记小说中的精品之作。

"公案体"手法。公案小说是中国古代通俗小说的主要类型之一，它着重写官员的审案、断案故事，深受底层读者的欢迎。孙方友的《谎释》和《一九四八年的那桩奇案》，就带有明显的公案小说韵味。前者写贫农团团长顾大壮，侦破大财主顾家（也是他的东家）的杀人抢劫案，这位贫农团团长明白地讲：小时候看过一些公案小说，不料这回破案派上了用场！故事扑朔迷离，引人入胜。后者写颍河区政府刚刚成立，年轻的治安助理小马，如何通过蛛丝马迹，抓捕了隐藏在眼皮底下的匪首刘老虎，而他自己中了敌人的暗枪倒在血泊中。情节一波三折、扣人心弦。

"悬念式"技巧。中国古代小说在故事情节的安排中，十分讲究"悬念"的设置，甚而在每章每回的结尾，都要留下一个悬念，吸引读者。孙方友很好地继承了这一表现手段，在许多篇作品中都设置了不止一个悬念，不仅使作品好读、耐读，同时也扩展了作品的思想内容。如前所述的《一九四八年的那桩奇案》中，究竟是谁向小马打了暗枪？疑窦重重，一直是个谜。再如《荒道》里，企业家贺广南和支书贺广田，利用金钱和权力逼迫村姑辉辉嫁给他们的儿子，辉辉坚定而聪明地两面拒婚，最后不得不远走他乡。她能逃出神通广大的二贺之手吗？作品留下了一个令人揪心的悬念。即便是在篇幅短小的笔记小说中，孙方友也要有意无意留下一些悬念，让读者去想象、补充，一读而再读。中国古代小说多用悬念，但到结尾时一般是大团圆的。孙方友的小说虽然都有结局，却并不一定是大团圆的，它往往是这一故事的延伸和另一个故事的开始，这就是他在继承基础上的创新了。

还原历史与现代意识、现代手法

孙方友叙述的大抵是淮阳历史中的旧人旧事,运用的主要是古代小说里的传统写法,但我们并不感觉他的小说陈旧、落套,相反,我们在他的作品里读出了历久弥新的思想内涵,读出了兼容并蓄的新的手法。新的思想促成了新的手法的使用,新的手法又突出了新思想的体现。正是在这个层面上,我们说孙方友的小说具有现代意味。

浏览孙方友的小说我们不难发现,他对中国的现代以至当代历史有着特别的兴趣。对于这段历史,已进入历史教科书,基本盖棺论定。孙方友没有亦步亦趋地去论证、补充历史内容,而是力图拂去厚厚的尘埃,捡拾散落在角落里的碎片,努力还原本真的历史,深入人物的精神和心理世界,去发现被忽视和遮蔽了的人情人性。他写过数篇关于土匪的小说,故事大都发生在动荡混乱的民国年间。如《女票》写一个土匪头带领众弟兄去财主家绑票,结果错绑了财主的三姨太,这位三姨太年轻漂亮,出身很苦。两人在以命作赌、轮流出枪的几分钟内,竟良心萌发,感情相通,三姨太说服土匪头退出江湖,双双逃走去过他们的穷日子了。这反映了在动乱的年代里,有人会被逼上梁山当土匪,有人会被财主掠去当小妾,但每个善良的人都人心思定,渴望着一种平安和睦的生活。再如《匪婆》写一个老太太寻找儿子闯入土匪窝中,匪首以及他的老婆、孩子,都把老太太当作自家人看待,结下了很深的感情,展示了这些被"妖魔化"的土匪们正常的人情和人性。

孙方友1978年发表小说处女作《杨林集的狗肉》,就以独特的笔记体形式、鲜明的地域文化色彩,引起了人们的关注。此后若干年,他开始有意识地以陈州地域文化为背景,以故乡历史的、现实的生活为题材,构筑他的笔记小说,同时也写文坛上通行的那种长、中、短篇小说。在近三十年的创作生涯中,他曾有过几次不大不小的创作"变轨"。而这几次"变轨"都是向现代小说靠拢的。我想有两种可能,一种是作家不满足于拘囿在古代小说、现实主义小说的惯性路子上,企图有所突破和变化。另一种是他思维活跃,也想端一盘"洋菜"出来,炫耀一下:这"洋菜"咱家也会做,别以为我只会做陈州的"家乡菜"!不管是不甘心、凑热闹,还是怕落后、想"表现",都反映了孙方友开阔的艺术思路、开放的创作心态和融会贯通的表现能力。

1990年的中篇小说《虚幻构成》,是孙方友的第一次"变轨"。用老作家段荃法的话说:"从结构到语言变得让人不敢相认,变得像先锋写作的老手,得到许多赞扬。"①其实何止是结构和语言,连作品的主题思想也哲理化了。小说写一位富裕人家的儿子张继续,在镇里上"洋学"。突然家遭土匪洗劫,房屋被烧,亲人被杀,他在万念俱灰中喝老鼠药自杀未遂,无目标地走进芦苇荡。从此开始了他截然不同的两条人生道路。或是遇到了打家劫舍的土匪,走上了聚啸山林、后又迷途知返的道路;或是遇到了共产党的游击队,走上了轰轰烈烈的革命人生之路。两条"虚幻构成"的人生道路平行发展,时分时合,亦真亦假,创造了一种少见的艺术结构方式。在语言上也变得华美灵动,如诗如画,忽而描写,忽而抒情,忽而议论,一改那种质朴、写实、简练的笔调。而作品的主题呢?意在阐释两句名言,一句是一位老者的话:"有些机会在人的一生中只有一次,没能占有它,它将永不回归。"另一句是卡尔·波普的话:"因为他对于事情不可能弄错,就像不可能弄对一样。"其中蕴含着对人生命运的偶然性、必然性的领悟和一种深深的虚幻感。今天阅读十六年前的这篇作品,我倒以为它只是作者的一次有意义的创作探索,并不是一篇多么出色的作品。作品的主题意蕴在西方小说中并不鲜见,而过分故事化的叙事方式冲淡了人物性格和心理的深度开掘。

2003年发表的《幽您一"默"》,是孙方友创作的又一次"变轨"。上篇写村支书吕二毛,与村民形成的深刻隔阂和尖锐冲突;下篇写吕二毛逃往省城,一路上草木皆兵,总觉得那个寻衅报复的田文革在跟踪、追杀他。但结局却出人意料,田文革并没有追踪他,完全是他心里有鬼产生的幻觉。这是一个荒诞故事,这是一种"黑色幽默"的写法。但在荒诞的情节中我们看到了那位内心发虚的村支书的心理真实,从作者幽默的笔法中感到了作者对农村现实问题的忧虑,幽默中饱含着沉重。

孙方友的小说创作总体上是古典主义、现实主义的,但他不时跳出来,站在现代思想的高度,"拿来"现代表现手法,去观照他所表现的生活,去处理他的创作问题,使他的小说变得丰富多彩,变得更富有审美价值。

原载《小说评论》2006 年第 5 期

---

① 段荃法:《孙方友和他的陈州系列小说》,见孙方友:《虚幻构成》,云南人民出版社 2005 年版,第 275 页。

卷帙浩繁的百姓列传①

孙 荪

2008年孙方友先有八卷本《陈州笔记》出版,今年又有六卷本《小镇人物》问世。这只是孙方友作品的一部分:小小说十四卷六百余篇。

孙方友在当代文坛也算一个传奇了。

"文革"开始时孙方友还是一个乡村中学生,经过十年并非自觉的生活磨砺和随机式的文学积累,自1978年发表第一篇小说,一发而不可收,先在河南,进而在《收获》《人民文学》《钟山》《花城》《当代》等全国重要文学刊物上发表短篇小说、中篇小说,还有影视剧以及长篇小说。三十年来总计五百多万字。

也许这样介绍孙方友,还无法挂上"传奇"二字。他只不过是新时期以来"文学豫军"乃至中国中青年作家中有实力的一个。

孙方友传奇出在小小说上。

文学艺术就是这样,读者和文坛只愿意记住顶尖的东西。尽管孙方友的文学成就是多方面的,获各类奖六十余项,其影响力不能算小;但是,印象深刻,使人记住他的是因为其小小说。其得奖大多也是因其小小说,六次蝉联《小小说选刊》两年一度大奖,四次荣获中国微型小说学会年度一等奖,全国小小说"金麻雀"奖,首届"吴承恩奖",等等;小小说作品入选全国许多重要选本,许多篇被译成多种外文;为此,文坛早就称赞孙方友为"小小说中的大家",甚至有人戏称其为"小小说之王"。他的其他文学光彩则可能由其小小说的强烈光芒遮挡了。

这也难怪。孙方友三十年集腋成裘、聚沙成塔,由点点滴滴到浩浩荡荡,使小小说成为洋洋大观,微型成为巨著,获得无可争议的大成功。检点古今,就一位作家某一文体的创作总量来讲,孙方友小小说的数量尚无人出其右。说到当代孙方友,自然会想到一位古人。山东淄川蒲松龄一生以短篇而成经典名著《聊斋志异》,总量也就是将近五百篇。时下有人把蒲松龄与孙方友相比较,足见孙方友传奇的品位。当然,蒲松龄的崇高评价已有共识,对孙方友的评判还需要时间检验。但有一点似乎可以肯定,作为后来者、后学,孙方友的作品当是不辱前人的。

---

① 题目为编者所加。

当然,不仅仅是数量。孙方友在对中国古典文学尤其是笔记体小说传统的参悟和承继的基础上,创新了中国当代小小说的内容和形式,提升了小小说的文学含量,扩大了中国小小说在当代读者中的影响。应当说孙方友代表了当代中国小小说创作的成就;同时,他也是我国当代笔记体小说的重要代表性作家。

孙方友对小小说锲而不舍,植根于他对小小说深刻的文体意识。他是小小说的觉悟者。他早早地看到了小小说独有的文学功能与不可低估的独立价值。见微知著、以小见大,是人们认识世界的规律和方法;一斑窥豹、滴水现太阳,更是文学艺术反映世界的规律和方法。孙方友在小小说中看到了"大"。

小小说聚焦焦点,放大细节,微型可缩微,微型可显微;细胞解剖,可成人类标本;地方邮票可成世界窗口;因其"寸铁杀人"的功能,小小说向来为小说家族之小精灵,为长、中、短篇所不可代替。如律诗之绝句,亦为文学史之一景观。

在当代,小小说更具以小取胜的特殊价值。因其小而创作方便;因其小而称为一分钟小说、口袋读物,是说其速读方便;更因其浓缩了文学含量,有营养,有特色,有品位;因其雅俗共赏、两端喜爱,而决定其读者群。为此,孙方友以写小小说为看家本领,贯穿于其创作过程中,矢志不移。

孙方友的"老谋深算"更在于他对文学资源的独具慧眼。对家乡古陈州,对淮阳颍河小镇,他从出道之初,就认定它是祖宗留给后人的文学风水宝地、得天独厚的文学富矿。过去叫作选择题材、寻找素材,这是不全面的。其实它是全面的资源。它为作家准备好了一切:故事、人物、氛围、语言……应有尽有,俯拾皆是。还有他浸润沉潜其中的感觉。以陈州人物故事诉之于小小说写作,如从大山上取石伐木,如从城河里舀水,取之不尽用之不竭。其实,这个"公开的秘密",不少人也许都看到了。而孙方友早就动了进行深度开发的心思。面对家乡这一宝库,他像阿里巴巴一样,喊一声芝麻开门吧,宝库的大门打开了。他是一边打造成文学作品一边长远谋划。在长达二三十年的时间里,他进行了多层次多角度的取宝活动,以小小说的形式一块一块垒成了家乡的七宝楼台,使颍河小镇进而古陈州成为中原乃至中国的文化符号。

作为文学家的孙方友有一双慧眼,更有一颗慧心。他情有独钟一往情深的是人。孙方友的小小说是可以当《史记》读,当《世说新语》看的。《陈州笔记》和《小镇人物》,前者以写事为主,后者以写人为主;前者可称乡村社会的"百科全书",后者则是底层人生的"百姓列传"。也可以说,孙方友的小小说整体来说是卷帙浩繁的百姓列传。中国的二十四史有大量的篇幅是人物列传,但基本是帝王将相达官贵人的,没有老百姓的。孙方友写的是"民间版的史记",是"老百姓的列传"。孙方友目中有人,心中有人,笔下有人,毋宁说他是以人为中心的。《小镇人物》和《陈州笔记》共有各个阶级、各个阶层、各个行业、各色人等,各个不同时代、各种不同性格命运的数百个人物,全面深刻地表现出作家对世道人心的洞察,对人性人情的体悟,不仅具有当下时代的鲜明的鲜活的特征,而且留下具有历史含量的可以穿越时空的关于人、人情、人性的一些永恒版本。

就写作艺术而言,写好小小说,更需要作家呕心沥血成为妙手。孙方友清醒地认识到小小说对文学家实力、功力的挑战。小小说因其小而无法藏拙,无法兑水,不给粗疏留下空间,因其数量大又必须避免重复。因而不仅选材要刁钻,布局要出人意料,语言要像鸡汤一样有味道,一石三鸟,意趣横生,对细节精雕细刻,以一二动作或片言只语突显人物性格,笔简神肖,即事见人,着墨不多,而一代人物,百年风尚,历历如睹,最终在艺术走廊里留下人物的脚步声,直至让读者忘不掉他的人物。

这些正是孙方友小小说艺术追求的目标。他正是按这个高目标一篇篇写的、一步步做的。既吸取古代的外国的传统写法的许多长处,又从自己的感悟和表现对象的需要出发,独出心裁,不拘成规,率意成新。在作品数量上创纪录的同时,在艺术上日臻成熟,佳作纷至沓来,诸如《女匪》《女票》《满票》《壮丁》《狱卒》《雅盗》《神偷》《捉鳖大王》《霸王别姬》《重逢》等已成为当代小小说脍炙人口的名篇范本乃至经典,其艺术经验越来越为人们所重视。

孙方友小小说创作的成功,为以文为生、以文名世的探索者留下诸多启示。在自己的经历和视野的基础上发现和选定适宜自己开发的文学资源以后,还要选择适合发挥自己才情的文体,然后是坚忍不拔、义无反顾、竭泽而渔,力求做大,同时做好,做到尽善尽美,达到极致,做成"品牌",做成"王"。

孙方友的《小镇人物》系列出版,命我作序。我想,孙方友写了张、王、李、赵、刘,但这个"小镇"还有一个重要人物漏掉了,这就是孙方友。补写孙方友,是我的责任,我是他作品的老读者,又是他的同事、朋友和兄长,人与文俱熟,不可推托。只是我不会写小说,权以此文代之吧。是为序。

见《孙方友新笔记体小说·〈小镇人物〉系列》序言,河南文艺出版社 2009 年版

民间叙事的精神隐喻
——孙方友"笔记小说"的文化解读

王庆杰

民间叙事是一个复杂的文化命题,我们可以抽离出不同的文化解读的线条,从"国风"以降到杜甫等现实主义式的描摹,一直是"准民间"实录式的历史叙事;另一条是纯民间的具有文化学意义的叙事,从志怪、志人到蒲松龄的《聊斋志异》直至系列笔记小说、《金瓶梅》等市井小说,它们是源于底层的另外一种文化叙事。前者是历史缝隙里修剪的景观林,而后者却是民间沃土上恣意疯长的奇葩,这两种叙事花开两朵,丰富了民间叙事的文化内涵。可是长期以来,文化学意义上的民间叙事却一直没有得到真正意义的认知,一直被认为是正统文学的边角废料,这种偏见影响了我们对笔记小说的文化解读,这也是我们今天在"私人化写作""底层写作"风靡当代中国文坛的文化背景下,重新解读一直固守笔记小说写作的作家孙方友《陈州笔记》系列作品的一个重要诱因。

孙方友《陈州笔记》是当今中国文坛的"异类",他似乎游离于现实之外,没有关注底层弱势群体的所谓的幸福生活,也没有揭示"蜗居"式的现实生活的隐痛与无奈,而是一头扎进古陈州历史的深层记忆中,去打捞那些尘封已久的传奇故事,我们感兴趣的不仅仅是作家笔下七百多个鲜活生动的故事本身,我们更感兴趣的是作家对陈州这块故土那持久不衰解读背后的精神驱动力是什么,作家通过这些陈州人物记忆究竟要给我们传达出怎样的写作精神信息。

一、祛魅与复魅

生活无故事。我们每天置身的生活只是一个个事件,是作家把这些事件进行加工成为故事。对现实民间的关注既可以是紧跟式地贴着写,也可以是拉开距离比附式地审视,后者因为距离的拉开更加冷静客观。生活与写作是两种逆向而动的过程,生活从某种意义上来说是祛魅的过程,写作是复魅的过程,孙方友通过对历史记忆的文学呈现来表达他对现实生活客观冷静的解读,就是对现实生活的复魅。陈州笔记小说是对陈州记忆的唤醒,是对陈州历史的复原、补充和完善,是对枯燥历史叙事的滋润,是对风干生活的滴灌。文学记忆的复活是对生命可爱的复魅。西方哲学家莱布尼兹提出过"可能的世界"的概念,他说一个世界如果与逻辑规律不相矛盾就叫"可能的世界","可能的世界"有无数多个,神从中挑选一个最好的予以实现,这就是我们所属的这个真实的世界,这里面就存在着复魅(可能的世界)与祛魅(真实的世界)的过程。孙方友就是为这个"可能的世界"进行复魅,揭示平淡无奇的生活下面那些生命挣扎沉沦的心灵轨迹,描绘出平静如水下面那涌动的人性湍流。孙方友的创作是对历史叙事的一种"建设与丰富","当主流文坛浮漾着泡沫和垃圾,以强势力量带动着势利的潮流呼啸而过的时候,孙方友守持着沉静的心态,坚持着民间立场,沉醉在家乡的人物和故事里。他讲述的是个体生命对历史的观照,乡土文化对人性的诠释。若干年后,那些轰动一时的宏大叙述湮灭之后,《陈州笔记》将因它的民间性、因它的野史的价值而显现出一个时代的文化内涵"①。孙方友民间立场的写作叙事就是为干瘪的历史招魂,那些"吕家染坊""雷家炮铺""张氏修车铺""黄氏面条铺""罗氏番菜馆""竹匠铺""张家酒馆""张记布店"发生的一桩桩故事都是对生活的复魅,是它们在丰富着历史文化的内涵。我们解读陈州文化,孙方友的《陈州笔记》与《小镇人物》是一个绕不过的坎儿。

二、碎片与完整

我们生活的故事在某种程度上都是残缺不全的碎片,就如人性的复杂破碎,孙方友的陈州笔记小说就是对那些残缺不全、有头无尾、支离破碎的生活碎片进行的艺术拼接。也许作家的使命就在这里,从某种意义上来讲,历史也是残缺不全的,历史那硕大的网眼已经漏掉了不知多少鲜为人知的细节。历史是记忆与遗忘的复合体,作家的使命就是对遗忘的打捞。文学不仅具有审美层面的意义,更具有历史层面的意义,比如杜甫的《兵车行》里记录的到边关服役"牵衣顿足拦道哭"的真实场面,白居易记录的那位"两鬓苍苍十指黑"的"卖炭翁"形象,这在所谓的"正史"里能看到吗?艺术对完美的追求其实也就是对历史细节的填充。在阅读孙方友的《陈州笔记》或《小镇人物》时,我们会更加深入了解历史所忽略的那些世风民情的真实细节,我们会在历史的斑驳色彩里突然看到孙方友为我们描摹的那色彩斑斓的历史"插页",这些文学插页使我们触摸到了

---

① 田中禾:《颍河的精灵——漫说孙方友》,见孙方友:《小镇人物·重逢》,河南文艺出版社2009年版,第175页。

被历史遗忘的那最隐秘最柔软的部位,孙方友把这些碎片拼接成囫囵的故事,使残缺的历史少些不必要的遗憾。孙方友固守陈州颍河这一邮票大小的地域,通过他显微镜式的透视,陈州碎片化的历史显现出那不为我们重视的筋脉细纹,让我们依稀看到那完整的历史图像。比如抗日斗争这样宏大的画面,在陈州的历史上就浓缩为《肉盾》这样一个人物的"点"上。作家刻画了呆五这样一个靠为汉奸做事来谋生的农民形象,在除奸的过程中,他趴在主子身上,表面上他誓死保卫汉奸主子,但主子"后心上有一把匕首"的细节让我们的心头一颤,这就是人物呆五"两全其美"的生命抉择,这也是历史在行进中的一个微不足道的细小插曲,宏大的历史画卷里一个小小的注释,甚至是历史打盹儿的时候的一个细微的梦呓。比如《官威》里官员学走"鹅步",后来却阴差阳错走成了"鹭鸶步",那忍俊不禁的滑稽,也更让我们看出了生命的荒诞是怎样对严肃的历史进行了有效的解构。有了这些小小的佐料,历史的鸡汤才能够熬制得更加醇厚绵长。"没有文化乡愁的心,注定是一口枯井","文化乡愁"就是"历史乡愁"。作家孙方友在为历史作注,就是对"文化乡愁"的追寻,对千疮百孔历史的修补,就是对历史遮蔽、肢解人性的矫正,是对完整人性解读的不懈追求。如果说历史叙事是写意,那么文学叙事就是工笔的描画,作家的写作其实也就是对历史的修修补补。

三、心肠与立场

作家按心肠分可分为硬心肠(极少参入个人情感的客观描述)与软心肠(多带有个人情怀的主观渗透),这完全是由作家的气质禀性所致,不存在优劣高低之分。孙方友显然属于软心肠一类,在冷静不动声色的描绘里,却涌动着饱含他是非憎恶的情感判断。我们在他的系列笔记小说里,看到了他坚守的写作立场——不因为猎奇求怪就一味地妖妖道道,而是遵循了人情事理的逻辑本真,用一颗柔软的心灵去感知人物丰富的内心世界。写真与传奇融为一体,所以他笔下的人物就可信可爱可感可叹,故事就有了民间的烟火气与世情色,我们读者在满足于故事的传奇艺术性的同时,更为人世间的美丑善恶仁义廉耻的思想内涵所折服。作家以软心肠为笔下的人物掬一捧同情的热泪,同时又以不容置疑与妥协的批判精神让读者穿过迷离传奇的雾幛看透世间的本色。尤其是那些不入史家之眼的小人物,作家在为他们施与特写镜头的时候,没有忘记从他们的故事里透射人性的光辉,比如《玩猴》里的智者表白:"猴非人,人非猴,猴也人也,人也猴也!你把猴儿当人,又把人当猴,其妙无穷也。"又如《鳖厨》里的姚二嫂,被钱老板所诱做了富太太而背弃姚二之后,忽一日在漯河见到姚二带着两个孩子沿街乞讨,"她只觉双目发热,急忙掩饰地遮了脸,一副嫌脏的样子,细声对丫鬟说:'多给他们些银钱,打发他们到别处讨要吧!'"这就是人性的复杂,当被迫害者摇身变为富者时,心态的微妙变化纤毫毕现地呈现在我们的面前。作家孙方友的笔记小说都是咫尺之幅,却并不显单薄,篇篇几乎都腾挪跌宕,摇曳生姿,意境深远,主旨耐人寻味。作家以对人世悲欢离合彻悟通透的博大胸怀,把对生命的尊重、对人性善恶的鞭挞与宽宥等复杂的情愫都糅合在那细密真诚古朴老道的文字里了。在作家的笔下,达官贵人与平民百姓都是历史记忆的符号,都是文学叙事的元素。把人物写得完美无瑕、把人性缕析得清水明镜恰恰是对人物真实的遮蔽与对人性的人为简化。作家的软心肠源于对生活真实的充分尊重,源于对人性复杂的充分理解与谅解,理解了这一点,我们也就基本把握了孙方友的写作立场,也就更加惊叹作家尺幅短小却思接千载的博大情怀。

总之,孙方友对"陈州"和"小镇"的坚守,就是对民间记忆的捍卫,在这个喧嚣浮躁的时代,这种民间记忆更加难能可贵。

原载《语文知识》2011 年第 3 期

孙方友小说的传奇故事

郑积梅

孙方友号称中国当代笔记小说之王,他的《陈州笔记》系列与《小镇人物》系列在中国当代小说的艺术长廊占据了一席之地。阅读孙方友的小说,可以感受到贯穿其作品鲜明的传奇色彩。

所谓传奇,从语意上理解即是指对奇闻逸事的记录与叙述,而就中国文学的叙事传统来看,其要旨之一则是以生动的情节来讲述动人的故事。传奇最关键的在一"奇"字。孙方友小说的传奇叙事,首先体现在故事、人物本身的传奇性。这也是他的小说具有极强的吸引力的一个重要因素。

在孙方友的生命中,故乡不仅是他生命底层的传奇记忆,还是他艺术生命的传奇背景。他说过:"我的故乡淮阳为古陈州,那是一片充满神奇的土地。那里不仅有人祖伏羲的陵墓、伏羲画八卦的八卦台、神农尝五谷的五谷台、龙山文化的遗址平粮台、孔圣人厄于陈蔡的弦歌台,还有曹子建的衣冠冢、包龙图下陈州怒铡四国舅的金龙桥,以及水波荡漾的万亩城湖。除此之外,她还是中国第一次农民大起义的建都之地。我从小就浸淫在这种古文化的环境中,不自觉地吸取着传统文化积淀中的精华。这些年,以发掘历代掌故、民俗、逸闻逸事、志怪传奇为能事,立创意于继承之中,化古朽为神奇,更是吾努力之处。我试以当今语流走向和现代意识:或沿袭其故事注入先锋意识,或创意于民间传说浇铸新的精神。"①孙方友的故乡热土上有那么多神奇的传说,"面对家乡这一宝藏,他像阿里巴巴一样,喊一声芝麻开门吧,宝库的大门打开了"②。故乡生活的厚赐经由孙方友艺术手段的加工,看似平平常常的故事变得灵动而充满传奇色彩。《张大头》中,张大头的母亲和儿子一起摆摊炸油条,没人知道这个干净整洁的老太太却身怀赌牌绝技。在儿子赌输本钱时偶露峥嵘,去赌场只两个时辰便赢了四百多元,但只取了儿子赌输的二百元,揖手而去。在大头缠着她要学这门绝技时,她用面杖敲打儿子的头,正色厉告儿子:"找死!"其貌不扬的张老太太也许就是我们身边的李老太、王老爷子,等等,这样的奇人行事,让读者掩卷叹息高手在民间的同时,也对他们的身怀绝技而充满了好奇之心。一个看似

---

① 孙方友:《虚幻构成》,云南人民出版社 2005 年版,第 283—284 页。
② 孙荪:《孙方友新笔记体小说〈小镇人物〉系列》序言,河南文艺出版社 2009 年版,第 6 页。

平常的故事也因而被讲述得跌宕起伏,充满传奇色彩。《泥兴荷花壶》里,叙写的是陈家传人陈三关制壶的神奇。陈家制壶有绝技,土质要严格挑选,外观要慎重处理,壶音都是严格按照音律调制而成。所以,陈三关用壶可以弹奏出《春江花月夜》。而在陈三关得知他挑出的宝壶的买者竟是段祺瑞时,心中大吃一惊,平静之后说:"此种宝壶为百里挑一,实属宝中之宝!据我所知,此种壶多有灵性,得此壶者,能救主人一命!"段祺瑞不信,便对着壶身打了一枪。子弹当真只穿过壶的一壁,弹孔处也只一个圆眼儿,四周无一点炸纹。小说把陈三关制壶的弹奏法写得生动活脱、纤毫毕现,宝壶最终救主,都让人读来感觉无限的神奇。

孙方友小说的传奇叙事,除了所写故事、人物本身的传奇性,还在于小说叙事情节的陡转。小说在一波三折之后,却每每来一个情节陡转、出人意料的结尾。这种连环套似的"翻三番"的情节设置,既体现了作者的机智与老辣,也更增添了小说的传奇色彩。《瘫匪》中,一个瘫子因为饥荒,在无以为生的情况下,走上了打劫的不归路。在常人的观念里,打家劫舍的人多是身强力壮之人,而《瘫匪》的主人公却是一个瘫痪之人。每天日落时分,他便艰难地爬到村头路旁,用红绫包了扫帚头儿当手枪,身边又备一木棍。若有人来,便远远地高喝:"把东西放下!"见被劫的人迟疑,他又呵斥:"快一点儿,等我站起来可没有你的好处!想你家中定有妻儿老小,我不忍害你一条性命,快走吧!"在一次打劫中,他却碰到了一个难缠的对手,来者无视瘫匪的喊话与威胁,反而步步紧逼,"瘫子双目失神,高度紧张,知道自己命在旦夕,心想死也死得英雄,便咬紧牙关,猛然抖动上身,大吼一声,挣扎着要站起来——瘫匪恍觉高大起来,在惊恐中站起了一个灵魂,激动得他喷了一大口鲜血"。劫匪反而受惊恐惧的情节设置,让人读来一波三折。在《月夜》中,孙方友把读者一步步地引进他的叙事陷阱。在读者对飘飘小姐满怀同情和怜惜之时,孙方友却来了个漂亮的"回马枪",那个看似娇弱的飘飘小姐原是一个老谋深算却又深藏不露的女特务。《宋老三》里,闯过江湖也有些文化的宋老三,娶了干净、整洁而又文静的于凤枝,两人的生活安静又幸福。然而于凤枝的不生育被看成了缺陷,亲邻们娶妻嫁女也都不用她帮忙,这给于凤枝造成了巨大的心理压力。在宋老三侄儿的婚礼上,新娘拒绝于凤枝给自己当伴娘,迟迟不愿发亲且以毁亲相威胁。备受打击的于凤枝羞愧之下投井身亡。失去爱妻的宋老三,竟不动声色地怀揣菜刀,到女方家见人就砍,最后也被击毙。一对原本幸福的夫妻就这样做了冤死鬼。阅读这篇小说的时候,会让人想起鲁迅的《祝福》,也促使读者反思愚昧落后的封建思想意识残害了那么多善良无辜的人们。类似这样利用巨大的心理落差使得读者的阅读期待落了空,进而营造一种意料之外的剧烈审美冲击效果,这种陡转造成的陌生化的传奇叙事策略正是孙方友小说的一大特色。

孙方友的传奇叙事不仅仅体现在其所写故事、人物的传奇性,还表现在他对于传奇的趣味与选择上。

在孙方友的生命中,故乡具有十分丰富而又深刻的本源意义。亲见耳闻的故乡的种种人事与生命传奇,都烙印在孙方友的心灵与记忆深处,作为他人生经验的故乡记忆一点点地转化成他文学经验的传奇积淀。墨白直言孙方友《小镇人物》系列小说是"为生活在社会底层的小人物立传,是孙方友'新笔记小说'的美学根基"①。孙荪也说:"《陈州笔记》和《小镇人物》,前者以写事为主,后者以写人为主;前者可称乡村社会的'百科全书',后者则是底层人生的'百姓列传'。"②为小人物立传的美学根基,决定了孙方友的写作对象就是他故乡的人们,他要写出他们的爱憎与哀乐。孙方友就像一个历史考古学者,捡拾起散落在故乡历史角落的碎片,拂去厚厚的历史尘埃,力图还原生活的本来面目,发掘那些被忽视或遮蔽了的人性人情。《陈州笔记》和《小镇人物》这两个系列的作品总计六百多篇,塑造的人物有七百余人。孙方友的笔端囊括了颍河镇的三教九流、各色人等。《陈州笔记》和《小镇人物》记载的人、事,看起来是那样真实生动,似乎并不传奇。但,事实上,"生活本身即为一种动人的传奇"③。因此,传奇不一定非得"志怪","世情"里也早已包含着传奇。唐人在"有意作小说"时,便内含着生活化、言情化深知世俗化的意蕴,才逐渐形成了以普通小人物为主要对象的"世情传奇"与传统。及至明清戏曲传奇,乃至再后来的《金瓶梅》《红楼梦》等,都是在"世情"的层次上与传奇相通。所以,传奇并非不能采用"实录"笔法。鲁迅也曾说过:"盖叙述皆存本真,闻见悉所亲历,正因写实,转成新鲜。"④孙方友小说的传奇叙事,也许正是因为他在一个个短短的篇幅中,精致地描摹底层生命个体喜怒哀乐,在复原了生活本来面目的同时,也发掘了在特定历史时期的底层生活与普通百姓的文化精神风貌。《蚊刑》里用蚊子吸血叮人的处罚是很奇特的。贪官们如吸血蚊子,来了一批又一批,一直到吸干人血。一群曾经被惩以蚊刑的土匪抓住了贪官,也决定以其人之道还治其人之身。不料一天过去了,贪官没死。原来,这个贪官深知其中奥妙:"蚊子,懒虫也,吃饱喝足便是睡觉。吾一夜如眠,怕的就是惊动他们。这样一来,后边的蚊子过不来,趴在身上的已吃饱,是它们保全了我!"作者似乎在"讲古",其实是用了象征手法,

---

① 墨白:《孙方友新笔记体小说〈小镇人物〉系列》序言,河南文艺出版社 2009 年版,第 2 页。
② 孙荪:《孙方友新笔记体小说〈小镇人物〉系列》序言,河南文艺出版社 2009 年版,第 7 页。
③ 沈从文:《沈从文自传·水云(上)》,江苏文艺出版社 1995 版,第 233 页。
④ 鲁迅:《鲁迅全集:编年版:第 2 卷(1920—1924)》,人民文学出版社 2014 年版,第 549 页。

在不足两千字的篇幅内活画出黑暗的官场历史,同时也表达了对现实的观照,具有极强的现代寓意。《郭县长》是一篇批判官本位思想的小说。一个普普通通的村民老郭,因为姓氏与县长相同,长相与县长相像,被误认为是县长。他也萌生了一个决心,要培养一个做县长的后代。可惜事与愿违,大儿子欠债下了海,小儿子虽然娶了厅长的女儿,有了政治靠山,却也由于得意忘形,受挫之后也一蹶不振。沉迷在官本位思想的老郭,听信风水先生之言,为了能埋入风水宝地造福子孙,不惜自杀。却没料到下乡的扶贫队长是无神论者,老郭最终被埋到其他地方,落得个鸡飞蛋打,白送了卿卿性命。

考察孙方友的传奇叙事,可以显见的是,他对传奇传统的自觉承袭,以及中国小说现代化进程中"中国经验"的背景与影响。

中国小说发展成熟的标志即唐人传奇。后经明清小说的渐变,一种"作意好奇,假小说以寄笔端"的文学叙事样式,逐渐成为一种叙事模式,进而成为一种传统小说创作或接受的思维模式。有学者论述中国古代小说的艺术特征时指出:"我国古典小说,情节大多很生动,在很大程度上得力于其中的故事性。一部《水浒》创造了多少生动的故事;一部《三国》呈现着何等错杂的纷争;就是短篇,情节也都曲曲折折,有很强的故事性。"①陈平原在观察到晚清以来的中国现代小说的发生与发展与西方现代小说的关系时,认为虽然人们已经有了一个全新的参照系,无论是"用西方小说眼光反观传统",还是"用传统(诗文小说)笔法来解读西方小说",实际上,它们之间是"互为因果"或"循环往复",并没有在现实层面打破早就根深蒂固的传奇理念和叙事传统。尤其在中国整个的现代文学阅读过程中,中国读者最传统的审美趣味和阅读习惯,还是"善于鉴赏情节而不是心理描写或氛围渲染"②。五四新文化运动之后,中国读者看小说注重故事性的习惯依然没有改变,人们阅读的唯一标准还是"传奇化的情节,写实的细节"③。因此,中国近代以降所有的优秀小说家们,他们无论怎样假借"启蒙与救亡"来提高小说的主流正宗地位,还是重新梳理与评价中国传统小说的价值与作用,终究难以回避"传奇"叙事这个先在的传统与背景。随着中国社会现代化进程的脚步,中国文学场域迎来了一波又一波的文学表演,伤痕文学、反思文学、改革文学……不少现代文学叙事样式逐渐走上了与商业化合流的轨道,小说家们也面临着传统与现实的双重压力,他们一方面尝试着叙事模式的变革,一方面又有意无意地迎合着市场的需求,小说创作向通俗化与传奇化的市场天

---

① 马振方:《小说艺术论》,北京大学出版社 1999 年版,第 133 页。
② 陈平原:《小说史:理论与实践》,北京大学出版社 1993 年版,第 236 页。
③ 张爱玲:《张爱玲文集:第 4 卷》,安徽文艺出版社 1992 年版,第 356 页。

平倾斜,以满足读者的阅读需要。从而出现了娱乐化、趣味性乃至新异的写作趋向,形成了一种对传奇传统承袭与转化的整体样态。这也印证了国外学者的断言:"所有优秀的小说都必须带有传奇的一些特质……就最普遍和持久的层次而言,也许这样理解现实小说更为准确,它是传奇的变种而不是取代了传奇。"①

从那片神奇古陈州的土地上走来的孙方友,像一个悠闲而又睿智的品茗老者,娓娓道来地讲述着故乡的人与事,而这些人、事又多充满传奇意味。加之他独特的对传奇的趣味与选择,使得他的小说形成一种鲜明的传奇叙事特色,这种传奇的叙事特色给孙方友的小说带来一种独特的艺术魅力。

原载《河南经贸职业学院学报》2013年第3、4期合刊
——"纪念'小小说之王'孙方友先生专号"

---

① [英]吉利恩·比尔著,邹孜彦、肖遥译:《传奇》,昆仑出版社1993年版,第70页。

孙方友：用传奇书写传奇

杨晓敏

小小说发展三十年来，人才辈出，精品迭现，使一种新文体得以繁荣，也为作者自己赢得了尊严。孙方友算是一个典型的代表，他创作了八卷本《陈州笔记》和六卷本《小镇人物》共计六百多篇笔记体小小说，成为中国小小说发展史上一道充满传奇色彩的风景。

老作家南丁曾记下第一次见孙方友时的印象："一张黑不溜秋还挺英武的脸膛，一对贼亮贼亮的眼睛，那眼睛里放射着狡黠的诚实、谦虚与自信掺和在一起的光芒，整个地散发着颍河岸边的泥土气和水草味……"这段话颇能勾勒出方友的风采。

每一方钟灵毓秀的水土，均会孕育出不同凡响的人物。古时的陈州府，即今天的周口市淮阳县区域，历来人杰地灵，这里除了古迹太昊陵、平粮台和曹植墓等，更因为是戏剧《下陈州》《陈州放粮》的发生地而蜚声海内外。孙方友是极典型的农家子弟，文凭不过初中，凭此起点，写小说自然非易事，但他在四处流浪中，掂一支笔闻鸡起舞，通过在社会底层多年的人生历练，二十八岁时因发表小说而跳出农门，然后是乡文化站站长、县文联秘书、省级期刊编辑，一直到今天的河南文学院专业作家。如此跳跃式的传奇人生，个中甘苦唯孙方友自知。

从1978年开始至今，孙方友在长篇小说、中短篇小说、小小说和电视剧等方面，共创作计六百多万字，卷帙浩繁，规模宏大。论及他的最高创作成就，其笔记体小小说是一座艺术高峰，他被誉为"笔记体小小说之王"：八卷本《陈州笔记》和六卷本《小镇人物》，可谓集腋成裘、聚沙成塔，让当年一代清官包拯赈灾放粮之地，在八百年后以一种文化形态重放异彩。

《陈州笔记》偏于叙事，写作背景从清朝末年到民国初年；《小镇人物》重在写人，时间跨度从新中国诞生至今。著名评论家孙荪先生曾经评价道：前者可称乡村社会的"百科全书"，后者则是底层人生的"百姓列传"。根植于多年来对小小说的坚守与参悟，方友精心打造的《陈州笔记》和《小镇人物》两个浩大的系列，不仅亮出了他最为独特的艺术名片——"笔记体小小说"，还用这一删繁就简的文体形式和见微知著的技法，构筑了发生在陈州大地上三个朝代的百年历史。毫无疑问，孙氏笔记体小小说，已成为陈州古地乃至中原的一个文化符号。

所谓笔记体小小说,以传奇为主色调,传奇的人、传奇的事、传奇的风物,孙方友的传奇自成一家,亦庄亦谐,厚重深邃。在孙方友笔下,颍河水流过的陈州府(这里的陈州已成了文化意义上的区域),弥漫着神秘氛围和传奇色彩。其三教九流、风物人情、历史掌故,纷至沓来,次第涌入笔端。他一直在有意识地打造陈州地域性的文学色彩,把一个又一个活灵活现的艺术典型请进文学的艺术殿堂。地域性文学艺术的开掘,犹如打一口深井,令后来者无法逾越,只好绕井而过。

《蚊刑》是一篇小小说精品,也是最能体现孙方友写作特点的作品,给读者带来了奇妙的阅读快感,显示了作者的文字功底和文学素养。一千四百字不到的篇幅,用了近八百字的闲笔来交代陈州的"花脚蚊子"之烈之害,导致火艾供不应求。一方父母官贾知县为搜刮民脂民膏不择手段,将火艾生意垄断,发明了神奇的灭绝人性的蚊刑。被刑者惨痛无比,难逃一劫。这些交代读起来令人如临其境,毫无阻塞干巴之感,收到了阅读奇效。蚊子猖獗——火艾供不应求——贾知县实行垄断,发明蚊刑——被蚊刑者大多一命呜呼——贾知县被土匪蚊刑——安然无恙,这样的故事情节编排,跌宕起伏,枝繁叶茂,既有古典笔记小说的神韵,又有现代小说的艺术成分,令读者感慨万千,思绪绵绵。可以看得出来,《蚊刑》是一篇经过反复打磨技法娴熟的心血之作,一些细微处的艺术处理颇具匠心,耐人寻味,譬如故事背景的时间是"不知从何代开始",譬如"贾知县"的"贾",譬如给贾知县施刑的是土匪而非民众,譬如看似无意提及的包公等俏皮话,使这篇作品常读常新,即使搁置当下,也依然有很强的时代感和认知感。

孙方友除了深得中国传统文化的精髓外,还善于吸纳现代小说的诸多因素,比如注重气氛的渲染,注重人物心理的刻画,注重细节的描写。《蚊刑》也有这特点,里面对蚊刑场景的描写可圈可点,动静结合,虚实相间,形象生动,栩栩如生,有增一字则多减一字则少的神韵,作为小小说,写到这等境地,近于天成。四两拨动千斤,靠的不是孔武有力,而是巧劲。试看《蚊刑》的结尾——

> 这就怪他们自己了!蚊刑中有明文规定:天明不死者放生。可他们耐不住,来一批蚊子刚喝饱,他们便摇头晃身,把它们赶跑了,于是又来了一批!一夜之间,赶跑一批又来一批,赶跑一批又来一批……如此循环,那血哪有不被喝干之理呢?

寥寥数语,似裂帛之音,揭示了人性深处的劣根性。虽然略显牵强,却在审丑中得出了一个类似荒诞不经的生活悖论。

《雅盗》或许是作者写得最有文化味儿的一篇。主人公赵仲曾中过秀才,后不得已沦为盗贼。因粗通琴棋书画,便自诩"盗亦有道"。"赵仲说,这叫落盗不落价,也叫雅癖。古人云:有穿窬之盗,有豪侠之盗,有斩关劈门贪婪无比冒死不顾之盗;从未有从容坐论,谈笑自若,如名士之盗者。——赵某就是要当个例外!"他在行窃之余欣赏一幅名画时,被画中的"落魄"景况所感动,竟感慨于自己的身世。在险境中以聪明才智脱身后竟金盆洗手,以自我救赎的方式开始一种新的人生。生活自食其力之余,常在夜晚读《灞桥风雪图》而"泪流满面"。一个通俗的故事由于被赋予了文化背景,便显出清濯之意。《泥兴荷花壶》同样精彩,写挑壶是行家里手,赏壶是专业术语,击壶却是生活境界支配行动,一气呵成,语言、神态、动作,各臻其妙。

孙方友的小小说善于出奇制胜,而"奇"的背后,则是人生正道、天理良心。他的传奇小说,扎根于传统文化土壤,而又不囿于传统文化的束缚,能够以现代意识对传统文化进行理性的反思。《女票》《女匪》等一系列作品,都能以时代精神为参照,以纵向的思考途径,以历史发展的目光,发掘出合乎时代进步的人格价值。在创作技法上,孙方友的传奇,吸收了古典笔记小说的神韵,叙述从容,描写简洁。情节一波三折,尺幅之内高潮迭起,给人以较高的阅读快感。孙方友的传奇小说讲究情节的延伸和突转,着力于一个"奇"字,常常给人以兴奋和惊喜,这就使得他的大部分小说兼具了雅和俗的特质。

孙方友曾说过写好小小说要有"翻三番"的能耐。这种能连续把读者带入阅读奇效的手法,在他的小小说里比比皆是。比如《神偷》里改邪归正的贼王最后交出来的"一筐手指头",《女匪》里主人公的"土匪立场""女性立场""人性立场"的一层层开掘推进,都成为孙氏写作制胜的法宝。

当今文坛,写笔记体小小说的作家不多,写得好的更少。冯骥才的市井奇人系列名扬海内外,构成作者文学成就中的皇冠明珠;汪曾祺的笔记体小说,多取材于聊斋故事和乡野风情,语言清丽,淡到极致,读之如饮山泉,无愧乎大手笔;魏继新的笔记体小说,则关注现代人的生活,题材怪诞,内涵丰富;景田、鹤菁的笔记体小说,偏重于历史人物再造,笔触细腻,行文洒脱,每有新意;孙方友的笔记体小说,八方志异,涉猎范围广,其构思巧妙,一波三折,最讲究结尾艺术。怪不得南丁赞道"显然得益于中国古典笔记小说,有容量,耐咀嚼,极精粹"。

文学是一道陶冶人之性情的精密工艺。前人说过:"唯有读书,才可以改变人的貌相。"随着时间的推移,孙方友的眼睛除了"狡黠与诚实、谦虚与自信""贼亮贼亮"之外,同时也流露出睿智与责任来。这无疑是长期读书的结果。尽管它时有一丝飘忽一瞬凝神,那不过是按捺不住的躁动与向往,是对未知世界的挑战与思考罢了。

因为塑造了各个不同时代、各种不同性格命运的数百个传奇人物,孙方友成为当代小小说领域的重要代表性作家之一,他本身也书写出一种人生传奇。2003年,孙方友凭借《神偷》《雅盗》《蚊刑》《霸王别姬》等十篇佳作摘取了首届"小小说金麻雀奖"。2011年在第四届"中国郑州·小小说节"上,他荣获了小小说创作终身成就奖。某杂志曾刊登了孙方友的一个写作目标:尽力把家乡写成一片原始森林。我对这个目标充满期待和嘉许,尽管孙方友已年过六旬,双鬓染霜,但对于文学创作,对于小小说,他依然是情有独钟。

见《当代小小说百家论》,河南文艺出版社2012年版

传统的魅力
——谈孙方友小说中的传统叙事精神

刘宏志

中国现代白话小说主要是从西方现代小说横向移植而来,所以,无论从叙事艺术还是从小说精神上,学习西方的多,继承传统的少。这一点,从中国现代白话文学大师鲁迅、茅盾、巴金等人的写作中可以看得出来。现代白话文学具有的这种西化特质也影响了大多数的中国作家,虽然很多作家也都在强调对传统资源的学习和继承,可是,总的说来,西方小说的影响还是更大。当然,近年来,形势发生了某种变化,在当下全球化的背景中,已经有越来越多的中国作家开始强调小说写作地域性、传统性的重要①,也有很多作家开始重新面向中国古典进行学习。不过,对于孙方友来说,延续传统并不是近来要注意的事情,因为自从开始写作,他的小说就一直在传统之中。

一

孙方友小说对传统的继承和坚守主要表现在小说内容和小说精神上。孙方友小说主要分为《陈州笔记》和《小镇人物》两大系列。他的小说都是围绕陈州,围绕陈州的颍河镇展开,不过时段不同,《陈州笔记》里人物的生存背景,是从清朝末年到民国初年;《小镇人物》里人物的生存背景,是从中华人民共和国诞生至今。这两大系列的小说在某种程度上可以说是一部人文意义上的陈州百科全书,带有明显的地域文化色彩。陈州,即今天的河南淮阳,可谓是风景、人文并存的一块神奇地方。这个地方和中国人文文化有着密切的联系,关于此地最早的传说,是人祖伏羲的长眠之地,至今当地还有伏羲太昊陵,以及相传伏羲演八卦的画卦台等景点存在。另外,相传当年孔子周游列国,被困于陈地,也是在淮阳,至今淮阳境内还有弦歌台存在,相传即当年孔子被困处。此外,像三国时曹植被贬陈州、北宋包公陈州放粮等故事,也是发生在今天淮阳境内。在地理风景方面,淮阳也颇为神奇,虽然地处北方,但是环淮阳县城却有一万亩龙

----

① 李洱:《传媒时代的小说虚构》,《济源文学》2009 年第 1 期。

湖,风景秀美,颇有江南之象,且当地多特产,如蒲根、陈州藕、泥泥狗等,皆有当地特色。这些陈州特色,在孙方友小说中都得到了神奇的表现,至于太昊陵,更是多次在其作品中出现。孙方友的这种对当地文化景物的强调,具有鲜明的地域文化、民族文化特色,从小说内容角度讲是对民族文化的弘扬。

  之所以说孙方友小说是对中国传统文化的坚守,很重要的一点就是因为孙方友小说中的精神。孙方友笔下的陈州人物有士绅,也有引车卖浆者流,身份虽然不同,可有一点是共同的,即这些人平时非常普通,甚至有些无赖,可在民族危亡之际,在他们很多人身上却能呈现出中华民族的血性和优良品质。如小说《茗香楼》中的李云灿,是周口士绅,喜好藏书,所以在他的藏书楼茗香楼中,藏有很多孤本、善本。后来日本入侵,进入陈州城。李云灿原本是孤身逃跑,可后来心系自己珍藏的图书,又犯险返回陈州,结果陈州的日本守军要求李云灿当汉奸,否则就要取走他的善本图书。李云灿不做汉奸,就一把火烧了自己的藏书楼,并且自己也葬身火海。之后日本人继续追查善本图书,李云灿的车夫黄天就把日本人领进储藏酒的小木楼中,放火烧楼,和日本人同归于尽。小说中的李云灿和黄天分属士绅和底层两个阶层,可是这两个不同的阶层在面对民族敌人的时候,却不约而同地坚守了民族大义,呈现了中华民族威武不能屈的精神。不仅是在民族危亡之际,便是在日常生活中,当普通人面临厄难时,他们也常常会朴素地遵守中华民族精神。小说《老蓝》中的老蓝和蓝玉就是这样具有非常典型的中华精神的人物。老蓝是小镇上一个普通的做豆芽生意的小商人,因自己不能生育,就抱养了一个女儿,就是蓝玉。蓝玉长大之后,形象俊美,在1970年,北京来的人到这里为人民大会堂挑服务员的时候,就把蓝玉挑上了。可是因为老蓝新中国成立前曾经当过国民党兵,所以蓝玉政审没有过关。北京来的人知道蓝玉是抱养的之后,就劝蓝玉认祖归宗,因为蓝玉的父亲是贫农,还是煤矿工人,所以,他的成分是没有问题的,这样,蓝玉也就可以获选。但是蓝玉却一口回绝,原因很简单,即她不能为了前程而忘恩负义。这个俊美的姑娘在命运转折的关头,没有见利忘义,而是坚守了传统中国的朴素美德。老蓝知道这个情况之后,为了蓝玉的前途而力劝蓝玉认祖归宗,见蓝玉不同意,竟然以死相逼,蓝玉无奈,这才认姓归宗。可是,令人无奈的是,之后蓝玉政审仍然不能通过,北京来的人和当地政府变卦,取消了蓝玉的应招资格。老蓝听说此事,更感觉对不起女儿,深悔自己收养蓝玉影响了蓝玉的前程,同时又恨公家人欺人太甚,就买了两包鼠药放到了豆芽中,然后把豆芽送到公社食堂,自己回家和妻子悬梁自尽了。上述小说中的人物,从李云灿到黄天,从老蓝到蓝玉,身份有士绅,有引车卖浆者流,年龄性别更是五花八门,可是这些人有共同的特点,即在面临富贵诱惑、武力压迫时,都能坚守自己的道德价值立场,真正体现了"威武不能屈,富贵不能淫,贫贱不能移"的中华民族优良传统。对这些人物的塑造，表现了孙方友对传统中华精神的向往，也呈现了传统中华文明的魅力与价值。

孙方友的优秀作品还能够做到把陈州风物、陈州文化与陈州人的民族文化精神有机结合，通过对陈州文化景物的描述，展示陈州人的中华文明精神，通过对陈州人中华文明精神的展示，更揭示出陈州景物的人文意义。其小说《泥兴荷花壶》就把陈州特产泥兴荷花壶的神奇和陈州匠人的品质有机地结合到了一起。小说讲述的是段祺瑞到陈州买泥兴荷花壶，陈州师傅陈三关在不知道来客是段祺瑞的情况下认真给客人挑壶，以及在挑出宝壶后，又得知来客是段祺瑞的情况下，设计把宝壶破坏的故事。小说一开篇就娓娓动听地叙述了陈州特产荷花壶的传奇神韵，它造型美观，色彩淡雅，用料讲究，壶坯薄而坚固，不仅可以弹音，而且具有独特的良好的透气性能，沏出的茶隔夜不馊，因此泥兴荷花壶长期以来一直是京城的贡品。令人叫绝的还有泥兴壶的挑壶程序：先是抛壶，一百把壶"从高空落到地上，皆完好无损"；然后敲壶，"凡音裂音哑者，当即抛出"；最后弹壶，先是弹出一曲玄妙的《春江花月夜》，再突转为暴风骤雨的《十面埋伏》，这时，"只见案上瓦砾一片，唯有一壶亭亭玉立于瓦砾之中"。这样的挑壶工序是闻所未闻的，极富神奇色彩，而且精湛的手艺突出表现了一个民间艺人对艺术的认真与执着。这些无不向今人展示着传统文化的博大精深。小说描写的重心在挑壶的过程，孙方友把这个过程描述得美轮美奂摇曳生姿，在这个过程中，中华文明的神秘、博大也得到了淋漓尽致的展示。小说内容突转在于陈三关的破壶，在得知来客是段祺瑞之后，出于对军阀的厌恶，陈三关不想让自己的宝壶落入此人手中，又设计让段祺瑞亲手毁了宝壶。在这个毁壶的过程中，凸显出的是陈州工匠陈三关的民族精神。小说叙事跌宕起伏，壶品与人品交相辉映，中华民族精神与中华民族文化、工艺相得益彰。艺术与精神在一部小说中极为完美地展现了出来。可以说，孙方友的小说是借陈州风物展示中华文化，展示中华精神，无论是在风物描写还是在精神传承上，都呈现了传统的魅力。

二

之所以说孙方友小说极富传统性，还因为其小说的伦理指向。他固然有不少作品强调一种现代性批判立场，但是更多的作品，还是深受传统中国小说影响，强调似乎并不深刻的世道人情。作为一个当代作家，毋庸置疑，孙方友会受到各个方面的现代性文化的影响，这些进而也会影响他的思想，影响他的小说的精神指向。所以，阅读孙方友小说，我们会发现，在其小说中有不少篇幅都是站在现代性立场上对传统人、事的一种重新思考,这样,他的小说就带有了不自觉的权力批判和国民性批判的色彩。墨白曾谈到过孙方友小说的这一特点:"《陈州笔记》对人性的审视,对民族的匪性、不劳而获的心态,对来自不同阶级的利益冲突和权力冲突对民众造成的危害,对渗透我们民族骨髓的权力意识的厌恶,无不深藏在不同的故事背后,让人触目惊心。"①例如其小说《花婶儿》,通过讲述一个农村妇女的悲惨命运,实现了对国民性的批判。小说中的花婶儿是小叔的妻子,形象俊美,从嫁过来那天起,她的漂亮就"震"了几道街。花婶儿也很贤惠,可是,她有一个致命的缺陷,就是不能生育。为了生育,花婶儿跪行太昊陵三里多路,求巫婆看病吃过活着的壁虎,甚至让江湖郎中在裆里一下子扎了二十多根针,为了要孩子,花婶儿这一朵鲜花渐渐枯萎,最后还是和小叔离婚了。离婚后的花婶儿再婚嫁给了城里一个前妻病逝的干部,结婚前花婶儿告诉对方自己不能生育,可是几年后"我"再见到花婶儿,发现花婶儿比以前更黄更瘦了,而且身上一股草药气息,原因是那个县城干部还想要孩子,逼着花婶儿吃药。小说针对中国的"不孝有三,无后为大"的传统观念进行批判,形象生动地展示了这些旧观念对女性的束缚和压抑,展示了旧观念吃人、害人的特质,颇能引人深思。这显然是孙方友站在现代性立场上对过去生活、过去文化价值观念审视的结果。

这些对传统观念、人性的现代反思,对权力的现代批判被孙方友用传奇的笔法描述出来,别有韵味。但是,更能构成孙方友小说精神的独特性的,或者说,使得孙方友的小说在当代小说中更能独树一帜的,在笔者看来,恰巧是他的那些似乎并不十分深刻的作品。在这些作品中,他没有进行国民性批判,而是描写普遍的人性,描写世道人心。比如他的小说《名伶》就讲述了一个让人感慨唏嘘不已的故事。小说中的名伶叫马慧,是小镇上的一个普通姑娘,因为形象俊美、音质圆润被挑到镇上宣传队演戏。因为演戏出色,在当时成为名伶,差点被专业剧团招工招走,只是镇里不放才作罢。马慧很会做人,在旁人有难,或者受困时,总能不动声色帮人解围,所以人缘很好。可是人缘很好的马慧却成了政治斗争的牺牲品。马慧是公社革委会白主任一手发现的,后来成了白主任的情妇。这个秘密被白主任的政治对手、公社郑书记发现,他就一手组织了捉奸行动。马慧和白主任奸情败露,白主任一走了之,而马慧却声名狼藉,从当地名伶一下沦为嫁不出去的姑娘,最后不得不草草嫁给一个奇丑的鳏夫了事。名伶的命运在这个地方发生了转折——虽然一时出色,可不但没能脱离农门成为工人,还草草嫁人。但是小说接着写道,马慧并没有因此一蹶不振。后来改革开放,乡里兴起小剧团,马慧又再次唱红颍河两岸,之后唱戏落伍,马慧又发挥自

---

① 墨白:《雅盗·神偷》序言,河南文艺出版社 2008 年版,第 4 页。

己的聪明才智,创造了唱广告的职业,专门给镇上商户唱广告,促销,收入颇丰。小说最后感慨,倘若马慧当年不被捉奸,充其量也只能当个工人,可是当下这行情,当个工人恐怕还不如马慧唱广告。又如,其小说《血祭》讲述土匪突袭村寨,杀了十多个孕妇,用孕妇血洗子弹,说这样就可以百发百中。然后,土匪抓走了他们认为的富人做人质,要求富人家赎人。被抓的人中有一个剃头匠,他被误当作富人抓到山上,却没有申辩。到山上后,剃头匠才申明自己不是富人,而是剃头的。匪首就要剃头匠给众匪剃头,看没有危险,他最后才让剃头匠给自己剃头。剃头匠抓住这个机会,杀死了匪首。原因是,众土匪所杀的孕妇中,有一个就是他的妻子,他是蓄意复仇才故意被抓的。剃头匠杀死匪首之后,昂然不惧,说明自己杀死匪首的原因,然后往山下走。众匪在他身后射击,可是那些浸了孕妇血的子弹却都射不到他身上。此时匪首妻子出现,她笨拙地拿出枪,却一枪就打死了剃头匠。如上述两个小说,基本涉及不到文化批判、人性批判等问题,但是,却涉及世道人心。《血祭》说的是人心。《血祭》中土匪杀孕妇,用血洗子弹,根本原因恐怕不是说这样的子弹就有魔力了,而是通过这样的行为,让土匪更具匪性,更灭绝人性,这样下手自然更狠。剃头匠之所以敢上山杀匪首,并非因为其人高尚,要为民除害,不惜牺牲自己,只是妻儿惨死,仇恨之心难遏,不惜同归于尽而已。剃头匠杀人之后,一个怪现象出现,那些被孕妇血泡过的子弹居然都射不到剃头匠身上,而匪首的妻子,一个不擅用枪的人,却轻易打死了剃头匠,原因不在于子弹,而在于人心。剃头匠的行为在某种程度上是对众匪的一个震撼,激起了众匪的人性,开始反思自己,同情剃头匠,这是他们射不中剃头匠的原因;而匪首的妻子能够轻易打死剃头匠是因为此时她死了丈夫,要复仇,自然无所顾忌,唯恐剃头匠不死。《名伶》说的是世道。小镇上一代名伶马慧的命运沉浮、起起落落,看起来完全不是由她自己能够做主,虽然她为人聪明,形象俊美。倘若她当年不从白主任,在那个年代,恐怕她早就遭了厄运,更遑论成为名伶了。倘若白主任和郑书记不是政敌,那么马慧的命运或许更为顺畅一些,或许会被招工,可是小说最后又说,看当下这行情,便是做工人,也未必有马慧现在唱广告好些。马慧的一生让人感慨唏嘘,但我们却很难责怪马慧什么,只能说大家都在世道、命运的拨弄之中,没有人可以逃出世道、命运的控制。

对于这些小说,我们很难用更为高深的理论来解读,因为这些人的行为和国民性、文化批判等,似乎关系不大,而就是最普通的,亘古至今始终未变的普通人性、普通人心。或者可以说,孙方友写的是故事传奇,表现的却是世道人心。这种对世道人心的关注,是中国传统小说的写作精神。"在中国古代,并不是每一种'知识'都被看作能够承担'济世'功能的。这一点对虚构性的文字写作知识来说极为明显。古典的'诗史'传统主要是针对诗和文,词曲小说是士大夫羞于启齿的文类,更不用说去讨论它们如何载道济世了"①。唯其如此,中国古代小说不去考虑国计民生等大问题,而更加关注世道、人心,人间传奇。这种小说传统在中国白话小说形成的过程中断裂了。因为现代中国白话小说作家都倾向于寻找更有意义的题材,或者是救亡图存,或者是启蒙批判。正如安敏成所说:"现代中国文学不仅仅是反映时代混乱现实的一面镜子,从其诞生之日起一种巨大的使命便附加其上。只是在政治变革的努力受挫之后,中国知识分子才转而决定进行他们的文学改造,他们的实践始终与意识中某种特殊的目的相伴相随。"②在小说这种文类在中国文学中获得崇高地位的时候,中国现代作家在小说中也附加了太多的意义,而唯独忘却了小说本身的趣味,以及中国传统小说对世道人心的关注。孙方友小说在这方面自出机杼,向上延续了唐传奇、明清话本等小说对世道人心的关注,不急于站在更高的立场寻找更深刻的意义,而是真切地写出传奇中的普遍的人性与世道人心,使得其小说在伦理上对中国传统小说构成一种延续。

孙方友的小说在小说精神和叙事伦理上都明显带有中国传统文化的痕迹,是中国传统叙事方式的延续。这种叙事风格的形成,肯定和作家自身的某种文化追求有关,当然,外在的影响显然也是导致他做出这种选择的重要原因。如墨白所说,孙方友从小就深受传统文化的影响。在孙方友成长的地方,是产生和汇聚多种地方戏曲的地方,同时,此地又汇聚多方的说书艺人,从河南坠子到山东大鼓,从木板大鼓到山东琴书,还有河洛大鼓、凤阳花鼓等,都有说唱,而幼年的孙方友对此又非常痴迷。③ 如此,孙方友能够写出这样古色古香的带有强烈的中国传统气息的小说显然也就可以理解了。在当下这个日益全球化的时代,在地域文化、传统精神越来越被现代性冲击,甚至面临消失的危险的时代,孙方友的这些小说显然就具有了独特的意义。如同墨白所说:"《陈州笔记》确实成了认识和了解中原历史与文化的一把钥匙,你无法估量这种精神层面的传播有多么深远和持久。在未来的时间里,《陈州笔记》将越来越显示出她不同寻常的价值和意义。"④

原载《周口师范学院学报》2014 年第 1 期

---

① 练暑生:《如何看待中国现代文学的大传统——在历史的旋涡中展开想象》,《郑州大学学报(哲学社会科学版)》2009 年第 4 期。
② [美]安敏成著,姜涛译:《现实主义的限制:革命时代的中国小说》,江苏人民出版社 2001 年版,第 3 页。
③ 墨白:《雅盗·神偷》序言,河南文艺出版社 2008 年版,第 1 页。
④ 墨白:《雅盗·神偷》序言,河南文艺出版社 2008 年版,第 6 页。

乡土文化的理想精神
——论孙方友"新笔记小说"的美学内涵

张延文

  2014年7月26日,《孙方友小说全集·〈陈州笔记〉卷》首发暨孙方友逝世一周年纪念会于河南省文学院举办,河南省文化界四十余人出席。此次会议重点研讨了孙方友的"新笔记小说"。河南文艺出版社近期推出了《孙方友小说全集·〈陈州笔记〉卷》和《孙方友小说全集·〈小镇人物〉卷》各四本,其中全面收录了孙方友的"新笔记小说"七百多篇,分别按年编排,另外附录有墨白的序、孙方友年谱、作品目录、来自民间的悼念及评论文章等翔实资料。与会人员就孙方友创作的各个方面做出了全面、深入的分析,其中河南省文联主席杨杰表示:孙方友就像愚公向陈州文化深入开掘,令人敬佩;他的创作堪比《诗经》中的"风",鲜活、生动、朴实,具有很高的艺术价值。河南省文联前主席、著名作家南丁先生深情回忆了和孙方友之间数十年的交往,认为孙方友堪称一个当代的伟大作家,他的笔记体小说可以传世;但孙方友写得太苦了,应该注意身体,能够快乐写作就更好了,希望各位作家注意身体。诗人马新朝、张鲜明等特别强调了孙方友对于乡土小说的新贡献,推动着乡土小说向着更为宽广、深阔的方向前进。著名书法家、作家张晓林声称自己从开始学习写作时就受到了孙方友的启蒙,他认为中国的笔记体小说,到了孙方友这里才发展充分,无论从创作的数量上,还是从文体的完善程度来说,均是如此。张晓林还指出,孙方友的小说受传统文化影响,符合中国人的欣赏习惯,集地域、文化、历史、传奇于一体,自成一派,艺术特色明显,作品传播广泛,影响很大,被学习、模仿,但对孙方友的研究还不够,需要进一步加强。评论家刘海燕、诗人冯杰指出,孙方友乃"文化地标",呼吁地方筹建孙方友纪念馆。孙方友的弟弟、著名作家墨白在回忆大哥时不禁哽咽。他说,"孙方友创造了当代小说传播方面的奇迹,其影响力非常广泛、深远,他为中国文学贡献了一个新的文体,也向世界介绍着河南"。这次会议对孙方友"新笔记小说"的研究做出了实质性的拓展。

  会后,媒体进行了大量的报道,有媒体评论认为:"他(指孙方友)笔下那些充满想象力的故事与结构,都源于对生命的感悟和思考。陈州是他的故乡,更是他的精神圣地和写作的源头。他用文学的形式为我们保存了20世纪中国社会的世道人心,再现了众生灵魂的孤独与痛苦,成为我们民族20世纪前后历史的一个缩影,'使颍河小镇进而古陈州成为中原乃至中国的文化符号'。他笔下由'陈州''颍河镇'构成的文学地标,像鲁迅笔下的鲁镇、福克纳笔下的南方小镇约克纳帕塔法而'成为文坛一个强大的存在、一座伟大的丰碑',永远被人们所记忆和向往。"①综上所述,对孙方友的"新笔记小说"各方评价是非常高的,相比较而言,学界的相关研究还不够深入、全面。近期,有学者对此做出了研究综述,得出如下结论:"学界对他的作品研究除了文本形式特征研究之外,主要集中在孙氏作品的民间文化意义层面,但研究程度并不深入。……与传统期刊线上研究的冷清局面相反的是,期刊线下关于孙氏作品的讨论会、研究会却非常热烈频繁。……这些评价分别看到了孙方友新笔记小说的文本形式特征,以及背后所隐藏的作者的人文主义信念的坚守与努力,特别是创造了一个民俗文化意义层面的精神世界——陈州世界,足堪与沈从文的湘西世界、莫言的东北高粱地等相媲美。"②的确,相关研究大多仍然停留在对于文学现象的总结上,缺乏审美价值、文化思想等方面的深入考察。

墨白在为《孙方友小说全集·〈陈州笔记〉卷》所作的序言《〈陈州笔记〉的价值与意义》③一文当中,以文本细读的方式,从叙事学和社会学两个方面,综合各方面的研究,进行了迄今为止最为全面的总结和论述。他认为,孙方友的《陈州笔记》最终促使了新笔记小说成为一种独立的文体;古典笔记小说与新笔记小说在文体上是传承与创新的关系,蒲松龄和孙方友的创作分别代表着这两种文体的最高成就。他还指出《陈州笔记》的创作不但汲取了中国古典文学特别是笔记小说、公案小说、明代白话小说的叙事精髓,而且将民间文学、评书、曲艺、戏剧等说唱艺术与西方现代文学的创作理念融入新笔记小说的叙事与故事结构;《陈州笔记》以陈州文学地理为中心,立足于民间精神立场,运用鲜明的语言风格创作出集人文历史、人物传记、社会百科为一体的不可重复的审美领域。也就是说,目前对于孙方友的"新笔记小说"的研究,有以下几个突出的关键词:笔记,小说,地域,民间,传播。很少有越出这个界线的,而且,在论述过程当中,还特别喜好拿蒲松龄的《聊斋志异》来做比较。基于此,我们不妨就该问题进行更为深入的分析、探讨,从文本的角度入手,考察文体发展的源流与脉络,尽力发掘孙方友"新笔记小说"的美学内涵和文化精神。

---

① 奚同发:《〈孙方友小说全集·《陈州笔记》卷〉首发》,《河南工人日报》2014年7月28日。
② 周云青:《孙方友新笔记小说研究综述》,《文学教育(上)》2014年第4期,第54—55页。
③ 孙方友:《孙方友小说全集·〈陈州笔记〉卷》(卷一),河南文艺出版社2014年版,第1—35页。

一、异曲同用的精神指向：《陈州笔记》与《聊斋志异》比较

作为中国短篇文言小说的巅峰之作，蒲松龄的《聊斋志异》在思想性、艺术性上都堪称典范，对于后世的影响非常广泛。而孙方友的《陈州笔记》，作为当代文学作品，尚需时间的进一步检验，才能证明其艺术价值究竟有多大。但两者之间，确有很多可资比较之处，值得我们进行对比分析，一探原委。

蒲松龄生活在清初的顺治、康熙年间，作为山东淄川世家子弟的他，早年聪慧好学，但家道中落，屡试不第，潦倒失意。清朝乃异族统治，清初实行了高压的社会文化政策，再加上明末起大量的社会战乱、萨满教的黑巫术，等等，妖异现象横生。虽然，清朝部分沿用了科举等社会制度，但对于士子来说，仍然存在一定的心理阴影。蒲松龄对于清朝的统治，包括科举制度，心态极为矛盾，他多次参与科考，但却不顾朋友的劝告，将主要精力放在搜集和撰写异闻录上，直至七十一岁才按例补为廪膳生，七十二岁补为贡生。对于自己的写作缘由，蒲松龄在书的序言《聊斋自志》中有言："松悬弧时，先大人梦一病瘠瞿昙，偏袒入室，药膏如钱，圆粘乳际。寤而松生，果符墨志。且也：少羸多病，长命不犹。门庭之凄寂，则冷淡如僧；笔墨之耕耘，则萧条似钵。每搔头自念：勿亦面壁人果是吾前身耶？盖有漏根因，未结人天之果；而随风荡堕，竟成藩溷之花。茫茫六道，何可谓无其理哉！独是子夜荧荧，灯昏欲蕊；萧斋瑟瑟，案冷疑冰。集腋为裘，妄续幽冥之录；浮白载笔，仅成孤愤之书；寄托如此，亦足悲矣！嗟乎！惊霜寒雀，抱树无温；吊月秋虫，偎阑自热。知我者，其在青林黑塞间乎！"①蒲松龄将个人身世和社会环境结合起来，悲天悯人，以"孤愤"之情，写"六道"轮回，以寄托孤独凄凉的残生。

在清朝，神鬼之事，轮回之说，颇为流行。蒲松龄继承了志怪的传统，并将其发扬光大，加入世态人情，以超现实的笔法来描绘理想化的富于民间精神的现实世界。这种做法，是和当时社会的主流意识形态相冲突的。"子不语怪力乱神"，孔子"不知生，焉知死？""未能事人，焉能事鬼？"的处世态度对于以儒教为中心的"礼制"传统至关重要。在中华文明的历史上，历朝历代，精神的清洁运动都进行得如火如荼，尤其是在开国之际，更加紧要。蒲松龄一方面不抗拒科举，说明他个人的"士子"情怀还是有的，儒家的"出仕"为民的传统也是很强烈的；但他对于异族统治，面对密布的文网，采取了"软对抗"的方式，另辟蹊径，

---

① （清）蒲松龄：《今评新注聊斋志异（上）》，湖南文艺出版社1997年版，第19页。

剑走偏锋,通过对于民间的鬼狐精怪的富于人性的刻画,包括对于乡野流传的带有道德教化色彩的故事的搜罗,来达到"异史氏"的目的。通观《聊斋志异》全书,均以作者第一人称的视角来切入,以潜在的"我"来统篇命意。为了进一步强调个人之见,蒲松龄甚至不惜现身说法,大发议论,这些议论基本上都是维护儒家的道统的,目的在于建立一个德治的文化传统。也就是说,蒲松龄在创作《聊斋志异》时,是以表现为主的,而他力图达到再现的效果,是想要恢复华夏文明的正统,但在一个异族统治的环境下,只好以"鬼怪"之说来假托。他不遵从"子不语怪力乱神",对于儒教是相背离的,其中很多思想来自佛教,带有很强的民间意识;又具有一定的超越性,他反对以名教为中心的礼教,却又渴望恢复中原文明的道统,建立健康合理的民族文化。

孙方友与中华人民共和国同岁,出生于河南省淮阳县新站镇平民家庭。1966年,随第七中学红卫兵连队,与二弟孙方朋一起到北京,在天安门广场随成千上万的红卫兵受到毛泽东的接见,随后南下到湖北、湖南等地进行大串联。同年,其父亲孙多喜因"四清"运动的经济问题被捕入狱。孙方友后回乡务农,参加新站公社毛泽东思想宣传队,参加过样板戏的演出,还曾经在新疆度过九个月的"盲流"生活。新时期后,1976年春天,在淮阳太昊陵结识作家郑克西,开始接触西方文学、学习小说创作,后来到新站公社文化站任文化专干,逐步进入文坛。孙方友生活的时期,主要经历了两个阶段,"毛泽东时代"和新时期。这和蒲松龄的经历相仿,在出生时,恰逢朝代更替。清朝是异族统治,但采用了华夏传统;而孙方友赶上的时代,虽然恢复了民族自治,但引进了外来的制度和思想,对于传统文化进行了彻底的清除运动。1966年11月,右红卫兵和贫下中农组成了突击队,孔子的坟墓被掘,刻有"大成至圣先师文宣王"的墓碑被砸碎,孔府、孔庙、孔林遭到毁灭性破坏。自此,在华夏大地刮起了一阵掘坟毁尸的"最炫民族风",举世震惊!中华民族对自己悠久的文化传统进行了彻底的自戕,重点是以孔子为代表的儒家文明。曾经亲历过红卫兵、参演过样板戏、参加过毛泽东思想宣传队的孙方友,生在红旗下,长在艳阳天,受到的影响可想而知,应该说,"红色记忆"作为他生命的底色,是无法抹去的。虽然他在后来的时间里,对"文革"时期的经历进行了反思,但其作品里存在着的"政治正确性"的坚定程度和他在创作时,一以贯之的文化立场的形成,自然和那个特殊燃烧的时代有着密不可分的关联。

没有新时期的社会变革,就不可能有孙方友的"新笔记小说"。面对强大的时代话语系统,孙方友选择了儒家"不语怪力乱神"的文化正统,表面看起来是和社会的主流意识形态宣扬的"无神论"暗合的,但在实质上,却有着根本性的差异。孙方友的"新笔记小说",就其精神本质来说,来源于生他养他的古老的陈州大地,是民间的、乡土的、自由自在野性生长的。他在坚守儒家文化伦理的同时,将思想的脉络伸向了华夏人文氏族——伏羲和女娲那里。伏羲,定都于宛丘,也就是孙方友的故乡淮阳。而淮阳属于颍河流域,在地域上,属于南方的文化系统,和北方文化是有所差异的。孙方友的"新笔记小说",是现实主义的,是本土的。孙方友的《小镇人物》系列,描写了1949年到21世纪初发生在他故乡小镇上的芸芸众生,也就是他个人生命经历的岁月为时间的起始点;从这一点来说,他是一个完全的现实主义者。《陈州笔记》当中小说的历史背景大部分是清末和民国时期。孙方友在叙事当中,在处理敏感题材时,大都以曲笔为主,即使是讽刺、批判,也显得宽厚温和,这种中正的叙事情态,既是儒家的,也是礼教的,是符合华夏文明正统的。孙方友竭尽一生心血,想要达成的是恢复传统文化里的精粹,特别是根植于乡土当中的朴实、善良、勇敢、宽容、友爱的人性。他通过尽可能客观的笔触还原历史,特别是生存在历史夹缝当中,被忽略的小人物在风云激荡的岁月里的艰难处境。在叙事时,他往往花费大量的笔墨来讲述事件发生的背景、每一个行当的来源、每一种物件的样式,这恰恰是对于摧毁传统的时代的反其道而动。他为百姓立传,撰写中原文化的百科全书,背后隐含着的是宏大的抱负和坚定的信念。

蒲松龄和孙方友都经历了民族文化史上巨大的变革时期,在民族的精神史上处于民间的立场,和当时的主流社会保持着相当大的距离。他们通过对于民间社会生活的大范围的搜集,再现了波澜壮阔的鲜活的中华民族的生活现场,留存了丰富的故事题材。这就是笔记体小说的优势,也是"笔记"的内在精神。蒲松龄的《聊斋志异》采用的是超现实主义的创作方法,而孙方友的《陈州笔记》则是现实主义的;蒲松龄较多采用了隐含的第一人称的叙事视角,孙方友则全部使用了全知全能的第三人称叙事;蒲松龄是以主观表达为主的,孙方友则尽可能地再现客观事实。这些区别,都是为了适应创作时的社会语境,但其内在的精神是一致的,他们想要恢复理想的文化秩序,为建设一个属于我们华夏民族正统的健康、合理的社会伦理而殚精竭虑。

二、乡土的理想主义:"新笔记小说"的美学内涵

孙方友的"新笔记小说"多为短篇,有的甚至是微型小说,或者说小小说。正因为篇幅所限,小小说往往在精、奇上下功夫,结构也相对程式化。孙方友在下笔时,虽然也很注意结构上的安排,时有出人意料之转折,文字精练,但却不惜在细节上下功夫,特别是开头,往往使用大量的笔墨来对故事的背景做翔实

的描述,特别是人物的身份、职业等。比如他写于 1995 年的名篇《墨庄》①,通篇只有两千四百余字,却用了接近三分之一的篇幅来写陈州墨庄的历史由来,商品特色,进货渠道,以及制墨的方法,笔、墨的种类,制笔工匠纯熟高超的手艺,然后才引出了正主墨庄的老板——王淦。王老板试笔的过程中,练就一手好字,被他随手扔掉的字居然成了天津杨柳青的抢手货,原因是直隶总督袁世凯看在老乡的面子上,常去杨柳青购买王淦的鸿爪,没几回,就把王淦"吊"了上去。墨庄的小伙计胡典辞了活计,精心制作了九套名品到袁府卖画,赚了大钱,成为津门的名商,王淦的墨宝价格水涨船高,供不应求。后来才发现,王的字画都被天津人买来悉数送给了袁世凯。袁世凯几年后回乡吊孝,召见王淦,把王老板吓得小便失禁,再也不能挥毫泼墨。这篇小说在开头时便显得非常大气雍容,知识性强,特别是对于工艺的描述让人肃然起敬,那么,后面故事情节的发展,自然也就有了一个开阔的去处,为其打下了坚实的根基,令人难以起疑。"楚王好细腰,宫中多饿死"这样的中国式寓言,一再上演,已不稀奇。能够投大人物的所好,对于中国人来说,实乃一大幸事。这种奴性的养成,实在令人可叹可恨!一个墨庄的老板,书法家,作为华夏非物质遗产的继承和保护者,居然因为要见权要而受宠若惊,酿成人生悲剧。此为警世之言。孙方友的小小说,大气,将小小说从雕虫小技式的把玩,提升到关于民族文化的整体象征的高深之境,而且,不动声色,大度从容。这种举重若轻的功夫,来自个人精神境界的长期修为,也就是说"养气"——孟子的"我善养吾浩然之气"的生成与外化。

民间的立场,从来是和官方的立场相对立的,民间文学当中的重要主题,在孙方友的"新笔记小说"当中都能找到,并在不同程度上有所升华。比如,民间文学当中常见的对劳动人民的纯朴、善良、勤劳、智慧、勇敢的歌颂,以及对权势阶层的贪婪、残暴、懒惰、愚蠢、怯懦的鞭挞。但孙方友在处理这一类题材时,并没有将其简单化。同样是讨论权贵阶层和权力的关系,在《官威》②当中,描写陈州的李进士去江南一带做官,为了摆谱学南方的鹅走路,颇得当地官员赞叹,乃心生一计,让家人唐小随鹅回老家,以便全家人跟着学鹅步。结果鹅路上跑了,唐小拿鹭鸶来代替,李府老少皆学鹭鸶走路,伸头抬足,皆似木偶,出尽洋相。李进士回家省亲,得知端由,乃降罪于唐小,让其全家人学鹭鸶步游街示众。唐家老太太以前是李府的仆人,向李进士讨饶,晓之以理,最后一场闹剧换成笑剧

---

① 孙方友:《孙方友小说全集·〈陈州笔记〉卷》(卷一),河南文艺出版社 2014 年版,第 310—314 页。
② 孙方友:《孙方友小说全集·〈陈州笔记〉卷》(卷一),河南文艺出版社 2014 年版,第 164—168 页。

结尾。李进士并没有再拿权势压人,通情达理,方才出现转机。这其中的冷幽默,暗含着对人性弱点的原谅和宽容,而非肆意的嘲弄和挖苦。此为醒世之篇。

小说《狩猎》①讲述了曾为解放战争时期作战英雄的县委书记汲文忠,身高马大,一副山东汉子的气魄,为一神射手,喜狩猎。"大跃进"时期,出身贫苦的汲县长发挥军人敢打硬仗的实干作风,将大炼钢铁、吃大锅饭搞得轰轰烈烈,组织"穆桂英连""杨宗保排"……样样雷厉风行,事事名列前茅。后来折腾空了,这个县自然也就成了重灾县。在全国上下一片饥荒的情况下,他无力回天,只能眼睁睁看着成群结队的灾民背井离乡去逃荒。汲文忠以身作则,不搞一点儿特殊,仍然保持革命党人的本色,嘴馋了就去打野鸭吃。有一次,他打了二十几只野鸭,满载而归,被灾民拦着要走,他就返回去继续打野鸭,灾民们排队等着领取野鸭。汲文忠在城湖里与野鸭周旋了七天七夜,他不知自己打死了多少野鸭,也说不清救济了多少个灾民,最后昏倒在了船头上……醒来后,他发现灾民怕他累坏身体都散了,终于惊诧万分,双目发潮,只觉胸中一热,喷血而亡。一个贫苦的孩子参加部队,杀人无数,夺得江山,事事听从命令,处处争上游,结果民不聊生,饿殍遍野,他抱着赎罪的心理为治下的灾民打野鸭,结果却发现了民众的善良与怜悯,死于羞愤。那么,汲县长之死,带有鲜明的理想主义色彩,显然是夸饰的成分居多,这就让一个现实主义基调的民间叙事坠入了小说的虚构之中。一个关于革命的理想的破灭,导致了另外一个人文主义梦想的诞生,公权力的拥有者,会为了镜花水月而自戕吗?这对于一个苦难深重的民族来说,无疑是痴人说梦。此为政治隐喻。

对于生长在淮阳大地上的草民来说,可能遭受的不仅仅是各种天灾,更多的是人祸,比如兵灾匪患、恶霸贪官。历史上,淮阳被屠戮几尽的兵祸不止一次,人民大众那卑贱的不由自主的命运,源远流长,无止无休。小说《血祭》②的开头,就描写了一幕惨无人道的土匪行凶图,在十字街口的开阔地带,土匪将十多个孕妇集中起来,"几个匪徒应声而上,虎虎地架出一个孕妇,让她叉开腿坐在了缸沿儿上。孕妇凄厉的呼叫声响彻云霄,震得人们那木然的脸上溢出恐惧和惊骇。一个土匪端起了明晃晃的马刀,先是十分潇洒地在那片粉白上比画了一下,然后娴熟地用刀尖儿从上往下划拉。随着无数声唏嘘和惊叫,那划过的刀口由白变红,然后喷出火焰般的血浪。男人群里有人昏了过去。孕妇在惨烈

---

① 孙方友:《孙方友小说全集·〈陈州笔记〉卷》(卷一),河南文艺出版社 2014 年版,第 116—122 页。

② 孙方友:《孙方友小说全集·〈陈州笔记〉卷》(卷一),河南文艺出版社 2014 年版,第 172—176 页。

的喊叫声中面色开始泛白。鲜红的血柱伴随着不成熟的婴儿朝沙缸里流淌,热热的血腥气从缸口里溢出,被风吹拂到一个十分遥远的地方才开始荡散。一个匪徒用刀从缸里挑出婴儿,扔到了路中央。那个红色的生命蠕动了一下,最后便牺牲在了羊水里"。这么做只是为了邪法,用"子母水"淘过的子弹有血腥气,能百发百中。最后剃头匠装成有钱人智杀匪首,众匪被感化不愿意杀剃头匠,结果匪首的婆娘将剃头匠打死,遣散了良心发现的众匪,独自下山了。这个故事的传奇性非常强,固然将淮阳大地上被隐藏起来的罪恶淋漓尽致地再现出来,但却通过良知的发现来结尾,也许会淡化悲剧的力量。孙方友的理想主义的夸饰,是基于民族性的批判拷问人性的,不免令人深省。此为传奇故事。

在孙方友的"新笔记小说"叙事当中,一方面他不厌其烦地刻画事件的细微之处,特别是和货殖有关系的情节,还有技术、技艺等方面的记录,以及家族、人物的谱系,等等。这里显示出的是对物质主义的信奉,以及科技带来的进步观念的推举,还有就是传统的继承。其中的原委,应该也有作为把青春献给火红岁月的一代人,由于曾经被理念所蛊惑而急于通过充实的物质来对抗思想理念的虚无的赎罪意识和心理恐慌。另一方面,他想要达到的是,通过揭露隐藏在富丽堂皇的假面下的人性的恶,特别是民族性当中的弱点:软弱、盲从、贪婪、腐朽、残忍与荒淫,等等,来达到疗救的目的。在孙方友的"新笔记小说"里,人性的善良、宽容、仁慈、友爱、互助、阳刚、勇气等美好的一面是占据了优势的,他甚至不惜破坏自己恪守的现实主义的圭臬而努力去营造基于传统的、乡土的、民间的健康、伟大的民族性,这种理想主义的光辉,赋予现实以希望、艺术以光辉,却不免令人黯然神伤。蒲松龄的《聊斋志异》和孙方友的《陈州笔记》,根植于历史的滚滚烟尘之中,让未来结出累累硕果的思想之花在现世绽放。

原载《大观(东京文学)》2014 年第 10 期

历史的映射及其反光
——孙方友《小镇人物》的多重意蕴

张延文

《小镇人物》是孙方友的"新笔记小说"的重要组成部分。孙方友从1985年1月起开始创作《小镇人物》，到2013年7月止，一共完成了三百九十三篇，在体例上绝大部分篇目为短篇小说，也有极个别的篇目为中篇小说。孙方友在创作《小镇人物》上，大体可以分为两个阶段，两个阶段的分界线以孙方友调入河南省文化厅下属的《传奇故事》编辑部任职为标志：第一个阶段（1985—1998年），孙方友一共创作了一百〇五篇，该阶段是其小说风格的形成期；第二个阶段（1999—2013年），创作了二百八十八篇，是其风格的成熟期。墨白将其第二个阶段的写作进行了如下的总结："叙事风格日臻成熟……从容自然气韵畅通……出神入化，形神浑然一体。"[1]《小镇人物》中描写的故事，基本上发生在新中国成立之后，以孙方友的故乡河南省淮阳县新站镇为中心，也就是书中的"颍河镇"。这种带有鲜明的时代性和地域性的叙事，在对生长在这片古老大地上的芸芸众生进行集中描绘的同时，展示出了更为深远、广阔的社会生活。正是在写作上的，对人物和事件取材上的限定，才使得孙方友的《小镇人物》有了明确的界限，一种基于客观现实的规定性；在这种规定性之下，小说文本出现了细密而扎实的纹理，以小见大，言近旨远。个人的命运和共和国的历史，颍河镇和外部世界的关系，通过写实、隐喻和象征，将当下、过去和未来，个人、集体和民族，以地域文化的方式来反思民族的，乃至人类的命运。

波兰20世纪著名的哲学家和美学家罗曼·英加登在其论著《对文学的艺术作品的认识》[2]当中，对文学作品的基本结构进行了详细的解析。他指出文学作品是一个多层次的构成，各个层次相互之间的内在联系产生了作品的形式的统一性，作品从头到尾包含着一种准时间的"延伸"，以及由这种延伸而来的某些构造特性。他还指出，文学作品在每个层次上都具有特殊的艺术价值和审美

---

[1] 墨白：《〈陈州笔记〉的价值与意义》，见孙方友：《孙方友小说全集》序言，河南文艺出版社2014年版，第5页。
[2] ［波］罗曼·英加登著，陈燕谷译：《对文学的艺术作品的认识》，中国文联出版公司1988年版。

价值,作品本身是一个图式化构成,它的某些层次,特别是被再现的客体层次和外观层次,包含着若干的"不定点",需要通过某些确定性来对其进行消除;文学作品本身就是一个纯粹的意向性构成,它存在的根源是作家意识的创造活动,它的语言具有双重层次,既是主体间际可接近又是可复制的,作品因此成了主体间际的意向客体;因此,文学作品不是一种心理现象,而是超越了包括作家和读者在内的所有的意识经验。英加登从现象美学的角度,对文学作品的结构进行了带有一定的科技理性倾向的解析,他既强调了文学作品的意向性和不确定性,同时,也强调了固定为语言形式的文学作品的确定性存在以及在读者接受过程当中产生出来的客观性和超越性。在孙方友的《小镇人物》当中,有着大量的典范性的叙事文本,这些作品,在特定的社会语境下,对于不同的接受者,产生出丰富的多义性。这种多义性的出现,既和文本当中大量的"不定点"的存在有关系,更为重要的是,作者在叙事时,对自我的意向进行了有意识的隐藏,在向着社会现实接近的同时,又赋予文本面向未来的可能性。

写于 1996 年的短篇小说《巫女》①,塑造了一个"巫女"的人物形象:女主角胡梅出身巫婆世家,却是受过教育的新一代有知识有文化的巫女,而且,更为重要的是,她是老三届初中毕业生,在"文革"中带领红卫兵检举揭发过自己的母亲,批判母亲的装神弄鬼行为。由于她的积极表现,她成了革委会的大队妇女主任,但由于生活作风问题被迫下嫁一个老实巴交的公社酒厂的工人。自此,胡梅开始重操祖业,成为有神论者的新领袖,每逢初一、十五就带领浩浩荡荡的信神队伍去陈州太昊陵、周口关帝庙烧香拜佛。胡梅不仅像传统巫女那样跳大神,还在表演祭祖原始舞蹈"担经挑"时,对服装、舞美、音乐等进行了具有现代意识的改良,但仍然保留了最早的唱词:"老盘古安天下人烟稀少,没有天没有地哪有人伦。东南山有一个洪钧老祖,西南山有一个混元老人。上天神只知道日月星辰,下天神只知道五谷苗根。"这说明了胡梅,对于传统中的精粹是有继承的,并在形式上,对其进行了一定程度上的革新。胡梅的"领导意识"、革新精神,凸显了女性的生命力和主动性。

胡梅率领的舞队受到来自省电视台到太昊陵采风的摄制组的青睐,上了省电视台,一下子成了巫界名人,于是她乘胜追击,说服村支书在村东头大塘南边盖了三间土地庙。但她的家庭生活并未因虔诚祷拜神灵而带来好运,丈夫早逝,儿子又小儿麻痹,残障。好在儿子脑瓜儿挺灵,在镇上开了家裁缝铺,生意还算可以,又谈了个温良可爱的女朋友汪雪。但汪雪一家都信耶稣,她的父亲

---

① 孙方友:《孙方友小说全集·〈小镇人物〉卷》(卷一),河南文艺出版社 2014 年版,第 373—379 页。

还四处传道,是方圆有名的传道士,父母极力反对女儿和巫婆的儿子结婚,除非胡梅改信耶稣,否则婚事告吹。胡梅虽然不乐意,但还是妥协了;但没了精神寄托的她,精神失常了。汪雪的父母在教堂为胡梅祈愿,结果胡梅唱起了经歌:"大哉羲皇,百圣之先;龙龟献瑞,图书是佳。画卦作易,文化绵延;阴阳九九,以合天道。"后来,在大年初一,太昊陵的歌舞队里,胡梅强势回归。白小泉双目泪流,虔诚地为人祖爷跪拜上香。这篇小说,透过"文革",来表现宗教问题,在新时期以来的文学叙事里也是非常特殊的。这其中至少涉及了以下几个方面的问题:一是以胡梅、白小泉为代表的个人的命运与时代的关系;二是"文革"、改革开放等大的政治事件,给时代文化带来的影响;三是新时期以来一直被有意无意地轻忽的"宗教"问题,特别是信仰冲突。孙方友,将这些巨大的社会命题,通过小人物的生活事件展现出来,比如,其中涉及了文化传统的传承问题。白小泉原本认为基督教是大教,地位高,对于作为中华民族的人文始祖的伏羲并不在意,最终因受到母亲的感化,皈依传统,从而赋予这个故事以文化象征意味。同时,故事当中涉及的宗教意识的冲突,也隐隐折射出了当代中国社会意识形态的多元与文化冲突问题的复杂性和艰巨性。

　　孙方友创作于1997年12月的新笔记小说《老马》①,用不到两千字的篇幅讲述了在颍河镇卖水的挑夫老马的异乡生涯。老马是天津人,新中国成立前当过兵,在颍河镇部队被打散,就留下来了。一无所有的老马只有下力气讨生活,后来与雷家少奶奶,也是天津人的毛丽丽相识。毛丽丽特爱干净,不吃后面的那桶水,老马为毛太太打水,从河坡起到雷府上,不换一次肩,专卖前头一桶水。后来,新中国成立了,雷家夫子作为反革命,被镇压,毛丽丽回家不被允许,就特意嫁给了同乡老马。但她有个条件,等形势平和了,先给老马生个孩儿,然后要老马放她回天津卫!老马满口答应,他要为妻子两分钱两分钱地赚回老家的路费。然而,天意弄人,接下来是一系列的政治运动,"大跃进""文革"等,两个人在政治运动中由于身份特殊,一个是"兵痞",一个是"官太太",自然逃不脱挨斗的份儿。等到老马有能力让毛丽丽回天津的时候,毛丽丽已经离开了人世。老马极其悲痛,一下买了好几张去天津的车票,哭着在妻子坟前烧了。这篇小说,先从颍河镇上的卖水人老马那精湛的卖水技艺说起,附带着描绘了富于乡土韵味的颍河风情,清可见底的颍河水,养育了纯朴善良的颍河儿女,对于流浪的外乡人,包括他们终生未改的口音,都是包容的、接纳的。老马和毛丽丽之间,从同是天涯沦落人的惺惺相惜,到伉俪情深,而混乱的时局,辜负了像老马这样勤

---

① 孙方友:《孙方友小说全集·〈小镇人物〉卷》(卷一),河南文艺出版社2014年版,第422—425页。

恳、善良的草芥一样的平民百姓,他们的悲痛,将和被污染了的颍河水一起,植入这个民族饱经沧桑的心胸。

如果视《老马》为一篇小小说,那么在叙事上,孙方友一反小小说写作的惯例:首先,在结构上,采用了头大尾小的方式,看上去有点失调。其次,整个叙事情态是平缓的,看上去波澜不兴,却暗流涌动,这也和小小说常用的一波三折的叙事方法不大一致;在叙事文本当中,有大量的"留白",或者说是英加登所提及的"空白点",增加了文本叙事的深度和多义性。比如说,老马的身世到底如何?他是哪个部队的?为什么不回天津?老马和毛丽丽之间的夫妻生活如何?这种遗形去貌的春秋笔法,有史官的风格,深得个中三昧。也就是说,孙方友在《小镇人物》的写作上,对于小小说创作,或者说笔记体小说的写作上,是有着叙事方面的创新意识的。这种创新既吸收了西方文化的现代理念,也借鉴了传统的叙事手法,改善了小小说模式化的叙事惯性,扩展了小小说的叙事格局,提升了小小说的艺术境界。在《老马》当中,老马和毛丽丽的乡愁,是小说的表层,对于乡土的、逝去的文化传统的乡愁更为深远、持久。而且,这种精神上的"还乡",在今天看来,几乎是无法实现的,随着时间的推移,在暗地里滋生着一种彻骨的绝望。

孙方友创作于 2008 年初的《马文瑄》[①],在其《小镇人物》系列里,就篇幅来讲,是难得一见的文字较长的小说之一,对书中主角马文瑄和他的故事的重视程度,由此可见一斑。故事是从年过八旬的老革命干部马文瑄夜梦其母,要求他回乡祭拜开始的。在其老家颍河镇,马文瑄曾经是风云人物,十六岁离家,在陈州城里的贵族学校"成达中学"读书,在那里参加了地下党,从此走上了革命道路。土改时期,上级派他回家乡担任第一任颍河区区长。他发动自家佃户,亲手枪毙了父亲马老阁,一下就打开了颍河区土改工作的新局面。他的生母是父亲的三姨太,当贫农团冲进马家大院挖浮财时,他的母亲竟吊死在了他住的卧房里。后来,马文瑄在自己的卧室里找到了一张油纸包着的宣纸藏宝图。他妈妈为儿子藏宝,并以生命为代价将其保护起来。马文瑄离开老家后,几十年没有回过颍河镇。离休二十多年了,他才最终决定回去,除了祭扫祖坟和怀乡之情以外,最为关键的就是这笔藏宝,毕竟他年事已高,时日不多了。另外,他家的祖屋,曾经在新中国成立后做过乡政府大院,刚被乡政府卖掉了,进一步加强了他回乡的紧迫性。回到老家的他,发现物是人非,在祭拜过父母后,他虽然搞清了藏宝的位置,却决定烧掉藏宝图,将秘密永藏在自己心中,让宝藏先藏于

[①] 孙方友:《孙方友小说全集·〈小镇人物〉卷》(卷四),河南文艺出版社 2014 年版,第 3—19 页。

地下，将来等后人挖出后再当文物去考证！马文瑄结束了酸涩的还乡之旅，不仅烧毁了埋藏在心中多年的秘密和向往，也焚毁了多年来秉持的信念和信仰，对自己的一生的所作所为产生了怀疑，甚至否定，在极度困惑之余，得出了自己不"正"的结论。

事实上，马文瑄多年来，对于杀父的行为也是心怀不安的。马家当年曾是方圆百里的首富，他的父亲叫马儒辉，马老阁是镇上人对他的尊称。马儒辉精通五书四经，为人谦和。父亲对他言传身教，慈祥而威严，就连他擅长的书法，也是在父亲的督导下练就的。马文瑄因常年练习书法到年老时仍然体健，事实上还在默默地承受着父亲给予的恩宠。马儒辉本乃一介书生，家财万贯都是继承来的，自己本没有做过什么恶行，但由于参与了政治，是国民党县参议员，就成了儿子杀他的理由。马文瑄的行为，从人性来说，是人类最大的恶行，罪不容赦。他无非是为了表明政治上的忠心才交的"投名状"。这其中最大的原因还是为了个人的利益考虑居多，是人性的自私所致。马文瑄一生一直在为自己的言行辩护，为自己的不当行为找各种各样的理由，而那些理由往往是靠不住的。比如对于自己多年不还乡祭祖，他的解释是为了不让跟他一起参加到革命活动里的那些当年的佃户们动摇革命信念，其实无非还是为了保证个人的立场清白，再者也是怕面对千夫所指的局面，内心的愧疚让其不敢正视现实。他最终把藏宝图烧了，只是因为怕惹麻烦，怕钱财分配不均，怕用得不是地方；他其实完全可以把财物全部捐给福利事业；他快要死了，已用不上了；他妈妈用生命保存下来的财物，是马家历代的积累，不仅仅是属于他一个人的，还有他的子孙呢，他没有权力如此处置。由此可见，马文瑄不过是一个自私自利、虚伪卑劣、不负责任的伪君子，彻头彻尾的投机主义者和凶残之徒。

马文瑄的弑父恶行，让其众叛亲离，他的两位同父异母的姐姐至死不与他来往；同时，他的这种残暴的恶行也并未为他带来真正的政治上的好处。他的仕途并不顺利，这其中自然也与此有相当大的关系。由于他的权力有限，因此他的几个孩子也没安排得当，至今没一个混出头脸的人物。对于马文瑄来说，这不能说不是他的另一个隐痛。马文瑄的权力意识很强，他回乡时，离休多年了，还说怕惊扰地方，要避免县政府为了接待他而影响到回乡的计划；这种说法连他自己的儿子都觉得可笑，回头望他一眼，令他难堪！曾经跟他一起闹过革命的家里之前的佃户宫二牛见面叫他"大少爷"，他不乐意；叫他"老区长"，他嫌人家叫的官职太小了，他还干过县长、书记、专员、组织部部长、畜牧厅党委书记；而且，在他看来，若按资格，他至少要当个部长或省长。而他最后把藏宝图烧了，其中霸占的欲望，也占了不少的成分，在潜意识之中，仍然是权力欲在作怪。马文瑄革命一辈子，最终还没跨过权力的槛，或者说，他无非是用自己看似

"高尚"的借口,为个人的欲望服务,并因此甚至可以做出天理不容的恶行。马文瑄当年杀父,按他的说法是为了快速推进土地改革,好让广大的穷苦人得解放。问题是,如果仅仅因为一个人有财富,并且参政了,就应该被杀死,就应该把他的财产全部褫夺,这种行为显然是毫无根据的;如果按照这种逻辑来进行的话,社会将一直处于动荡状态,永无宁日;同时,处于敌对思维的人与人之间的非正常关系,将彻底败坏社会道德,摧毁伦理底线,从而种下集体反社会、反人类的恶果。当宫二牛喊出"大少爷"时,马文瑄还可以哈哈大笑,调侃自己的"革命白革了";当他听说镇里卖自己被充公的祖屋,只是为了还领导们的吃喝账时,他内心开始全面沦陷。马文瑄行为的正当性,彻底丧失了,他甚至开始感叹无法理解面对的社会:"可自己怎么办?如果按藏宝图索引真的挖出一批财宝来,如何处置?是交给乡政府让他们再度挥霍,还是分给那些当年出生入死闹土改的老贫农团员?是交给国家还是归属个人?国家,在乡人的心目中乡政府就代表国家,可他们眼下连乡政府大院都敢卖掉他们还能代表国家吗?交给他们,就等于交给了乡党委里的书记和乡长,根据现在的权力分配,他们二人都可以名正言顺地将财宝换成人民币为他们服务!世道变得就这样如此不可解!"①

作为一个具备了多年的斗争经验的老革命,马文瑄掌握了丰富的政治智慧,他敢作敢为,亲手杀父;他敏感多疑,小心谨慎,快要老死了,回乡为父亲立碑还小心翼翼,怕招来非议和风险;他城府颇深,善于观察和反思,儿子一回头就让其马上意识到自己的失态和失语,他还能把天大的秘密保留到最后。就是这样的一个出身世家、有知识有追求,又有阅历的老同志,临死了却陷入了生命的悖论里,他为之奋斗的一生,显得那么的苍白和无意义。这是什么原因所致?这篇小说无疑是一部震撼人心的警世之作,揭示了中华民族在走向现代民族国家的历程当中所出现的巨大的悖论后面隐藏着的深沉的隐忧。革命如果就是为了"打土豪,分财产",只会出现更多的土豪,就像今天的社会以"土豪"为荣,那么,这个追求显然是失败的。革命如果像马文瑄那样,是为了权力、实现个人强烈控制欲,只会带来丧心病狂的清算和无休无止的斗争。如果革命是需要先"弑父"来完成,那么,传统的败坏等于自毁长城,必然带来社会道德的沦丧、伦理价值的失范。一个连自己的行为正当性都难以理解、无法把握的马文瑄,怎么可能去实现自己的社会报复和人生理想?最终证明,马文瑄不过是一个裹挟在历史洪流里的一叶随波逐流的欲望的小舟,他从来都不曾真正看清过自己,他是一个没有自我的人,更不可能真正反省自己犯下的滔天罪恶。马文瑄的

---

① 孙方友:《孙方友小说全集·〈小镇人物〉卷》(卷四),河南文艺出版社2014年版,第16页。

"弑父"行为,成了巨大的文化隐喻,对于这个苦难深重的民族来说,带来的严重后果,需要几代人去修复心灵上的创伤。而那些逝去了的优秀传统,真正能够恢复多少,也可能是一个很大的疑问。

  孙方友的《小镇人物》,其中不少题材都来自典籍与史志,特别是地方志,带有很强的史料性;从某种程度上来说,其叙事带有鲜明的新历史主义色彩,是另一种意义上的"地方志"。同时,由于这些作品的文学性,作为叙事人意向性的表达的情感作用和个人意志,让其带上了一定的基于艺术天职的理想色彩。透过孙方友笔下的芸芸众生,我们可以清晰地发现,那些由于历史的映射而发生的反光,在暧昧不明的场域里,在情欲的纠缠中,透露出的人性的光明与悲悯。孙方友的小说叙事,营造出的多重意蕴,来自其独立的、自由开放的精神立场,作为其作品特殊的精神价值和审美价值的保证,他让世间万象可以自由地在话语里穿行,彼此相关而从不粘连,用富于东方意蕴的格调为世界文学创造出了一片心灵上的自在之境。

原载《创作与评论》2015年第24期

"酒神艺术家"孙方友

杨文臣

德国哲人尼采指出,伟大的艺术家都是酒神艺术家。

作为一个非理性主义哲学家,尼采认为世界和人生本无意义,人必须自己创造出意义以避免堕入虚无和绝望,这一使命唯有那些生命力充溢昂扬的个体方能承担。对生命强力、意志和创造的歌颂是尼采哲学最重要的主题,而"酒神"便是生命意志、永恒生命的化身。酒神狄俄尼索斯在古希腊奥林匹斯神系中的地位并不显著,但尼采赋予它极高的象征意义:"我不知道还有比这希腊的酒神象征更高的象征意义。在其中可以宗教式地感觉到最深邃的生命本能,求生命之未来的本能,求生命之永恒的本能……"①在尼采的哲学中,超人、查拉图斯特拉、权力意志都是酒神精神的化身。酒神精神是世界上一切伟大创造的动力,也是美和艺术创造的动力。

在尼采看来,真正的艺术家是这样一种人:他们热爱生命、赞美生命,拥有强大的生命意志和蓬勃喷涌的创造力,他们或者通过美的创造给人生以形式和意义,或者通过直面毁灭和死亡来引导我们回归永恒的、坚不可摧的生命意志本身,以一种真正的悲剧性来给人以形而上的慰藉。尤其是后一种艺术家,尼采称之为"酒神艺术家"。

中国当代新笔记小说之王孙方友就是一个不折不扣的酒神艺术家。

一

孙方友于 1949 年出生于河南省淮阳县新站镇,家中兄妹七人,他排行老大。虽然孙方友那一代人,尤其是在农村成长起来的,几乎大都经受过艰苦生活的磨砺,但孙方友的苦难说来仍然令人唏嘘悲怜。

在孙方友出生那年,他的父亲成为国家公职人员,之后为地方经济工作做出过突出贡献,在当地算是名动一时的人物。尤其是 1962 年困难时期,父亲凭

---

① [德]尼采著,周国平译:《偶像的黄昏》,光明日报出版社 1996 年版,第 100 页。

借卓越的活动能力从漯河给家乡采购了大量煤炭,一度让县领导都颇为感动。然而,1964年"四清"运动的时候,父亲却变成了贪污犯,煤在运输中的损耗、公关的花费,都成了他贪污的罪证。政治是如此的残酷,转眼间,功臣沦为阶下囚。为了退赔"亏空"的公款,家里的所有能换钱的家具、衣服都被拉走,房子也被拆掉。巨大的生存压力和精神重负像石头一样压在孙方友一家人身上。孙方友从小就酷爱读书,但这种境况下只能中断学业。为了生计,他到生产队的牲口屋里去帮槽,挨家挨户去给人家掏大粪,晚上推石磨到深夜。有时间还要带兄妹们去颍河里捞砂礓卖给公路段。与身体上的劳累、苦痛相比,精神上的折磨也许更令人难以承受。因为父亲入狱,孙方友成了"可教子女",经常被叫去参加可教子女会,和他相恋的姑娘因此与他分手。心气倔强的孙方友为了争口气跑到项城买回一台收音机,这在当时算是非常奢侈的了。但是,二伯父不让听,因为他的身份会招致收听敌台的嫌疑。

艰难的生存环境,更能彰显出生命的强悍激扬,孙方友毫不消沉,依然热烈地生活。1967年,他进入了公社豫剧团,因身份原因只能扮演一些反面角色和配角,但他却很投入,并凭借扮演《白毛女》中的穆仁智、《红灯记》中的鸠山而名扬乡里。中国地方戏尤其像豫剧、秦腔和梆子,本身都与民间狂欢文化有着深厚渊源,浑厚高亢的唱腔、刚硬有力的念词和急促热烈的节奏,都能让人直接感受到生命力的饱涨喷涌。用尼采的话说,涵容了一种酒神精神。① 虽然样板戏的内容设计是要维护思想的"纯洁",但一裹上戏剧的外壳,民间狂欢文化中的元素就冲破甚至淹没了思想的防线,这在反面人物身上体现得尤其明显,他们的生命不受那种严苛的意识形态的束缚,驳杂、自由因而更显生命活力。这可能是样板戏思想水准不高但仍有审美价值的原因之一。我们无从得知孙方友本身强大的生命力是否因他的"演艺生涯"而获得了进一步的提升,饰演反面角色对他是否是一种"幸运",至少这段经历为他那段晦暗的岁月镀上了些许绚烂的色泽,也必定对他未来的创作有所滋养。

1972年冬季,孙方友作为盲流去了新疆,在石河子、奎屯、伊宁、察布查尔、霍城等很多地方都留下了足迹,经历的苦难也可以想象。一年后回到家乡,参加了公社组织的宣传队,这次是说山东快书。虽然和豫剧有很大不同,但作为一种民间艺术,山东快书的形式同样包含了一种畅快淋漓的生命激情。也就是说,在形式中所蕴含的文化精神的层面上,山东快书和豫剧是一致的。这两次对传统艺术堪称成功的涉足,在孙方友心中留下了深深的印迹,促成了他日后

---

① 正是在这个意义上,尼采把民歌视为酒神艺术,并且在民歌中他看重的是旋律。见[德]尼采著,周国平译:《悲剧的诞生》,上海人民出版社2009年版,第107页。

对笔记体小说创作的执着。宣传队这段经历还有一个非常重要的意义,那就是使孙方友结识了一批当地的文化人,在他们的影响和指导下,最终走上了文学创作的道路。

从1978年10月发表第一篇小说开始,在三十年左右的创作生涯里,孙方友创作长篇小说六部,中篇小说三十六部,短篇小说、小小说二百余篇,新笔记小说七百余篇,电视剧百余集,据不完全统计,共计有六百多万字,展现了无比旺盛的创作生命力。孙方友小说不仅数量多,艺术水准也很高。尤其是他的新笔记小说创作,经过持之以恒的努力,最终形成了卷帙浩繁的《陈州笔记》和《小镇人物》两个系列,堪与蒲松龄的《聊斋志异》相媲美,成为名副其实的当代新笔记小说之王。

即便孙方友的人生不能称为传奇,也足以令人震撼、叹服。他始终以一个强者的姿态出现,无论生存环境多么的荒诞和阴冷,也无法孱弱他生命的炽烈。而且,我们阅读他所有的文字,未曾见他怨怅命运、自我哀矜,或许是因为冰刀霜剑根本无法真正研伤他。当然,不平而鸣者未必是弱者,但我依然愿意这样来解读孙方友。因为,几乎他的所有文字深处,都回荡着对生生不息的、坚不可摧的生命意志的礼赞。

二

墨白指出,《陈州笔记》系列是一部人文意义上的百科全书。的确如此。三百多篇新笔记小说,诸行百工、饮食器物、风俗行藏、奇士名流等,无不涵括。不过,《陈州笔记》最重要的价值绝非是整理保存了这些逝去或即将逝去的文化风物和传说。笔者非常反感有的评论者不无赞赏地把孙方友说成一个精明的、吃陈州的作家,这种说法过于强调孙方友对于文化积淀深厚的陈州在素材上的依赖,而相对忽略了孙方友在素材的基础上进行的非凡创造。其实,神州大地上类似陈州的地方何止一处,而能像孙方友这样将一个地方写得形神兼备、韵致跌宕而又生气淋漓的又有几人?从某种意义上说,陈州是孙方友自己的陈州,他把生命的激情、生气灌注进那些我们司空见惯或已成陈迹的文化形式中,使其重新鲜活起来,文化的形式变成了生命的形式。

《雅盗》中的赵仲,文武双全,却因生存所迫,沦落为盗。每每行窃,他均从容不迫,一副风雅之态,如有机会,还会抚琴一曲,然后悠然离开。一次,赵仲行窃时赏画入神,几至险境,凭借超人的冷静和智慧,他几经周折后安然脱身,并带走了明代吴伟的那幅《灞桥风雪图》。之后脱离盗界,避居乡村,白天劳作,夜间读画。"据说,赵仲常常读得泪流满面……"在自命雅盗、游戏风尘的背后,隐藏了赵仲多少酸楚。没有天地为之动容的悲怆,无法凝成《灞桥风雪图》,而没有对生命的无比珍惜,悲剧感也不会如此强烈。吴伟和赵仲都是高贵的生命,因为对存在意义的执着,因为郁结了太多的生命激情,他们才达到了如此的艺术境界。

《泥兴荷花壶》是《陈州笔记》中更有代表性的篇章。在孙方友的生花妙笔下,陈氏壶的掌舵人陈三关百中选一的挑壶过程堪称惊心动魄、神鬼不测,已经远远超出技艺的层面,臻于艺术的至境。挑壶尚且如此,做壶又当如何!对于陈三关,制壶不只是谋生的手段,更涵映着生命的质地和强度。然而,当得知买家是段祺瑞时,陈三关居然设计毁掉了宝壶,并纵情大笑。此时,生命达到了极致的辉煌。当然,我们可以解释成道德的力量所致,但如果没有可以冲破一切——包括生命自己的形式——的生命强力,个体如何能够在这种极端的情境下响应道德的召唤。

尼采指出,希腊人深切地知道并且感觉到生存的恐怖和可怕,所以创造那些美轮美奂的造型艺术,给存在披上一层梦境般的光辉,使无意义的人生变得可以忍受。这种艺术精神尼采称之为"日神精神"。日神精神并不意味着软弱,相反,是生命肯定自己、快乐自己的表现,其根柢处还是那种强大的生命意志和生命权力,即酒神精神。生命力萎弱的人没有能力看到幻象。从精神实质上说,文化形式和艺术形式是一致的,都是给生命以秩序和意义。所以,泥泥狗、荷花壶、赵家席、陈州秀笔……在琳琅满目、趣味盎然的文化风物中,我们感受到的是生命的灵动和激扬。

三

生命意志之强大并不仅仅体现于个体对生的执着,死亡有时更能给人以震撼和鼓舞。在俄耳甫斯秘仪教派的传说中,狄俄尼索斯先是被泰坦众神肢解并煮烂,之后又被吞食了他的心脏的地母塞墨勒重新生出。酒神因此成为永恒回归的生命——不断死亡又不断再生——的象征。尼采指出,古希腊悲剧从精神本质上是一种酒神艺术,悲剧英雄都是酒神的化身,他们的死亡不会导向幻灭,反而是对生命意志本身的肯定。"每部真正的悲剧都用一种形而上的慰藉来解脱我们:不管现象如何变化,事物基础之中的生命仍是坚不可摧和充满欢乐的"①。这种理论为我们解读《陈州笔记》的很多篇章提供了非常精当的视角。

《无辜》讲述了一个意外死亡事件。郭铁头是气功高人,运气护身,刀枪不入。他的绝活是"油锤灌顶",即运气至天灵盖,让人用油锤砸,毫发无伤。一天,面对一个虎背熊腰的年轻后生的挑战,如临大敌的郭铁头运气十足,不想那后生砸下大锤的瞬间忽生恻隐之心,把油锤停在空中。结果,强大的气流居然顶破了天灵盖,血浆、脑浆射向空中,如元宵焰火般五彩缤纷……"一代宗师,完成了中华气功的最高境界"。为这个故事寻找寓意,诸如过失导致悲剧、偶然改变命运什么的,虽未尝不可,但不得要领。生命的旺盛、强健才是故事着力要呈现的,尽管是通过一次绚丽的死亡,然而我们甚至不必为死亡而唏嘘感慨不已。

《血祭》是一篇具有现代主义风格、颇为挑战人的审美承受能力的作品。土匪残忍地挑选孕妇,挑开她们的肚子,为的是收集"子母水"用来淘子弹,邪法说这样的子弹可百发百中。为了给妻子报仇,剃头匠在剃头时割破了匪首的喉咙,之后土匪婆娘给丈夫报仇又枪杀了剃头匠。剃头匠无疑是一个英雄,他的勇气和慷慨陈词也的确唤醒了土匪们的良知;但是,土匪婆娘的复仇行为也很难受到指责。那么,剃头匠该不该死?如果我们纠结于此,很难找到出路。也许,引发我们道德层面上的思索并不是作者的唯一目的,甚至不是主要目的。历劫难而永存的生命才是这部作品的主题。人对自己的同类是残忍的,大自然何尝不是如此。弱肉强食,适者生存,自然中的杀戮无处不在。然而,生命本身却生生不息,并在不断的死亡和毁灭中一次次奏响高潮。孕妇们的鲜血、匪首的鲜血、剃头匠的鲜血,整部作品都弥漫着血腥气,是死亡的气息,也是生命的气息……最终,土匪解散,鼓着大肚子的土匪婆娘包了匪首的头颅艰难地走下山去。

当然,《陈州笔记》绝大多数篇章,包括《血祭》,都表现了非常热诚的道德关怀和鲜明的道德立场。笔者无意否定从道德关怀的层面进行的解读,但如果仅仅限于道德层面,是无法真正感受到《陈州笔记》的巨大魅力所在的。《血灯·追魂》一辑收录的是写陈州英烈们的作品,不过,孙方友并不太关注革命的政治学和社会学意义,他不仅对论证和鼓吹革命意识形态不热心,也很少宣扬英烈们的牺牲之于政党和民族的价值。革命的意义毋宁说在于给本来平庸苍白的生命注入了热血和理想——无论这种理想真实还是虚幻。也就是说,在革命的背景下,孙方友关注的依然是生命之歌,慷慨激昂的生命,峥嵘不屈的生命,熠熠生辉的生命……

至于那些奇士、奇女、巧夺天工的匠人,甚至是瞒天过海的小偷巨骗,都用

---

① [德]尼采著,周国平译:《悲剧的诞生》,上海人民出版社2009年版,第112页。

非凡的勇气、毅力或智慧书写了惊世绝俗的生命传奇。《玉镯》《匪医》《陈州影戏》等篇章中的主角都不是正派人,为达目的不择手段,但作者显然无意于道德上的针砭,而是流露了对他们布阵设局手法之精妙的赞赏、玩味。智慧是生命的精华,对智慧的欣赏也是对生命的欣赏。只有在这个意义上,我们才能领略作品的个中妙趣。

四

相比《陈州笔记》系列,《小镇人物》系列少了几分传奇的浪漫昂扬,多了些现实的感伤沉重。从晚清到民国那段时间,是个动荡不安但也充满活力的年代,形形色色的人物粉墨登场,各种文化浑然杂处,为生命的张扬奔涌提供了自由的空间。但新中国成立后,随着意识形态、社会组织、经济生活等各个领域的严密控制,生命被各种有形无形的绳索牢牢捆缚住,失去了自由和光华。于是,在《小镇人物》系列中,我们看到许多生命在一次次的政治运动的冲击或威慑下悲哀地陨落,看到了人性的扭曲、生存的艰难,以及裹在神圣外衣下的种种丑恶。无论如何,《陈州笔记》中那种元气淋漓的生命状态已不复存在,孙方友在《小镇人物》身上寄寓了深深的同情、思索和批判。

尽管如此,孙方友依然能够保持乐观,依然坚信生命可以冲破重重阻碍实现自己,他的人生已经证明了这一点。于是,他给我们塑造了一些卑微甚至庸俗的人物形象。与《陈州笔记》中的人物相比,他们没有英雄气概,没有传奇色彩,但却像野草一样,展示着生命的坚韧和顽强。

《酒仙》中的乡政府职员陈耳东在升职宴会上海量饮酒后,意外地被一根火柴点燃,瓦蓝的火苗照彻夜空。华丽的死亡尽显生命之绚烂,在这点上,《酒仙》和我们谈到的《无辜》是一致的。相比之下,《酒仙》立意复杂一些,给人的震撼也要弱一些,这种区别如豹之一斑,折射出两个时代不同的时代精神和生命状态。

《面条"皇后"》《被子的麻烦》讲述了下层人的生存智慧。面对强势、威严的政府,精明狡黠的当事人巧于周旋,维护了自己的利益。《夏萤雪》也是一个生活的强者,屡次受到伤害的她挣扎着走出困境,付出了很多,最终赢得了一个令人欣羡的社会地位。还有一些篇章,讲述一些普通人在投机盛行、充满诱惑的环境中坚守信念,博得了尊敬,或者默默地活在别人的不理解中。其实,不仅枕戈泣血、杀身成仁的壮举能够成就生命的伟大,这些在狭小的社会空间中勇敢努力地生存下去的平凡人同样能奏响生命之歌。正是因为有了这样一些有亮色的作品,《小镇人物》系列才不显得过于沉重。

不可否认,《小镇人物》系列的大多数作品,还是让人感到压抑、沉重和荒诞。孙方友谈论《聊斋志异》的一段话也适用于他的《小镇人物》系列,不过是在另一种意义上。他说:"如果单独抽出一篇,它并不比单独的鬼怪故事丰厚,但它的力量在于整体。分开,它是一般故事,整合在一起,它放射的艺术思考就如同原子弹一般威力四射。"如果我们着眼于单篇作品,其中很多的确不会给我们什么崇高或昂扬的感受,相反是丝丝缕缕的悲苦和苍凉。但一篇篇看过来,从悲苦和苍凉中就会渐渐升腾一种力量。一个个卑微小人物在残酷冰冷的社会现实中,挣扎着生,挣扎着死,但生命本身不会因苦难而凋萎,它顽强地伸展着、繁衍着,前赴后继,历经劫难而长流不息……

五

由于孙方友在小小说界的巨大影响力,他的艺术形式已引起学界广泛的兴趣和研究,大家的关注点多集中在叙事语言的准确、精练,谋篇布局的独具匠心,以及故事情节的曲折、出人意料和意味深长上。也就是说,基本是在传统叙事学意义上——如何引人入胜地讲一个好故事——来谈论的。我们知道,一切精神的表达都是通过艺术形式来实现的,而一切艺术形式也都是有意味的形式,其中潜隐着某种精神秉质。我们关注孙方友小说中的酒神精神,自然应该从这个角度来对其艺术形式做一些新的探讨。

在尼采看来,伟大艺术和古典艺术是同义词,他对古希腊艺术的"素朴"非常推崇。素朴不是粗疏,不是单调,而是在简洁的形式中蕴积着丰富的内容和巨大的力量,是一种难能可贵的境界,正如温克尔曼所言,是"高贵的单纯和静穆的伟大"。在孙方友的艺术和古希腊艺术之间,我们可以很容易地找到形式上的契合,而这种形式上的契合也是精神上的。

《陈州笔记》和《小镇人物》两个系列,几乎每篇的故事时间和文本时间都有着极其强烈的反差,用区区两三千字就浓缩了一个人的一生,如同古希腊的雕塑,在平静的表情、简单的动作中蕴含着古希腊人巨大的力量和深沉的情怀。——有的讲述的虽是生命中荡气回肠的某个事件,但这个事件不是孤立的,它召唤出沉积的时光和文化。于是,漫长的岁月,难以言喻的付出、渴望、辛酸、苦痛、仇恨等,都积郁在短短的篇幅之内,形成巨大的张力。当人物偶然把生活撞开一个缝隙时,生命的能量和激情便喷涌而出;或者,作者始终关闭着闸口,让我们感受生命暗流的潆洄辗转、悲声低吟。

孙方友是"素朴"的,他不事铺陈,追求叙事的干净、简洁、自然。尼采指出,一个艺术家所塑造的形象并不是他自己,而是"超个人的个体",是永恒的、充溢的、连毁灭也无法阻遏的生命意志本身。他反感苏格拉底,认为后者对知识、概念和思想的强调,毁掉了古希腊艺术中伟大的悲剧精神、酒神精神;他也反感自己时代的浪漫主义艺术,认为后者沉溺在烦琐、枝蔓的形式和含混的、喋喋不休的倾诉中,是生命力衰颓的征象。我们当然不能把孙方友的创作塞入尼采理论的窠臼之中,但尼采的上述主张至少在形式层面上是适用于孙方友的。孙方友的叙述是"非个人化"的,他很有节制,不加议论,并力避主观情感的渗入。这样一种叙述风格产生了多重的审美效应。一方面,在不动声色之中,孙方友还是表达了丰富的思想内涵,并留给读者非常宽广的思索和想象空间。毫不夸张地说,《陈州笔记》和《小镇人物》两个系列几乎涉及了当代文学所有的思想课题,当然,受制于小小说的体制,在深度上和密度上可能有限。另一方面,作品中人物的生生死死对读者产生了更强烈的冲击。因为不加议论、不做褒贬,这就营造了一个似乎是非道德的文学空间,在客观冷静的叙述中,人物的命运遭际显得很残酷,但也因此而极具震撼力,那种生命的雄浑激昂、悲壮苍凉的力量由此产生。相反,作者的议论和移情可能会把读者限制在具体的社会和个人层面上,阻碍读者去感受人物身上那种内在的、超越的生命意志和精神。正如和园艺花卉相比,野草的生命更具有冲击力,更能引发形而上的感喟。

作为一个酒神艺术家,孙方友具有恢宏的创造力,他的文学价值是多方面的,还应该从文化学、人类学、社会学、符号学等多个角度对其进行解读。到现在为止,对孙方友的研究只能算处在一个初步阶段。我们应该重视孙方友,或许对他的深入研究,会引发很多有价值的思索,甚至在一定程度上调整现有的关于文学的一些理解和评价标准。

原载《郑州师范教育》2014 年第 6 期

《陈州笔记》：一个独立的文学"天地"

谢志强

2015年1月，我集中阅读了孙方友的《陈州笔记》《小镇人物》各四卷，像一次漫长的寻根之旅。这是两个并列的系列笔记小说。从地域上说，是大含小，行政区域上，小镇属陈州管辖，但在小说人物的命运演变上，两者没有明显的逻辑关系。

我和孙方友在汤泉池笔会结识，已有二十多年。我仅知道孙方友也去过新疆，那时称"盲流"。新疆是我的第二故乡。我长期误读了孙方友的这两个系列，也许和我缺乏地理概念有关，因为我把"陈州"和"小镇"视为同一个文学发生的场地，只不过小镇是陈州衰败的结果。现在我明白了，1889年孙方友的祖父经历了一场大火、一场瘟疫，祖业衰败，举家东迁，由河南周口市沿颍河东迁至四十里外的淮阳县新站镇，也就是小说里的颍河镇。由新站镇向北四十里的淮阳县城为小说里的陈州，那里有一个比杭州西湖大三倍的龙湖。县城、古镇都和水系有关。值得注意的是，孙方友的小说里总是滋润着水气，那水跟男人女人有关。仅这水，就可以展开一项文学考察。

《陈州笔记》追溯1949年至1912年的故事，三个朝代的更替，属于碎片建构的"百年孤独"。

陈州、小镇，有市无城，从当今的角度来衡量，还算不上是纯粹的城市，却是城市化进程的重要部位，其中人与物的循环、流转跟农耕社会契合。中国哲学的重要元素是天和地，农耕社会依靠的是天和地，孙方友的笔记小说与这密切相关。孙方友像是穿越历史的导游，也似传统的说书人，他给我们说了什么故事？从哪里来？是谁？到哪里去？

孙方友像他小说里的手艺人，他津津乐道那些失传的手艺。他弄出那个"天地"——陈州、小镇里的"手艺"：用什么原料？用什么工艺？用什么秘方？

原料，文学上是指资源、素材。蒋介石败退台湾后，痛定思痛，念念不忘大陆，按常理，他应当怀念隔海的故乡——宁波奉化，但他写了一幅字：遥望中原。可见中原在他心目中的分量和地位。这是一种帝王情结。而孙方友持有故乡情结，因为故乡是他文学发生的源头。中原有得天独厚的历史文化资源，这是孙方友文学想象的起点、故事生成的沃土。从《陈州笔记》系列，可以看出他对典籍、史志以及民间传统等史料的大量利用。《小镇人物》则是对童年记忆的开发和想象。这两个系列背后,都隐匿着孙方友的好奇,对追根溯源之好奇。《陈州笔记》,时间上超离了孙方友的视野,《小镇人物》他自然地放进了自己,因为在他的视野范围内。同样写奇人异事,同样的叙事策略,但我偏爱《小镇人物》,因为《陈州笔记》留下了史料挪动、转化的痕迹,有个城府颇深的讲述者;而《小镇人物》把别人的故事讲成我的故事——童年的视角,滋润而又天真。

  工艺,文学上是指形式、技巧。我归纳出一个公式:笔记＋传奇＋欧·亨利＝孙方友笔记小说。我认为,一个作家成熟的重要标志是有独特的创作方法,而这个方法得有来路,就是能进入一个谱系里,然后又能"出来"——在谱系里各取所长,融合为自己的东西。《世说新语》《微草堂笔记》《太平广纪》等古典笔记,《搜神记》《聊斋志异》(我将此也视为传奇,孙方友的小说,魔幻元素稀少,他不用轻逸地飞,平原那片土地引力很大),唐传奇、宋元明清话本等传奇,欧·亨利、星新一小说的意外结局;除此,还有《史记》等叙事元素(孙方友后期的小说,节奏放缓了,多有"列传"风格),这一系列元素杂糅在孙方友的"中外合璧"的笔记小说里。尤其是他刻意的"翻三番",把欧·亨利、星新一小说对情节和悬念的设置推向了极致,与中国古典的和汪曾祺的笔记小说那种从容自如地铺叙融合在一起,形成了孙方友式的新笔记小说。把慢(铺)与快(翻)叙事策略有机地融合为一体。

  有了原料和工艺,要整合为一个"天地",重要的是用什么秘方。秘方可意会不可言传。我认为,其中包含着情怀、境界、发现和灵魂。小说发现的是唯有小说能够发现的东西。正是小说这种独特的发现,才能显示作家的能量和力量。

  孙方友两个系列的"天地"(特定的地域),生活在那个"天地"的芸芸众生——环境和人物,有着独特的气息、气氛、气场,我在其中看出的是规矩、常识、秩序中的能量和精神。就像传统的阳光照进了当下。我视此为孙方友构建陈州、小镇的秘方。

  小说的存在价值是它的颠覆精神。颠覆有多种姿态。其中一种,是现实缺失什么,小说就弘扬什么。我套用《红楼梦》里的"补天"概念。普鲁斯特的《追忆逝水年华》,追忆的是失却的东西。孙方友笔记小说的追忆,文学价值在于:他追忆前百年、后半个世纪的风风雨雨、起起落落、芸芸众生,在他的这种追忆里,散发出一种悲悯情怀。其中,不时逸出情节主干的闲笔,那信手拈来的典故、逸闻、段子,像中国画洇开去的水印,浓淡有致,有一种厚重感。

  孙方友的笔记小说,像是与正史对应的野史。历史是官方文本,而他的"野史"是民间姿态。中华民族五千年有文字记载的历史,能生生不息地延续,其间有异族侵入、统治,却被同化。是什么力量? 我想,其中一个重要的因素是民间,民间稳固了,社会就稳固了。在我们这一代人的经历中,有两次摧毁性的冲击,一是"文革",基本摧毁了民间传统的伦理关系,孙方友的《小镇人物》写了这个背景的故事。二是市场经济,一切向钱看。当然,我们都享受了市场经济带来的物质丰富。两次冲击,像魔瓶启封,欲望的魔鬼出来了。在这个背景下,孙方友建立的文学"天地",就有现实的意义,所以,我说是传统的阳光照进了当下现实。我说那是孙方友的"秘方",是隐喻的说法。

孙方友笔记小说里的"秘方",他创建的"天地"能够立住的精神元素有以下几个:

第一,有规矩。我们现在常常见到的是没规矩。没规矩不成方圆。孙方友的笔记小说,特别是《陈州笔记》里,行有行规,家有家规,民有民约。他写了各个行业的规矩,包括约定,用现在的说法是有一套完善的规定。人与人在规矩中构成相对稳固的关系。《蚊刑》里,官与匪,那么极端的报复,仍遵守规定:天明不死者放生。我也听过类似的当代段子,一个官员调离,群众呼吁留住,因为他吸饱了"血",换一个还要吸新的血。我甚至认为孙方友改造了段子,将其放入了历史的规矩中,由此获得新意。在《名优》里的演艺行业,写了师徒关系的规约,师徒是中国千年来的一个基本关系,许多传承取决于这种稳定的关系。《陈州笔记》里的《皮袄》,富豪于百万救了何仲,何仲当了账房。何仲回家省亲,于百万要他捎回一件宁夏皮袄。不料何仲苦寻皮袄三年。其中穿插了三年寻皮袄的常识,这常识在小说中上升为一种精神,精神也是常识——知恩图报。还有另一件礼物,惩罚用的皮鞭,也体现了那个年代规矩中的怜悯,该鞭打人,伤口不发炎不落疤。这两个人通常会是贫富之间的关系,然而,何仲却出自塞外大户人家。

孙方友的笔记小说里,情节、人物的放置,有一种椅子效应。要炫耀一把得意的椅子,放在客厅还不够,椅子的主人把椅子放在临街的门前,还不够,就摆到街中间,引起交通混乱,于是椅子引起了关注。我说的这个故事,意为把东西放在不该放的地方才能引起注意。孙方友的小说常常将人或物放在不该放的位子,意料之外,却在情理之中,他是采取"椅子效应"直抵人物的灵魂深处。

第二,尊重常识。什么叫常识? 猫捉老鼠。孙方友的文本里,对常识的交代,有许多描述、解说,涉及面甚广,这也是笔记小说的从容之处。表面看,是某种技术、背景等的说明,但那是一种强调,尊重常识。常识是以闲笔、插叙、补述的形式安插在文本里,挂在情节推进或铺垫渲染之中,它往往"定"住了人物,让人感到常识背后的时代氛围、人文气息。有了常识不至于造成鼠捉猫,或猫敬鼠。《陈州笔记》里人物的言行,可以看到常识的作用。某种意义上说,小说是重视常识的文体,它用常识启蒙。写异常,但底气是常识。常识具有永恒性。比如,同情弱者,是隐秘的常识。以常识作为故事情节展开的基础。《小镇人物》系列中的《徐老三》里,原是长工的涂某在土改时私自截留地主徐老三的祖传如意没有缴公(违反常识),可他采用冠冕堂皇的公家话,恼火地说:你还是不老实呀。于是,徐老三落下心病,心病成疾,一命呜呼。可见,长期运动的阴影造成小人物的脆弱,那个如意,不仅仅是"挠痒痒"了,违反常识要人性命。

第三,讲秩序。孙方友的笔记小说里,人与人之间的关系,有底线有分寸,在秩序中很稳定。《蚊刑》的底线,即使报复,按规定的时限也放行。尤其是孙方友的笔记小说,有相吻合的人物出场的秩序。例如《青灯》,铺叙桄翠庵,先写屋,再写人,后写灯,相当有次序。这种讲究秩序的模式,差不多是他的笔记小说的主要叙事策略,这不只是形式,而是与内容相关。而且,守青灯,也持守底线。孙方友对戏剧有涉及,他的笔记小说,像古装戏,敲锣击鼓,人物登场都有讲究——不乱套、不颠倒。秩序还体现在存在的生态上。孙方友的笔记小说里,自然生态、社会生态形成了自足的循环系统。人物出场的方式,是虫引出人,人再引出人。或者河引出船,船引出人(《河边错误》)。《奇诊》里,医患关系,先是马车,再是阁楼,再是乳房——生了病的乳房。那个男医生进入隐秘之地的绕,环节重重,充满了梦幻般神秘。正是绕,绕出了意味——乳房的生态。还有铺叙的方式,能让人联想到汪曾祺的《陈小手》。孙方友深知汪曾祺小说的真谛均为"回忆",孙方友却写出了诗意。如果单独抽出孙方友写医生的小说,人物毛希建可以说是特例,此作他关注荒诞意味,是荒诞的生态和秩序。毛希建长相像毛主席,于是,众人怂恿、推崇他,像对神一样,步步推进,使他从外到里像毛主席,当他相中教他学湖南方言的牙医之女时,他宣称:如不答应,就不当毛主席。本是神圣之举,却隐藏着阿Q式的人性本能——从神至人。一步一步推向极端:反秩序的荒诞。小说中的秩序是对现实中的无序之反叛,是采取"立"的方式抵抗"破",经历只破不立的一段历史,现在该是"立"的时候了。但是,我们习惯了"破"。《陈州笔记》着重"立"的稳定性,《小镇人物》多为"破"导致的灵魂危机。

总之,孙方友是有精神能量的作家。他在建构自己的文学"天地"时,通过对规矩、常识、秩序的独特发现,蕴含着强劲、饱满的精神能量,散发出他的人文关怀和悲悯情怀,而且体现出他高度体系化的表达方式,由此,就应了"风格即人"之说。

《小镇人物》系列里,有一篇三百余字的《梦婆》,背景为"文革"。梦婆多噩梦,两个儿子已死,但是梦婆还是替两个有污点的儿子担忧,担心阴间也在搞运动,于是她采取死的方式拯救儿子——上吊。梦婆临死前喊了一句什么,梦婆唯一发出的一次呼喊却不为人所知。这是留白。母爱的表达方式,其灵魂的深处,是恐惧。生命中不能承受之重,小说却用轻来表达。《陈州笔记》和《小镇人物》这两个系列,八卷,跨越了近百年的时空,呈现了民族灵魂的变异,所以,可视为中国式的"百年孤独"。两个系列里,人物的死法不同。《陈州笔记》多为勇死,死得豪迈、勇敢;《小镇人物》多为吓死,死得脆弱、卑微。如果统计一番两个系列死亡的人数和方式,那么会引起怎样的思考?

  两个系列,按创作时间的先后顺序排列,有一个明显的迹象:孙方友后期的作品,"翻三番"不那么起劲了,甚至放缓了节奏,时有《史记》列传的方法。小说,某种意义上是"回忆"的表达。故事不过有若干模式,要"翻"出新意,靠什么?一篇小说,多年之后,让读者记住的往往不是曲折的情节,而是某个细节。细节与人物(形象)密切相关。例如,被戴绿帽的男人,终于要发泄,却采取给自己戴上一个绿帽,自己游街。爱丽斯·门罗说过一句话:人物做什么不重要,重要的是怎么做。怎么做就是小说的"新意"。《蚊刑》是孙方友的名篇,我在新疆也挨过蚊子叮咬,还听过关于蚊子的逸事,几十年过去,想到《蚊刑》,总是停留在那个细节:赤身的受刑者一夜不动,浑身满是吸饱了鲜血的蚊子。好像我在受刑。孙方友是一位对细节高度敏感的作家。孙方友叮细节,就像蚊子叮饱了血,他叮出的细节很饱满,显示出小小说运用细节的独特性。小作家总是重视"大",大作家善于叮住"小",由此,小中见大。而重视大,往往落"空"。

  孙方友的笔记小说,多为小小说。其实,是两个系列成就了孙方友。当今有个热门词:对话。小说家族里,长、中篇小说和小小说,存在着潜在的对话。老话说:门当户对。契诃夫说:大狗叫,小狗也叫。"对"和"叫",也是对话。对话有个前提:能量、品质、档次、合力的层次相当,即文学价值和标准有相同的共识。孙方友的笔记小说,具备了小小说与长、中、短篇小说对话的能量和品质。孙方友活在他建构的陈州、小镇的小说"天地"里,由此,不同方式的对话仍继续进行着。我相信,还能持续对话下去。

  孙方友也喜欢雷蒙德·卡佛。凭我对孙方友性格的了解,他有自信、自傲的一面。我揣想,孙方友对自己的笔记小说,也会发出跟卡佛同样的自我赞叹:嗯,活儿确实不错!不过,那个"嗯"该是河南腔的"中"。

原载《中州大学学报》2015年第3期

重新发现孙方友
——读《陈州笔记》有感

王晓峰

在孙方友的文学世界里,他的起初,直到现在,一直是以中国的思维、民族的思维,来开始他的文学叙事的。就是说,他以唯中国人才有的、唯中华民族"与生俱来"的情志,开始了他的文学思维。因此他的小说,始终具有中国的味道,具有民族的情志,是中国人的文学。故事、人物以及所表达的愿望、梦想,莫不如此。

近日到河南淮阳参加孙方友先生作品研讨,主要是为了"还愿"。还是几年前在郑州的一次小小说会议上,我曾向孙方友先生承诺,有机会一定深入研究他的作品。2015年春寒料峭时,在细细品读四大卷本的《陈州笔记》的过程中,我时时沉浸在孙先生所设定的特有的陈州氛围之中,为其中的人物、故事及情调所打动。

孙方友先生的《陈州笔记》里的七百多篇小说,据说历经三十多年的创作时间,其实也是他磨砺探求文学的三十多年,因此这些小说成为孙方友文学创作上的重要标志和集大成者。在思考孙方友的文学的意义与价值时,我意识到,我是一个迟到而迟钝的阅读者。这些小说,体现出浓郁的民族文化精神,表现出特别的中国艺术的表达方式,这在当代文学里是较为鲜少而罕见的,是比较独特的。由是我想,过去,至少是我,面对着孙先生这样深邃而独特的文字表达,面对着孙方友的文学情思,我自己有些熟视无睹了、慢待了;现在我认识到,我们在孙方友这些洋洋大观的文学里,发现了中国文学的正源,发现了中国文学正源的当代化,发现了我们几千年来孜孜以求的文学方式、文学精神正在当下化。几千年来我们熟悉的文学,曾在"五四"时期,遭遇了重创,而没有很好地继续、发展下去,比如现代小说、诗歌……已经不是我们千百年前曾有过的、为我们所熟悉的文学。或者强调一下,孙方友的文学价值在于表现了我们自己的民族文化精神,在于他以我们自己的文学方式,来表现我们丰富的文学。因此我愿意用"重新发现孙方友"来作为本文的开端。

先看孙方友的早先作品,也就是他的文学起步之作。《剃头佬儿》是《陈州笔记》(卷一)的开卷之作,成于1985年8月。说一个商人在兵荒马乱、路断人稀之时携带一袋子银圆荣归故里。途中遇一个剃头匠,便要剃头,匠人问:你有钱吗?商人便被激怒了,打开那袋银圆,暴露了自己携带的财富。遂在路上剃头之后,剃头匠向商人要了高价:"五块大洋!"商人又火了:"剃个头五块大洋,还不如把我杀了哩。""想杀你等不到现在!"剃头佬回答。这故事设定在兵荒马乱之际,人与人关系处在紧张状态的时代背景下,人与人常常是生死的相对。两人的偶遇,又是商人携带大量钱财。于是,明亮的剃刀出现在这故事里,飞舞在颈项之间。其实最后,什么都没发生,但却成了一段传奇故事。故事的内核,就是一个"信"字,信是我们传统文化里的一个关键词,和信誉、信用有关。对《剃头佬儿》来说,故事简单,又极其复杂,意义深远:凝结人与人、与社会的其实就是一个"信"字。

由此也能看出中国人的民族性格、民族风情。兵荒马乱之时,两个人相遇,一个要剃头,另一个(即剃头匠)诘问:你没钱。那个要剪头的人便愤愤掼出一袋子银圆。性格、个性跃然纸上。直接,坦率,爽快,甚至有些大嗓门,有些像孙先生,也有些像河南的"纯爷们"。这是在中国的河南,在中原大地,在今日淮阳古代的陈州才有的气节和性格。这也就是千百年来,在中原大地,一代代中国人滋养了的民族性情、习惯、风度和精神,是他们对世界、人生的特别的看法和处理方式。

还可以再举一个例子《崔先生》,也成于1985年9月。说崔先生以教书为业,但家徒四壁、困窘难当。崔先生性格耿介、清高。东家一是看好了先生的教学水平,二是看好了先生的生活态度,便决定下一年再聘先生。而崔先生感知到知遇之恩,遂"滴水之恩,当涌泉相报"。小说不长,但字字透露出人与人之间的关系之"仁",以仁者之心相待他人,便有了这个很小又很大的故事。

我是说,孙方友的文学起步之初,便有些意味深远,具有相当的隐喻意义,这和我们的传统文化精神,有着很好的对接联系。仁义礼智信,在中国传统文化里,是和谐人与人、人与集体、人与社会、人与自然、人与整个宇宙的关系的中国式的伦理方式。或者说,孙方友的文学思维,包括他创设传奇、结构故事,他的人物内核(精神)、性格,即雕刻人物的精神世界与活化人物的生存方式,都是以此为思维基点和出发点。这是中国人所感知、所接受或说是喜欢的一种文学思维方式。这也为他的小说铺设了迷离而又确切的理性底色、伦理底色:中国人千百年来就是这么活着,并一直走了过来。尽管这些早期的小说,显得意蕴单一了一些,甚至有些主题先行。但我们必须看到他的文学起步,一开始就落脚在我们传统文化上,就在我们熟悉的且为中国人所能接受的伦理与认知的范围里。我要强调的是,在孙方友的文学世界里,他的起初,直到现在,一直是以中国的思维、民族的思维,来开始他的文学叙事的。就是说,他以唯中国人才有的、唯中华民族"与生俱来"的情志,开始了他的文学思维。因此他的小说,始终具有中国的味道,具有民族的情志,是中国人的文学。故事、人物以及所表达的愿望、梦想,莫不如此。中国人、中华民族对生活、世界的体味和认知,在孙方友的小说里,经常自觉不自觉地流露出来,而成为中国人的共同认知和感悟,成为中华民族的集体意识,也成为孙方友独特的甚至是专一的文学表达。我甚至可以说,在孙方友的文学梦想和追求里,他从起初到现在,一直都在坚持着文学的崇高理想,一直在坚守着中国式的艺术追求。

1992年创作的《贵妇》是一个极其深邃的故事。20世纪之初,清江提督余丰年死后,其不足四十岁的夫人冯姬依着自己的姿色,依旧摇曳陈州、风光旖旎,成为陈州仕路中炙手可热、竞相结交的人物。新任的陈州知事柳予路亦跪拜在华贵漂亮的冯夫人的石榴裙下。柳知事曾希望冯夫人在当局总统吴佩孚处"美言"几句,便被高傲的冯夫人拒绝:我怎能屈尊见他,他应来拜见我。后来柳知事才知晓,冯夫人根本不认识大总统吴佩孚,但这时冯夫人已漂流海外了。一个虚荣的浮夸的形象跃然纸上。这里,也暗含着中国人的传统观念,对女性,特别是对漂亮女性的一以贯之的观念,类似貂蝉闭月、昭君落雁、玉环羞花、西施沉鱼⋯⋯其中常有对女性的赞美、歧视和毁谤,这是中国传统文化里男尊女卑的基本表现。因此,表面的浮夸、华贵也掩饰不住冯夫人内心的虚弱、无耻。孙方友最后狠狠的一笔:华丽的冯夫人跑了! 直接剑指当时社会的纲常废弛,人伦混乱。

相比之下,2002年的《刘昌大》却浮雕般地显现出一个勇敢的青年女性宋青霜。她二十八岁,未婚,又是当地大户人家的小女儿,还是个戏迷,迷恋上了武生名伶刘昌大。青霜遂说服父亲要嫁刘昌大,遭到刘昌大拒绝之后她又以未来生活的梦想相劝说服了刘昌大。青霜遂与刘昌大结婚,婚后同台演出,并恩爱一生。从此陈州舞台上多了一位名角,生活里却少了一位大家闺秀。一个女子,因爱而勇敢地追求自己的幸福,因爱而对财产、社会声誉于不顾,成为一段千古佳话。

从这两个案例能看出孙方友小说所特有的中国传统文化的印记,从中能看出中国人从过去到现在对两性(特别是女性)的定位和定性,也能体会出,孙方友的文学思维,基本出发点、起点,始终立足在中华民族传统文化的根基上。这就是一个民族,千百年来积淀而成的情感方式,对世界、对社会、对人生的特别的情感认知和处理问题的方式。孙方友的洋洋七百多篇的《陈州笔记》,便是中国人、民族文化的汉字文学标本、资料库存。这也就是孙方友在三十多年的创作中,留给我们的最重要的文化的文学的宝藏。

孙方友主要生活在古陈州即今天的淮阳。古陈州应该是中华文化的最重要的起源、发生、发展的所在。古老的中原大地,山原盈视,川泽骇瞩,物华天宝,人杰地灵。千百年来,中国人在这里,发生、融汇出独有的情感方式、精神方式以及文学方式,而成为中华民族独有的精神理念和追求,成为人类社会最特别的精神文化。孙方友是幸运的,他置身在文化发祥地的核心区域,他是踩着大地下的甲骨文成长的作家,更前沿地更近距离地接受着中国的民族文化的熏陶和哺育。因此他的小说,总是自觉不自觉地流露出中华民族文化的精神文化症候,和思考的指向,也是特征突出的思维方式。也就是说,孙方友祖祖辈辈繁衍生息于中原大地,他的呼吸、他的血液、他的生命,与中华民族的意识形态与精神有着根本的连接,也正是这些熔铸了他的文学精神和文学表达。他是中原大地的骄子,也是中华文化的骄子。

我非常同意许多论者将孙方友的小说归纳为"新笔记小说",这可能是体现中国文学的比较精到的说法。中国文学,按我在三十年前读大学所形成的看法,实际上从早先至"五四"之前,主要沿着两条路线前行。一是文言系统,即文人的书面语系,主要由文人参与的,从《诗经》《山海经》开始;另一系统主要是白话、口语系统,从"街谈巷语""小人之说"开始,到《三国演义》《红楼梦》《水浒传》《儒林外史》,等等。两个系统互为交融,互为补充,而成为中国文学的洋洋大观,成就了千百年来中国文学最独特的表达。

由文人参与创作的笔记小说,是中国文学最有文字概括力、最富表现力的文学方式。现在可以总结一下说,笔记小说是把汉语推向高峰状态的文学,是富有概括力、表现力以及富有形式美感的文学,也是中国文学的重要主题和主流,是中华民族所熟稔且热爱的文学表达。而我们现在所熟知并热衷的中国文学,特别是小说,也包括诗歌,一起步便脱离了我们自己的文学传统和习惯,而另起炉灶,另开局面,包括精神层面,也包括文字表达。还有个例子也可以说明这种状态。几千年来我们是以中华民族的哲学、世界观来统领的中国古代文论、文艺批评,整合了一整套范畴与系统,并行之有效于文艺创作的实践中。而我们现在通行的文论、批评,实际上也在背弃、抛弃中国传统文论表达。这当然也是当下文论、批评日益遭遇冷落的一个重要原因。

我自己相信,中国作家,生活在汉语的氛围里,生活在中国文化环境中,在文学表达中,应该会自觉不自觉地接续了我们自己的文化传统精神,来显示出自己的独特的艺术个性。孙方友即为明证。孙方友四卷本的《陈州笔记》和四卷本的《小镇人物》,以及他的几百万字的文学作品,给我们留下了一笔宝贵的丰富的文学宝藏。当我们深入研究这些作品时,就不难发现,文学的独特性,在于坚持,坚持自己的创作个性,坚持自己的文学之路。孙方友的特别,就是在所谓西化、全球化的背景下,坚持表现了我们自己的民族文化精神,光大了中国传统的文学方式,因而成了孙方友这样的文学的独特的"这一个"。

原载《中国艺术报》2015 年 6 月 15 日

来自民间的悼念
——"《俗世达人》首发式暨孙方友先生追思会"综述

江 媛

2013年7月26日12时20分,著名作家孙方友先生因心脏病突发抢救无效,在郑州去世,终年六十四岁。8月9日,为悼念孙方友先生的逝世,河南省作协、河南省文学院、河南文艺出版社在郑州共同举办了"《俗世达人》首发式暨孙方友先生追思会"。与会人士全体起立为孙方友先生默哀,继后,大家从人生、友谊、文学成就等各个方面对孙方友先生进行了全面的回顾。

对孙方友先生的追思活动

追思会由河南省文学院院长何弘主持,他回顾了孙方友先生去世后社会各界的反响。在孙方友先生去世当天,省文联主席马国强、省作协主席李佩甫、省作协秘书长邵丽、省文学院院长院长何弘、省诗歌学会会长马新朝、淮阳县委书记杨永志、淮阳县人民政府县长马明超分别赶到先生家或送来花篮吊唁;随后,《大河报》《郑州晚报》《河南工人报》、人民网、新华网、北青网等新闻媒体均及时报道了孙方友先生去世的消息。28日,孙方友先生的遗体告别仪式在郑州市殡仪馆举行,省文联党组书记吴长忠、省文联主席马国强、省作协主席李佩甫、许昌市副市长王文杰、解放军报社文体部主任李鑫,来自省会的作家、艺术家何弘、邵丽、马新朝、张志功、杨晓敏、李静宜、陈杰、王绶青、老张斌、侯钰鑫、孟宪明、冯杰、乔叶、赵大河、张爱萍,来自孙方友故乡淮阳县的常务副县长宋志军、淮阳县宣传部部长朱在红、周口市作协主席柳岸,孙方友先生生前的同事、好友和来自省内外的热爱孙方友先生小说的读者,孙方友先生的家人和亲属等参加了追悼会。

孙方友先生逝世后,国内的《文学报》《文艺报》《中华读书报》《北京青年报》等多家报纸发表纪念文章,中国作协副主席廖奔,国内著名作家刘庆邦、谈歌、阿成、方方、聂鑫森、野莽、李洱、王鸿生、耿占春、刘恪、肖克凡以及《山西文学》《绿洲》《小说林》《时代文学》《青海湖》《小说月报》《雨花》《长城》《长江文艺》《收获》《十月》《南方文坛》等杂志的同人均发来唁函,对孙方友先生的逝世表示深切的哀悼。

得知孙方友先生辞世的消息后,孙方友先生的许多生前好友纷纷从各地和家乡赶到郑州孙方友先生的家中悼念,在孙方友先生影响下成长起来的周口作家柳岸心情沉郁地说,"我今天代表周口淮阳的作家前来参加孙方友先生的追思会,心情非常沉重。在6月20日召开的周口作家群座谈会上,大哥激情飞扬的发言给我留下了难忘的印象;21日上午,我还陪同大哥一起游龙湖看荷花,到太昊陵祭祖"。那时候孙方友没有一点病态。柳岸说,"26日大哥走了,分别五天一个生命就没有了,我一直不愿意承认这个事实"。淮阳县政府常务副县长宋志军说,"来参加追思会,一是代表孙老师家乡的党委政府,同时也作为孙方友先生的一个朋友、学生,来表达对他深深的怀念"。

孙方友先生逝世后,各地喜爱孙方友作品的读者在网络上纷纷撰写纪念文章,或以不同的形式纪念孙方友先生,河南省出版集团副总裁王守国听闻孙方友逝世的消息后,写下了纪念的挽联:

> 微小说折射方圆直曲大世界
> 古陈州演绎友诈善恶新故事

著名作家侯钰鑫先生彻夜难眠,撰写挽联,为老友孙方友先生远行:

> 半生农耕半生笔耕开拓一片文学陈州
> 百部经典百色面孔铸就百变鬼才方友

著名诗人萍子也撰写了挽联:

> 三十多年孜孜矻矻为时代为百姓树碑立传
> 二百万言短小精悍旧事迹新笔记堪称典范

著名诗人王绶青先生专门为追思会写了挽联:

> 小说虽小映射万象
> 方友有方独树一帜

面对来自全国各地对孙方友先生持续不断的悼念,张宇(河南省作协名誉主席)说,"方友的一生很辛苦,他是一个谦虚的人,方友去世以后动静很大。回忆一下我们身边的作家,去世以后动静这么大的,媒体、报纸这么关注的,也没有几个"。为了表示缅怀,张宇也为孙方友先生写了挽联:

> 虚幻构成传奇人生小小说之王
> 细处长眼亮处泼墨常常妙生花

田中禾(河南省作协名誉主席)先生在外地,不能前来参加追思会,也特意撰写一副挽联为孙方友先生送行：

> 陈州赤子陈州笔记陈州因君著华彩
> 颍河精灵颍河人物颍河为君唱风流

此外，因故未能参加孙方友先生追思会的著名作家老张斌、焦景周、王剑冰等也发来了信函。同济大学教授、著名文艺评论家王鸿生先生因出国不能与会，他来信说，"在植根于中原的那么多卓越的作家、诗人中，方友是极为独特的一个，他对中国民间社会的秘密、野史、风物、传说、人性，等等，比一般史学家、人类学家、心理学家多了一把开启的钥匙，因为他不是田野作业，而就生活在田野之中。这个讲故事的人，跨世纪地走来，一路留下了那么多精彩绝伦的故事，这些故事合在一起，便构成了一个意味深长的传说，一个仍有待解读的关于孙方友的传说"。

从7月26日孙方友先生逝世，到8月9日的追思会，青年诗人评论家江媛在很短的时间内编辑了《来自民间的悼念——纪念孙方友先生》资料集，她说："《来自民间的悼念》共收录了全国各地的文学界朋友撰写的纪念文章、各种消息、资料七十余篇，在方友老师去世的短短十几天内，对孙方友先生的悼念文章竟然多达三十余万字。这些饱含情谊的一字一句，无不使先生的音容笑貌跃然纸上，栩栩如生。"从这些悼念文章中，她深感孙方友先生的笔记体小说不仅来源于民间，又回到了民间；他不仅赢得了民间的喜爱，而且影响并带动了很多人对文学的热爱；他不仅为人们的阅读生活增色，而且传递给人们以达观、快乐的态度应对生活的智慧。她相信文学的桂冠在民间，因为孙方友先生离世后，获得了这么多的悼念，就证明了这一点。

对孙方友先生的人生及创作生涯的回顾

在追思会上，南丁（原河南省文联主席）先生说，"方友的去世我非常震惊。在五六月份的时候，我们还在一起说话，方友留给我的最后的形象仍然是那个活跃的形象。多年前我们第一次见面，我就感觉方友眼睛贼亮贼亮的，身上透着一股颍河的气味，还有土地的气味，在城市里很难闻到这种气味，这种气味能给人带来清醒"。在谈及与孙方友先生的情谊时，孟宪明（河南省文学院专业作家）说："今年我有两个哥哥去世，一个是我的同胞大哥，一个是我的方友大哥，他们都属牛。"面对孙方友先生的猝然离世，乔叶（《散文选刊》杂志社副主编）感到非常难过，她看到会场有一束菊花，孙青瑜（孙方友先生的女儿）的胳膊上带着黑纱。她说，"孙方友先生是我的前辈，也是师长，对世俗百态、风土人情我都可以向孙方友先生请教,孙方友先生是一位心里装着一本百科全书的先生。我到现在都不太敢相信他已经走了,大家都非常怀念他。我突然觉得写作成了一件虚妄的事情,大家都在做这一行,突然就没有了,但是今天大家都还坐在这里,这可能就是文学所具有的深远的意义。大家用文字来评判时间,用文字来评判死亡,来自家乡的人也好,还有来自他家族的墨白、青瑜,孙方友其实早已拓展了他本身的意义"。李静宜(《莽原》杂志主编)说,"方友的离去确实让大家感到沉痛。在他离去的前几天,在周口作家群的座谈会上,我还听过他精彩的发言,当时受他激情的感染,还用手机拍下了他很生动的照片,还让在旁边儿的墨白看了,没想到这么短的时间他就离开大家了。感到非常的沉痛、惋惜。我代表《莽原》杂志社感谢方友这么多年对我们刊物的支持"。刘海燕(评论家、中州大学教授)说,"这些天,把孙方友先生、兄长的书《小镇人物》放在书桌上,至今感觉感情上都难以相信大家再也见不到他这样一个事实,因为平时他留给大家的印象总是那么乐观、激昂、底气充沛,说起话来很男子汉!记得前几年在小小说终生成就奖的颁奖大会上,他作为获奖作家发言,掏出提前准备好的几页纸的发言稿,他的整个发言很具有震撼性,整个会场大约有一二百人吧,包括东南亚的一些作家,都由衷地热烈地为他鼓掌,他把会议带到了沸点"。

谈及与孙方友先生的交往,邵丽(河南省作协副主席)说,"方友老师是我的同乡,也是我的兄长。他一向朴实仁厚,为人低调谦和,他给我最深的感觉是,不断有激情从生命里喷涌,无论是生活还是创作,他都是满怀热情。他常常自认是时代的落伍者,然而对于同时代的人却是先行者"。对孙方友先生平素谦虚诚恳的态度,李铁城(著名诗人、作家、碑文书法家)满怀深情地回忆了与孙方友交往的点点滴滴,他感到孙方友去世以后,非常的悲哀,大家也感到非常的悲哀,他参加了孙方友的遗体告别仪式。他说,"这并不是因为我是文学院的人,也不是因为我和他是文友,我也不会写小说,我到这里来,我心里想的就是我作为一个普通的读者,对一个作家的不幸的去世表达一下沉痛的追悼。我和孙方友大概有十年没见过面,可我为什么去参加他的遗体告别式?因为他有农民的憨厚、质朴、天真、热忱,另外他又有聪慧。再一个他对我,一见面非常的敬重,老师长老师短,完了以后非常的热忱,我的毛笔字写得不好,他也问我要了字。我想一个自然的人,走了也就走了,重要的是他作为一个文人,价值主要是文学上。我个人有一个偏爱,我看了很多小说,但让我一看就想看到底的,却非常少,孙方友就是一个。当代作家里面,让我一看就能看到底,这个非常少"。

在追思会上,何秋声(原《莽原》杂志主编)谈到与孙方友先生的几次交往。第一次是1982年,他的《颍河风情录》在他任职的《百花园》发表了,而且获了奖,是首届百花奖的新人奖。颁奖的时候孙方友来了,他的形象就是一个农民,穿着灰色的西装,不爱说话,很谨慎,晚上大家要喝酒,北京的客人和山东的客人都很狂野,但是方友非常的严谨。他当时把他丰富的人生经验,爬火车、到西北求生存等都说给何秋声听。第二次是1985年,那时何秋声已经调到《莽原》杂志,在洛阳安乐窝,他们邀请一些名家开笔会,方友也在。有天晚上大家跳舞,孙方友也跃跃欲试,何秋声认为方友对生活有激情,这激情放在创作上是了不起的。第三次是两年前在嵩山饭店,《百花园》杂志有一个小小说的颁奖会,方友获得了小小说终身成就奖。在那个会议上,方友代表获奖作家发言,他的发言激情四射,光芒万丈。他的发言把大家搞得激情澎湃,他的精神完全放开了。到了晚年的时候,方友的世界观,他的内心世界,他对现实世界的把握,都已经非常成熟,他成了大作家。何秋声最后说,"方友走得非常可惜,我比他大十四岁,按照现在的生活水平,是太可惜了。方友如果在我的年龄,再写十四年,他会给我们人类世界多留下多少文学遗产,可惜!可惜!"

孔会侠(青年评论家、郑州师范学院教授)认为孙方友先生有做人作文的高度,写出了人性的壮美与丑陋。她说,"方友老师半生坎坷,那双脚在深雪的困苦中艰难跋涉过,在家乡的舞台上腾挪跳跃过,还在遥远的边疆辛劳盲流过"。可这所有的一切,却涵养出了一个作家豁达的性情和浩瀚的胸怀,他用含蓄的一唱三咏表达褒贬分明的人生态度,将内心坚固的持守形之于外,活现笔下千百人的魂灵。

宋志军回忆起7月20日孙方友先生刚刚回到家乡参加在淮阳举办的周口作家群研讨会的情形,他说,"没想到几天后就传来了孙老师去世的消息,我感到十分震惊。由于当时忙些公务,孙老师在淮阳时没能见他一面,没有和他吃顿饭,这成了我永远无法忘怀、后悔终身的一件事"。宋志军认为孙方友先生是周口家喻户晓的作家,他在上学的时候就读过孙方友老师的作品。每一个和孙方友老师接触过的人都对他难以忘怀,其原因就在于第一,是孙方友老师在文学上的造诣。孙方友先生的《陈州笔记》《小镇人物》他常常带在身边放在家中,方寸之间给人无穷的想象。第二,是孙方友老师的为人。那种智慧、幽默、乐观、热情,使每一个走近他的人都能受他感染。第三,是孙老师对文学后辈的关爱。在当下的社会,靠文学去养活家人是一件艰难的事,但是人们的生活仍然需要文学。孙老师影响了大家,这也是他对文学对社会的另外的一个大贡献。

孙方友先生的文学成就和价值

1.《陈州笔记》与《小镇人物》具备传世的艺术形式与精神高度

与会人士认为,孙方友先生为社会留下了宝贵的文学遗产。陈杰(河南文艺出版社总编)认为孙方友先生是我国著名的小说家,他因他的新笔记小说《陈州笔记》《小镇人物》而被誉为小小说大王,今天大家在这里举行《俗世达人》的首发式,以此来缅怀孙先生。河南文艺出版社先后出版过孙先生的十九部图书,今天大家看到的这本《俗世达人》,是孙先生生前的最后一部图书。孙方友先生的家乡淮阳县,也就是历史上的陈州,是华夏文明的发源地之一,中华始祖伏羲在这里建立了第一个都城,历史上很多文人墨客在这里留下了足迹。深厚的文化积淀,使生于此长于此的孙先生受到了熏陶。1990年,孙先生开始使用新笔记体小说这种艺术形式,以《陈州笔记》《小镇人物》为题,先后创作了多达近七百篇的新笔记体小说,他把民间传说和民族文化融入自己的作品之中,写出了民间的千种风情、社会的千姿百态,写出了人间千年的孤独与痛苦,写出了我们民族千年的历史。孙先生用他的作品构成了一个漂泊的《清明上河图》。孙先生生前一直惦记着《俗世达人》的出版,就在他去世的前一天,他还打电话询问这部书的出版情况。非常遗憾的是,孙先生没有看到这部书,这部小说集竟然成了他生前出版的最后著作。南丁认为,"方友的新笔记体小说要传世,他是当代伟大的小小说作家"。孙方友先生坚持新笔记小说的创作,终其一生,不仅获得了文学界的认可,也得到了民间读者的广泛喜爱。

他批评了现在的一种观念,认为小小说比小说要小。他认为孙方友的《陈州笔记》《小镇人物》是要诠释的,因为他记录了一个时代的历史,记录了几百个人物的命运。冯杰(河南省文学院专业作家)对孙方友先生一生践行新笔记体小说的写作,表达了由衷的敬意。他说,"你很少听到一个作家死在案头上。就像一个战士死到战场上,方友老师是无悔的。十年前方友老师说你给我画一幅画吧,我给他画了,署名送给孙淮阳。袁项城,孙淮阳。袁世凯是一代君王,方友是一代文豪"。面对孙方友坚持本土的写作,冯杰说,"孙先生非常会讲故事,去年李主席带着我们去北京图书展,方友老师在会上讲了一个故事,后来莫言在斯德哥尔摩讲了这个同样的故事,方友比莫言讲这个故事早了整整三个月。每次文学活动,只有我和方友老师使用河南话。我很怀念他,因为只有他是讲河南话的作家"。

王守国认为孙方友是当代的小说大家,他选择了一种很得体的写作方式,他对人生经验的积累与升华,都用新笔记体这种小说形式准确地表达出来,他笔下的那些事件、人物都是历史的,都是诗意的。六十四岁,正是写作的最好年龄,但是他却英年早逝。今天的农村早已是一片凋零,曾经出现在他笔下他所描绘过的在慢慢地消失,那样的院落、那样的河流,还有那些一个个让人叹为观止绝妙的故事,大家再也难看到,从这个层面上说,孙方友是不可替代的。

邵丽指出孙方友的新笔记体小说继承了中国传统文化精髓,并以世界性的批判精神,审视世界和人生,尤其是他的新笔记体系列小说《陈州笔记》和《小镇人物》,那种多向度宽领域的省察,是一种披坚执锐的追问,那些民间文化,在数千年的风云激荡里沉淀和再生,恰恰就是附着在人心和人性大道上而百转千回的,正是这些草芥般的人物,用他们卑微却丰富的一生,为中国的沉沦和崛起做证。所以,他被称为"中国小小说之王"。刘学林(原河南省作协副主席)和孙方友先生是1982年就相认的老文友,他特地赶来参加追思会,他说,"从方友的整个创作成就来看,他是名副其实的小说大家。方友的小说精美、奇巧、风趣幽默、独树一帜。方友的小说是非常纯粹的小说,有着浓厚的艺术气息,读后回味无穷,让人深思,有余味。写在《俗世达人》腰封上的文字非常准确:古有《聊斋志异》,今有《陈州笔记》"。方亚平(河南文艺出版社资深编辑)为孙方友先生的去世,感到非常惋惜。她编辑了《陈州笔记》和《小镇人物》,认为《聊斋志异》之后,笔记体小说写得最好的就是孙方友了。方友的《陈州笔记》三百二十多篇,《小镇人物》三百六十多篇,这些宝贵的东西,是能经得起时间的考验的。

杨晓敏(河南省作协副主席、《百花园》杂志社总编)表示对方友的突然去世,他不太能接受。从1982年开始到现在,在《百花园》杂志的三十年的历史里,孙方友是当今最好的作家,他从一个业余文学爱好者,成为今天的文学大家,《百花园》是最好的见证。孙方友曾经参加过《百花园》举办的很多重要的研讨会。1990年的汤泉池会议,1995年的北京会议,孙方友都去了。在小小说创作队伍里,孙方友一直是最活跃、最有成就的人物。孙方友的写作不仅数量多,而且质量高。孙方友曾经获得过第一届小小说"金麻雀"奖,获得过小小说的"终身成就奖",人们尊称他为小小说大王,完全是因为他的创作成就和在文学界的影响。

杨晓敏认为,除去新笔记体《陈州笔记》《小镇人物》,孙方友生前创作了许多小小说作品,加在一起近千篇,这对中国文学来说,对小小说来讲,都是令人感到非常欣慰的。一种文体,总要有一些非常优秀的作家来支撑,小小说不但几十年长盛不衰,而且还能够有很大的读者市场,这和非常优秀的作品、非常优秀的作家是分不开的。孙方友就是支撑这种文体的伟大的作家。说他伟大,是因为他的文学成就。杨晓敏说,"孙方友所有的作品都有非常好的可读性,就是能给阅读提供一个奇效,就是让你感觉一波一波。他的翻三番的创作方法和理论是对小说叙事学的重大贡献,具有文学史意义"。孙方友先生的人生是个传奇,一个没读过多少书的穷孩子,能够靠自己,写到乡里,写到市里,写到省里,他用他的新笔记体小小说,体现了自己的人生价值。

田中禾没能参加追思会,但他让诗人萍子代读了他评价孙方友先生创作的文章:20世纪80年代,由于林斤澜、汪曾祺等人的影响,笔记小说曾红火一时,可把它坚持下来,作为创作的主打,到今天,恐怕只有孙方友了。20世纪80年代后期,方友的创作被评论界看好,他的一些中短篇受到评论家的好评。然而孙方友并没有如他们期望那样朝中、长篇发展,从90年代起,他执着于《陈州笔记》,在笔记小说里找到了自己,把它当作毕生事业,锲而不舍一以贯之地经营着。看到一摞十几本装帧精雅的新笔记体系列小说集,十几本书,几百个精短故事,洋洋百万言,他把笔记小说这样的小东西做出了大品牌。若干年后,当一些轰动一时的宏大叙述湮灭之后,《陈州笔记》将因它的民间性、因它的野史的价值而显现出一个时代的文化内涵。

李静宜指出,方友的作品,为文坛和世人所瞩目。大家今天坐在这里,就是因为文学的力量、文字的力量。有这么多朋友来参加方友的追思会,还有开追悼会的那一天,一个作家的离去,有那么多的人来参加追悼会,不少的人都是远道而来,文字的力量是远远大于物质的力量的,方友的《陈州笔记》系列,不仅为淮阳人所铭记,更会让世人所铭记。诗人萍子最近一直在读方友先生的作品,她说,"方友先生以一位作家的良知和担当,为乡土乡民立传,为世道人心立言,创作了一大批耐读好看、寓意深刻、耐人寻味的优秀作品。这些作品必将像《聊斋志异》《清明上河图》等伟大作品一样传之后世,成为经典"。

在河南作家当中,李佩甫(河南省文联副主席、省作协主席)和方友接触是比较早的,对孙方友的去世他想了很多,在20世纪70年代末期,他和方友同时参加了郑州市举办的作品研讨会,那时候孙方友是农民,他还是工人,那是他们第一次来参加文学会议。1980年,他们一块参加了南丁老师组织的河南文学研修班,当时方友有句话让他记忆犹新,方友说"我们来郑州,就是张开浑身的毛孔来吸取营养的,吸取国外的、国内的所有一切对我们有益的好的东西"。孙方友每次从淮阳来郑州,晚上李佩甫都会去看他,他们往往彻夜交谈,谈文学、谈社会、谈人生,对生活,方友总是充满了激情,以底层人的眼光来讨论一些问题。后来李佩甫发现,在写作的选择上,孙方友是正确的,他写新笔记体小说,创造了一个新的文体。大前年评河南文学成果奖,当把方友的八卷本《陈州笔记》摆在台上的时候,他心里就一震。那次他力主把孙方友放在河南文学成就奖的首位。李佩甫说,"方友是一个劳动者,终身都是劳动者,方友的一生是很苦的,但同时方友也有幸福的时候,因为有他的作品在。《陈州笔记》《小镇人物》洋洋十四卷,看着这些著作,方友是幸福的"。

2. 作为一种新文体,孙方友的新笔记体小说是融汇古典文学精髓与现代乡土生活、立足民间的写作

孙方友先生一生的创作均立足于民间,立足于底层百姓的生活,他积极吸收各种民间艺术养料,并将自己年轻时追随相声大师侯宝林先生学艺的经验融入新笔记体小说,不仅创作出百姓喜爱的《陈州笔记》系列和《小镇人物》系列,而且走出了一条成功的继承古典文学、融入现代乡土生活的具有独特中国味的文学之路。对此,王洪应(原河南省文联副主席)表示,"方友给我们留下了珍贵的遗产,这个遗产就是他的文学作品,他的《陈州笔记》和《小镇人物》是无价的,

刚才南丁说方友是伟大的小小说作家,我很赞成。在浮躁的社会背景下,他给人类留下这么多珍贵的文学遗产,所以说他是个伟大的作家。他的作品是独特的、独有的、独到的,他一直写陈州,写世俗里的俗人,老百姓喜欢看。老百姓喜欢,这就说明他的小说有市场"。他认为方友没有摆架子,没有制造垃圾和泡沫,老百姓喜欢看,从他的作品里可以找到我们民族的精神和民族的记忆。

李铁城认为孙方友先生作品的叙事语言,经过中国文学里笔记体作品的历练,既有深厚的韵味,又风趣幽默。你跟中国传统文化有什么关系?方友的小说你一读马上就能感觉到就是中国味道。张宇说,"孙方友的小小说,是真正的文学,他不考虑社会倾向,孙方友完全是民间化、文学化的"。孟宪明也认为孙方友先生的小说是非常民间化的,这些故事大家小时候往往都听过。

江媛发言时首先向孙方友先生献上由衷的缅怀之情。她说,"26日,闻听先生离世,一个顽固的念头总在对她说:那不是真的"。但在8月4日先生魂归淮阳之后,她相信先生已经长眠于他的故乡颍河镇,在此,她只想说愿逝者安息,愿生者珍惜当下,愿先生创作出的《陈州笔记》系列和《小镇人物》系列等篇章长久地流播人间。对她而言,向先生献上两份敬意是极为必要的,第一,她想献上一位新疆人对方友先生的敬意。大家知道,1972年方友先生只身流浪新疆,这看似一笔带过的经历,只有她知道其中包含了多少九死一生的磨砺。1972年"文革"尚未结束,这个年份对于当地的新疆人来说生计尚且艰难,而对盲流新疆的孙方友先生而言,不仅生计艰难,而且能够保存性命都显得困难,因此,她首先要向方友先生坚忍顽强的生命致敬。第二,她想对孙方友先生花费毕生精力的文学创作致敬。大家知道,先生用他创作出的三百二十篇《陈州笔记》系列和三百六十篇《小镇人物》系列,彰显了新笔记小说这种新的文体的存在,他融合了《聊斋志异》的故事内核并加入了现代性的生活内容及中西方的创作观念,颠覆了古代中国正史只为帝王将相立传的传统,倾尽一生的精力,为小人物立传,为小人物立言;他继承了《醒世恒言》《三言二拍》对中国人性幽微之处的刀砍斧劈,将七百多个小人物浓缩在陈州的画卷之上,描绘出陈州的市井百态、民俗民情,构建出小说领域的"清明上河图",对中国当代文学是极具价值的。

3. 创造出典型的中原文学地标"陈州"

孙方友先生的新笔记体小说可谓灵异疯怪奇、生旦净末丑,无所不包,无所不写,有写陈州奇士的《雅盗·神偷》,有写陈州奇女的《仙乐·青灯》,有写陈州百行的《墨庄·花船》,有写陈州怪事的《蚊刑·媚药》,有写陈州市人的《鬼屄·穷相》,有写陈州名流的《花杀·狩猎》,有写陈州传奇的《刀笔·绝响》,有写陈州英烈的《血灯·追魂》,因此可以这样说,《陈州笔记》是一本人文意义上的百科全书。

对孙方友先生创造的文学地标"陈州",何弘这样阐释了作家与故乡的关系,"方友的创作的的确确写的是陈州的人物,成功得益于陈州,也为陈州扬名天下。淮阳作为一个著名的地方,出了方友这么一个作家,方友不仅是出生在淮阳,而且也影响了淮阳,影响了周口作家群的形成"。通过对孙方友先生作品的定位,张宇说,"洪应刚才说得好,可以搞个孙方友的纪念馆,像孙方友这样的大作家,应该有个纪念馆,这也是对方友最好的怀念,这个在孙方友的家乡应该不是很难的事情。如果建成了,在淮阳肯定是一个亮点。有《陈州笔记》在此,对陈州的文化会有长久的影响"。

柳岸指出孙方友先生的作品《陈州笔记》《小镇人物》,将成为淮阳县文化历史上一个非常厚重的东西,也会对淮阳历史文化做出非常大的贡献。将来淮阳县要考虑建设以《陈州笔记》《小镇人物》为主题的文化园,她说,"今天宋县长也在这里,各方人士都建议建设孙方友纪念馆,这个有待于以后去实现。孙方友先生他带动了周口作家群,他对周口作家的扶持、指导和推进是有目共睹的。周口有三十名中国作家会员,有四百名河南作协会员,方友大哥生活过的那个镇子,就出了六名中国作家协会会员,这些人能够在文学道路上走下去,和方友大哥的带动、推进、扶持、指导是分不开的"。他走了,不但给大家留下了一个文学的标杆,也留下了一个做人的标杆。来自孙方友先生故乡的作家李乃庆说:"我和方友认识是在 1980 年,那个时候我刚参加工作,受方友启发,逐渐走上了文学创作。现在周口作家群已经起来了,周口作家群方友是领军人物,是他带起来的。我的印象最深的是我的作品发表以后,他比我还高兴。"李乃庆表示,他们新站镇,有六个中国作协会员,周口作家群在淮阳,淮阳就在新站,这和方友的文学成就、文学影响是分不开的。所以他们计划要申报作家之乡。

刘海燕认为孙方友先生讲述了陈州和颍河镇近七百个像野草一样鲜活的人物,正如孙苏先生在《小镇人物》序言里所说,他自己也成了小镇的一个传奇人物,最重要的人物! 由于他的存在,"颍河镇""陈州"已被并将永远被国内外众多读者所记忆和向往。刘海燕也是周口人,她说,"刚才有的作家建议故乡政府筹划孙方友先生纪念馆,非常盼望在家乡的土地上,能有这样一道文学景观"。

4. 孙方友先生的去世是中国文坛不可弥补的损失

与会人士认为,孙方友先生的离世对中国文学界是一个重大损失。孙方友先生一生勤奋创作,辞世前还留下一部未能完成的小说《戴仁权》。陈杰表示,"对一个作家最好的纪念就是让他的作品广泛、长远地流传。我们河南文艺出版社,将为孙先生的著作的传播而继续努力"。南丁建议,"方友的这十四部(小说),可以重新做一个精编或者精选"。据孙方友先生的胞弟、小说家墨白介绍,《陈州笔记》2008 年出版,《小镇人物》2009 年出版,从 2009 年到孙方友先生去世,还不断有新作问世。南丁补充说,"这些可以重新编辑出版,这样也便于大家阅读、收藏,也便于大家纪念方友"。王守国对南丁老师的话,很有感触,他认为健康是第一位的。有了健康,才有一切,方友兄的去世,是中原文坛的一大损失,对家庭、亲人、社会都是不可弥补的损失,他的损失是不可替代的。

墨白代表孙方友先生的家属发言,他说,"感谢各位老师、各位同事、各位文友,河南文艺出版社的各位先生和来自故乡大哥生前的故交宋志军、柳岸和李乃庆,感谢来自新闻媒体的朋友前来参加《俗世达人》首发式和大哥的追思会,感谢专程从北京、安徽、广东、福建和省内各地赶来的坐在后排的那些陌生的朋友……"此外他感谢细心的青年作家曹丽萍和孙瑜专门为追思会带来了表达哀思的黄色的花束,热情的江媛编辑的资料集《来自民间的悼念》,感谢文学院的工作人员所做的一切。他说,"大哥去世以后,文联、作协、文学院的领导都及时赶到家中安排方友的后事,还有更多的朋友从各地赶来,包括我们家乡党委和政府的领导、方友生前的故友都赶来吊唁,和大哥做最后的告别"。8月4日,孙方友先生的骨灰在墨白和家人、省会文学界的作家朋友的护送下回到了故乡,周口市、淮阳县的许多作家、孙方友先生小说的热爱者和乡亲参加了孙方友先生的骨灰安葬仪式;孙方友先生去世后,众多的新闻和网络媒体对大哥去世都给予了关注;文学艺术界纷纷通过博客、微博、微信、电话、手机短信等不同的形式表示着悼念。在短短的几天里,许多作家纷纷撰写悼念文章;喜欢孙方友小说的读者在网络上以不同的形式进行悼念;对此,墨白表示,他和家人均会铭记在心。

这次《俗世达人》首发式暨孙方友先生的追思会邀请了河南文学界的各位作家、评论家、编辑、媒体记者,孙方友先生家乡周口市、淮阳县的领导、作家以及自发从全国各地赶来的喜爱孙方友先生小说的读者五十多人共聚一堂,回顾了孙方友先生勤奋、智慧、幽默富有创造性的一生,何弘先生代表主办方感谢大家的赴会。李佩甫先生最后发言说,"方友是中国作家里面最勤劳的作家,他的文学成就是巨大的,方友的新笔记体小说是要传世的"。大家一致认为孙方友先生的辞世是中国文学不可弥补的损失,但他为世人留下了宝贵的文学遗产,他独创的新笔记体小说具有不可替代的文学价值和精神意义,非常值得后来者纪念、研究、推广和流传。

原载《莽原》2013年第6期

关于《陈州笔记》与新笔记体小说文体的对话

江 嫒 张晓林 张延文 刘宏志

时间:2014年8月12日上午10时
地点:河南省文学院
在场者:小说家张晓林,评论家张延文、刘宏志,诗人江嫒
整理者:江嫒

江嫒:2014年7月26日上午,我们都参加了在文学院二楼报告厅举行的《孙方友小说全集·〈陈州笔记〉卷》首发式暨孙方友先生逝世一周年纪念会,这个会议将《陈州笔记》再次带进人们的阅读思考。今天我们又坐在一起,探讨方友老师如何将个人经验成功地转化为新笔记小说,探讨方友老师的新笔记小说与古典笔记小说继承与发展的关系。

张晓林:姜亮夫先生编过一本《笔记选》,他将古代笔记分为六类:论学笔记,比如《困学纪闻》《日知录》;修身养性的笔记,如《论语》《退庵随笔》《容斋随笔》以及理学家的语录等;记事笔记,如《隋唐嘉话》《开元天宝遗事》《朝野佥载》等;闲话笔记,属于游戏隽语小说等,如《世说新语》《衍世说》等;记人的笔记,如《海岳志林》《栾城遗言》等;最后是小说笔记。其中论学笔记相当于今天的"学术笔记",记事笔记相当于今天的"史料笔记",后三类大致相当于今天所说的"笔记小说"。

江嫒:刘叶秋先生也在《历代笔记概述》中给笔记文体有过定位,他将笔记文体分为小说故事类、历史琐闻类、考据辩证类。其中的第一类就是"笔记小说",后两类则是晓林先生说的"史料笔记"和"学术笔记"的结合。我觉得这样的分类既照顾到了现代小说观念,又合理处置了非小说作品的归属问题,与此同时,刘先生也将唐传奇作为一支纳入"笔记小说"的范畴,这样一来,"笔记小说"就成了包罗宽泛的文体概念。

刘宏志:这种定位恰巧点出了新笔记小说"新"的特点。陈文新先生在《中国笔记小说史》中认为中国文言小说可分为笔记小说与传奇小说两大类:前者脱胎于子、史,并形成了独立品格,后者热衷"文辞华艳,叙述婉转",所不同的是注重哲理和知识的传达;轻实用而重情趣、篇幅短小;笔记小说以随笔形式写

作,其首要任务是议,可以虚构,笔记小说是小说前形态,并非成熟小说。重要的是,陈文新为中国古代笔记小说给出了明确的类型划分:即笔记小说可分为志怪小说和逸事小说,前者又可分为"搜神"体、"博物"体、"拾遗"体三类,逸事小说即志人小说,可分为"世说"体,或者叫"琐言"体、"杂记"体,或者叫"逸事体"、"笑林"体,或者叫"排调体"。其研究特色在于并不套用现代小说观念,而是立足实际,对笔记小说的文体分类和渊源的学理阐释。

张晓林:关于笔记小说的理论著作还有苗壮的《笔记小说史》,论述的笔记小说范围和取舍标准都比较严格,苗壮说笔记小说的特点是基于耳闻目睹的现实性、"杂"与内容的丰富性、"小说"、"小语"与形式的灵活性。

张延文:"笔记"在传统社会里,相当重要,接近于近现代之后的"日记",私密,随意,真实,具备叙事、说明、议论、抒情等多种功能,便于表达和个人的内心世界,记录时代的社会生活。文言笔记小说,在蒲松龄这里形成了一个"高峰",无人超越,但《聊斋志异》里的篇章大部分是以笔记的方式出现的,能称之为小说的,数量并不多。《聊斋志异》因其卓异的艺术性、思想性,迄今为止,仍然是中国,乃至世界文学的经典之作。

江媛:我们简单梳理了一下笔记小说的发展历史,通过这个历史脉络,我们可以看到,方友老师的《陈州笔记》具有很明晰的理论支撑和发展脉络。笔记小说在方友老师这里真正体现出了一个"新"字,这个"新"字已经完成了脱胎于笔记小说,又高于笔记小说的文学追求,它既照顾到了现代小说观念,又加入了包罗万象的丰富性。

张延文:《陈州笔记》更多地吸收了现代社会的人物、背景和西方文学的经验。把西方的小说叙事融入创作里,是孙方友新笔记小说很重要的一个特征。

刘宏志:孙方友的《陈州笔记》之所以被称为"新笔记"小说,就是因为在对传统中国笔记小说的继承的基础上,又有自己独特的东西,是对笔记小说的发展。

江媛:这一点墨白老师在《陈州笔记》的序言里讲了很多,比如在社会学方面,他谈到了《陈州笔记》是一部源于民间的人文历史,是一部根植人性的百姓列传,是一部中原文化的百科全书,等等,还有叙事学方面的话题。墨白老师还在《陈州笔记》的序言中,方友老师从三十五岁开始创作《陈州笔记》,目前收集整理到的共计七百五十五篇,这个数字还不包括残篇,创作历程经历了近三十年。方友老师的新笔记小说包括《陈州笔记》和《小镇人物》两个部分,写作时间同时起于 1985 年,止于 2013 年 7 月。从《陈州笔记》面世的第一天开始,他已经为自己的创作找到了正确方向,那就是用白话文继承与开掘了从汉代延续到清末的文言笔记小说,形成用现代汉语叙事的具有笔记小说叙事特征的新笔记小说。《陈州笔记》对新笔记小说的叙事学的影响是显而易见的,有众多的写作者在学习运用方友老师的创作理论,并用这种理论进行写作,比如小说结构的"翻三番"、叙事语言的"一石三鸟"理论、叙事情节的"绝""妙""奇"。

张晓林:不说别人,我自己就是。1995年的时候,我在豫西渑池县的新华书店偶然发现了孙老师的新笔记小说集《女匪》,买回来之后两天就看完了,从那个时候起,我就说这个小说这么写有意思,我也开始试着写,开始从事文学创作。孙老师的作品在中国文学界、中国读者当中的传播很普遍。去年我到东莞参加文学研讨会,在会议上至少有十几个人谈孙老师的笔记小说。今年夏天我到河北参加一个会议,在野山坡,离北京南有一百多公里,这个会上我收到二十多部当地作家赠送我的作品集,我后来翻了一下,我觉得这里面至少有一半以上都在学习孙老师的写作风格,很多作家在发言的时候都认为自己是孙老师的学生。我想一个作家的作品在当今时代能够传播得这么普遍,从大江以南到黄河以北很多人在学习他的小说、继承他的小说,我觉得这个问题是值得我们作家思考的。

江媛:孙方友这个名字,我最初就是从一个写小说的朋友那里听到的,像晓林先生说的,孙方友老师的新笔记小说传播范围之广也令我惊讶。是的,孙方友老师的新笔记小说影响了众多的小说爱好者,他的创作技巧被很多作家借鉴并运用,为一些初学者提供了跨进小说门槛的攀爬的藤蔓。刚才我们谈到新笔记小说对笔记小说的继承和发展,在目前的文学生态与社会环境下,新笔记小说究竟有什么样的社会价值和文学史意义?还有别的话题可以深入,比如,新笔记小说的叙事,到底与文言文的笔记小说有什么不同,新又新在哪里?

张晓林:孙老师的小说我后来陆续读了许多,我感觉到他发展了新笔记小说这种文体。刚才大家说,笔记小说是中国典型的一个文体,但在最初,只是一种笔记,这个文体到宋代达到一个高峰,那时候有著名的文人用笔记传世,像苏轼、欧阳修这样著名的文人,他们当时写了很多的笔记,笔记弥补了正史的不足,非常有意思,非常真实,还原了生活的真实。尤其是到了清代,笔记小说的萌芽也出现了,后来有学者认为《聊斋志异》《阅微草堂笔记》是中国笔记小说的成熟之作,我不这样认为,因为这个时候中国的笔记小说仍然处于发展阶段,刚才延文说,《聊斋志异》里面很多的篇章就不具备小说的形式,他只是笔记的一种,但是《聊斋志异》里面有很多的篇章已经是小说了。这种传统的文学表现形式到"五四"的时候被传播开来,因为"五四运动"需要一个新的文化气候。

江媛:白话文运动,是新笔记小说的起点,新笔记小说其实经历了萌芽、发展、成熟期。这些阶段是层层递进的继承与发展的关系,每一个阶段都是前一个阶段的飞跃,无论在文本内容、形式还是语境方面。

张晓林：到新中国以后，特别是新时期的 80 年代，比如汪曾祺的小说，可以看作是中国笔记小说的成熟时期，但规模不够，没有构成自己独立的文学世界。然后就有了孙老师的《陈州笔记》和《小镇人物》，这是中国新笔记小说的一个发展过程，到了孙老师这里，我认为新笔记小说已经发展成熟了。因为孙老师有那么多的代表作，有那么多的专著，《陈州笔记》是一个独立的文学世界。蒲松龄也就是一本《聊斋志异》，像孙老师，八卷本的《陈州笔记》。孙方友老师的成就，若干年之后越来越能体现出来，他能够传世是毫无疑问的，一部《聊斋志异》几百年来都没有被人忘记，他的根源就在他继承了中国的传统，他的表述方式是符合中国人的欣赏习惯的。《陈州笔记》也是同样的。

江媛：与新笔记小说的发展相对应，新笔记小说的理论研究其实也在同时进行着，这些理论研究让我们看清了新笔记小说的几个发展变化阶段。《陈州笔记》对新笔记小说这种文体的贡献，将会通过理论的支持越来越体现出它的社会价值和文学史价值。

张延文：孙方友作为新笔记小说的集大成者，在以下几个方面成就斐然：在创作实践方面，他以大量的具有很高的艺术性、思想性的创作完成了笔记体小说的文体革新，留下了《陈州笔记》和《小镇人物》两大系列的新笔记小说作品。《陈州笔记》是新笔记小说的一个高峰。孙方友的"新笔记小说"不光是《陈州笔记》，他创作的绝大部分为短篇小说，特别是小小说，个别篇幅为中篇小说，也符合"笔记"的特点。新笔记小说的形成，对于中国当代文学的叙事发展来说，至关重要，对短篇小说来说更是如此。中国白话文的小小说，自 20 世纪 80 年代才开始全面发展，其中，孙方友就是代表性作家，他终一生之力，都在全面创作、思考"小小说"文体的发展，并促成了"新笔记小说"文体的最终成型。他的"孙氏笔法"风格独特，作品广泛传播，影响力巨大，为其赢得了"小小说之王"的称号。对于孙方友的新笔记小说的评价，文坛虽然很高，就像江媛所说，仍然需要对其进行进一步的系统的分析和总结。

张晓林：孙老师的作品丰富了当代文学的流派，把孙老师的作品归纳到乡土里面，这显然不是太恰当，归到历史的小说创作也不够全面，也就是说，孙老师的作品是一个地域和文化、历史、传奇这么多元素综合到一起，这样的流派，用新笔记小说这种文体来概括，我认为是比较准确的，是可以入史的。

张延文：在文体创新方面，孙方友促成了"新笔记小说"文体的最终成型。在叙事理论的总结和发展方面，刚才我说过，孙方友在创作过程当中，吸纳了东西方叙事艺术的长处，结合个人的思考，融入时代生活，形成了独具特色的叙事方法和叙事理论，比如刚才江媛说过的他在早期总结出来的"翻三番"的叙事方法，几乎成了小小说创作的一个"法宝"，这其中就深得民间说唱艺术的个中三昧,应该也和孙方友早期演戏、曲艺创作的实践有关系;到了他创作的中后期,开始对于小小说文体叙事进行了全面的探索、实践,发展出多种叙事方式,特别是将西方的叙事理念融入其中,化繁就简,深入浅出,俨然已有无招胜有招的大家风范。

江媛:在文本方面的讨论,我们确实有许多话要说,任何文体都需要一定的理论支撑才能进入鉴赏领域,新笔记小说也是这样,我认为,在《陈州笔记》出版之后,这方面的工作显得尤其重要。新笔记小说走到今天,形成了一个令人无法想象的读者群并影响了小说创作群体,这都是新笔记小说自身的魅力或者说在审美趣味上得到的褒奖。晓林先生从民间和创作两个方面见证了孙方友老师新笔记小说的传播广度和深度,对这个我也深有体会。延文兄就新笔记小说的多个方面对新笔记小说的文本进行了深入的思考,这些都十分难得。除此以外,新笔记小说对传统文学的继承和发展,也许能提供给我们更多的思考和更准确的视野。

刘宏志:其实我们一直在谈论《陈州笔记》对传统笔记小说的继承。石昌渝在《中国小说源流论》一书中说:"笔记小说和野史笔记都是'笔记'类文体,大体都是随笔杂录,坚持实录原则,篇幅略近尺寸短书。笔记小说以短小故事为主,略偏重于文学价值;野史笔记以记历史琐闻为主,间杂以考据辩证之类的文字,略偏重于史学价值。"对这方面,晓林老师也有过自己的见解。传统中国笔记小说有"志怪"传统,常常把一个奇异的小故事写成尺寸短书。孙方友的《陈州笔记》在这一点上深得传统中国笔记小说之神髓,他的整个《陈州笔记》系列在某种程度上,就是陈州奇闻怪事的总汇。他的小说特别注重小说的传奇性,其内容常常是一波三折,出人意料,用孙方友自己的话说是"翻三番"。

张延文:"翻三番"理论在传统笔记小说中已有萌芽,在《陈州笔记》中,被方友老师深入挖掘提炼、明确出来,这一理论通过他的叙事实践,得到发展。

刘宏志:对,到了《陈州笔记》这里,"翻三番"的叙事理论已经成熟。方友老师常常能够做到结果虽然翻空出奇却又自然合理,不露雕琢痕迹。比如方友老师的小说《匪医》讲述一个名叫朱昌的医生,在土匪的资助下,进陈州办药店。一开始生意冷清,没有主顾上门。后来偶然有一个病人上门,朱昌做出了正确的诊断。但是病人家人却用熬鸦片的药罐熬药,导致病人死亡。这次事故,使得朱昌在陈州城成了名医。富人开始上门求医。此时土匪要求朱昌去富户家行医的时候,要画出富人家的地形图,以方便土匪抢劫。这就导致多家富人被抢。朱昌深感有罪,正好此时匪首有病,让他上山医病。朱昌便带上了熬鸦片的药罐,打算药死匪首。但是匪首却认得这个药罐,原来当年让朱昌成名的药死人的事故,都是匪首安排的。匪首的用意就在于,帮助朱昌成名,从而让他能被富户邀请看病,从而能有机会进入富户家中,最终有机会给土匪提供地形图。从上面所举例子可以看出,小说情节内容一波三折,曲尽情节之"怪",但是,就在这个"怪"中,又暗寓作者对于时代沧桑、人间变迁以及世事人情的叹息,言有尽而意无穷。

江媛:方友老师在早期的多篇新笔记小说中运用了这一技巧,但在他后期的创作中已经出现了浑然天成的气象。

张晓林:不错,方友老师后期的新笔记小说已经达到化境,毫无人为雕琢的痕迹。

张延文:孙方友富于中国气派和中国精神的新笔记小说,丰富了世界文学,让其加入了中国的元素,向世界和未来展示了在历史变革进程当中逐步形成着的中华民族的伟大信仰、卓越智慧和美好精神。在审美方面,我认为孙方友小说的审美特点突出,一方面,通过大量的史料的融入,以及写作时春秋笔法的使用、百科全书式的兼容并包,使得其作品显示出了真实、宽阔、深厚、多元的特点;另一方面,他又有很强的理想性,以独立的立场来表达对于社会、人性当中美好的追求与渴望,集中表现在对于中华民族自由、健康、刚柔并济、纯朴高尚的民族性的向往与人物形象的塑造上。这让其作品能够在反映广阔的社会生活的基础上,获得更为长远、广泛的社会影响。同时,孙方友的新笔记小说在社会学、历史学、民俗学等方面都有巨大的价值,传播范围广泛,接受对象非常普遍,对于时代文化的塑形,起到了切实的作用;而其更为深远的社会价值,将随着时间的推移,逐步显示出来。

江媛:方友老师已经离我们远去,但他给我们留下了宝贵的精神遗产,我们相信,《陈州笔记》会永久地像呼吸一样陪伴着喜爱它的人们,方友老师留下的精神之花会永久地在人间开放。谢谢诸位。

原载《大观(东京文学)》2014 年第 10 期

孙方友《陈州笔记》研讨会综述

刘海燕

孙方友先生去世后,河南省文学界为总结孙方友先生在新笔记体小说创作方面的斐然成就,发掘其作品的内在价值,营造当代文学及评论的良好生态,举行了一系列的追思研讨活动,在继"孙方友先生追思会""《孙方友小说全集·〈陈州笔记〉卷》首发暨孙方友逝世一周年纪念会"之后,于2015年3月28日,由河南省文学院、河南省作协、河南文艺出版社联合举办了"孙方友《陈州笔记》研讨会"。来自全国各地的作家、评论家和资深编辑皆因孙方友先生一生的辛勤创作和特立独行的文学品格,奔赴郑州,使得这场研讨会有着20世纪80年代文学会场的热诚和感动,有着重现文学精神并引领未来的召唤力。作家刘庆邦说,这个研讨会是一个历史性的,至少在研讨史上应会留下一笔。

一、以文学的名义,向孙方友先生致敬

与会的作家、评论家都对孙方友先生一生的创作成就,表达了由衷的敬意。河南省文联党组书记吴长忠首先致辞,孙方友完成了淮阳历史文化的再发现与再创造,用他塑造的上千个人物形象为我们描绘了一个文学的陈州(淮阳古称"陈州"),极大增强了中原的文化影响力、辐射力。孙方友终生致力于新笔记小说的创作,总篇数达到七百五十六篇。除新笔记小说《陈州笔记》外,他还涉猎各种体裁的小说创作,著有长篇小说六部、中篇小说三十九部、短篇小说百余篇,并创作了大量小小说作品。此外,他还创作了电视剧、散文等作品。直到生命的最后一刻,孙方友仍在伏案写作。孙方友一生热爱写作、敬重文学,是值得青年作家学习的榜样。作家刘庆邦说,方友因自己的创作不仅赢得了文学的尊严,也赢得了民间的广泛尊重。前任省文联主席、作家南丁说,方友因《陈州笔记》和《小镇人物》整出了大气候,能与颍河共存。我为我们河南能出方友这样优秀的作家感到自豪。《小小说选刊》《百花园》杂志社总编辑杨晓敏说,孙方友的新笔记小小说在当代文坛自成一家,亦庄亦谐,厚重深邃,影响深远。作为一位职业文学期刊编辑,作为方友的一个同道和多年的老朋友,我感到很欣慰。

作家周大新说,在生活中,方友是一位特别有风度的兄长,他骨子里还非常善意,年轻作家求他,他都是给予非常无私的帮助。方友能写出这么好的作品,跟他的为人有着密切的关系。《陈州笔记》是方友对中国当代文学的贡献,方友建立起了一个属于自己的文学世界,再现了笔记小说的辉煌,他对我们东方文学有着了不起的贡献。作为同行,我向他表示深深的敬意。

二、孙方友的"文学陈州"

中国作协创研部主任何向阳说,同福克纳一样,陈州成了孙方友开掘的金矿。《陈州笔记》的人物背景是从1949年往上逆流而上的,《小镇人物》的人物背景是自1949之后顺水行舟,前后三个朝代足足一个世纪的历史,一千多个文学人物,最终构成了让我们共同分享的文学巨作。刘庆邦说,孙方友对地域文化做了集中表达。每个作家都有自己的根,莫言是高密,贾平凹是商州,周大新是邓州,我觉得孙方友的根就是他的故乡淮阳。他通过《陈州笔记》不断地反复书写,为我们造就了一个精神的陈州、一个心灵的陈州、一个地理的陈州。也许方友的一篇小说构不成气候,但是他有众多的小说,就形成了气候。如果说一篇小说是一棵树的话,整个《陈州笔记》就形成了一片树林,甚至是森林。一旦形成森林,就可以形成气候,从地理环境方面讲,这气候就对空气、精神等产生影响。从这个意义上说,《陈州笔记》就是小说的森林,需要我们很好地来评价。从地域文化上说,特别是对于淮阳来说,这真是非常宝贵的财富。

《文艺报》副总编辑崔艾真说,陈州就是孙方友文学生命的容器,在这个容器里,他完成了自己丰富多彩的生命,作为读者的我们在这个容器里观赏着他千姿百态的陈州,品味着他百味杂陈的文字。我非常同意向阳关于邮票的说法,陈州就是孙方友的邮票,他三十几年如一日,一笔一笔地描绘着他的邮票,从单张到厚厚实实一本一本的邮册,这就是他摆在我们面前的近千篇作品——《陈州笔记》和《小镇人物》。他在创作数量上可以说是惊人的,他的丰富性也是惊人的。我看过很多他的作品以后,发现他能构思出那么多不重样的故事,只有我们想不到的,没有他写不到的,他以惊人的勤奋和有效的坚守对文学做出了贡献,对家乡做出了贡献,这种贡献是珍贵的也是持久的。

《大观》杂志主编、小说家张晓林说,方友先生继承发展了中国最民族、最传统的一种文体,就是笔记小说。还有一点,中国的笔记小说,像蒲松龄也好,纪晓岚也好,都没有放到特定的区域和框架下,比较杂乱,但是《陈州笔记》是放在大的历史背景下,地域背景就是陈州。陈州在方友先生的笔下不是一个具体的地域概念,而是一个文化概念,这种文化上的陈州,离陈州很远的读者,在阅读时亦构成一种向往,对陈州本地及附近的人,则会产生一种亲切感。郑州市作协副主席赵富海说,孙方友的笔记体小说,营造了一个文化地域,颍河流过的陈州,三教九流、风物人情、历史典故,纷至沓来。《陈州笔记》里对文化的营造,使陈州具有了文化史的意义。

三、《陈州笔记》的文学史价值

何向阳说,我非常同意南丁先生在方友追思会上对他的评价,孙方友的新笔记小说要传世,他是当代伟大的小说家;我也同意孙荪先生对他的评价,蒲松龄之后就是孙方友。孙荪先生把《陈州笔记》和《聊斋志异》做了一个文学史的类比,我觉得这些评价是客观的,是实事求是的,是尊重文学规律的,是在深读了《陈州笔记》之后得出的结论。吴长忠说,孙方友是继承传统、融会创新的典范。他继承中国古典文学特别是笔记小说、公案小说、明代白话小说的优秀叙事传统,吸收民间文学、评书、曲艺、戏剧等说唱艺术的优长,融会西方现代文学的创作理念,创造性地发展了"一石三鸟""翻三番"的叙事手法,对新笔记体小说的发展做出了巨大贡献。

崔艾真说,每个成功的作家我们都能够找到他的特质,大多数批评家在研究孙方友时,都不约而同地把他和蒲松龄放在一起进行对比和研究,这说明大家有共识,都认为孙方友和蒲松龄有着一种关系。当我们说古有《聊斋志异》,今有《陈州笔记》时,一方面是对孙方友新笔记小说成就的高度肯定,另一方面也是对二者关系的一种确定。我们穿越一下,几百年以后,我想一定会有专门研究孙方友的学问,就像今天有人研究蒲松龄和《聊斋志异》一样。郑州师院中原作家研究中心副主任、评论家张延文说,在 20 世纪 80 年代,笔记小说出现了一阵热潮,这和小小说文体的快速发展有着基本同步的关系,而将笔记小说发展成为一种成熟的文体门类,就归孙方友莫属了。孙方友通过一生的努力,向我们展示笔记小说在记录当代社会文化生活方面,所具有的非常重要的价值和作用,使这种看似不大入流的小说门类,进入到了一种日益规范的文体演进当中。孙方友的《陈州笔记》,其中不少题材来自典籍与史志,特别是地方志,带有很强的史料性。从某种程度上来说,其叙事带有鲜明的新历史主义色彩,是另一种意义上的"地方志"。同时,由于这些作品的文学性,表达着叙事人的意向和情感,以富于东方意蕴的格调创造出了心灵上的自在之境,使其带上了一定的基于艺术天职的理想色彩。《陈州笔记》更多地吸收了现代社会的人物、背景和西方文学的经验。把西方的小说叙事融入创作里,是孙方友新笔记小说另一个创新之处。

杨晓敏说,一个时代有一个时代的文体,在现当代,小说是文坛主流,换一个角度看,把方友的近千篇小小说作品作为一个时代的文体来看,可能对方友的这种坚守与创作会有另一种新的认识。小小说作为一种近三十多年才兴盛繁荣的时代文体,有庞大的写作者和两代以上的热心读者。一种文体,当然会产生它的代表性作家和经典作品,从这个意义上讲,孙方友就是小小说这种新兴文体的重要代表性作家之一。方友的小小说创作是从20世纪80年代开始的,比如他的作品曾被《小小说选刊》转载过近百篇,荣获六次两年一度的优秀作品奖。再就是他有大量的小小说精品佳作做支撑,他的一系列创作既可以成为一个作家自身创作的厚度,作为单篇看,又支撑了一种文体的高度。倘若把孙方友作为一个小小说文体的忠诚实践者、开拓者和奠基人,或许更加能够在一种宏大视野中突显他的不可取代的地位,也会为我们研究和拓展当代文学创作、营造当代文学乃至文化意义上的生态环境,提供某种建设性的参照。

作家野莽说,方友的新笔记小说是白话,白话文的新笔记小说是相对文言文的笔记小说的继承与发展,应该说《聊斋志异》和《陈州笔记》是中国笔记小说发展史上的两座高峰,孙方友以自己毕生的精力绘制了一幅当代中国文学的《清明上河图》。在新笔记小说这个文体上,孙方友可以称为一个开拓者、拓荒者。就特色和规模来看,同属这一大类的新笔记小说,从跨年代的老作家孙犁,到汪曾祺、林斤澜、王蒙、冯骥才、贾平凹、阿城、谈歌等,各自写了十几或几十篇,孙方友却用了近三十年的时间,写了近千篇的新笔记小说。《陈州笔记》以更广阔的视野、更多的人物、更杂的行业、更奇的故事,无可争议地使孙方友成了中国当代笔记小说最重要的奠基人。

四、《陈州笔记》的叙事学与社会学意义

说到《陈州笔记》对小说叙事学的贡献,许多作家、评论家都说到了"翻三番"。杨晓敏说,孙方友小小说的"翻三番"理论,是能连续把读者带入奇效阅读境地的叙事手法,是典型的"孙氏风格",应该说是对叙事文学的一个贡献。《莽原》杂志社主编李静宜说,首先,我觉得方友对笔记小说在写作上是悟了道的,这个技巧,主要体现在方友的"翻三番"理论上,技巧本身就是方友小说好看的原因之一。顾建新教授说,方友提出了"翻三番"的理论,是重大的突破。在构思上,他的笔记小说又借鉴了当代小小说的许多成果,远比古代的笔记小说更

加复杂,也更加丰富多彩了。张延文认为《陈州笔记》是新笔记小说的集大成者,他首先讲到孙方友在创作中对叙事理论的总结和发展,他说孙方友在创作过程中,吸纳了东西方叙事艺术的长处,结合个人的思考,融入时代生活,形成了独具特色的叙事方法和叙事理论,比如他在早期总结出来的"翻三番"的叙事方法,几乎成了小小说创作的一个"法宝"。

张延文博士同时从另外几个方面总结了《陈州笔记》在叙事学上所取得的成就:一是创作实践,他以大量的具有很高的艺术性、思想性的创作完成了笔记小说的文体革新,留下了《陈州笔记》和《小镇人物》两大系列的新笔记小说作品。二是文体创新,孙方友促成了新笔记小说文体的最终成型。三是审美,孙方友新笔记小说的审美特点突出,一方面,通过大量的史料融入,以及写作时春秋笔法的使用、百科全书式的兼容并蓄,使得其作品显示出了真实、宽阔、深厚、多元的特点;另一方面,他又有很强的理想性,以独立的立场来表达对于社会、人性当中美好的追求与渴望,集中表现在对于中华民族自由、健康、刚柔并济、纯朴高尚的民族性的向往与人物形象的塑造上。最后,张延文博士讲到了《陈州笔记》的社会影响力,孙方友的新笔记小说在社会学、历史学、民俗学等方面都有巨大的价值,传播范围广泛,接受对象非常普遍,对于时代文化的塑形,起到了切实的作用;其更为深远的社会价值与文体价值,将随着时间的推移,逐步显示出来。

李静宜说,《陈州笔记》确实是很好地继承了中国文化的多种优秀传统。说多种,其一是说它不只是承继了传统文人笔记体小说的志怪、逸闻特点,也汲取了传统戏曲的巧合冲突、说唱艺术的铺排渲染和民间文学口语的诙谐幽默等特点,使笔记体小说得到新的发展;其二,是《陈州笔记》题材内容上的广博丰富,即它取自多种典籍、史志、民间传说,涉及社会生活的方方面面,可以说是融知识性、史料性、趣味性于一体,成为生活的一部百科全书;其三,是人物众多又形形色色,涵盖了现实社会的各行各业,包括士农工商、三教九流,等等,可以说是现实生活的浮世绘。总之,《陈州笔记》是之于过往的现实生活、之于陈州的社会历史、之于曾经兴盛而现已消亡的一些传统行业,可以说是一部珍贵的历史的文字活化石。这一点,也是《陈州笔记》与一些也同样有着数百万字篇幅,但是集中写一个或数个人物及家族命运的长篇小说相比,所具有的独特价值和意义。《陈州笔记》有极强的可读性。好的作品,一定是要可读好看的,这也是一种常识。方友的作品之所以好看,是因为他的小说里有他很独特的认识价值在里面。就是说,方友的小说,是在通过他所塑造的人物,以及人物的各种命运,来传达给读者一些生存的哲理和道理。比如:什么是人生存中应该秉持和要背弃的,怎么做才能使人生通达,做什么才可以改变命运,等等。总之,是他以艺术地讲故事、塑造人物等形式,有意无意地在传授他几十年的人生体悟、经验,以及对现实社会的认识。用句俗语说,就是在《陈州笔记》里,确实是有真货的。所以,方友的小说,不只是有着上面所说的"奇、绝、妙"的境地,更重要的,还有他对人生很深的感悟和很实在的悟道。所以,方友的《陈州笔记》才会很好读、很好看,才会被广大的读者所喜爱、所欣赏、所传诵,而被广泛地流传开来。

张晓林说,方友先生悟透了中国人的阅读习惯,中国人的阅读习惯就是短小,从诗歌的起源一直到唐诗没有长的,越是短的,像绝句,越容易阅读,所以说中国的民众阅读从古到今都是在短和小上,这个短也符合中国人的阅读习惯,正是这一点使方友先生的小说具有广泛的读书群。郑州大学文学院副教授、评论家刘宏志说,从《陈州笔记》看方友老师的小说,有一种典型的中国气派、中国风格,他就是要用中国气派、中国风格写出中国文化。这一点,从他的叙事主旨、叙事立场以及叙事语言中都可以非常明确地看到。从叙事方法上看,和中国现代常见的白话小说相比,方友老师的小说开篇对小说人物、地理风物和工艺技巧的介绍,看上去仅仅是开篇方式的不同,可是这个不同之中还蕴含着另外一种不同,即对故事的强调。这显然也是方友老师对中国式叙事方式的一种坚守。中国传统小说是强调讲故事的。方友老师叙事风格的传统性还表现在他对古汉语字、词的运用。中国传统诗词都特别讲究炼字,特别讲究用语的准确、精当。在某种程度上可以说,中国现代白话文学已失去了传统中国文学语言的韵律感。在中国现代文学史上,有几位作家,比如沈从文、冰心等,也都善于在白话叙事中有机地加入古汉语字、词,从而使得作品语言典雅而富有韵味。方友老师的小说也成功地做到了在现代白话文中间有机地加入古汉语字、词,使得小说语言典雅精练。《陈州笔记》在某种程度上可以说是一部人文意义上的陈州百科全书,带有明显的地域文化色彩。

郑州小小说函授辅导中心常务副校长、作家卧虎说,近三十年来波及世界的中国小小说运动,使中国成为世界小小说的中心,而在这个中心点上,孙方友和他的《陈州笔记》又处在核心位置,孙方友因他的《陈州笔记》而成为继庄子、蒲松龄、欧·亨利、星新一之后当代当之无愧的世界小小说之王。他对笔记小说、小小说的贡献是民族性的也是世界性的。张延文博士说,孙方友在叙事方面进行了不懈的探索,吸纳了东西方叙事艺术的长处,结合个人的思考,融入时代生活,形成了独具特色的叙事方法和叙事理论。在孙方友的叙事方式当中,采用一波三折的方法来推进情节的发展,除了细节和悬念之外,还有一个重要的因素就是明暗的结合,"显"与"隐"两条线索同时推进,适时转换成叙事的动力源,为读者提供审美愉悦。这对于小小说的叙事模式的形成起到过关键作用,影响了新时期之后的小小说文体的发展。和一般的短篇小说容易流于纤巧夸饰的主观表达不同,孙方友刻意追寻在短篇里展开宏大叙事的可能性,他立足于客观,让人物开口说话,将孤愤、耿直的文人话语传统与幽默滑稽嘲讽的民间话语结合起来,形成了生动多元的叙事话语风格。在叙事方面的探索上,他从对于文本结构的重视到关注事物的内蕴,从传奇到日常,完成了向着文化本体的回归。

湛江学院党委副书记、评论家刘海涛从人物、情节与立意几个方面,谈到对孙方友笔记小说的认识。其中他谈到孙方友七百五十六篇笔记小说的人物创造,他摒弃人物的脸谱化、概念化、类型化的简单写法,抓住人物的性格侧面,擅长在否定性人物身上挖掘人性的善点。孙方友新笔体小说的"大情节"结构原理:"大情节"一般由"背景细节+启动细节+发展细节+高潮细节"构成;孙方友新笔记小说的立意方式:"一波三折翻三番"为其情节原理,"声东击西创喻体"为其立意原则。作家谢志强则用一个梦来表达了他对方友小说价值的认识:从宁波到郑州的夜行列车上,我梦见我饿了,就中途下车,来到一个大场子。大场子里面全是南北小吃,我转了一圈肚子就饱了。这时候我看到方友朝我走过来,他的身后还跟着一大群人,我想这次方友气派了。我朝他露脸,方友不睬我,好像不认识我,只管大步阔走,后面一帮人跟着,我想这方友出息了就忘了朋友。我已经给他一个表示他也不睬我,我得给他找一个证物,就拉开行李包,拿出八卷本的《陈州笔记》和《小镇人物》。可是我顺便一翻手中的书,天呀,不得了,书里全是白纸,一个字都没有,我愣住了,到底是怎么回事?再望望孙方友走远的背景,我突然恍然大悟,原来跟在他身后的那一大帮人都是从我的书里走出来的,他带着他小说里的人物出来逛街来了。我就想到什么呢,方友喜欢汪曾祺的小说,小说《陈小手》里面有一句话"陈小手活人多矣",孙方友也是活人多矣,他带着他小说里的一大帮人来逛街了。从某种意义上来说,梦境和小说有着相同的特质。这个梦就颠覆了现实,梦里我见到方友领着他小说里面的一大批人物大步阔走,这就是对现实的颠覆。小说之所以存在,是因为有着自身的重要理由,其中有一条就是对存在发出质疑,或者说作家用小说的方式颠覆现实,或者说小说表现的就是现实的缺失、流失或者丧失的东西。我在方友的小说里发现了方友式的颠覆,《陈州笔记》里的人物有规矩、懂常识、讲秩序,为什么要写这些?小说就是要用过去的东西照亮我们当下的现实,我们当下缺的是什么?是常识、秩序、规矩、底线。《陈州笔记》里连土匪绑架人,在最关键的时候他还要讲底线、讲规矩。到《小镇人物》里,规矩就缺失了,描写"文革"时,他没有写规矩,没写常识。孙方友用他的方式来表现我们现在生活里缺少的东西。

顾建新教授说,孙方友新笔记小说的特色首先是书写普通百姓的生活。古代的笔记小说,多为帝王将相树碑立传,或多反映名人的生活与逸事。方友的小说,无论是写古代,还是写当代,诸多的篇目,都写名不见经传的小人物。这使他的小说,具有最广大的读者群和旺盛的生命力。他写了从民国到当代陈州地区百姓的生存情况,不仅反映出中原地区的生活与文化,也写出整个中国的沧桑与历史的进程。从这点上看,他作品的史料价值、人文价值、文学价值、认识价值,都不能低估。他把史传、县志、民间故事、街谈巷议、逸闻趣事、百姓生活……熔于一炉,是一幅鲜活的、流动的现当代的《清明上河图》。虽然是一个一个的短篇,但综合起来,又是一部鸿篇巨制。《陈州笔记》注重人物形象的塑造。在刻画的方法上,与古代笔记小说相比,有两个创新点:一是打破了在一个封闭的场所,静止地写人物,通过不同场景的变化,写出人物的不同表现;二是打破了人物单一的性格,多侧面地刻画人物,因此给人以立体感、丰富感。《陕西画报》编辑部主任、作家陈毓说,《陈州笔记》中的人物形象与蒲松龄笔下鬼不是鬼、怪不是怪的故事主体不同,孙方友的笔直书现实,现实里的聚合离散、人事流转、生与死、得与失、是与非,在传奇的表层下,极力突出着人性,着力于人。聚点线成面,汇诸事成人事,最终完成喧腾着市井声气的社会生活图景。他心存足够的耐心和毅力,用近乎激情的爱去复活那些业已消失或今天气息奄奄的职业、行业、习俗、风气。故事千回百转,却都在人心、人性上打通界限,定格为生活的恒常。这就是孙方友小说的意义。河北省小小说艺委会主任、作家蔡楠说,孙方友先生的新笔记小说创作,不仅有对传统叙事艺术的继承和发展,而且对西方现代叙事也做到了巧妙运用,表现在:一是荒诞与奇幻性叙事,如《狱卒》就是通过这种荒诞性,通过对生活和情节的反逻辑运用,推出一种高度的、夸张的结局,从而达到更加触目惊心的表达效果。二是颠覆性叙事,这适应于现实的多变、生活的多义、故事发展的跌宕起伏,其《花船》《女匪》即是这样的叙事。三是极简性叙事,孙方友新笔记小说的简约叙事、言简意赅与卡佛的极简性叙事分别在不同的国度进行着自己的相通的探索和追求,不管是孙方友还是卡佛,在叙事中往往多用省略或空缺的手法,不仅包括事件的起因、故事重要情节以及结局的省略和空缺,更重要的是小说中常见的修辞性词汇、反映作者观点的阐述性文字不见了。小说句式和用词简单,叙述者往往远离事件主体,用有节制的语调叙事。总之,孙方友新笔记小说的叙事,是传统和现代的统一体。正是靠着这传统和现代的叙事两极,才产生了孙方友特立独行的文学世界,才有了他新笔记小说的高峰。

五、《陈州笔记》对当下文坛的启示

评论家王晓峰说,孙先生的这些小说,体现出浓郁的民族文化精神,表现出特别的中国艺术的表达方式,这在当代文学里是较为罕见的。在孙先生的作品里,我发现了中国文学的正源,发现了中国文学正源的当代化。孙先生的文学价值在于表现了我们自己的民族文化精神,以自己的文学方式来表现我们丰富的文学。在孙先生的文学世界里,一直都是以中国的思维、民族的思维,来开始他的文学叙事的。甚至可以说,在孙先生的文学梦想和追求里,一直在坚守着中国式的艺术追求。这洋洋七百多篇的《陈州笔记》,便是中国民族文化的汉字文学标本、资料库存。作家田中禾说,当年方友发表《虚幻构成》《谎释》这样具有现代意味的小说时,评论家们一片叫好。但是方友突然之间一转头开始写笔记小说,而且写得很投入,现在回首往事,发现方友转到笔记小说上来,完成了他在写作观念上重大的转变。转写笔记小说以后,他其实是完成了一个文学观念的转变,从关注社会到关注文化、关注人性。这种文学观念的转变,不再是意识形态主导下的反映社会问题的思路,回头看这个转变非常了不起,没有这个转变就没有现在我们研讨的《陈州笔记》。方友有两点值得我们注意:一是他从社会公众的写作转过来关注乡土人物、乡土文化,其实他是摆脱了意识形态对他的主导。二是进入 21 世纪以后,他仍然坚持乡土写作,他的意义在哪儿? 现在这个全球化商业化时代,许多人崇尚一种国际观念、国际视野,在跟国际接轨的时候,我们很可能忽略了自己脚下的这块土地,这个时候方友坚守这块土地往下挖,这个意义更加重大。现在我们需要更加关注我们的乡土文化、我们的民族文化、我们的乡土人生,这就是《陈州笔记》带给我们的启示。作家野莽说,我觉得孙氏兄弟在当代文坛的出现是一种奇迹,墨白是先锋小说家,在现代叙事艺术的探索上,是走得最远的作家之一,余华、格非他们是在一个水平线上的作家。而孙方友是传统,是笔记小说。方友的叙事语言非常简洁、准确,他在笔记小说上是下了大功夫的。因此给我一个启示,中国作家以后真正能在世界上取得一席之地的话,还要靠我们的文学传统。《中州大学学报》编审刘海燕说,孙方友先生是在艰难世事中走过来的生活型作家,那些艰难没有使他的内心变暗,反而成就了他的豁达和坚韧,在作品中,他的那些人物在特殊境遇下总能爆发出惊人的人格力量。他的作品里没有毒气,人穷困、逆境之后没有那种畏缩、报复、怨恨的心理。今天的小说普遍缺少这些——道义和男子汉精神。这是一;第二,他写的是真正的民间,民间艺人、民间艺术、民俗故事。随着全球化的进程,像孙方友先生小说里的这种民间性的东西将会越来越少,作家将失去写作的地域性资源,成为一个无根的写作者;第三是在叙事上,孙方友先生不仅传承了地道的中国艺术精神,他的人生历练和文化底蕴也浸透在了这艺术节奏里。这也是他的独特和不可模仿之处。以上三点也是今天我们珍惜这个作家的部分原因。这三点构成了孙方友小说在当代的意义。

六、对《陈州笔记》研究的不足

何向阳说,中国当代文学评论界,从某些方面来讲,可以说对孙方友的评价存在着严重低估的现象。无论是《小镇人物》还是《陈州笔记》,他写到的一些职业、行业现在已经流失了,一些农耕文明或者是前农耕文明时代,都被他用文学的形式存留下来;还有一些阶层、一些行业里的人物,像民间的私塾、师爷、轿夫、车夫、保镖、邮差、油匠,等等,这些职业在当下的生活里已经找不到了,但他通过文字把曾经生活在我们身边的小人物留存下来,在文学史上给他们一个位置,我觉得这是一个作家的责任。我觉得方友其实有一个大的雄心,就是在陈州这样一个邮票大小的地方,成就他的一个文学王国。事实也是如此,他对中国民间文化,对中国民间精神,我们文化传统当中非常好的核心价值,通过一个个人物都做了一个评定。所以,我觉得对于方友的研究,其实跟他的创造是不匹配的,我们没有很好地去研究他的创作精神,他的创作精神就是对我们民族价值观的承担。再过五十年、一百年,到那时我们的后代再研究 20 世纪的中国,研究中国的小镇,《陈州笔记》就会从社会学、人类学、文化学、民俗学等各个方面呈现出不可替代的价值与意义。

李静宜说,从创作层面看,《陈州笔记》确实凝聚了方友一生的心血,前后创作的历程,整整三十年,二百六十多万的字数,近八百篇,涉及数个朝代近百余年的历史。现在,当我们回望《陈州笔记》系列作品时,它在创作规制和影响上,已是文坛一个不可忽视的强大的存在。关于方友的《陈州笔记》,包括《小镇人物》,对于它的评价,对于它的意义和价值,我们以前的认识是很不够的。刘庆邦说,文坛对方友的创作成就低估,这种情况好像不是个别的,因为现在中国文坛作家这么多,或者说评价系统、评价标准这么分散,对很多作家评价都不够。不仅是对于方友兄,对于他的弟弟墨白,我觉得也是这样。我觉得墨白的创作成就在整个中国文坛也是一等的,我们文坛对墨白的创作也是重视不够。我们不能等一个优秀的作家远离我们之后,再来追忆他,再来表述我们的遗憾。我希望在座的作家、媒体、评论家,多关注墨白的创作,除了他创作的先锋精神,他在文学评论上的造诣成就也很高,不说别的,看一看《陈州笔记》里墨白给方友写的序言,就知道墨白不仅是在创作上取得了很高的成就,在文学评论上也有成就。杨晓敏说,对作家与作品,历来就有两个互补的或弥合的评价体系共同存在着,一是我们常说的体制内或曰主流,二是民间或曰文化读写市场。事实上,当下的一些文学评判机制在指导或引领文化读写市场方面是乏力的。而孙方友在老百姓的读写中影响很大,这个体系就是庞大的读者群,社会各界读者一直对方友的作品情有独钟,有着追星一样的热情。从这个意义上讲,也可以说作家孙方友并没有被低估、被冷落和被边缘化。方友去世一年多,能够连续召开三次作品研讨会,可见正在被重视起来,因为一个优秀作家和有价值的作品是不会被轻易忘记的。

七、"文学陈州",是独一无二的文化地标

刘庆邦说,方友通过他的书写再造了陈州,使陈州成了中原乃至中国文化的一个名片。我觉得这一点至少应该引起陈州也就是淮阳现在领导的一个高度重视。方友的小说,包括方友本人,绝对是陈州的一个名片,值得很好的宣传。诗人、散文家冯杰说,在去年孙先生逝世一周年的会议上,我提到一个文化坐标的问题,大家议论要建一个"孙方友纪念馆"。我去过淮阳,淮阳非常重视文化,但是缺少一个孙方友纪念馆。这么大一个作家,在淮阳应该是百年难遇吧,是巨大的财富。河南文学界的同人希望孙方友先生的故乡能给这位笔记小说巨匠建一个纪念馆,就像我们在提到萧红时,马上就能想到呼兰;提到凤凰时,马上就想到沈从文。希望我们以后提到淮阳,就会想到孙方友;提到孙方友,就能想到淮阳。

刘海燕说,孙方友先生讲述了陈州民间数百个像野草一样鲜活的各类人物,今天作为作家的他,也成了陈州的一个传奇人物。由于孙方友作品的广为传播,"颍河镇""陈州"已被并将被国内外众多读者所记忆和神往。随着全球一体化进程的深入,一代代陈州人的生活行将消失。因此,作为方友先生的同乡,我很盼望在家乡的土地上,筹建孙方友文学纪念馆,让人们通过这独具的有历史景深的文学景观,来了解这片土地上的地域文化。

周口市作协主席柳岸说,《陈州笔记》是方友兄用文学对淮阳、古陈州的人物故事、风土人情的一个全景式的展现;《陈州笔记》给世人提供了一个认知陈州的窗口。方友兄去世以后,有一个在解放军报社任职的同乡,他写了一篇纪念文章,叫《故乡的笔名》,这笔名就是方友兄和墨白笔下的故乡颍河镇。他说

出了我的感觉,我觉得《陈州笔记》就是淮阳的名片。陈州这个词其实有丰富的文化内涵,陈州的出名是从《老包下陈州》这出戏开始的,但是世人真正了解陈州、知道陈州的风土人情是来自方友兄的《陈州笔记》。所以我觉得方友兄对陈州的贡献、对淮阳的贡献是不可估量的,很多专家都说要建孙方友纪念馆,作为同道,作为淮阳周口作家的代表,我把这个声音带回去。希望孙方友纪念馆能够早日在淮阳落成,这是我们大家共同的心愿。

吴长忠书记对此非常赞同,他说,这是大事,是文化与精神传播,当地政府应该重视,把孙方友纪念馆建好。

河南省文学院院长、评论家何弘主持了研讨会,为了这次研讨会,何弘院长还特意撰写了一副对联:

  智里显诚原来作文既做人
  小中见大因之传奇得传世

落款是:孙方友先生为人机智而存其诚恳故能成大境界;其笔记小说别开生面文坛业内称其小说王。何弘最后说,这是为将来的孙方友纪念馆准备的。这么多作家、评论家来到郑州是要成就一件大事,就是把这个纪念馆建好。《陈州笔记》已经成为淮阳的一个名片,我相信淮阳能够很好地把这个资源利用起来。方友和墨白弟兄是一面旗帜,希望能传递下去。

原载《莽原》2015 年第 6 期

作品年表

孙方友年谱

江媛收集整理

1889 年(清光绪十五年)

　　祖父孙传智出生。这一年的 5 月 15 日,孙家的产业同六千余间民房毁于一场大火,这年的夏季,又因颍河决堤引起瘟疫,孙家乘船从周家口沿颍河东迁四十里,落户颍河北岸的新站镇,也就是后来孙方友《陈州笔记》里的颍河镇。

1928 年(中华民国十七年)

　　4 月 13 日,父亲孙多喜出生。

1931 年(中华民国二十年)

　　8 月 2 日,母亲王学芝出生。

1949 年,出生

　　9 月 9 日(农历闰七月十七),孙方友出生于河南省淮阳县新站镇。父母育有四男三女,孙方友为家中长子,乳名金钟。

1956 年,7 岁

　　11 月 12 日(农历十月初十),三弟孙郁(墨白)出生。
　　12 月,家中不慎失火,倾家荡产。

1957 年,8 岁

　　初春,入新站小学读书。

1960 年,11 岁

　　祖父孙传智去世,享年 71 岁。祖父以打烧饼为生,一生育有三子一女;孙方友的父亲排行第三。

1963 年，14 岁

初春，入淮阳县第七中学读书。

1966 年，17 岁

11月，随第七中学红卫兵连队，与二弟孙方朋一起到北京，在天安门广场随成千上万的红卫兵受到毛泽东的接见，随后南下到湖北、湖南等地进行大串联。

同月，父亲孙多喜因"四清"运动的经济问题被捕入狱。

1967 年，18 岁

初春，回乡务农，参加新站公社毛泽东思想宣传队。

6月，父亲被判刑三年，送黄泛区农场劳教。

1969 年，20 岁

在豫剧《红灯记》中饰演鸠山，在《白毛女》中饰演穆仁智。

1972 年，23 岁

初春，前往新疆察布查尔谋生，在九个月的"盲流"生活中，干过深山伐木、窑场打土坯、卖冰棍等多种营生。

1975 年，26 岁

初夏，入淮阳县毛泽东思想宣传队，自编自演相声《怒困孔丘》，参加周口地区会演，后去郑州市参加演出。

11月，结婚。妻子曾宪兰(1949—)，农民，河南省商水县黄寨镇小集村人。

12月，拜访在淮阳五七干校劳动的侯宝林先生，开始学说相声。

1976 年，27 岁

春天，在淮阳太昊陵结识作家郑克西，开始接触西方文学、学习小说创作。

夏天，参加周口地区曲艺创作班，创作山东快书《找花镜》，后被河南人民出版社编选的曲艺集《新风歌》收录。

12月，儿子孙义华出生。

1977 年,28 岁

春天,入淮阳县公路段宣传队做临时工,一边修路一边演出自编自演的相声、山东快书等曲艺节目。

1978 年,29 岁

9 月,回到新站公社,在文化站任文化专干。

10 月,短篇小说处女作《杨林集的狗肉》在《安徽文艺》第 10 期发表。

1979 年,30 岁

在文学期刊《奔流》第 1、7 期,《郑州文艺》第 2、4 期分别发表小说。

5 月,女儿孙青瑜出生。

12 月,参加《郑州文艺》举办的"小说征文"研讨会,与会的作家、评论家有张斌、李佩甫、鲁枢元等。

山东快书《找花镜》被《河南三十年曲艺选》收录。

1980 年,31 岁

1 月,加入中国作家协会河南分会,在郑州参加河南农村题材座谈会。

9—11 月,在郑州参加河南首届小说学习班。

12 月,随学习班成员前往云南、四川、上海等地采风。

1981 年,32 岁

在《北京文学》《飞天》等文学期刊发表小说。

短篇小说《颍河风情录》获《百花园》优秀作品奖。

1982 年,33 岁

在《百花园》发表短篇小说《颍河风情录》。

4 月 20 日—5 月 20 日,参加河南人民出版社在兰考仪封园艺场举办的中篇小说笔会。

10 月 21 日—10 月 25 日,参加河南省作家协会文学创委会成立的座谈会。与会的作家、评论家有于黑丁、何南丁、张一弓、吉学霈、张宇、李佩甫、鲁枢元等。

小小说《布袋儿哥》获《文学报》命题作文二等奖。

1983年,34岁

《颍河风情录》获《百花园》1982年优秀作品奖。

11—12月,参加河南青年作家读书班。

1984年,35岁

1月6—10日,在郑州参加河南省作家协会、《奔流》、《莽原》杂志联合召开的小说创作研讨会。

4月17—22日,参加河南省作家协会在洛阳举办的全国农村题材小说座谈会。

5月,短篇小说《布袋儿哥》获上海《文学报》命题小说奖。

6月28—30日,参加《莽原》杂志举办的中篇小说座谈会。

10月15—30日,参加《奔流》杂志举办的南阳淅川笔会,游览武当山。

短篇小说《颍河风情录》被《河南作家优秀作品选》收录。

1985年,36岁

1月,加入中国共产党并被河南省人事厅破格录用为国家正式干部,调入淮阳县文联。

4月,参加河南省作家协会在洛阳安乐窝举办的小说笔会。

7月1—15日,参加《河南日报》在郏县举办的小峨眉笔会,与会的有张一弓、郑彦英、齐岸青等。

12月10—14日,参加河南省作家协会评论、小说座谈会。

在《莽原》杂志第5期发表中篇处女作《荒漠的精灵》。

1986年,37岁

4月15—30日,参加《河南日报》举办的汝河笔会。

《传奇文学选刊》第4期转载中篇小说《复仇》。

7月24日—8月2日,参加《奔流》杂志举办的鸡公山笔会。

10月6—18日,参加第二届黄河笔会,由黄河流域八省市代表参加,与会作家有韶华、马烽、孙谦、张炜、李敬泽、郑义、蒋韵、李贯通等。

11月上旬,参加《奔流》在商丘召开的创作笔会。

在文学期刊《莽原》《飞天》分别发表中篇小说《旱魔》《盲流》。

1987年,38岁

在《人间》杂志发表中篇小说《艺术"皇冠"》,在《安徽文学》《北京文学》等刊发表短篇小说。

小小说《豹尾》被《小说月报》《小小说选刊》等刊转载,并被人民文学出版社《1987年全国短篇小说选》《全国优秀小小说选》收录。

1988年,39岁

在《飞天》《莽原》《小说家》《东京文学》文学期刊分别发表《白家酒馆》《罢卖》《黑盲》《古镇风流案》四部中篇小说。

新笔记小说《捉鳖大王》获《小小说选刊》1987—1988年全国小小说优秀作品奖。

短篇小说《豹尾》被河南电视台改编成同名广播剧。

1989年,40岁

在《星火》杂志第2期发表笔记体小说《蚊刑》,随后被《小说选刊》等多家期刊转载,并被多种选本收录。

小小说《谎言》获河南省报纸副刊作品三等奖。

新笔记小说《邮差》获《百花园》全国小小说大奖赛二等奖。

8月24日,大伯父孙多阳(1916—1989年)在新疆石河子去世。大伯父早年被抓壮丁加入国民党部队,1948年投诚解放军,1949年后赴新疆建设兵团垦边,一生养育七女一子。

1990年,41岁

3月14日,参加河南省文联举办的小说创作座谈会。

4月25日—5月2日,参加《小小说选刊》在信阳举办的汤泉池笔会。

在《钟山》杂志第5期发表中篇小说《虚幻构成》。

新笔记体小说《女匪》《追魂》《花船》分别被《小小说选刊》《小说月报》《传奇文学选刊》等刊转载。

《女匪》获《小小说选刊》1989—1990年全国小小说优秀作品奖。

1991年,42岁

6月14日,《传奇文学选刊》杂志社在郑州召开孙方友作品分析会。

新笔记体小说《海爷》《神偷》《泥兴荷花壶》被《小小说选刊》转载。
短篇小说《周妇联》由河北电视台改编成电视剧在中央台播出。
小小说《扶贫》获河南省报纸副刊作品二等奖。
小小说集《女匪》由广西民族出版社出版。

1992 年,43 岁

首次以《陈州笔记》为名发表新笔记体小说。
《莽原》杂志第 3 期辑"兄弟专辑",发表孙方友中篇小说《生活是太阳》、墨白中篇小说《仲夏小调》。
在《花城》杂志第 5 期发表中篇小说《谎释》。
6 月 3—8 日,参加鸡公山宋河笔会。
新笔记体小说《一笑了之》《鬼屁》《壮丁》《血祭》等分别被《小说月报》《小小说选刊》等刊转载。
新笔记小说《雅盗》获 2003 年度湖南省报纸副刊作品年赛银奖。
新笔记小说《产婆》获《中国红十字报》优秀作品奖。
新笔记小说《黑店》获中国微型小说学会 2011 年度优秀作品二等奖。
《捉鳖大王》《女匪》被《小小说百家代表作》收录。
小小说集《女匪》再版。

1993 年,44 岁

初春,同三弟墨白一起,举家从新站镇搬往周口市。
新笔记体小说《飞贼》《雅盗》《狱卒》《哨兵》《狼狗》《冷秋》《牛黄》《旗袍》,中篇小说《寿州街奇案》,短篇小说《陈州刺客》等分别被《小说月报》《小小说选刊》《作家文摘》《传奇文学选刊》等刊转载。
新笔记体小说《绑票》《女匪》《神偷》被人民文学出版社《1992 年全国短篇小说选》《中国大陆微型小说家代表作》《微型小说二人谈》等选本收录。
《泥兴荷花壶》获《小小说选刊》1991—1992 年优秀作品奖。
新笔记体小说《牛黄》获《微型小说选刊》2006 年度优秀作品奖。
小小说集《女匪》第 3 版。

1994 年,45 岁

1 月,小说集《刺客》由河南人民出版社出版。
9 月 1—4 日,参加北京首届当代小小说作品讨论会,与会的作家有王蒙、林斤澜、叶楠、周大新、阎连科、杨晓敏、墨白、吴泰昌、胡平、李洁非、吴然等。

在《人民文学》《长江文艺》《山西文学》《东海》《春风》《广州文艺》等刊发表短篇小说二十余篇和一部中篇小说。

新笔记体小说《哨兵》《陵长》《白大》《守墓》《残梦》《麻嫂》《水妓》《守墓》、短篇小说《临街茶坊》等分别被《作家文摘》《小说月报》《中华文学选刊》《小小说选刊》《传奇文学选刊》《小小说月报》转载。

《山魂》译成英、法文，发表在《中国文学》第1期。

《临街茶坊》被人民文学出版社《1994年全国短篇小说选》收录。

《雅盗》获1993—1994年优秀小小说奖。

根据《一笑了之》改编的京剧《刽子手世家》在《剧本》第8期发表，并获1994年曹禺文学剧本大奖。

《一笑了之》由徐瑛改编成花鼓戏《刽子手传奇》刊登在《戏剧春秋》1994年第2期，并由湖南省花鼓戏剧院搬上舞台，剧本获佛山戏曲大赛金奖。

电视剧本《雨夜疑案》获河南省第二届电视剧本征文二等奖。

1995年，46岁

6月，加入中国作家协会。

在《东海》《长江文艺》《北方文学》《天津文学》《作品》《青年文学》《新生界》《绿洲》《鸭绿江》等二十多家文学期刊发表《陈州笔记》系列小说，其中《蚊刑》《狼狈为奸》《针线活儿》《欢欢》《天职》《水龙张三》《国粹》《匪婆》《守墓》《富孀》《水妓》《匪婆》《奸细》《宋散》等分别被《小说月报》《小小说选刊》《作家文摘》《微型小说选刊》《传奇文学选刊》《亚洲日报》等刊转载。

新笔记体小说《雅盗》《神偷》《泥兴荷花壶》《猫王》《壮丁》《哨兵》《狱卒》《当印》等被《文豪精品》《获奖作品赏析集》《1995年全国短篇小说精选》等多种选本收录。

新笔记体小说《天职》获《百花园》全国小小说大赛二等奖。

新笔记体小说《老鸨》获《微型小说选刊》2000年度全国小小说优秀奖。

新笔记体小说《香香》获河南省报纸副刊奖。

1996年，47岁

8月，在郑州参加河南省第四次文代会。

在《天津文学》《青年文学》《当代作家》《上海小说》《山西文学》《福建文学》《作品》《中国作家》《朔方》等刊发表中、短篇小说。

新笔记体小说《侠女》《祈祷》《当印》《玩笑》《神裱》《祭台》《虎痴》《穷相》《玩猴》《刀笔》《伊文成》《仙舟》《宋散》《逃犯》《名优》《血火烧天》《圆圆》《狼狈为奸》

《满票》等分别被《作家文摘》《小说月报》《小小说选刊》《传奇文学选刊》《澳洲日报》《中国文学》（中文版）《微型小说选刊》等刊转载。

新笔记体小说《雅盗》《匪婆》《匪医》《陈州二杰》《牛黄》《刺客》《泥人王》《绑票》《泥兴荷花壶》《乔二》等被译成英、法文发表在《中国文学》第4期。

《雅盗》等八篇小说被《中国小小说精品库》一书收录。

《山魂》译成法文，被中国文学出版社出版的《小小说精选》收录。

《满票》获《微型小说选刊》首届优秀微型小说奖。

1997年,48岁

3月，小说集《孙方友小小说》由湖南文艺出版社出版。

10月，调入河南省文化厅《传奇故事》杂志社工作。

新笔记体小说《张少和》《陈州饭庄》《认亲》《打工妹菊》《买马》《吕氏修表店》《盲师》《苏大胖子》《县长过河》《一把手》《奴仆》等分别被《小说选刊》《作家文摘》《新华文摘》《小小说选刊》《微型小说选刊》等刊转载。

《绿洲》杂志第3期《当代小说家》栏目发表作品专辑。

小说《颍河风情录》《女匪》《花船》《追魂》《绑票》《赛酒》《壮丁》《泥人王》《泥兴荷花壶》分别被《河南新文学大系》《绝活：九流三教传奇大观》《河南新时期精品小说大成》等书收录。

《泥人王》《泥兴荷花壶》《雅盗》《刺客》《崔氏》译成英文，被中国文学出版社出版的《小小说选》收录。

《捉鳖大王》译成日文，被日本朝日出版社出版的《中国短小说》收录。

《乡间人物》获《福建文学》1996—1997年优秀作品奖。

新笔记小说《罗锅》获首届吴承恩小说奖。

小说集《孙方友小小说》获河南省第三届文艺成果奖。

1998年,49岁

在《天津文学》《花城》《时代文学》《小说界》《山花》《作品》《当代作家》等文学期刊发表小说。

新笔记体小说《乡间人物》《司机白光》《贪》《集文斋》《懒和尚》《陈州古董行》《刘二狗》《血灯》《澄泥砚》《罗锅》《张毛笔》《王二赶脚》《笔误》《保镖》《工钱》、中篇小说《湖光》分别被《小说选刊》《小说月报》《小小说选刊》《微型小说选刊》《传奇文学选刊》等刊转载。

小说《捉鳖大王》《女匪》《雅盗》《蚊刑》《猫王》被上海文艺出版社出版的《世界华文微型小说名家名作丛书》（中国卷）收录。

中篇小说《绿盲》《楼子船》及短篇小说《刺客》《乞婆》《狼狗》《鸟女》《壮丁》等二十篇《陈州笔记》系列被野莽先生主编的由漓江出版社出版的《绝事》系列丛书收录。

年初,三弟墨白调入河南省文学院,从事专业创作。

10月,同三弟墨白一起,举家搬往郑州。

儿子孙义华考入郑州大学。

新笔记体小说《方鉴堂》获《小说月报》《小小说选刊》联合举办的全国小小说大赛一等奖。

散文《看乡戏》获1998年《中华全国农民报》副刊好作品奖。

上下集电视剧《工人周木通》获中央电视台短剧二等奖。

小说集《孙方友小小说》再版。

1999年,50岁

4月,参加《小小说选刊》举办的当代小小说作品分析会,与会作家有吴泰昌、何南丁、杨晓敏、孙春平等。

7月17—25日,携妻子、女儿去北戴河中国作家公寓度假,同时度假的有作家王蒙、刘富道、袁一强等。

11月,参加跨世纪小小说笔会。

在《当代作家》《飞天》《天津文学》《长江文艺》《海燕》《边疆文艺》等刊发表中、短篇小说,其中《陈州烈考》《交任》《织婆》《老常》《乔县长》《苗苗》《郭先生》《雷二少》《老曾》《刺卜》《穆歧太》《丁济一》《离婚专家》等分别被《小说月报》《小小说选刊》《微型小说选刊》《青年博览》《传奇文学选刊》等刊转载。

《雷二少》《满票》《一把手》《奸细》《豹尾》等小说被《'99中国年度最佳小小说》《微型小说300家》《中国名家小小说选》等选本收录。

新笔记体小说《丁济一》获《传奇故事》一等奖。

新笔记体小说《陈州烈考》获《鸭绿江》优秀作品奖。

2000年,51岁

在郑州参加当代小小说繁荣与发展研讨会,与会的作家、评论家有翟泰丰、吴泰昌、孙荪、杨晓敏等。

在《花城》《鸭绿江》《大家》《朔方》《雨花》《时代文学》发表中、短篇小说及散文作品,其中《玉嫂》《老鸢》《河边的错误》《误区》《亮嫂》《买马》《甜甜》《绝响》《范宗翰》《老袁》《韩广元》《女票》《被子的麻烦》《会文山房》《卢团长》《黄参谋》《于老六》《蒋宏岩》《画家姚昊》等被《微型小说选刊》《小小说选刊》《短篇小说选刊》《作家文摘》等报刊转载。

小说《亮嫂》《狗祸》《匪先生》《女票》《老鸹》《当印》等分别被《新世纪文学作品选》《全国优秀短篇小说选·2000》《2000中国年度最佳故事》《2000中国年度最佳小小说》《中国最精彩小说68篇》等选本收录。

《女票》获《小小说选刊》1999—2000年度全国小小说优秀作品奖，获《微型小说选刊》2000年度全国微型小说优秀作品奖。

电视短剧《工钱》获第二十届"飞天"短剧奖。

短篇小说《南豫周》获《章回小说》优秀作品奖。

电视连续剧《鬼谷子》（十八集）在河南开机拍摄。

2001年，52岁

4月21—23日，参加青岛小小说笔会。

4月，中短篇小说集《水妓》由长江文艺出版社出版。

5月，在郑州参加河南省第五次文代会。

6月24—26日，参加安徽古井小小说笔会。

9月10—13日，参加宁波当代小小说研讨会。

小说《荒劫》《奇破》《鳖厨》《霸王别姬》《保镖》《票友龙三》《传奇·传记》《云龙端砚》《龙马负图》《追赶楼子船》《误区》《王货》等分别被《小小说选刊》《小说精选》《短篇小说选刊》《微型小说选刊》等刊转载。

《泥人王》等十篇《陈州笔记》系列小说被《俗世奇人》一书收录。

小说《霸王别姬》《王货》《满票》《一把手》《雅盗》《女票》《泥兴荷花壶》《捉鳖大王》《女匪》《工钱》《风箱》《玩猴》等分别被《老手工、老器物》《走出沙漠》《世界微型小说经典（中国卷）》《小小说获奖作品精选》《中国二十世纪微型小说精选》《2001年中国微型小说精选》《2001中国年度最佳小小说》《世界华文微型小说双年选》等选本收录。

电视连续剧《衙门口》（二十四集），在河北定州市开拍。

《霸王别姬》获上海微型小说学会首届小说大奖第一名，获《百花园》2001年读者评选优秀奖。

2002年，53岁

4月16—18日，参加《山海经》杭州笔会。

4月18—20日，参加北京当代小小说颁奖及研究会，与会的作家、评论家有王巨才、张胜友、何镇邦、丛维熙、贺绍俊、阎纲、胡平、牛玉秋、季红真、杨晓敏等。

荣获小小说 36 颗星座奖。

《女票》《女匪》等四篇"陈州笔记"被加拿大黄俊雄译成英文,被《中国小小说》收录。

小说《乔局长》《重逢》《曾老板》《钱学孔》《安主任》《麻队长》《曾老板》《雷家炮铺》《李佑三》《大狗》《新娘彩彩》《戏奸》《炮兵白社》《刘义伦》《追赶楼子船》等分别被《作家文摘》《小小说选刊》《微型小说选刊》《传奇文学选刊》《传奇·传记》等刊转载。

新笔记体小说《霸王别姬》《女票》《工钱》《皮袄》《乌桕》《被子的麻烦》《满票》《一把手》《戏奸》《丹菊》《钱学孔》、中篇小说《古刹牒影》分别被《当代小小说名家珍藏》《微型小说佳作赏析》《小小说选刊精品选》《微型小说 200 篇佳作赏析》《2002 年中国微型小说精选》《2002·中国年度小小说选》《2002 年中国最佳故事选》等选本收录。

《霸王别姬》获《小小说选刊》2001—2002 年全国小小说优秀作品奖。

《缅甸玉镯》获全国故事奖。

新笔记体小说《重逢》获《当代小说》2002 年小小说大赛二等奖。

新笔记体小说《新娘彩彩》获《章回小说》优秀作品奖。

10 月,调入河南省文学院,从事专业创作。

长篇小说《鬼谷子》由河南文艺出版社出版。

2003 年,54 岁

4 月 15—18 日,参加《山海经》杭州笔会。

6 月,二伯父孙多顺(1922—2003 年)去世。二伯父生前是新站工会的搬运工人,一生育有三子二女。

12 月 19—23 日,参加黑龙江哈尔滨冰雪节笔会,与会的作家有聂鑫森、石钟山、野莽、孙春平、阿成、王立纯、白天光等。

在《钟山》《收获》《清明》等文学期刊发表中、短篇小说。

新笔记体小说《探监》《神秘》《马老四》《方鉴堂》《竹匠铺》《刺客》《美人展》《彩彩》《银元的启示》《墓谜》分别被《小小说选刊》《微型小说选刊》《民间故事选刊》《传奇·传记》《传奇文学选刊》等刊转载。

《安主任》《大洋马》等八篇《小镇人物》系列被《2002 中国小说排行榜》收录。

小说《误区》《老鸢》《工钱》《霸王别姬》《亮嫂》分别被百花洲文艺出版社出版的"家庭""讽刺""幽默""哲理"丛书收录。

新笔记体小说《神偷》《龙泉剑》《刺客》《侠女》《崔氏》《袁世凯葬母》《探监》《大茶壶》《旗袍》《重逢》《女匪》《满票》《霸王别姬》《越王剑》《彩彩》《绑票·救

票·劫票》《毛孩儿》《韩广太》分别被《中国当代小小说排行榜》《中国武侠微型小说选》《2003·中国最佳小小说》《2003年中国微型小说精选》《2003中国最佳故事》《新时期微型小说经典》《语文大阅读》《中国微型小说排行榜·2002》《〈章回小说〉获奖作品集》《微型小说2003佳作》等选本收录。

《绑票·救票·劫票》获《章回小说》首届短篇小说奖。

《医生 国宝 强盗》《新娘彩彩》获《章回小说》首届小小说奖。

《重逢》获上海微型小说学会第二届全国微型小说一等奖。

小说集《孙方友小小说》获河南省第三届文学艺术优秀作品奖。

获《小小说选刊》首届金麻雀奖,同届获奖的作家有王蒙、冯骥才、林斤澜等。

新笔记体小说《赵章》获中国微型小说学会第三届优秀作品一等奖。

长篇小说《衙门口儿》由北京现代出版社出版。

儿子孙义华考上中国刑侦学院。

女儿孙青瑜评论文章处女作在《南方文坛》第2期发表。

《山魂》译成捷克文,被《中国寓言和小小说精选》收录。

2004年,55岁

4月17—21日,在郑州参加《小小说选刊》龙湖笔会。

6月24日—7月4日,在杭州中国创作之家度假,同时度假的有作家阿成等。

7月,中短篇小说集《贪兽》由群众出版社出版。

9月16—19日,在上海参加中国微型小说第五届年会。

11月12—18日,参加《今古传奇》张家界笔会。

在《收获》《钟山》《雨花》等文学期刊发表新笔记体小说《小镇人物》系列。

新笔记体小说《马家茶馆》《朱麻子》《李明望》《红女》《胡家烧饼》《老马》《韩广太》《牛黄》《鳖厨》《吴布衣》《龙妹》《杨子发屋》《罗锅》《重逢》《产婆》《打手》《晴晴》《雪碧》《名优》《老吉》分别被《小说选刊》《短篇小说选刊》《微型小说选刊》《小说精选》《作家文摘》《小小说选刊》等刊转载。

小说《罗汉床》《幽您一"默"》《竹匠铺》《宝珠》《神断》《黑店》《王二赶脚》《鸟柏》《奇破》《戏奸》《霸王别姬》《蚊刑》《探监》《重逢》《打手》《晴晴》《越王剑》《他为什么出走》等分别被《中国小说排行榜·2003》《中国推理侦探微型小说选》《中国当代微型小说排行榜》《微型小说鉴赏辞典》《中国精短小说名家经典》《微型小说佳作欣赏》《2004年中国微型小说精选》《2004·中国微型小说》《2004中国最佳故事》《2004·中国最佳小小说》等选本收录。

长篇小说《女匪》在《周口晚报》《今日安报》上连载。

孙青瑜的小说处女作在《安徽文学》第5期发表。

小小说集《女票》被《中国名家小小说自选集》收录,由河南文艺出版社出版。

2005年,56岁

1月,小说集《虚幻构成》——"中国作家档案"第一辑由云南人民出版社出版,分别收录韩少功、史铁生、苏童、叶兆言、野莽、刘恪、邱华栋、温亚军、石钟山等十人作品,各一卷。3月16日,在北京召开新闻发布会。

4月17—21日,在杭州参加《山海经》笔会。

5月8—28日,广东湛江师院组织网络"孙方友微型小说研讨会"。

8月10—12日,与作家聂鑫森、谈歌等应邀参加武汉举办的悬念小说研讨会。

9月15—30日,与墨白、李洱、杨东明、蓝蓝、侯钰鑫、何弘等作家前往法国、德国、意大利、荷兰、比利时、奥地利、卢森堡、梵蒂冈等国旅行。

9月,小说集《女票》由花山文艺出版社出版。

在《钟山》《大家》《芙蓉》《北京文学》《长江文艺》《雨花》《北方文学》等刊发表小说,其中《画谜》《商幌》《尚仁枫》《贾知县》《赵章》《雷家炮铺》《刘家果铺》《毛西海》《崔书记》《老马》《老二和他的女人》《接电话》《王嫂》《枣泥藕》分别被《短篇小说选刊》《微型小说选刊》等刊转载。

小说《女匪》《女票》《神裱》《狱卒》《狼狈为奸》《霸王别姬》《猫王》《当印》《龙泉剑》《马老四》《神秘》《打手》《刘老克》《邵投递》分别被《百年百篇经典微型小说》《小小说典藏品》《心灵的颤音②生命的五个恩赐——感动中学生的100篇微型小说》《廉政小小说》《精品小小说》《收获2004年短小说选》等选本收录。

《他为什么出走》获中国微型小说协会第三届优秀作品一等奖。

短篇小说《撕碎了让你看》获全国乡镇企业短篇小说大奖赛第一名。

《侃爷》《贾知县》《赵章》获《小小说月刊》"擂主奖"。

新笔记体小说《贾知县》获中国微型小说学会第四届优秀作品奖。

2006年,57岁

4月,小说集《美人展》由河南文艺出版社出版。

11月7—14日,在北京参加中国作家协会第七次代表大会。

在《收获》《大家》《钟山》《小说界》《长江文艺》《雨花》《时代文学》《绿洲》《福建文学》等刊发表小说,其中《奇案叙述》《匪校》《牛黄》《阴影》《坏瓜》《桂嫂》《陈州秀笔》《意外》《女票》《狱卒》《黑店》《猫王》分别被《小说选刊》《微型小说选刊》《小说月刊》《传奇·传记》等刊转载。

新笔记体小说《雷老昆》荣登中国小说学会 2006 年度排行榜,获中国微型小说学会第五届优秀作品一等奖。

小说《接电话》《大人物》《玉嫂》《牛黄》《阴影》《坏瓜》《意外》《母爱》分别被《2005 年微型小说》《2005 年军事小小说》《2005 年中国微型小说精选》《2006 年中国微型小说精选》《2006 中国最佳故事》《2006 微型小说》等选本收录。

短篇小说《乡村睡猫》获《人民文学》《小说选刊》《莽原》《佛山文艺》新农村小说创作奖。

获《章回小说》"2000—2006 年功勋作家"称号。

2007 年,58 岁

4 月 5—8 日,参加河南省第六次文代会。

6 月,小说集《各色人等:孙方友精短小说选》由群众出版社出版。

9 月,参加河南省影视家协会第五次代表大会。

在《广州文艺》《作品》《长江文艺》《佛山文艺》《天津文学》《山东文学》《章回小说》《文学界》《延河》等刊发表小说,其中《李八少》《童票》《女保镖》《乔局长》《神裱》《意外》《打手》等分别被《微型小说选刊》《小小说选刊》《北京文学·中篇月报》《青年文摘》《传奇·传记》等刊转载。

小说《童票》《雷老昆》《鸟柏》分别被《2007 年中国微型小说精选》《2006 中国小说排行榜》《世界华文微型小说精选(中国卷)》等选本收录。

长篇小说《红色基因》列入中国作协 2007 年重点作品扶持项目。

获《人民文学》《小说选刊》《莽原》《佛山文艺》举办的"新乡村小说"征文奖,与作家迟子建、麦家、魏薇、徐则臣、谢有顺等人到香港采风。

小说《牛黄》获 2006 年《微型小说选刊》优秀作品奖。

小说《雷老昆》获中国微型小说 2006 年一等奖。

小说《罗锅》获首届吴承恩文学奖。

2008 年,59 岁

1 月,新笔记体小说《陈州笔记》八卷《墨庄·花船》《仙乐·青灯》《鬼屁·穷相》《雅盗·神偷》《蚊刑·媚药》《刀笔·绝响》《血灯·追魂》《花杀·狩猎》由河南文艺出版社出版。

7 月,河南省作家协会、河南省文学院、河南文艺出版社联合召开《陈州笔记》研讨会。

8月15—22日,同作家墨白、诗人马新朝等赴俄罗斯旅行。

10月,在北京参加河南作家与新浪网的签约仪式。

12月,参加第七届世界华文微型小说学会在上海举办的年会。

在《当代》《莽原》《作品》《长江文艺》《天津文学》《青岛文学》《山东文学》《绿洲》《广西文学》《时代文学》《佛山文艺》《雨花》等刊发表小说,其中《吴嫂进城》《刀笔》《墨庄》《花船》《神偷》《雅盗》《官抬》《肉盾》《更夫老仝》《满票》《瞎老虎》分别被《中华文学选刊》《中篇小说月报》《微型小说选刊》等刊转载。

小说《捉鳖大王》《蚊刑》《女匪》《雅盗》《工钱》《赵铁头》《施玉路》《老冯》《宫老师》《卢家干店》《杨春暖》《亨得利钟表店》《宝簪》《张大头》《意外》《神裱》《征联》《女保镖》《赵驴儿》分别被《中国新文学大系·微型小说卷》《2008年中国微型小说精选》《中国最佳小小说2008》《2008中国微型小说年选》《2008中学生最喜欢的100篇微型小说》《2008中学生最喜欢的100篇故事》《羊城晚报花地50年作品选》《最适合中学生阅读的小小说年选》《最适合中学生阅读的微型小说年选》《2008年值得中学生珍藏的100篇故事》等选本收录。

新笔记小说《王娟》获首届"月季杯"文学征文二等奖。

长篇小说《女匪》在《长江文艺增刊·春季号》发表。

2009年,60岁

9月,参加台湾中华文化薪传奖颁奖座谈会。

11月,新笔记体小说《小镇人物》六卷《名伶》《巫女》《重逢》《打手》《鞋铺》《白狗》由河南文艺出版社出版。

在《北京文学》《天津文学》《当代小说》《小说林》《长江文艺》《雨花》《西湖》《广西文学》《四川文学》等刊发表小说,其中《瞎侃》《穆斯林饭店》《耿雪奥》被《微型小说选刊》转载,中篇小说《把梳子卖给和尚的几种理由》被《中篇小说月报》转载。

小说《雷老昆》《王洪文》《关学亮》《黑婆婆》《亮嫂》《永康粮号》《吕紫阳》《满票》《女票》《雅盗》《霸王别姬》《修真庵》《泥兴荷花壶》《胡泊三》《李老华》《田家炮铺》《刀笔》《国粹》《女匪》《蚊刑》《王二赶脚》等分别被《〈收获〉50年精选系列·短篇小说卷二》《最具阅读价值的小小说选》《精美小小说读本》《中国微型小说300篇》《中国小小说300篇》《精美微型小说读本》《最值得珍藏的小小说选》《感动农民的68个悬念故事》《中国当代小小说大系》《60年小小说精选》等选本收录。

成为《绿洲》杂志第9期的"封面作家"。

《陈州笔记》(八卷本)获河南省第五届优秀文艺成果奖特等奖。

创作完成电视连续剧《濮家班》(三十集)。

2010 年,61 岁

3月20—22日,参加微型小说高端论坛会议。

3月18日,《文学报》发表《孙方友:卖过冰棍的作家》。

5月因心脏极度不适,做CT检查后发现心脏血管大面积糊状钙化。

5月,小小说集《冷面杀手》由吉林出版集团出版。

7月和全家人去北京埠外心血管医院看病。

11月22—25日,参加在郑州举行的"2010年中原作家论坛"。

11月30日,办理退休手续。

《当代》等杂志发表《小镇人物》系列,《时代文学》刊出"作家侧影"。

在大连《半岛晨报》开设专栏。

长篇小说《乐神葛天氏》由河南文艺出版社出版。

2011 年,62 岁

1月14日,由三弟墨白陪同,在长葛参加长篇小说《乐神葛天氏》首发式及签名售书活动。

2月9日—3月3日,因心血管梗死,抢救后,住院治疗一个月。

4月,在郑州与台湾女作家代表团会面。

4月24—28日,在郏县参加河南省首届非虚构文学创作会议。

6月9—29日,住院治疗,其间23—26日请假两天,参加第四届小小说节,获小小说终身成就奖。

8月21—25日,和老伴儿一块参加大连《半岛晨报》举办的名家笔会,同时被邀请的作家有麦家、叶兆言、陆天明、韩石山、鲍尔吉·原野、邓刚、孙惠芬、薛莉等。

11月2—17日,入院疗养。

11月15日,参加文化研究会。

在《红豆》杂志《小说主页》发表作品、资料专辑,《钟山》杂志第3期发表1989年的旧作《浪漫在瞬间》。

《小说选刊》第4期转载发表在《小说界》第1期的短篇小说《福音》。

在《小说月刊》开设专栏,发表小小说十二篇;在《半岛晨报》开设专栏,发表散文四十七篇。

散文《宋人与花》获首届"月季杯"文学征文二等奖。

6月,小小说集《富孀》(《金麻雀奖获奖作家文丛·孙方友卷》)由世界图书出版广东有限公司出版。

10月,小小说集《奸细》由河南文艺出版社出版。

2012年,63岁

4月28—30日,参加《微型小说选刊》在江西万年县召开的第二届全国笔会和排行榜颁奖会。

11月16—25日,携老伴儿、孙女淑睿去杭州作家之家度假,浏览了绍兴、乌镇、湿地、西湖等地。

8月28日—9月2日,与河南作家代表团赴北京参加第十九届北京国际图书博览会。

《十月》杂志发表《小镇人物》八题;《大家》杂志发表1995年中篇小说旧作《赵家酒馆》;《西湖》杂志发表《陈州笔记》五题,同时发表孙青瑜访谈录:《尽力把家乡写成一片原始森林——孙方友访谈》。

中篇小说《官腔》被《小说选刊》《小说月报》转载。

获《山东文学》举办的首届"郭澄清文学奖"。

获中国微型小说学会年度奖。

新笔记体小说《小镇人物》(六卷)获首届"杜甫文学奖"。

百字小说《寻找》获"金鑫杯"微型小说大赛一等奖。

6月,小说集《探监》由四川文艺出版社出版。

6月,中篇小说集《黑谷》由河南文艺出版社出版。

7月,中篇小说集《谎释》由河南文艺出版社出版。

12月,小说集《瑞竹堂》由江西高校出版社出版。

2013年,64岁

1月1日,与北京悦读文化有限公司、四川文艺出版社签订《血染的旗袍》一书的出版合同。

1月29日,百字小说《寻找》获"金鑫杯"微型小说大赛一等奖,参加了颁奖会。

2月15—25日,入院治疗。

7月19—21日,和三弟墨白、女儿孙青瑜回故乡淮阳参加"周口作家群"研讨会,与会的周口籍作家有刘庆邦、朱秀海、邵丽、赵兰振、李鑫、柳岸、李乃庆、钱良营等。

7月26日中午12时20分,因心肌梗死引发心脏衰竭,抢救无效,与世长辞。

7月28日,"孙方友先生追悼会"在郑州殡仪馆举行。省内外文艺界知名人士吴长忠、马国强、李佩甫、王文杰、方婷、李鑫、尚振山、张宇、邵丽、张志功、杨晓敏、李静宜、何弘、马新朝、张爱萍、老张斌、侯钰鑫、孟宪明、赵大河、乔叶、冯杰、宋志军、柳岸、李乃庆及家属等参加追悼会。

7月底,新笔记体小说集《俗世达人》(插图本)由河南文艺出版社出版。

8月4日,由妻子、子女和三弟墨白以及省文学界同人护送骨灰回故乡,安葬在淮阳县新站镇。

8月9日,河南省作家协会、河南省文学院、河南文艺出版社在郑州举行"《俗世达人》首发式暨孙方友先生追思会"。文艺界知名人士南丁、李佩甫、王洪应、王守国、张宇、何秋声、李铁城、刘学林、邵丽、何弘、马新朝、墨白、李静宜、崔向东、陈杰、杨晓敏、张鲜明、刘海燕、孔会侠、江媛、宋志军、柳岸、李乃庆、方亚平、李辉、乔叶、冯杰、萍子、孟宪明、赵大河、王安琪、傅爱毛、孙瑜、孙青瑜、黎延玮、奚同发、陈泽来和来自省内外的读者五十余人参加追思会。

10月,短篇小说集《打工男女》由中国工人出版社出版。

2014 年

1月18日下午5时30分,母亲王学芝辞世,享年83岁。

1月,笔记小说集《陈州银号》由四川人民出版社出版。

3月,笔记小说集《小镇奇人》由作家出版社出版。

6月,小说集《心灵的虹》由江西高校出版社出版。

7月26日,由河南省文联、中原出版传媒集团、周口市委宣传部主办,河南省作家协会、河南省文学院、河南文艺出版社、淮阳县人民政府承办的"《孙方友小说全集·〈陈州笔记〉卷》首发暨孙方友先生逝世一周年纪念会"在河南省文学院隆重举行。省文联主席杨杰,与会的作家、评论家以及来自省会高校的专家、学者、文学评论家南丁、李佩甫、郑彦英、何弘、墨白、马新朝、孟宪明、崔向东、张存威、宋志军、方亚平、郝树声、萍子、张鲜明、王志强、奚同发、冯杰、孟宪明、王剑冰、傅爱毛、张晓林、刘海燕、孔会侠、张延文、刘宏志、任瑜、江媛、潘称意、八月天、孙瑜、孙青瑜等先后发言,共有社会各界人士五十余人参加了首发式和纪念会。

7月,《孙方友小说全集·〈陈州笔记〉》八卷,由河南文艺出版社出版。

2015 年

3月2日下午2时38分,父亲孙多喜辞世,享年87岁。

3月28日,由河南省文学院、河南省作家协会、河南文艺出版社联合举办的

"孙方友《陈州笔记》研讨会"在河南省文学院举行。中国作协创研部主任何向阳、河南省文联党组书记吴长忠、《文艺报》副总编辑崔艾真、前任省文联主席南丁、前任河南省作协主席田中禾、河南省文学院院长何弘,来自全国各地的著名作家、评论家以及资深编辑周大新、刘庆邦、野莽、墨白、杨晓敏、李静宜、冯杰、王晓峰、顾建新、谢志强、尚振山、张晓林、刘海燕、张延文、刘宏志、萍子、江媛、赵富海、柳岸、陈毓、蔡楠、夏琪、张滢莹、王曦辉、奚同发、卧虎、孙青瑜四十余人皆因孙方友先生一生的辛勤创作和特立独行的文学品格,奔赴郑州,使得这场研讨会有着80年代文学会场的热诚和感动,有着重现文学精神并引领未来的召唤力。作家刘庆邦说,这个研讨会是一个历史性的,至少在研讨史上应会留下一笔。

孙方友作品年表

孙青瑜、马萱收集整理

1977 年
《找花镜》（山东快书），《新风歌》河南人民出版社 1977 年 12 月。
《找花镜》，《河南三十年曲艺选》河南人民出版社 1979 年 6 月。

1978 年
《杨林集的狗肉》（短篇小说），《安徽文艺》1978 年第 10 期。
《八仙·老摽与小抠》（短篇小说），《郑州文艺》1979 年第 2 期。
《小鸭子长大了的时候》（短篇小说），《奔流》1979 年第 1 期。
《"打磨锅""千里眼"与"窃听器"》（短篇小说），《奔流》1979 年第 7 期。
《"包办"的婚事》（短篇小说），《奔流》1979 年第 7 期。

1979 年
《买牛记》（短篇小说），《郑州文艺》1979 年第 4 期。
《心底儿》（短篇小说），《淮阳文艺》1979 年第 5 期。
《大嫂二嫂和三嫂》（短篇小说），《舞钢文艺》1980 年第 1 期。
《位置》（短篇小说），《溪流》1991 年第 1 期。
《旋涡》（短篇小说）。

1980 年
《躺在病床上的罗运广》（短篇小说），《北京文学》1981 年第 3 期。
《摔老盆》（短篇小说），《飞天》1981 年第 3 期。
《夜壶》（短篇小说），《当代小说》1988 年第 6 期。
《嫁不出去的姑娘》（短篇小说）。
《苑老典上楼》（短篇小说）。

1981 年

《梨花渡》（短篇小说），《洛神》1981 年第 3 期。

《颍河风情录》（短篇小说），《百花园》1982 年第 5 期，《他喜欢谁》中国文联出版公司 1986 年 4 月。

《三婿拜年》（短篇小说），《中岳》1982 年第 5 期。

《业余法官》（短篇小说）。

1982 年

《老井"新泉"——〈颍河风情录〉写作片语》（创作谈），《百花园》1982 年第 9 期。

《白书记的三匹辕马》（短篇小说），《躬耕》1984 年第 5 期。

《布袋儿哥》（小小说），《文学报》1984 年 8 月 23 日。

《绿色的心田》（短篇小说），《东京文学》1985 年第 6 期。

《无官一身轻》（短篇小说），《荷花淀》1990 年第 6 期。

《近水楼台》（短篇小说），《东京文学》1987 年第 6 期。

《骨肉》（短篇小说），《北京文学》1990 年第 3 期。

1983 年

《金凤凰寻宝记》（短篇小说），《泉城》1983 年第 4 期。

《获奖时刻话"晕鸡"》（创作谈），《百花园》1983 年第 5 期。

《让手中之笔越发沉重起来》（创作谈），《河南作家通讯》1983 年第 3、4 期。

《发生在骨科诊所里》（短篇小说），《飞天》1984 年第 8 期。

《戏乡闲话》（短篇小说），《奔流》1984 年第 2 期。

《架子会首与县委书记》（短篇小说），《安徽文学》1985 年第 1 期。

《下里面铺》（短篇小说），《奔流》1987 年第 12 期。

《可以清心》（短篇小说），《东海》1988 年第 6 期。

《颍河的回声》（短篇小说），《河北文学》1992 年第 1 期。

《在过去的岁月里》（短篇小说），《百花园》1984 年第 9 期。

《护堤员》（短篇小说），《东京文学》1984 年第 3 期。

1984 年

《丧事》（短篇小说），《东京文学》1986 年第 3 期。

《水银嫂盼夫》（小小说），《妇女生活》1984 年第 5 期。

《单方》(小小说),《牡丹》1984 年第 4 期。

《卖阄儿》(短篇小说),《星火》1984 年第 8 期。

《一个农民业余作者的话》(创作谈),《河南作家通讯》1984 年第 4 期。

《在业余爱好中寻找自己》(创作谈),《中国青年报》1984 年 4 月 23 日。

《绳索》(短篇小说),《奔流》1988 年第 7 期。

《父亲》(短篇小说)。

《龙卷风》(短篇小说),《河南日报》1985 年 11 月 14 日。

1985 年

《无言的花环》(小小说),《河南日报》1985 年 8 月 22 日。

《报酬》(小小说),《河南日报》1985 年 8 月 22 日。

《荒漠的精灵》(中篇小说),《莽原》1985 年第 5 期。

《复仇》(中篇小说),《飞天》1985 年第 12 期,《传奇文学选刊》1986 年第 4 期。

《奇传四则》(即《剃头佬儿》《镇西渡口》《崔先生》《倭瓜和元宝》),《奔流》1985 年第 10 期。

《架子会首与唢呐王》(短篇小说),《百花园》1987 年第 6 期,《今古传奇》2006 年第 2 期,《章回小说》2013 年第 9 期。

《老妪》(小小说),《洛神》1992 年第 1 期。

《古树》(小小说),《河南农民报》1986 年 12 月 2 日。

《野戏》(小小说),《东海》1989 年第 2 期。

《酒仙》(笔记小说),《安徽文学》1987 年第 5 期。

《面条"皇后"》(笔记小说),《安徽文学》1986 年第 4 期。

《豹尾》(小小说),《北京文学》1987 年第 7 期,《小说月报》1987 年第 10 期,《小小说选刊》1987 年第 10 期,《1987 年全国短篇小说选》《全国优秀小小说选》人民文学出版社,被河南人民电台改编成广播小说于 1987 年 10 月 7 日播出。

1986 年

《神秘的空房》(小小说),《河南日报》1986 年 4 月 10 日。

《旱魔》(中篇小说),《莽原》1986 年第 4 期。

《盲流》(中篇小说),《飞天》1986 年第 10 期。

《神枪刘》(短篇小说),《奔流》1987 年第 3 期。

《神枪刘的觉悟》,《雨花》2013 年第 6 期。

《胖大姐》(笔记小说),《安徽文学》1987 年第 5 期。

《老班长》(笔记小说),《安徽文学》1987年第5期。

1987年

《艺术"皇冠"》(中篇小说),《人间》1987年第1期。

《价值》(小小说),《安徽文学》1987年第5期。

《清与浊》(短篇小说),《朔方》1989年第1期。

《陈白脖儿与薄白脖儿》(短篇小说),《百花园》1988年第12期。

《隔膜》(小小说),《洛神》1992年第1期。

《黑匣》(短篇小说),《星火》1988年第7期。

《一步之遥》(短篇小说),《荷花淀》1991年第4期。

《大力士》(笔记小说),《河南农民报》1990年7月17日。

《牛氏配种站》(笔记小说),《山西文学》1994年第2期。

《钉子户》(笔记小说),《小镇人物·名伶》河南文艺出版社2009年8月。

1988年

《弥补》(小小说),《百花园》1988年第3期。

《神秘的玉镯》(笔记小说),《绿洲》2001年第5期,《传奇故事》2001年第6期。

《捉鳖大王》(笔记小说),《百花园》1988年第4期,《小小说选刊》1988年第10期,《小小说读者》2004年第11期,《小小说选刊》2005年增刊,《语文导报》2011年第33期,《1985—1988年全国优秀小小说选》山东文艺出版社1989年10月,《小小说作家代表作》河南人民出版社1992年3月,《世界华文微型小说大成》上海文艺出版社1992年5月,《世界华文微型小说名家名作丛编》(中国卷)上海文艺出版社1996年10月,《中国短小说》(日文)日本朝日出版社1997年3月,《小小说获奖作品精选》长江文艺出版社2001年9月,《中国新文学大系·微型小说卷》上海文艺出版社2008年11月。

《罢卖》(中篇小说),《莽原》1988年第5期。

《白家酒馆》(中篇小说),《飞天》1988年第6期。

《古镇风流案》(中篇小说),《东京文学》1988年第4、5期合刊。

《黑盲》(中篇小说),《小说家》1988年第6期。

《玉镯》(笔记小说),《百花园》1988年第11期。

《瘫匪》(笔记小说),《东海》1988年第12期,《小小说选刊》2007年第3期,《21世纪小小说精选》贵州人民出版社2012年1月,《超人气现代名家小小说·灵气》华夏出版社2012年1月,《莲雾》(日文)日本世界华文微型小说研究会

2012年6月。

《帝王星》《无辜》《帅痣》(笔记小说),《东海》1988年第12期。

《书记死因至今不明》(短篇小说),《奔流》1989年第6期,《今古传奇》2011年第5期。

《学笑》(小小说),《百花园》1989年第6期。

《看戏》(小小说),《广西文学》1996年第6期。

《狂犬》(小小说),《山丹》1996年第2期。

《炸弹姻缘》(短篇小说),《故事家》2004年第2期,《民间故事选刊秘闻》2004年第11期。

《悲秋》(短篇小说),《东京文学》1994年第6期。

《古城凶杀案透视》(短篇小说),《传奇故事》1996年第2期。

《神钓》(短篇小说),《莽原》1991年第5期。

《黄色的雾幔》(短篇小说),《河北文学》1990年第6期。

《赵一刀》(短篇小说)。

《丑女》(笔记小说),《绿洲》1998年第2期。

1989年

《蚊刑》(笔记小说),《星火》1989年第2期,《小说选刊》1989年第6期,《亚洲日报》(泰国)1995年4月27日,《世界华文微型小说名家名作丛编》(中国卷)上海文艺出版社1996年1月,《小小说选刊》2003年增刊,《中国当代微型小说精华》人民文学出版社2003年8月,《首届中国小小说金麻雀奖作品集》漓江出版社2004年5月,《中国小小说选集》(英文版)外文出版社2005年1月,《微型小说鉴赏辞典》上海辞书出版社2006年4月,《英译中国小小说选集》上海外语教育出版社2008年7月,《中国新文学大系·微型小说卷》上海文艺出版社2008年11月,《中国当代小小说大系》河南文艺出版社2009年5月,《60年小小说精选》长江文艺出版社2009年8月,《中国当代微型小说方阵——河南卷》华东师范大学出版社2010年5月,《名家名作百年经典》吉林出版集团2011年2月,《小小说30年精华本》武汉出版社2011年11月,《超人气现代名家小小说·灵气》华夏出版社2012年1月。

《古扇》(笔记小说),《星火》1989年第2期。

《谎言》(小小说),《河南农民报》1989年10月31日。

《邮差》(笔记小说),《百花园》1989年第6期。

《安官告示》(小小说),《河南农民报》1989年11月28日。

《母亲的谎言》(小小说),《河南农民报》1990年8月21日。

《轮回》(短篇小说),《莽原》1990年第6期。

《遥远的金达莱》(短篇小说),《山西文学》1992年第6期。

《女招待轶事》(短篇小说),《女子文学》1992年第8期。

《神汉》(笔记小说),《星火》1990年第4期。

《王大壮》(笔记小说),《春风》1995年第8期。

《苏大胖子》(笔记小说),《福建文学》1997年第10期,《小小说选刊》1997年第23期,《小说选刊》1998年第1期。

《陆大胖子》(笔记小说),《福建文学》1997年第10期,《小说选刊》1998年第1期。

《夏莹雪》(笔记小说),《芳草·潮》2012年第1期。

《冯大健》(笔记小说),《莽原》1993年第2期。

《离婚专家》(笔记小说),《章回小说》1999年第7期,《青年博览》1999年第12期,《现代妇女报》1999年第12期,《微型小说选刊》1999年第15期。

《神婆》(笔记小说),《散文百家》2000年第1期。

1990年

《神断》(笔记小说),《星火》1990年第2期。

《乞哥》(笔记小说),《星火》1990年第2期。

《水老鸹》(笔记小说),《作家》1990年第3期。

《女匪》(笔记小说),《百花园》1990年第4期,《传奇文学选刊》1990年第6期,《小小说选刊》1990年6期,《小说月报》1990年第7期,《十年宝典》《小小说选刊》1997年5月增刊,《小小说读者》2003年第7期,《星火》2004年第8期,《微型小说选刊》2011年第6期,《中国大陆微型小说代表作》1992年1月,《小小说百家代表作》河南人民出版社1992年3月,《世界华文微型小说名家名作丛编》(中国卷)上海文艺出版社1996年10月,《河南新文学大系》河南大学出版社1997年5月,《想象的翅膀——微型小说猜读续写》湖南师范大学出版社1999年7月,《精品小小说》西安出版社2003年8月,《中国新时期微型小说经典》长江文艺出版社2004年3月,《首届中国小小说金麻雀奖获奖作品集》漓江出版社2004年5月,《中国小小说选集》(英文)外文出版社2005年1月,《感动中学生的100篇微型小说》九州出版社2006年6月,《中国新文学大系·微型小说卷》上海文艺出版社2008年1月,《英译中国小小说选集(二)》上海外语教育出版社2008年7月,《百年百篇经典微型小说》长江文艺出版社2008年12月,《最具阅读价值的小小说选》光明日报出版社2009年2月,《中国当代小说大系》河南文艺出版社2009年5月,《最受中学生喜爱的100篇微型小说》华东师范大学出版社 2009 年 9 月,《最受中学生喜爱的微型小说全集》天津教育出版社 2011 年 1 月,《中国微型小说名家名作百年经典》吉林出版集团 2011 年 2 月,《超人气现代名家小小说·灵气》华夏出版社 2012 年 1 月,《中国微型小说名家名作经典》百花洲文艺出版社 2012 年 2 月,《一个女孩的天荒地老》地震出版社 2012 年 9 月。

《追魂》(笔记小说),《百花园》1990 年第 4 期,《传奇文学选刊》1990 年第 6 期,《小小说选刊》1990 年第 6 期,《河南新文学大系》河南大学出版社 1997 年 5 月。

《花船》(笔记小说),《百花园》1990 年第 4 期,《传奇文学选刊》1990 年第 6 期,《小小说选刊》1990 年第 6 期,《中篇小说月报》2008 年第 6 期,《微型小说选刊》2011 年第 2 期,《河南新文学大系》河南大学出版社 1997 年 5 月。

《曹记酱菜店》(笔记小说),《百花园》1990 年第 4 期。

《虚幻构成》(中篇小说),《钟山》1990 年第 5 期。

《女保镖》(笔记小说),《百花园》1990 年第 10 期,《微型小说选刊》2007 年第 12 期,《中国当代小小说作家代表作》长江文艺出版社 1993 年 12 月,《2007 最适合中学生阅读微型小说年选》北方妇女儿童出版社 2008 年 1 月。

《年关的困惑》(短篇小说),《南方文学》1996 年第 1 期。

《扶贫》(小小说),《河南农民报》1991 年 8 月 2 日。

《首奖》(小小说),《中国红十字报》1992 年第 2 期。

《困惑》(小小说),《中国作家》1996 年第 3 期。

《国粹》(小小说),《武汉晚报》1995 年 10 月 3 日,《作家文摘》1995 年 10 月 30 日,《小小说选刊》1995 年第 23 期,《中国当代小小说精品库》新华出版社 1996 年 11 月,《最值得珍藏的小小说选》光明日报出版社 2009 年 2 月。

《乡夜》(小小说),《芒种》1991 年第 1 期。

《老辙》(短篇小说)。

《一个女演员的自焚》(中篇小说),《传奇故事》1990 年第 4 期。

《泥人王》(笔记小说),《百花园》1990 年第 10 期。

《周妇联》(笔记小说),《河北文学》1991 年第 1 期,由河北电视台改编成电视剧在中央台播出。

《老转》(笔记小说),《河北文学》1991 年第 1 期。

《海爷》(笔记小说),《河北文学》1991 年第 1 期,《小小说选刊》1991 年第 4 期。

《刘汕》(笔记小说),《小镇人物·名伶》河南文艺出版社 2009 年 8 月。

《神枪手》(笔记小说),《胶东文学》1991 年第 12 期。

《摄影家》(笔记小说),《胶东文学》1991年第1期。

《狗祸》(短篇小说),《时代文学》2000年第6期,《全国优秀短篇小说年选2000》长江文艺出版社2001年1月。

《追忆的缀合》(短篇小说),《花城》2000年第2期。

《找闺女》(短篇小说),《青春阅读》2007年第7期,《朔方》2013年第5期(发表时题为《白三老汉进城》)。

1991年

《玉镯奇案》(中篇小说),《传奇故事》1991年第2期。

《刺客》(笔记小说),《星火》1991年第1期,《传奇文学选刊》1993年第6期,《中国文学》(英文版)1996年第4期,《中国文学》(法文版)1996年第4期,《民间故事选刊》2003年第8期,《民间故事选刊》2012年第4期,《小小说选》(英汉对照)中国文学出版社1997年,《绝事》漓江出版社1998年9月,《中国武侠微型小说选》上海人民出版社2003年5月,《中国小小说选集》(英文版)外文出版社2005年1月,《英译中国小小说选集(二)》上海外语教育出版社2008年7月。

《泥兴荷花壶》(笔记小说),《星火》1991年第1期,《小小说选刊》1991年第6期,《中国文学》(英文版)1996年第4期,《中国文学》(法文版)1996年第4期,《文豪精品》国际文化出版公司1995年6月,《探戈皇后集》青海人民出版社1995年8月,《中国当代小小说精品库》(秋之卷)新华出版社1996年11月,《绝事:九流三教传奇大观》中国文学出版社1997年3月,《小小说选》(英汉对照)中国文学出版社1997年,《走出沙漠》(马来西亚)马来西亚先锋企业有限公司1999年1月,《俗世奇人》甘肃文化出版社2000年,《小小说选刊获奖作品精选》长江文艺出版社2001年9月,《首届中国小小说金麻雀奖获奖作品集》漓江出版社2004年5月,《中国小小说300篇》光明日报出版社2009年2月。

《山魂》(笔记小说),《洛阳日报》1991年9月18日,《全国小小说大奖赛佳作精选》,《中国文学》(英文版)1993年第1期,《中国文学》(法文版)1993年第1期,《小小说精选》(汉法对照)中国文学出版社1996年,《中国寓言和小小说精选》(捷克文)捷克出版社2003年9月。

《狩猎》(笔记小说),《百花园》1991年第3期。

《神偷》(笔记小说),《百花园》1991年第3期,《小小说选刊》1991年第5期,《中学生阅读》1992年第5期,《微型小说二人谈》光明日报出版社1992年1月,《探戈皇后集》青海人民出版社1995年8月,《绝事》漓江出版社1998年9月,《中国当代小小说排行榜》漓江出版社2003年5月,《首届中国小小说金麻雀奖获奖作品集》漓江出版社 2004 年 5 月,《微型小说一千零一夜》百花洲文艺出版社 2012 年 3 月。

《楼子船》(中篇小说),《厦门文学》1991 年第 6 期,《绝事》漓江出版社 1998 年 9 月,《今古传奇》2010 年第 5 期(发表时题为《血溅楼子船》)。

《家书》(小小说),《百花园》1991 年第 8 期。

《捉奸》(笔记小说),《东京文学》1991 年第 4 期。

《国宝》(小小说),《四川文学》1991 年第 9 期,《中国廉政小说大奖赛获奖作品集》浙江文艺出版社 2006 年 9 月。

《乞婆》(笔记小说),《百花园》1991 年第 10 期,《绝活》中国文学出版社 1999 年 6 月。

《一笑了之》(笔记小说),《百花园》1991 年第 1 期,《小说月报》1992 年第 3 期。

《合影》(小小说),《二十一世纪》1991 年第 1 期。

《二奶奶》(小小说),《北京晚报》1992 年 1 月 2 日。

《日环食》(短篇小说),《厦门文学》1992 年第 1 期。

《心灵的虹》(小小说),《东海》1993 年第 3 期。

《冷秋》(短篇小说),《莽原》1993 年第 2 期,《小小说选刊》1993 年第 8 期。

《新婚夜话》(小小说),《山丹》1996 年第 2 期。

《守灵》(小小说)。

《萌萌》《胡屠夫》《赵书记》(笔记小说),《小镇人物·名伶》河南文艺出版社 2009 年 8 月。

《聂艳华》(小小说),《妇女生活》1992 年第 1 期。

《支书》(笔记小说),《北方文学》1992 年第 4 期。

《瘫儿》(笔记小说),《北大荒文学》1999 年第 1 期。

《名伶》(笔记小说),《草原》1993 年第 4 期。

《轿夫》(笔记小说),《当代人》1997 年第 1 期。

《双刀刘二》(笔记小说),《牡丹》1991 年第 5 期。

《疯婆》(笔记小说),《青岛文学》1995 年第 2 期,《2002 年中国小说排行榜》蓝天出版社。

《镇长》(笔记小说),《牡丹》1998 年第 1 期。

《花婶儿》(笔记小说),《春风》1994 年第 4 期。

《鱼水情》(笔记小说),《厦门文学》1992 年第 5 期。

《哨兵》(笔记小说),《东海》1993 年第 3 期,《小小说选刊》1993 年第 8 期,《作家文摘》1994 年第 62 期,《梦花集》青海人民出版社 1995 年 8 月。

1992 年

《蒲黄》《官威》(笔记小说),《百花园》1992 年第 3 期。

《陈州名医》(笔记小说),《百花园》1992 年第 3 期,《绝事》漓江出版社 1998 年 9 月。

《守墓》(笔记小说),《中国故事》1992 年第 2 期,《小小说选刊》1994 年第 11 期,《小小说月报》1994 年第 12 期,《传奇文学选刊》1995 年第 3 期。

《鬼屁》(笔记小说),《东京文学》1992 年第 1 期,《小小说选刊》1992 年第 5 期。

《赛酒》(笔记小说),《东海》1992 年第 2 期,《小说月报》1992 年第 6 期,《传奇文学选刊》1992 年第 7 期,《河南文苑英华》大众文艺出版社 1996 年,《茅台故事 365 天》作家出版社 2009 年 6 月。

《壮丁》(笔记小说),《东海》1992 年第 2 期,《小说月报》1992 年第 6 期,《传奇文学选刊》1992 年第 7 期,《小小说选刊》1992 年第 6 期,《探戈皇后集》青海人民出版社 1995 年 8 月,《河南文苑英华》大众文艺出版社 1996 年,《首届中国小小说金麻雀奖获奖作品集》漓江出版社 2004 年 5 月。

《绑票》(笔记小说),《东海》1992 年第 2 期,《小说月报》1992 年第 6 期,《传奇文学选刊》1992 年第 7 期,《中国文学》(英文版)1996 年第 4 期,《中国文学》(法文版)1996 年第 4 期,《1992 年全国短篇小说选》人民文学出版社 1993 年 1 月,《河南文苑英华》大众文艺出版社 1996 年,《绝事》漓江出版社 1998 年 9 月。

《孙方友百字小说八题》(笔记小说),《小说月报》1993 年第 1 期,《厦门文学》1993 年第 7 期。

《八斗瓜》(笔记小说),《热风》1992 年第 2 期,《获奖小说选评》北方文艺出版社 1999 年 6 月。

《雅盗》(笔记小说),《热风》1992 年第 2 期,《小小说选刊》1993 年第 4 期,《获奖作品赏析集》1995 年 8 月,《探戈皇后集》青海人民出版社 1995 年 8 月,《中国文学》(英文版)1996 年第 4 期,《中国文学》(法文版)1996 年第 4 期,《中国当代小小说精品库》(秋之卷)新华出版社 1996 年 11 月,《故事会》1997 年第 6 期,《民间故事选刊》1999 年第 1 期,《故事世界》2004 年第 3 期,《青年博览》2004 年第 5 期,《大河报》2008 年 3 月 27 日,《微型小说选刊》2008 年第 1 期,《中篇小说月报》2008 年第 6 期,《故事世界》2008 年第 8 期,《小说月刊》2010 年第 4 期,《中外童话》2011 年第 2 期,《小小说选刊》2011 年第 9 期,《文学港》2012 年第 3 期,《世界华文微型小说名家名作丛编》(中国卷)上海文艺出版社 1996 年 10 月,《小小说选》(英汉对照)中国文学出版社 1997 年,《小小说选刊获奖作品精选》长江文艺出版社 2001 年 9 月,《首届中国小小说金麻雀奖获奖作品集》漓江出版社 2004 年 5 月,《中国新文学大系·微型小说卷》上海文艺出版社 2008 年 1 月,《中国微型小说精品·2008》长江文艺出版社 2009 年 1 月,《中国小小说 300 篇》光明日报出版社 2009 年 2 月,《中国当代小小说大系》河南文艺出版社 2009 年 5 月,《中国微型小说名家名作百年经典》吉林出版集团有限责任公司 2011 年 2 月,《超人气现代名家小小说·灵气》华夏出版社 2012 年 1 月,《将神秘进行到底》地震出版社 2012 年 6 月。

《队长·支书》(小小说),《北方文学》1992 年第 4 期。

《血祭》(笔记小说),《宋河报》1992 年 6 月 18 日,《小小说选刊》1992 年第 9 期,《绝活》中国文学出版社 1999 年 6 月,《获奖小说选评》北方文艺出版社 1999 年 6 月。

《生活是太阳》(中篇小说),《莽原》1992 年第 3 期,《绿洲》2011 年第 6 期。

《寿州街》(中篇小说),《传奇故事》1992 年第 6 期,《传奇文学选刊》1993 年第 9 期(发表时题为《寿州街血案》),《章回小说》2004 年第 13 期(发表时题为《夺命码头》)。

《产婆》(笔记小说),《中国红十字报》1992 年第 7 期,《小说界》2005 年第 3 期。

《谎释》(中篇小说),《花城》1992 年第 5 期。

《黑店》(笔记小说),《东海》1992 年第 1 期,《微型小说选刊》2011 年第 11 期。

《绝招儿》(笔记小说),《东京文学》1992 年第 2 期,《绝事》漓江出版社 1998 年 9 月。

《猫王》(笔记小说),《传奇文学选刊》1992 年第 7 期,《百花园》1992 年第 8 期,《传奇·传记》2006 年第 8 期,《探戈皇后集》青海人民出版社 1995 年 8 月,《世界华文微型小说名家名作丛编》(中国卷)上海文艺出版社 1996 年 10 月,《绝事》漓江出版社 1998 年 9 月,《精品小小说》西安出版社 2003 年 8 月,《首届中国小小说金麻雀奖获奖作品集》漓江出版社 2004 年 5 月,《微型小说一千零一夜》百花洲文艺出版社 2012 年 3 月。

《飞贼》(笔记小说),《胶东文学》1992 年第 1 期,《小小说选刊》1993 年第 3 期,《绝活》中国文学出版社 1999 年 6 月。

《百字小说四题》,《厦门文学》1992 年第 8 期。

《保镖》(笔记小说),《星火》1995 年第 1 期,《微型小说选刊》1998 年第 2 期,《小小说选刊》2001 年第 21 期。

《书法家》(小小说)。

《杀妻》(小小说),《南方文学》1996 年第 2 期。

《满票》(小小说),《百花园》1995 年第 12 期,《微型小说选刊》1996 年第 12 期,《报刊文摘·解放日报》1996 年 7 月 18 日,《微型小说选刊》2008 年第 21 期,《青年文摘》2009 年第 9 期,《绝妙小小说》2010 年第 9 期,《教师博览》2011 年第 4 期,《天池小小说》2011 年第 9 期,《微型小说 300 篇》百花文艺出版社 1999 年 9 月,《故事后面的故事》海天出版社 2000 年 3 月,《中国二十一世纪微型小说精品选》新疆人民出版社,《微型小说 200 篇佳作赏析》敦煌文艺出版社 2002 年,《中国新时期微型小说经典》长江文艺出版社 2004 年 3 月,《微型小说鉴赏辞典》上海辞书出版社 2006 年 4 月,《中国小小说 300 篇》光明日报出版社 2009 年 2 月,《中国当代微型小说名篇赏析》光明日报出版社 2010 年 1 月,《最好的小小说全集》中国华侨出版社 2010 年 11 月。

《血流之向》(短篇小说),《四川文学》1993 年第 1 期。

《梦域》(短篇小说),《长江文艺》1993 年第 6 期。

《陵长》(笔记小说),《小小说月报》1994 年第 4 期,《小说月报》1994 年第 4 期。

《描红》(小小说),《中国红十字报》1993 年 4 月 23 日。

《祈祷》(小小说),《短篇小说》1995 年第 9 期。

《心态》(小小说),《当代人》1993 年第 6 期。

《明盗》(笔记小说)。

《陈州二杰》(笔记小说),《雅盗·神偷》河南文艺出版社 2008 年 1 月。

《村长》(笔记小说),《莽原》2010 年第 1 期。

《枣泥藕》(笔记小说),《东海》1992 年第 1 期,《微型小说选刊》2005 年第 15 期。

1993 年

《龙泉剑》(笔记小说),《中国故事》1993 年第 3 期,《中国武侠微型小说选》上海人民出版社 2003 年 5 月。

《疏邻》(中篇小说),《芒种》1993 年第 2 期。

《狼狗》(笔记小说),《未来》1993 年第 1 期,《小小说选刊》1993 年第 8 期,《绝事》漓江出版社 1998 年 9 月。

《鬼像》(笔记小说),《青年文学》1993 年第 4 期,《绝活》中国文学出版社 1999 年 6 月。

《肉盾》(笔记小说),《青年文学》1993 年第 4 期,《绝活》中国文学出版社 1999 年 6 月,《中篇小说月报》2008 年第 6 期。

《玉佩》《乔二》（笔记小说），《东海》1993年第1期。

《狱卒》（笔记小说），《东海》1993年第1期，《小小说选刊》1993年第4期，《畅销小说选刊》2006年第3期，《大河报》2008年4月17日，《青年博览》2008年第13期，《文豪精品》国际文化出版公司1995年，《绝事》漓江出版社1998年9月，《绝活》中国文学出版社1999年6月，《俗世奇人》甘肃文化出版社2000年，《精品小小说》西安出版社2003年8月，《中国当代微型小说方阵——河南卷》华东师范大学出版社2010年5月，《中学生受益一生的微型小说》长江文艺出版社2010年8月。

《奇药》（笔记小说），《传奇故事》1993年第1期，《绝活》中国文学出版社1999年6月，《绝事》漓江出版社1998年9月。

《鸟柏》（笔记小说），《青年作家》1993年第3期，《微型小说佳作赏析》（第三卷）百花洲文艺出版社2002年，《中国推理侦探微型小说选》上海人民出版社2004年7月，《世界华文微型小说精选》（中国卷）上海外语教育出版社2007年11月。

《血色辐射》（中篇小说），《峨嵋》1993年第3期。

《崔氏》（笔记小说），《故事家》1993年第5期，《小小说选》（英汉对照）中国文学出版社1997年，《凌鼎年选评》中国戏剧出版社2000年1月，《中国武侠微型小说选》上海人民出版社2003年5月。

《陈州粥》《常宝》《琴音》（笔记小说）（小小说），《百花园》1993年第5期。

《官抬》（笔记小说），《百花园》1993年第5期，《中篇小说月报》2008年第6期，《小小说选刊》2010年第5期，《新课程报》2010年2月9日，《2010年中国小小说精选》长江文艺出版社2011年1月，《我的青春我做主》地震出版社2012年9月。

《阴影》（笔记小说），《百花园》1993年第5期，《微型小说选刊》2006年第6期，《2006年中国微型小说精选》长江文艺出版社2007年1月。

《地下阴谋案》（短篇小说），《故事家》1993年第7期。

《旗袍》（笔记小说），《山西文学》1993年第5期，《作家文摘》1993年7月30日，《绝事》漓江出版社1998年9月，《绝活》中国文学出版社1999年6月，《俗世奇人》甘肃文化出版社2000年，《语文大阅读》广西师范大学出版社2003年6月，《2007年中国最佳故事》漓江出版社2008年1月，《中国当代小小说方阵——河南卷》华东师范大学出版社2010年5月。

《牛黄》（笔记小说），《山西文学》1993年第5期，《中国文学》（英文版）1996年第4期，《中国文学》（法文版）1996年第4期，《读者》（农村版）2004年第1期，《短篇小说选刊》2004年第7期，《微型小说选刊》2006年第5期，《畅销小说选刊》2006 年第 5 期,《绝事》漓江出版社 1998 年 9 月,《绝活》中国文学出版社 1999 年 6 月,《2006 年中国微型小说精选》长江文艺出版社 2007 年 1 月。

《魂炸》(笔记小说),《小小说月报》1993 年第 7、8 期合刊。

《吉昌大药店》(中篇小说),《飞天》1993 年第 11 期,《长江文艺》2010 年第 4 期(发表时题为《血流之间》)。

《麻五》(笔记小说),《传奇故事》1993 年第 5 期。

《三十的月亮》(短篇小说),《短篇小说》1995 年第 4 期。

《残梦》(短篇小说),《人民文学》1994 年第 5 期,《传奇文学选刊》1994 年第 9 期,《连环画报》1997 年第 1 期(被改编成连环画)。

《白家茶馆》(笔记小说),《山西文学》1994 年第 2 期(发表时题为《临街茶坊》),《中华文学选刊》1994 年第 3 期,《1994 年全国短篇小说选》人民文学出版社 1995 年 1 月,《20 世纪末中国文学作品精选年短篇卷》时代文艺出版社 1995 年 1 月。

《双魂》(笔记小说),《山西文学》1995 年第 2 期。

《亮嫂》(笔记小说),《羊城晚报》1994 年 5 月,《微型小说选刊》2000 年第 16 期,《亮嫂·家庭卷》百花洲文艺出版社 2003 年 1 月,《最具阅读价值的小小说选》光明日报出版社 2009 年 2 月。

《屠夫张》《代表人物》《白大》(笔记小说),《长江文艺》1994 年第 3 期。

《白大》,《小小说选刊》1994 年第 6 期。

《一把手》(笔记小说),《古今故事报》1997 年 11 月 9 日,《微型小说选刊》1997 年第 9 期,《微型小说 300 家》百花洲文艺出版社 1999 年 9 月,《中国二十一世纪微型小说精品选》新疆人民出版社,《故事后面的故事》海天出版社 2000 年 3 月,《微型小说 200 篇佳作赏析》敦煌文艺出版社 2002 年,《中学生枕边书》敦煌文艺出版社 2005 年 1 月。

《被子的麻烦》(笔记小说),《杂文报》2000 年 8 月 21 日,《小小说选刊》2000 年第 19 期,《小小说选刊精选》漓江出版社 2002 年。

《赛亚》(笔记小说),《广州文艺》1994 年第 8 期。

《木利》《亚德》(笔记小说),《莽原》2010 年第 1 期。

《村帅》(笔记小说),《当代》2010 年第 1 期。

1994 年

《1990 年的暑假》(中篇小说),《莽原》1994 年第 1 期,《长城》2013 年第 3 期。

《古墓侠影》(中篇小说),《传奇故事》1994 年增刊,《中国故事》2000 年第 6

期,《章回小说》2004年第6期,《传奇·传记》2004年第11期。

《乞丐》(笔记小说),《芒种》1994年第3期。

《麻嫂》(笔记小说),《女子文学》1994年第4期,《传奇文学选刊》1994年第11期,《北方文学》2005年第1期。

《怪医》(笔记小说),《故事家》1994年第5期,《微型小说选刊》2000年第19期,《青年博览》2009年第8期,《传奇·传记》2009年第12期,《微型小说选刊》2010年第7期。

《水妓》《富孀》(笔记小说),《东海》1994年第8期,《传奇文学选刊》1995年第3期。

《血碑》(笔记小说),《东海》1994年第8期。

《人贩之妻》(短篇小说),《女子文学》1994年第8期。

《黑谷》(中篇小说),《传奇故事》1994年增刊,《绿洲》1997年第3期,《章回小说》2004年第3期。

《墓谜》(笔记小说),《传奇故事》1994年第6期,《传奇文学选刊》2003年第6期,《故事报》2003年第18期,《小说月刊》2012年第6期,《2003·中国最佳故事选》漓江出版社2004年1月。

《覆辙》(中篇小说),《东海》1994年第11期,《青岛文学》2011年第3期。

《祝福香魂》(短篇小说),《飞天》1994年第11期,《西湖》2013年第5期。

《飘飘》(小小说),《长城》1994年第6期。

《名优》(笔记小说),《群星》1994年第6期,《传奇文学选刊》1996年增刊。

《哀歌》(短篇小说),《都市小说》2005年第10期。

《官司》(短篇小说),《青年作家》1995年第11期,《作家文摘》1996年1月5日。

《李小济》(笔记小说),《侨乡文学》2006年第7期。

《乡间大人物》(笔记小说),《雨花》1994年第10期,《2005·军事小小说》军事谊文出版社2006年1月。

《于老六》(笔记小说),《小镇人物·巫女》河南文艺出版社2009年8月。

《孙多贤》(笔记小说),《小镇人物·巫女》河南文艺出版社2009年8月。

《黄国棋》(笔记小说),《当代人》1997年第1期。

《狗拽》(笔记小说),《青海湖》1997年第9期,《山西文学》2000年第8期。

《保镖西岸》(笔记小说),《短篇小说》2009年第12期。

《袁三》(笔记小说),《莽原》1999年第4期。

1995 年

《秋决》(中篇小说),《莽原》1995 年第 1 期。

《铁嘴杨山》(笔记小说),《小说林》1995 年第 1 期。

《奸细》(笔记小说),《青年作家》1995 年第 1 期,《微型小说选刊》1995 年第 1 期,《微型小说 300 家》百花洲文艺出版社 1999 年 9 月。

《天职》(笔记小说),《百花园》1995 年第 2 期,《小小说选刊》1995 年第 17 期。

《墨庄》(笔记小说),《东海》1995 年第 2 期,《翠苑》2013 年第 2 期。

《苦力》(笔记小说),《东海》1995 年第 2 期。

《银元》(笔记小说),《春风》1995 年第 2 期,《传奇·传记》2003 年第 2 期。

《绿盲》(中篇小说),《长江文艺》1995 年第 2 期。

《陈州学潮》(笔记小说),《北方文学》1995 年第 2 期。

《水龙张三》(笔记小说),《北方文学》1995 年第 2 期,《小小说选刊》1995 年第 17 期。

《合影》(小小说),《南方文学》1995 年第 2 期。

《匪婆》(笔记小说),《天津文学》1995 年第 3 期,《作家文摘》1995 年 4 月 7 日,《传奇文学选刊》1995 年第 7 期,《中国文学》(英文版)1996 年第 4 期,《中国文学》(法文版)1996 年第 4 期,《首届中国小小说金麻雀奖获奖作品集》漓江出版社 2004 年 5 月。

《侠女·冷面杀手》(笔记小说),《传奇故事》1995 年第 2 期。

《媚药》《陈州匠人》(笔记小说),《作品》1995 年第 3 期。

《狼狈为奸》(笔记小说),《作品》1995 年第 3 期,《小说月报》1995 年第 6 期,《微型小说选刊》1996 年第 7 期,《百姓周刊》1998 年第 23 期,《故事世界》2005 年第 3 期,《微型小说一千零一夜》百花洲文艺出版社 2012 年 3 月。

《菁草》(笔记小说),《传奇故事》1995 年第 3 期,《楚风》2002 年第 3 期,《翠苑》2013 年第 2 期。

《贵妃》《漂亮哥》《瘦大姐》(笔记小说),《绿洲》1995 年第 3 期。

《冰花杏园》(笔记小说),《新生界》1995 年第 4 期。

《皮袄》(笔记小说),《百花园》1995 年第 5 期,《读者》2001 年第 7 期,《当代小小说名家珍藏》河南文艺出版社 2002 年 9 月。

《致仕》(笔记小说),《百花园》1995 年第 5 期,《小小说月刊》2002 年第 9 期,《读者》(乡村版)2003 年第 7 期。

《母亲的诺言》(小小说),《文学世界》1995 年第 5 期。

《逃犯》《车夫与财主》(笔记小说),《传奇故事》1995 年第 5 期,《传奇文学选刊》1996 年第 2 期。

《欢欢》(笔记小说),《大众日报》1995 年 6 月 8 日,《小小说选刊》1995 年第 16 期,《中国当代小小说精品库》(秋之卷)新华出版社 1996 年 11 月。

《首奖》(小小说),《三月三》1995 年第 7 期。

《在困惑的心态中打出自己的旗帜》(创作谈),《短篇小说》1995 年第 8 期。

《龙氏装裱坊》(笔记小说),《广西文学》1995 年第 8 期。

《冰冷的法度》(散文),《公安月刊》1995 年第 9 期。

《祭台》(笔记小说),《青年文学》1995 年第 10 期,《小小说选刊》1996 年第 1 期,《传奇文学选刊》1996 年第 2 期。

《宋散》(笔记小说),《青年文学》1995 年第 10 期,《微型小说选刊》1995 年第 11 期,《传奇文学选刊》1996 年第 2 期。

《莫在城市过节》(散文),《长春晚报》1995 年 11 月 29 日。

《老鸢》(笔记小说),《北京文学》1995 年第 11 期,《微型小说选刊》2000 年第 10 期。

《穷相》(笔记小说),《星火》1995 年第 6 期,《小小说选刊》1996 年第 4 期,《微型小说选刊》1996 年第 6 期。

《虎痴》(笔记小说),《星火》1995 年第 6 期,《小小说选刊》1996 年第 4 期,《中国当代小小说精品库》(秋之卷)新华出版社 1996 年 11 月。

《当印》(笔记小说),《鸭绿江》1995 年第 11 期,《小说月报》1996 年第 2 期,《传奇文学选刊》1996 年第 3 期,《故事会》1997 年第 2 期,《1995 年全国短篇小说选》人民文学出版社 1996 年 1 月,《最精彩小说 68 篇》九州出版社 2000 年 10 月,《精品小小说》西安出版社 2003 年 8 月,《微型小说一千零一夜》百花洲文艺出版社 2012 年 3 月。

《陈州秀笔》(笔记小说),《厦门文学》1995 年第 11 期,《微型小说选刊》2006 年第 22 期。

《匪医》(笔记小说),《厦门文学》1995 年第 11 期,《小小说月报》2000 年第 10 期,《小说月刊》2010 年第 5 期,《2000·中国最佳故事》漓江出版社 2001 年 1 月,《2010—2011 年名家微型小说排行榜》重庆大学出版社 2011 年 4 月。

《画家姚昊》(笔记小说),《厦门文学》1995 年第 11 期,《作家文摘》2000 年。

《针线活儿》(小小说),《羊城晚报》1995 年 3 月 13 日,《小小说选刊》1995 年第 10 期。

《歌歌》(笔记小说),《女子文学》1995 年第 12 期。

《圆圆》(笔记小说),《女子文学》1995 年第 12 期,《微型小说选刊》1996 年第 9 期。

《图腾》(笔记小说),《雨花》1995 年第 12 期。

《留恋破烂》(散文),《北京晚报》1995 年 12 月 21 日。

《血锈》(短篇小说),《福建文学》1995 年第 4 期,《雨花》2006 年第 12 期。

《年假》(短篇小说),《山西文学》1999 年第 9 期。

《一个事件的流产过程》(短篇小说),《鹿鸣》2000 年第 2 期。

《荣光》(短篇小说),《青年文学》1996 年第 1 期。

《亮色》(短篇小说),《山西文学》1996 年第 2 期。

《玩笑》(短篇小说),《福建文学》1996 年第 11 期。

《蜃景》(短篇小说),《青年作家》1997 年第 12 期。

《趟河》(小小说),《山西文学》1999 年第 8 期,《故事大观》2001 年第 3 期。

《色觉》(短篇小说),《山西文学》1997 年第 7 期。

《晶晶》(笔记小说),《青年作家》1997 年第 3 期。

《尤狗子》(笔记小说),《雨花》2008 年第 3 期。

《流注》(笔记小说),《短篇小说》1997 年第 1 期。

《香香》(笔记小说),《广西文学》2008 年第 4 期,《2009 最适合中学生阅读微型小说年选》北方妇女儿童出版社 2010 年 1 月。

1996 年

《征联》(小小说),《天津文学》1996 年第 2 期,《2007 最适合中学生阅读微型小说年选》北方妇女儿童出版社 2008 年。

《绝响》(笔记小说),《天津文学》1996 年第 2 期,《微型小说选刊》2000 年第 18 期,《怀念一双手》百花洲文艺出版社 2009 年 6 月。

《如意》(笔记小说),《短篇小说》1996 年第 8 期。

《买马》(笔记小说),《短篇小说》1996 年第 8 期,《小小说选刊》1997 年第 1 期,《微型小说选刊》2000 年第 16 期,《民间文学选刊》2002 年第 5 期。

《同学》(笔记小说),《当代作家》1996 年第 1 期。

《刀笔》(笔记小说),《当代作家》1996 年第 1 期,《小小说选刊》1996 年第 11 期,《衡阳日报》1999 年 10 月 27 日,《中篇小说月报》2008 年第 6 期,《中国当代小小说精品库》(秋之卷)新华出版社 1996 年 11 月,《最值得珍藏的小小说选》光明日报出版社 2009 年 2 月。

《活神》(笔记小说),《百花园》1996 年第 10 期,《百花园》2000 年增刊。

《眼睛》(小小说),《百花园》1996 年第 10 期,《传奇文学选刊》1997 年第 2 期,《短篇小说选刊》2000 年第 9 期。

《姑妈的句号》（散文），《山西文学》1996 年第 3 期。

《青皮龙三》《汤与馍》（笔记小说），《星火》1996 年第 3 期。

《化古朽为神奇》（创作谈），《传奇文学选刊》1996 年第 4 期。

《神枪》（笔记小说），《北方文学》1996 年第 5 期。

《陈天骄》（笔记小说），《北方文学》1996 年第 5 期，《天津文学》2012 年第 11 期。

《仙舟》（笔记小说），《北方文学》1996 年第 5 期，《小小说选刊》1996 年第 15 期。

《功名》（笔记小说），《作品》1996 年第 3 期。

《神裱》（笔记小说），《作品》1996 年第 3 期，《中国文学》（中文版）1996 年第 3 期，《中国书画报》1996 年 2 月 27 日，《作家文摘》1996 年 8 月 16 日，《小小说选刊》2007 年第 17 期，《绝活》中国文学出版社 1999 年 6 月，《俗世奇人》甘肃文化出版社 2000 年 11 月，《精品小小说》西安出版社 2003 年 8 月，《2007 最适合中学生阅读微型小说年选》北方妇女儿童出版社 2008 年，《琴·烟标·火龙果》地震出版社 2012 年，《超人气现代名家小小说·灵气》2012 年 1 月。

《玩猴》（笔记小说），《作品》1996 年第 3 期，《小小说选刊》1996 年第 10 期，《传奇文学选刊》1996 年增刊，《中国当代小小说精品库》（秋之卷）新华出版社 1996 年 11 月，《绝活》中国文学出版社 1999 年 6 月，《俗世奇人》甘肃文化出版社 2000 年 11 月，《老玩具、老游戏》长江文艺出版社 2001 年 9 月。

《黄泥墙》（中篇小说），《绿洲》1996 年第 2 期。

《陈州铁笔》（笔记小说），《鸭绿江》1996 年第 6 期。

《晚景》（小小说），《金田》1996 年第 2 期。

《接喜神》（笔记小说），《朔方》1996 年第 5 期。

《伊文成》（笔记小说），《朔方》1996 年第 5 期，《小小说选刊》1996 年第 14 期。

《绿店遗梦》（中篇小说），《传奇故事》1996 年第 9 期。

《澄泥砚》（笔记小说），《深圳商报》1996 年 8 月 14 日，《北方文学》1998 年第 4 期，《小小说选刊》1998 年第 11 期。

《文庙》《弦歌书院》（笔记小说），《青海湖》1996 年第 8 期。

《青灯》（笔记小说），《滇池》1996 年第 9 期。

《吕氏修表店》（笔记小说），《滇池》1996 年第 9 期，《小小说选刊》1997 年第 3 期，《都市小说》2012 年第 6 期。

《王典》（笔记小说），《延河》1997 年增刊。

《妻子曾经年轻过》（散文），《现代家庭》1996 年第 12 期。

《玩会》(散文),《三月三》1996年第1期。

《祈祷》(小小说),《澳洲日报》1996年4月16日。

《宛丘先生》(笔记小说),《湖南文学》1996年第7期,《长江文艺》2005年第5期。

《范宗翰》(笔记小说),《湖南文学》1996年第7期,《小小说选刊》1999年第3期,《2009最适合中学生阅读微型小说年选》北方妇女儿童出版社2010年1月。

《国税大案》(四集电视连续剧),由河南电视台拍摄并于1996年7月播出。

《冰释》(短篇小说),《长城》2012年第4期。

《福音》(短篇小说),《时代文学》1998年第6期,《小说界》2011年第1期,《小说选刊》2011年第4期。

《县长过河》(小小说),《椰城》1997年第4期,《小小说选刊》1997年第24期。

《母校》(小小说),《广州文艺》1996年第12期。

《民师白春》《欣欣》(笔记小说),《小镇人物·巫女》河南文艺出版社2009年8月。

《摆渡的老胡》(笔记小说),《商丘日报》2006年。

《卖焦花生的老刁》(笔记小说),《大江晚报》2005年4月9日。

《卖变蛋的刘婆》(笔记小说),《漯河日报》2004年6月11日。

《恶娶良女》(笔记小说),《蚊刑·媚药》河南文艺出版社2008年1月。

《泥泥狗》(笔记小说),《墨庄·花船》河南文艺出版社2008年1月。

《老白支书》《乡长白钢》《乡医刘山》《鞋匠白五》(笔记小说),《山西文学》1998年第10期。

《司机白光》(笔记小说),《莽原》1998年第4期,《小说月报》1998年第9期。

《打工妹兰》《乡师白芳》(笔记小说),《山西文学》1997年第3期。

《打工妹菊》(笔记小说),《山西文学》1997年第3期,《小说选刊》1997年第7期,被改编成连环画(15幅)在《佛山文艺》1998年第6期刊出。

《巫女》(笔记小说),《飞天》1999年第4期。

《安主任》(笔记小说),《金山》1997年第4期,《小小说选刊》2002年第20期,《2002年中国小说排行榜》蓝天出版社。

《马仁秀》(笔记小说),《当代人》1998年第6期,《时代文学》2004年第3期。

《钱县长》(笔记小说),《百花园》1997年第5期。

1997 年

《宝簪》(笔记小说),《百花园》1997 年第 1 期,《百花园》2000 年增刊,《2008 年值得中学生珍藏的 100 篇传奇故事》华东师范大学出版社 2009 年 1 月,《奇幻故事》上海锦绣文章出版社 2010 年 11 月。

《宝珠》(笔记小说),《故事家》1997 年第 5 期,《朔方》1999 年第 2 期。

《狐皮袍》(笔记小说),《朔方》1997 年第 2 期。

《张少和》(笔记小说),《朔方》1997 年第 2 期,《新华文摘》1997 年第 7 期。

《放足》(笔记小说),《绿洲》1997 年第 3 期,《厦门文学》2000 年第 7 期,《满族文学》2013 年第 4 期。

《女老包》《贼船》(笔记小说),《绿洲》1997 年第 3 期。

《解释故土》(创作谈),《绿洲》1997 年第 3 期。

《赔偿》(笔记小说),《古今故事报》1997 年 11 月 9 日。

《奴仆》(笔记小说),《古今故事报》1997 年 11 月 9 日,《微型小说选刊》1997 年第 9 期,《今古传奇》2006 年第 1 期。

《辉煌》(中篇小说),《传奇故事》1997 年第 5 期,《山海经》2002 年增刊,《文学港》2007 年第 3 期,《当代小说》2010 年第 5 期,《2002 年中国最佳故事选》漓江出版社。

《陈州古董行》(笔记小说),《瀚海潮》1997 年第 3 期,《鸭绿江》1998 年第 5 期,《传奇文学选刊》1998 年第 9 期。

《九岁红》《陈州金店》(笔记小说),《东京文学》1997 年第 2 期。

《陈州秀才》(笔记小说),《深圳商报》1997 年 3 月 2 日。

《袁世济》(笔记小说),《滇池》1997 年第 6 期。

《陈州五鬼》(笔记小说),《滇池》1997 年第 6 期,《微型小说选刊》1998 年第 8 期。

《红色的诱惑》(小小说),《文学世界》1997 年第 3 期。

《盲先生》(笔记小说),《洞庭湖》1997 年第 4 期,《小小说选刊》1997 年第 21 期。

《神医》《赵竞秀》(笔记小说),《海燕》1997 年第 12 期。

《湖光》(中篇小说),《当代作家》1997 年第 4 期,《传奇文学选刊》1998 年第 2 期,《绿洲》2009 年第 9 期。

《戏楼》(笔记小说),《小说界》1997 年第 5 期,《新民晚报》1997 年 9 月 21 日。

《龙妹》《吴布衣》(笔记小说),《延河》1997 年增刊。

《湖边恋情》(小小说),《人民日报》(海外版)1997年10月6日。

《荒道》(中篇小说),《山西文学》1997年第12期。

《符晟》(笔记小说),《东京文学》1997年第5期。

《鸟女》(笔记小说),《女子文学》1997年第1期,《绝事》漓江出版社1998年9月,《绝活》中国文学出版社1999年6月,《满族文学》2013年第4期。

《盲婆》(笔记小说),《女子文学》1997年第1期,《绝事》漓江出版社1998年9月,《绝活》中国文学出版社1999年6月。

《谷中阳》《贵妇》(笔记小说),《作品》1997年第3期。

《陈州饭庄》(笔记小说),《作品》1997年第3期,《作家文摘》1997年4月4日。

《薛莉》(笔记小说),《深圳商报》1997年4月13日。

《陈州银号》(笔记小说),《珠海》1997年第5期,《故事大观》2001年增刊。

《武生》(笔记小说),《钦州湾报》1997年7月22日。

《刘二狗》(笔记小说),《衡阳日报》1997年12月24日,《小小说选刊》1998年第5期。

《幽您一"默"》(短篇小说),《时代文学》2003年第2期。

《湖边》(小小说),《当代人》2001年第5期。

《选择》(小小说),《百花园》1998年第3期。

《亲情》(小小说),《当代人》2000年第5期。

《支书和狗》(短篇小说),《牡丹》1998年第1期。

《宝簪》(笔记小说),《蚁刑·媚药》河南文艺出版社2008年1月。

《匪校》(笔记小说),《小说林》1998年第3期,《微型小说》2006年第1期。

《河边错误》(笔记小说),《微型小说选刊》2000年第11期,《瀚海潮》2003年第10期。

《老典》(笔记小说),《山西文学》1998年第4期。

《老马》(笔记小说),《山西文学》1998年第4期,《大家》2004年第5期,《微型小说选刊》2005年第12期。

《罗锅》(笔记小说),《山西文学》1998年第4期,《小小说选刊》1998年第10期,《微型小说选刊》2004年第1期。

《中原利剑》(四集电视剧),由河南电影制片厂拍摄并于1997年1月播出。

1998年

《金方斗》(笔记小说),《传奇故事》1998年第1期。

《冯建儒》(笔记小说),《传奇故事》1998年第1期,《朔方》2012年第7期。

《林一丹》《伍西曼》《李阳龙》(笔记小说),《滇池》1998 年第 2 期。

《血灯》(笔记小说),《飞天》1998 年第 1 期,《小小说选刊》1998 年第 6 期。

《皇契》(中篇小说),《天津文学》1998 年第 1 期。

《知县》(笔记小说),《绿洲》1998 年第 2 期。

《指画》(笔记小说),《小说界》1998 年第 1 期,《大河文摘报》2004 年 1 月 22 日。

《师爷》《陈州影戏》(笔记小说),《作品》1998 年第 3 期。

《赵轩亭》(笔记小说),《洞庭湖》1998 年第 1 期。

《龙马负图》《麻祖师》(笔记小说),《当代作家》1998 年第 2 期。

《丁文政》(笔记小说),《当代作家》1998 年第 2 期,《传奇文学选刊》1999 年第 4 期,《微型小说选刊》1999 年第 18 期。

《分居》(散文),《文学报》1998 年 4 月 17 日。

《集文斋》《懒和尚》(笔记小说),《朔方》1998 年第 5 期,《传奇文学选刊》1998 年第 9 期。

《陈州药店》《陈州唢呐》(笔记小说),《山花》1998 年第 10 期。

《穆二油锤》(笔记小说),《鹿鸣》1998 年第 7 期,《微型小说选刊》1999 年第 9 期。

《赶脚王二》(笔记小说),《鹿鸣》1998 年第 7 期,《小小说选刊》1998 年第 20 期,《微型小说选刊》1998 年第 17 期,《天津文学》2005 年第 2 期,《感动农民的 68 个悬念故事》华东师范大学出版社 2009 年 5 月。

《起名》(散文),《文学报》1998 年 7 月 2 日。

《金一平》(笔记小说),《芳草》1998 年第 9 期。

《闲话商品粮》(散文),《新民晚报》1998 年 6 月 13 日。

《神童》(笔记小说),《参花》1998 年第 5 期。

《工钱》(小小说),《羊城晚报》1998 年 6 月 13 日,《小小说选刊》1998 年第 24 期,《微型小说选刊》1998 年第 23 期,《经典故事》2003 年第 1 期,《微型小说》2009 年第 1 期,《世界微型小说经典》(中国卷)百花洲文艺出版社 2001 年 9 月,《当代小小说名家珍藏》河南文艺出版社 2002 年 9 月,《讽刺卷》百花洲文艺出版社 2002 年 10 月,《中国当代微型小说精华》人民文学出版社 2003 年 8 月,《中国新文学大系·微型小说卷》上海文艺出版社 2008 年 11 月。

《方鉴堂》(笔记小说),《沧州日报》1998 年 6 月 13 日,《小小说选刊》1998 年第 24 期,《收获》2003 年第 3 期,《小小说选刊》2003 年第 12、13 期。

《惋惜》(散文),《散文百家》1998 年第 11 期。

《蒋宏岩》(笔记小说),《百花园》1998 年第 12 期,《作家文摘》2000 年。

《北曲》(中篇小说),《花城》1998 年第 6 期。

《私人相簿》(散文),《燕赵晚报》1998 年第 10 期。

《闲话呼机》(散文),《兵团日报》1998 年 12 月 6 日。

《看乡戏》(散文),《河南农民报》1998 年 11 月 9 日。

《工人周木通》(上下集电视剧),由河南电视台拍摄。

《工钱》(上下集电视剧),由北京电视台拍摄,剧本收入《咱老百姓》中国广播电视出版社 2000 年 12 月。

《雕塑》(小小说),《百花园》1999 年第 7 期。

《盲女》《月夜》(笔记小说),《仙乐·青灯》河南文艺出版社 2008 年 1 月。

《织女》(笔记小说),《短篇小说》1998 年第 2 期。

《老伊》(笔记小说),《绿洲》2000 年第 6 期。

《戴先生》(笔记小说),《半岛晨报》2011 年 6 月 20 日。

《侠女》(笔记小说),《中国武侠微型小说》上海人民出版社 2003 年 5 月。

《老梅》《老常》(笔记小说),《当代人》1999 年第 2 期。

《老曾》(笔记小说),《莽原》1999 年第 4 期,《小小说选刊》1999 年第 17 期。

《袁板胡》(笔记小说),《莽原》1999 年第 4 期。

《老横》(笔记小说),《广西文学》2005 年第 5 期。

《雷二少》(笔记小说),《莽原》1999 年第 4 期,《小小说选刊》1999 年第 17 期,《'99 中国年度最佳小小说》漓江出版社 2000 年 1 月。

《滢滢》(笔记小说)。

《苗苗》(笔记小说)。

《郭先生》(笔记小说),《短篇小说》1999 年第 5 期,《小小说选刊》1999 年第 14 期。

《老牛》《王财》《宝德》(笔记小说),《东京文学》2001 年第 1 期。

《老金》(笔记小说),《山西文学》2000 年第 8 期。

1999 年

《任先丕》(笔记小说),《鹿鸣》1999 年第 2 期。

《红案》(笔记小说),《故事大观》1999 年第 3 期。

《赵振溂》(笔记小说),《东京文学》1999 年第 1 期,《小说月报》1999 年第 10 期。

《我与〈烈火金刚〉》(散文),《解放军报》1999 年 1 月 11 日。

《云龙端砚》(笔记小说),《南腔北调》1999 年第 1 期,《微型小说一千零一夜》百花洲文艺出版社 2012 年 3 月。

《花事》（笔记小说），《三月三》1999年第2期。
《是谁逼你为娼》（散文），《江门文艺》1999年第3期。
《我写〈一笑了之〉》（创作谈），《短篇小说》1999年第4期。
《熬肉》（散文），《羊城晚报》1999年2月15日。
《金立宪》《张腾欢》（笔记小说），《绿洲》1999年第3期。
《元宵》（笔记小说），《长江文艺》1999年第3期。
《惧火》（散文），《百花园》1999年第4期。
《仿古大王雷邦正》（报告文学），《传奇文学选刊》1999年第6期。
《灯戏》《逃票》（散文），《东方艺术》1999年第3期。
《离婚专家》（小小说），《章回小说》1999年第7期。
《害怕女儿专家》（散文），《妇女生活》1999年第7期。
《新娘与土匪》（短篇小说），《西江月》1999年第6期。
《方化舟》《秦中华》（笔记小说），《传奇故事》1999年第9期。
《冰鱼》（笔记小说），《天津文学》1999年第8期。
《珊珊》（笔记小说），《文学世界》1999年第6期，《微型小说月报》2010年第1期。
《仙乐》（笔记小说），《南腔北调》1999年第4期。
《乡夜》（小小说），《山西文学》1999年第8期。
《蒋继先》（笔记小说），《鸭绿江》1999年第8期，《小说月报》1999年第10期。
《医生　国宝　强盗》（笔记小说），《章回小说》1999年第11期，《小小说选刊》2010年第21期，《〈章回小说〉获奖作品集》北方文艺出版社2003年8月，《2004中国最佳故事》漓江出版社2005年1月。
《荒漠林站》（中篇小说），《当代作家》1999年第3期，《天津文学》2011年第7期。
《帅府》（笔记小说），《三月三》1999年第11期。
《丁济一》（笔记小说），《南叶》1999年第11期，《微型小说选刊》1999年第15期，《微型小说选刊》2011年第12期，《2011年微型小说年选》长江文艺出版社2012年1月。
《武大郎歪传》（长篇小说），《河南劳动》1999年第12、13、14、15、16、17、18期连载。
《尹老师》（笔记小说），《花溪》1999年第11期。
《韩广太》（笔记小说），《花溪》1999年第11期，《短篇小说选刊》2004年第11期，《2002年中国小说排行榜》蓝天出版社2003年7月，《微型小说2003年佳作》漓江出版社 2004 年 1 月。

《毛毛》(小小说),《百花园》1999 年第 12 期。

《于宝兰》(笔记小说),《文学港》1999 年第 6 期。

《闲话红包》(散文),《中山日报》1999 年 11 月 30 日。

《闲话饭局》(散文),《曲清日报》1999 年 7 月 12 日。

《闲话烩面》(散文),《质量时报》1999 年 11 月 22 日。

《英雄鱼》(小小说),《文学港》1999 年第 1 期。

《陈一侃》《常子愚》(笔记小说),《清明》1999 年第 2 期。

《甜甜》(小小说),《西湖》2000 年第 6 期,《微型小说选刊》2000 年第 23 期。

《假币》(短篇小说),《红豆》2001 年第 1 期。

《定收残局》(短篇小说),《鸭绿江》2000 年第 9 期,《山西文学》2013 年第 10 期。

《小艾》(小小说),《长沙晚报》2000 年 2 月 28 日。

《肖红》(小小说),《文学报》2000 年 3 月 23 日,《微型小说选刊》2005 年第 11 期。

《误区》(小小说),《金山》2000 年第 9 期,《微型小说选刊》2000 年第 15 期,《短篇小说选刊》2001 年第 1 期,《都市小说》2005 年第 10 期,《21 世纪微型小说排行榜》百花洲文艺出版社 2010 年 5 月,《雪莲花——第二届中国(浙江)廉政小小说大奖赛优秀作品集》宁波出版社 2011 年 12 月。

《海氏花局》(笔记小说),《红豆》2012 年第 8 期。

《沙颖书院》(笔记小说),《北方文学》1999 年第 8 期。

《曹长老》《张彩祥》《哑喉咙》(笔记小说),《绿洲》2000 年第 2 期。

《姚社长》(笔记小说),《东京文学》2000 年第 2 期。

《刘邦宪》(笔记小说),《小镇人物·重逢》河南文艺出版社 2009 年 8 月。

《韩广元》(笔记小说),《南腔北调》1999 年第 4 期,《绿洲》2000 年第 2 期,《小小说选刊》2000 年第 13 期,《微型小说选刊》2003 年第 22 期。

《雷老周》(笔记小说),《长江文艺》2002 年第 8 期,《2002 年中国小说排行榜》蓝天出版社 2003 年 7 月。

《郑乡长》《郑书记》(笔记小说),《作品》2000 年第 12 期,《当代》2010 年第 1 期。

《郑助理》(笔记小说),《作品》2000 年第 12 期,《小小说家园》陕西旅游出版社 2001 年 6 月,《英雄所饮略同》"我与古井贡酒"征文优秀作品集 2003 年。

《老袁》(笔记小说),《绿洲》2000 年第 2 期,《小小说选刊》2000 年第 13 期。

《崔班长》《周鹏》《吕中湖》(笔记小说),《长江文艺》2000 年第 9 期。

《大洋马》（笔记小说），《长江文艺》2002年第8期,《2002年中国小说排行榜》蓝天出版社2003年7月。

《马老太》《唐杰》《姜大力》《黄孬》（笔记小说），《湘北文学》2003年第6期。

《马五》（笔记小说），《芒种》2001年第4期。

《曾老廉》（笔记小说），《文学港》2000年第5期,《大家》2004年第5期。

《赵老闷》《卢桂生》《老六》（笔记小说），《山西文学》2001年第8期。

《方大屁股》（笔记小说），《天池》2005年第10期。

《雷公安》（笔记小说），《春风》2002年第6期。

《李明望》（笔记小说），《钟山》2004年第4期,《小说选刊》（下半月）2004年第12期。

《邓万林》《伊医生》（笔记小说），《清明》2002年第3期。

《玉嫂》（笔记小说），《微型小说选刊》2000年第4期,《西湖》2000年第6期,《读者》2000年第8期,《微型小说选刊》2005年第9期,《2005年中国微型小说精选》长江文艺出版社2006年1月。

《快三娘》（笔记小说），《文学港》2002年第2期。

《吴大肚子》（笔记小说），《青海湖》2001年第7期。

《卢团长》《黄参谋》（笔记小说），《山西文学》2000年第5期,《短篇小说选刊》2000年第9期。

《王洪文》（笔记小说），《春风》2002年第6期,《收获》2006年第3期,《2002年中国小说排行榜》蓝天出版社2003年7月,《2006微型小说选》花城出版社2007年1月,《〈收获〉50年精选·短篇小说卷》中国文联出版社2009年9月。

《王货》《老歪》（笔记小说），《青岛文学》2000年第9期。

《钱学孔》（笔记小说），《青岛文学》2000年第9期,《小小说选刊》2002年第16期,《2002·中国年度小小说选》漓江出版社2003年1月。

《晴晴》（笔记小说），《侨乡文艺》2000年第5期,《微型小说选刊》2004年第15期,《2004年中国微型小说精选》长江文艺出版社2005年1月,《名家小小说欣赏》北方妇女儿童出版社2010年。

《张素》《黑老吉》（笔记小说），《朔方》2001年第1期。

《刘义伦》（笔记小说），《朔方》2001年第1期,《雨花》2002年第12期,《作家文摘》2002年12月17日,《2002年中国小说排行榜》蓝天出版社2003年7月。

《大狗》（笔记小说），《山西文学》2000年第8期,《读者》（乡村版）2001年第2期,《微型小说选刊》2002年第11期。

《较量》（四集电视剧），由河南电视台拍摄并于1999年9月播出。

2000年

《我的传奇》(散文),《传奇文学选刊》2000年第3期。

《雪碧》(笔记小说),《长江文艺》2000年第1期,《小小说选刊》2004年第10期。

《我与相声大师》(散文),《东方文艺》2000年第1期,《短篇小说选刊》2003年第8期。

《撤床》《偷瓜》(散文),《散文百家》2000年第1期。

《李纯阳》《吕南》(笔记小说),《朔方》2000年第1期。

《虱子》《箩铺》(散文),《大家》2000年第2期。

《风箱》(散文),《大家》2000年第2期,《老手工、老器物》长江文艺出版社2001年9月。

《吕娘》(笔记小说),《传奇故事》2000年第5期。

《尚仁枫》(笔记小说),《传奇故事》2000年第5期,《短篇小说选刊》2005年第2期。

《白向臣》(笔记小说),《飞天》2000年第2期。

《腰鼓旧事》《民校歌声》(散文),《东方文艺》2000年第2期。

《重生》(小小说),《三月三》2000年第6期。

《会文山房》(笔记小说),《雨花》2000年第9期,《小小说选刊》2000年第22期。

《花杀》(笔记小说),《小说林》2000年第4期,《微型小说一千零一夜》百花洲文艺出版社2012年3月,《满族文学》2013年第4期。

《鳖厨》(笔记小说),《南腔北调》2000年第3期,《传奇·传记》2001年第1期,《阳光》2013年第1期,《微型小说一千零一夜》百花洲文艺出版社2012年3月。

《女票》(笔记小说),《百花园》2000年第7期,《小小说选刊》2000年第15期,《义乌时报》2003年11月19日,《新读者》2004年第8期,《金山》2005年第10期,《畅销小说选刊》2006年第3期,《传奇·传记》2006年第8期,《中国翻译》(英汉对照)2007年第1期,《青年博览》2009年第1期,《小说月刊》2010年第7期,《微型小说月报》2010年第7期,《文学港》2012年第3期,《2000年度中国最佳小小说》漓江出版社2001年1月,《小小说获奖作品精选》长江文艺出版社2001年9月,《世界华文微型小说双年选(2000—2001)》上海文艺出版社2002年4月,《当代小小说名家珍藏》河南文艺出版社2002年9月,《精品小小说》西安出版社2003年8月,《首届中国小小说金麻雀奖获奖作品集》漓江出社 2004 年 5 月,《中国小小说选集》(英文)外文出版社 2005 年 1 月,《英译中国小小说选集(一)》上海外语教育出版社 2008 年 7 月,《中国小小说 300 篇》光明日报出版社 2009 年 2 月,《中国当代小小说大系》河南文艺出版社 2009 年 5 月,《中国微型小说名家名作百年经典》吉林出版集团有限责任公司 2011 年 2 月,《超人气现代名家小小说·灵气》华夏出版社 2012 年 1 月。

《盲流》《牌坊》(散文),《大家》2000 年第 4 期。

《看电影》(散文),《东方文艺》2000 年第 3 期。

《空慧》(笔记小说),《厦门文学》2000 年第 7 期。

《柳毓秀》(笔记小说),《雨花》2003 年第 6 期。

《赵驴儿》(笔记小说),《山西文学》2000 年第 8 期,《读者》(乡村版)2001 年第 2 期,《绿洲》2013 年第 3 期,《2008 年值得中学生珍藏的 100 篇故事》华东师范大学出版社 2009 年 1 月,《2009 最适合中学生阅读微型小说年选》北方妇女儿童出版社 2010 年 1 月。

《张娃》(笔记小说),《文学港》2000 年第 5 期。

《童票》(笔记小说),《传奇故事》2000 年第 10 期,《飞天》2003 年第 7 期,《传奇·传记》2007 年第 7 期,《微型小说选刊》2007 年第 8 期,《故事世界》2009 年第 22 期,《2007 年中国微型小说精选》长江文艺出版社 2008 年 1 月,《怀念一双手》百花洲文艺出版社 2009 年 6 月。

《宋昭》(笔记小说),《传奇故事》2000 年第 10 期。

《伍川民》(笔记小说),《鹿鸣》2000 年第 9 期。

《百字小小说四题》,《扬子江诗刊》2000 年第 5 期。

《珠珠的名片》(小小说),《金山》2000 年第 9 期。

《杨子发屋》(小小说),《微型文学》2000 年创刊号,《微型小说选刊》2004 年第 1 期。

《冷若雪》(笔记小说),《短篇小说》2000 年第 10 期。

《小小说的结尾艺术》(创作谈),《英译中国小小说选集》上海外语教育出版社 2008 年 7 月。

《奇案叙述》(短篇小说),《钟山》2006 年第 5 期,《小说选刊》2006 年第 10 期,《传奇·传记》2010 年第 11 期。

《霸王别姬》(小小说),《百花园》2001 年第 1 期,《小小说选刊》2001 年第 3 期,《短篇小说选刊》2001 年第 3 期,《微型小说选刊》2001 年第 6 期,《作家文摘》2001 年 2 月 2 日,《故事世界》2004 年第 1 期,《人民文学》2004 年下半月(试刊号),《民间故事选刊》2006 年第 3 期,《天池小小说》2008 年第 9 期,《文学报》2009 年第 1 期,《微型小说》2009 年第 1 期,《微型小说选刊》2009 年第 3 期,《邯郸文化》2009年第3期,《中国年度微型小说精选》长江文艺出版社2001年1月,《2001中国年度最佳小小说》漓江出版社2002年1月,《世界华文微型小说双年选(2000—2001)》上海文艺出版社2002年4月,《中国微型小说年度排行榜》上海文艺出版社,《当代小小说名家珍藏》河南文艺出版社2002年9月,《讽刺》百花洲文艺出版社2002年10月,《精品小小说》西安出版社2003年8月,《中国精短小说名家经典》中国广播电视出版社2004年,《中国微型小说》漓江出版社2004年,《中国新时期微型小说经典》长江文艺出版社2004年3月,《首届中国小小说金麻雀奖获奖作品集》漓江出版社2004年5月,《心灵的颤音②生命的五个恩赐——感动中学生的100篇微型小说》九州出版社2005年8月,《廉政小小说》中国方正出版社2006年1月,《微型小说鉴赏辞典》上海辞书出版社2006年4月,《中国最佳微型小说》内蒙古人民出版社2006年10月,《金榜小小说》漓江出版社2008年4月,《中国小小说300篇》光明日报出版社2009年2月,《中国当代微型小说方阵——河南卷》华东师范大学出版社2010年5月,《21世纪微型小说排行榜》百花洲文艺出版社2010年5月,《最好的小小说全集》中国华侨出版社2010年11月,《中国微型小说名家名作百年经典》吉林出版集团有限责任公司2011年2月,《超人气现代名家小小说·灵气》华夏出版社2012年1月。

《冯大狗找老婆》(短篇小说),《山东文学》2006年第9期。

《赵红》(小小说),《太湖》2008年第4期。

《白社》(笔记小说),《雨花》2002年第12期,《作家文摘》2002年12月17日,《2002年中国小说排行榜》蓝天出版社2003年7月。

《丹菊》(笔记小说),《厦门文学》2002年第5期,《一条鱼的狂奔》百花洲文艺出版社2003年1月,《2002年中国微型小说精选》长江文艺出版社2003年1月。

《重逢》(笔记小说),《厦门文学》2002年第5期,《小小说选刊》2002年第9期,《中国微型小说排行榜》作家出版社2003年11月,《微型小说选刊》2004年第2期,《2004年中国微型小说精选》长江文艺出版社2005年1月,《微型小说新世界》百花洲文艺出版社2006年3月。

《雪梅》(笔记小说),《时代文学》2001年第2期。

《寻找楼子船》(短篇小说),《章回小说》2001年第10期,《小说精选》2001年第11期,《传奇·传记》2002年第7期。

2001年

《小小说的年代》(理论),《百花园》2001年第3期。

《苦涩的初恋》(散文),《人生与伴侣》2001 年第 1 期,《红磨坊·名作家初恋集》新疆出版社 2002 年 2 月,《中学生阅读 2010 年年选》漓江出版社 2002 年 9 月。

《红绣女》(笔记小说),《南腔北调》2001 年第 2 期。

《票友龙三》(笔记小说),《南腔北调》2001 年第 2 期,《小小说选刊》2001 年第 8 期。

《荒劫》(笔记小说),《崛起》2001 年第 2 期,《传奇·传记》2001 年第 1 期。

《龙马岁图》(笔记小说),《飞天》2001 年第 2 期。

《故事不是好编的》(创作谈),《微型小说选刊》2001 年第 5 期。

《曾国藩求字》(笔记小说),《星河》2001 年第 1 期。

《沈上海》(笔记小说),《安徽文学》2001 年第 3 期。

《贪官及其他》(随笔),《东方艺术》2001 年第 3 期,《春风吟》作家出版社 2009 年 5 月。

《陈州烟火》(笔记小说),《西凉文学》2001 年第 2 期。

《红色的诱惑》《涟漪》《人与牛》(小小说),《当代人》2001 年第 5 期。

《防火》,《小小说》2001 年第 6 期。

《画谜》(笔记小说),《金山》2001 年第 8 期,《长江文艺》2003 年第 8 期,《短篇小说选刊》2005 年第 2 期,《微型小说一千零一夜》百花洲文艺出版社 2012 年 3 月。

《老唐》(笔记小说),《周口日报》2001 年 12 月 8 日,《短篇小说精选》2002 年第 2 期,《黄河文学》2003 年第 4 期。

《陈州戏班》《展氏菜行》(笔记小说),《飞天》2001 年第 11 期。

《接电话》(小小说),《金山》2002 年第 9 期,《微型世界》2004 年第 11 期,《微型小说选刊》2005 年第 3 期,《经典故事》2005 年第 4 期,《2005 年中国微型小说精选》长江文艺出版社 2006 年 1 月,《2005 年度微型小说》漓江出版社 2006 年 1 月。

《1948 年的奇案》(短篇小说),《绿洲》2003 年第 6 期。

《王子由》(笔记小说),《东京文学》2002 年第 1 期,《山东文学》2003 年第 12 期。

《吕庆广》(笔记小说),《青海湖》2002 年第 1 期。

《陈州莲》(笔记小说),《仙乐·青灯》河南文艺出版社 2008 年 1 月。

《骚扰》《马神仙》(笔记小说),《小镇人物·重逢》河南文艺出版社 2009 年 8 月。

《包主任》《唐聋子》(笔记小说),《短小说》2002 年第 4 期。

《杨广播》(笔记小说),《小小说读者》2004年第1期。

《小马》《大老雷》(笔记小说),《东京文学》2002年第4期。

《所长夫人·快三娘》(笔记小说),《当代人》2002年第9期。

《鬼谷子》(十八集电视连续剧),2001年8月由河南影视传播中心拍摄并在全国播出。

《鬼谷子》(长篇小说),河南文艺出版社2002年9月。

2002年

《陈州布老虎》(笔记小说),《东京文学》2002年第1期。

《乔局长》(笔记小说),《啄木鸟》2002年第3期,《小小说选刊》2002年第10期,《中华时报》2002年5月12日,《微型小说选刊》2007年第18期,《大河报》2007年10月25日,《民间故事选刊》2007年第6期,《特别关注》2007年第10期,《特别关注十年典藏》山西教育出版社2012年1月。

《戏奸》(笔记小说),《微篇文学》2002年第3期,《微型小说选刊》2002年第15期,《小小说大王》2002年创刊号,《微型小说》2009年春,《微型小说月报》2010年第5期,《2002年中国微型小说精选》长江文艺出版社2003年1月,《中国当代微型小说排行榜》漓江出版社2004年9月,《中国微型小说名家名作百年经典》吉林出版集团有限责任公司2011年2月。

《李怀素》(笔记小说),《传奇故事》2002年第6期,《大家》2004年第5期。

《麻队长》(笔记小说),《传奇故事》2002年第6期,《传奇文学选刊》2002年第8期。

《雷家炮铺》(笔记小说),《传奇故事》2002年第6期,《传奇文学选刊》2002年第8期,《钟山》2005年第4期,《短篇小说选刊》2005年第9期,《十月》2012年第6期。

《李佑三》(笔记小说),《传奇故事》2002年第6期,《传奇文学选刊》2002年第8期。

《曾老板》(笔记小说),《传奇故事》2002年第6期,《传奇文学选刊》2002年第8期,《小小说选刊》2012年第12期。

《老谭》(笔记小说),《小小说月刊》2002年第6期。

《新娘彩彩》(笔记小说),《章回小说》2002年第7期(发表时题为《新娘彩彩和土匪司令》),《微型小说选刊》2002年第13期,《经典故事》2003年第5期,《民间故事选刊》2003年第12期,《人民文学》(下半月)2004年试刊号,《微型小说一千零一夜》百花洲文艺出版社2012年3月,《〈章回小说〉获奖作品集》北方文艺出版社2003年8月。

《宝扇》(笔记小说),《福建文学》2002 年第 6 期。

《张敬业》(笔记小说),《东京文学》2002 年第 4 期。

《初恋情结》(散文),《侨乡文艺》2002 年第 9 期。

《脚行》(笔记小说),《传奇故事》2002 年第 11 期,《雨花》2003 年第 6 期,《阳光》2013 年第 1 期。

《湖北帮》《天顺恒杂货店》(笔记小说),《传奇故事》2002 年第 11 期。

《皇庄》(笔记小说),《笔记小说》2002 年第 10 期。

《竹匠铺》(笔记小说),《瀚海潮》2002 年第 10 期,《小小说选刊》2003 年第 24 期,《小说精选》2004 年第 1 期。

《方恒惕》(笔记小说),《鹿鸣》2002 年第 11 期。

《美人展》(笔记小说),《鹿鸣》2002 年第 11 期,《小小说选刊》2003 年第 6 期,《民间文学选刊》2003 年第 9 期。

《雷家药铺》(笔记小说),《海燕》2002 年第 12 期。

《刘家果铺》(笔记小说),《海燕》2002 年第 12 期,《钟山》2005 年第 4 期,《短篇小说选刊》2005 年第 9 期。

《从书箱到书房的距离》(散文),《时代文学》2002 年第 5 期。

《打电话》(小小说),《金山》2002 年第 9 期。

《罗汉床》(短篇小说),《钟山》2003 年第 1 期。

《老王》《刘玉秀》《老军官和他的夫人》《货郎周》(笔记小说),《小镇人物·打手》河南文艺出版社 2009 年 8 月。

《姜门亮》(笔记小说),《古今故事报》2002 年 4 月 12 日。

《王老三》(笔记小说),《漯河日报》2002 年 9 月 2 日。

《姜老太》(笔记小说),《百花园》2003 年第 6 期。

《赵屠夫》(笔记小说),《清明》2003 年第 3 期。

《高山》(小小说),《金山》2006 年第 8 期。

《罗氏番菜馆》(笔记小说),《传奇故事》2002 年第 11 期,《都市小说》2012 年第 6 期,《青春》2013 年第 6 期。

《奇破》(笔记小说),《章回小说》2005 年第 10 期。

《坏瓜》(笔记小说),《幽默传奇》2004 年第 10 期,《微型小说选刊》2006 年第 15 期,《2006 中国微型小说》长江文艺出版社 2007 年 1 月。

《老吉》(笔记小说),《幽默传奇》2004 年第 10 期,《小小说选刊》2004 年第 20 期。

《苏家馍铺》(笔记小说),《岁月》2005 年第 1 期。

《大老周》(笔记小说),《金山》2004 年第 1 期。

《荣大刚》(笔记小说),《短小说》2003年第11期。

《赵毛》(笔记小说),《都市小说》2006年第2期。

《马家茶馆》(笔记小说),《芳草》2003年第5期,《钟山》2004年第4期,《小说选刊》(下半月)2004年第12期。

《刘家酒馆》(笔记小说),《岁月》2005年第1期,《山花》2010年第9期。

《马老四》(笔记小说),《安徽文学》2003年第4期,《小小说选刊》2003年第12、13期,《金山》2006年第11期。

《刘大肚子》(笔记小说),《文学港》2006年第3期。

《小上海》《吕家染房》(笔记小说),《收获》2003年第3期。

《张老师》(笔记小说),《延河》2004年第1期。

《吕家渔行》(笔记小说),《北京文学》2005年第4期。

《马六》(笔记小说),《大江晚报》2003年8月6日。

《毛孩儿》(笔记小说),《芳草》2003年第5期,《微型小说2003年佳作》漓江出版社2004年1月。

《老K》《方老太》(笔记小说),《芳草》2003年第5期。

《胖老太》(笔记小说),《小小说读者》2004年第5期。

《衙门口》(二十六集电视连续剧),由河北电视台拍摄并于2002年在全国播出,获当年上海电视台收视率前十名。

《衙门口儿》(长篇小说),北京现代出版社2003年1月。

2003年

《探监》(笔记小说),《百花园》2003年第1期,《小小说选刊》2003年第3期,《微型小说选刊》2003年第6期,《经纬线》2003年第6期,《监察风云》2006年第7期,《2003·中国最佳微型小说》长江文艺出版社2004年1月,《微型小说2003年佳作选》漓江出版社2004年1月,《2003·中国最佳小小说》漓江出版社2004年1月,《微型小说佳作欣赏》百花洲文艺出版社2004年4月,《被半支烟出卖》百花洲文艺出版社2009年6月。

《论小小说的结尾艺术》(创作谈),《小小说读者》2003年第3期。

《年头岁尾》(中篇小说),《清明》2003年第4期。

《张家酒馆》(笔记小说),《文学港》2003年第3期。

《母爱》(笔记小说),《故事会》2000年第6期,《飞天》2003年第7期,《故事世界》2004年第19期,《灵机,灵感!——微型小说猜读续写》海天出版社2001年1月,《2006中国最佳故事》漓江出版社2007年1月。

《捉蝉》(散文),《侨乡文艺》2003年第8期。

《贪兽》（笔记小说），《纪检与监察》2003年第10期。

《王襄》（笔记小说），《都市》2003年第6期。

《双哭灵》（笔记小说），《山东文学》2003年第12期。

《鬼谷子》（故事梗概），《南方》2003年第7期。

《睡猫睁开双目》（短篇小说），《红岩》2011年第6期。

《撕碎了让你看》（短篇小说），《当代人》2004年第6期，《佛山文艺》2006年第9期。

《邵投递》（笔记小说），《收获》2004年第2期，《2004〈收获〉短篇小说选》湖南文艺出版社2005年5月。

《打手》（笔记小说），《收获》2004年第2期，《微型小说选刊》2004年第20期，《传奇·传记》2007年第9期，《2004年中国微型小说精选》长江文艺出版社2005年1月，《2004〈收获〉短篇小说选》湖南文艺出版社2005年5月。

《瞎侃儿》（笔记小说），《小小说月刊》2005年第1期，《微型小说选刊》2009年第2期。

《吴工商》《周大嘴》《刘如山》（笔记小说），《小镇人物·打手》河南文艺出版社2009年8月。

《殷老二和他的女人》（笔记小说），《大家》2004年第5期，《微型小说选刊》2005年第12期。

《朱老曹》（笔记小说），《作品》2007年第2期，《莲雾》（日文）华文微型小说研究会，《2007中国年度微型小说》漓江出版社2008年1月。

《红女》（笔记小说），《钟山》2004年第4期。

《毛西海》（笔记小说），《钟山》2005年第4期，《短篇小说选刊》2005年第9期。

《郭县长》《崔阔》（笔记小说），《长江文艺》2004年第4期。

《夏狗子》（笔记小说），《芙蓉》2005年第3期。

《胡家烧饼》（笔记小说），《广州文艺》2004年第8期，《短篇小说选刊》2004年第11期。

《王庆典》（笔记小说），《满族文学》2012年第1期。

《雷老昆》（笔记小说），《收获》2006年第3期，《2006微型小说选》花城出版社2007年1月，《〈收获〉50年精选·短篇小说卷》2010年9月。

《朱麻子》（笔记小说），《钟山》2004年第4期，《小说选刊》（下半月）2004年第12期。

《老冯》（笔记小说），《广州文艺》2004年第8期，《短篇小说选刊》2004年第11期，《红岩》2012年第5期，《2008中国微型小说年选》花城出版社2009年

1月。

《阎主任》(笔记小说),《花雨》2009年第1期。

《袁屠夫》(笔记小说),《当代小说》2008年第8期,《天津文学》2013年第8期。

《崔书记》(笔记小说),《钟山》2005年第4期,《短篇小说选刊》2005年第9期,《2009中国微型小说年选》花城出版社2010年1月,《2009最适合中学生阅读微型小说年选》北方妇女儿童出版社2010年1月。

《赵章》(笔记小说),《光明日报》2004年4月28日,《小小说选刊》2004年第15期,《小小说月刊》2005年第3期,《短篇小说选刊》2005年第4期,《河南作家》2010年第1期,《2004年中国最佳小小说》漓江出版社2005年1月,《第三届全国微型小说获奖作品集》作家出版社2005年10月,《中国微型小说排行榜》2005年10月,《感动中学生的100个父亲》九州出版社,《微型小说新世界》百花洲文艺出版社2006年3月,《让中学生受益一生的100个父亲故事》华东师范大学出版社2008年7月,土耳其大学生教材《汉语阅读教程》(下册)(土耳其语)2009年9月。

2004年

《童义仁》(笔记小说),《长城》2004年第1期。

《商幌》(笔记小说),《长城》2004年第1期,《短篇小说选刊》2005年第2期。

《陈州龙舟》(笔记小说),《文学港》2004年第1期。

《断指王》(笔记小说),《雨花》2004年第3期。

《刘氏刻章店》《卢氏铁匠铺》(笔记小说),《牡丹》2004年第2期。

《逮蛐子》《踢毽子》(散文),《快乐阅读》2004年第5、6期。

《张记布店》(笔记小说),《作品》2004年第6期。

《精品主义》(创作谈),《小说界》2004年第6期,《当代小小说名家珍藏》河南文艺出版社2002年9月。

《记忆图书馆》(散文),《侨乡文艺》2004年第8期,《中华读书报》2012年5月9日。

《闲话存款》(散文),《侨乡文艺》2004年第8期。

《乡间的小路》(散文),《长春日报》2004年7月26日。

《大年奇案》(中篇小说),《章回小说》2004年第10期,《啄木鸟》2012年第11期。

《接邮车》《狗》(散文),《海燕》2004年第9期。

《穆斯林饭庄》(笔记小说),《春风》2004 年第 11 期,《微型小说选刊》2009 年第 5 期。

《杨玉树》(笔记小说),《春风》2004 年第 11 期。

《小小说文体的发展与提高》(评论),《小说界》2004 年第 6 期。

《现实与先锋的变异》(评论),《微型小说选刊》2004 年第 24 期。

《高茂林》(笔记小说),《短小说》2004 年第 12 期。

《评〈武将〉》(评论),《河南日报》2004 年 10 月 15 日。

《赵老财》(笔记小说),《小说林》2005 年第 5 期。

《褚长兰》(笔记小说),《福建文学》2006 年第 2 期。

《葡萄》(笔记小说),《草原》2004 年第 8 期。

《褚家米店》《雷昌伟》《白光乾》《袁全》(笔记小说),《小镇人物·打手》河南文艺出版社 2009 年 8 月。

《雷王八》(笔记小说),《章回小说》2009 年第 7 期。

《张瘸子》(笔记小说),《芙蓉》2005 年第 3 期。

《瞎老虎》(笔记小说),《微型小说选刊》2008 年第 2 期,《短小说》2008 年第 8 期。

《唐眼镜》《兵痞》(笔记小说),《躬耕》2008 年第 10 期。

《王玉珍》(笔记小说),《天津文学》2013 年第 8 期。

《周师傅》(笔记小说),《绿洲》2012 年第 3 期。

《张氏修车铺》《黄氏面条儿铺》(笔记小说),《大家》2005 年第 2 期。

《铁匠王直》(笔记小说),《小说界》2010 年第 1 期。

《麻爷》(笔记小说),《短小说》2008 年第 10 期。

2005 年

《贾知县》(笔记小说),《小小说月刊》2005 年第 2 期,《短篇小说选刊》2005 年第 4 期,《岁月》2012 年第 11 期,《第四届全国微型小说获奖作品集》作家出版社 2006 年 1 月。

《卖豆腐》《看收租院》《年集》(散文),《雨花》2005 年第 3 期。

《都市谎言》(中篇小说),《都市小说》2005 年第 2 期,《小说月刊》2012 年第 6 期,《长江文艺》2012 年第 8 期(发表时题为《官腔》),《小说选刊》2012 年第 9 期。

《修真庵》(笔记小说),《今古传奇》2005 年第 5 期,《中国小小说 300 篇》光明日报出版社 2009 年 2 月,《微型小说一千零一夜》百花洲文艺出版社 2012 年 3 月。

《生脉散》(笔记小说),《辽河》2005年第2期。

《赵氏姐妹》(笔记小说),《章回小说》2005年第5期。

《陈州茶园》(笔记小说),《岁月》2005年第4期,《青春》2013年第6期。

《张三水饺》(笔记小说),《长江文艺》2005年第5期,《青春》2013年第6期。

《沸腾的兵血》(评论),《解放军报》2005年5月16日。

《悬疑小说漫谈》(评论),《今古传奇》2005年第6期。

《试堂》(笔记小说),《章回小说》2005年第10期,《长江文艺》2007年第8期,《阳光》2013年第1期,《微型小说一千零一夜》百花洲文艺出版社2012年3月。

《黄金瀛》(笔记小说),《文学港》2005年第6期。

《"九品官"的赞歌》(评论),《郑州日报》2005年12月28日。

《我的盲流朋友刘跃》(短篇小说),《伊犁河》2011年第4期。

《关学亮》《黑婆婆》(笔记小说),《收获》2006年第3期,《2006微型小说选》花城出版社,《〈收获〉50年精选·短篇小说卷》2010年9月。

《雷右派》(笔记小说),《天津文学》2012年第1期。

《曾大刚》(笔记小说),《绿洲》2007年第4期。

《王二羊》《雷家炕房》(笔记小说),《小镇人物·鞋铺》河南文艺出版社2009年8月。

《刘勇》(笔记小说),《山东文学》2007年10月增刊。

《刘文忠》(笔记小说),《长江文艺》2011年第8期。

《刘婆婆》(笔记小说),《莽原》2008年第1期,《小说界》2012年第3期。

2006年

《茗香楼》(笔记小说),《长江文艺》2006年第1期。

《马老大》(笔记小说),《今古传奇》2006年第2期。

《封国栋》(笔记小说),《章回小说》2006年第4期。

《听琴图三彩枕》(笔记小说),《大家》2006年第3期。

《三不见》(笔记小说),《大家》2006年第3期,《微型小说一千零一夜》百花洲文艺出版社2012年3月。

《瑞竹堂》(笔记小说),《大家》2006年第3期,《小小说选刊》2011年第24期,《微型小说选刊》2012年第9期,《民间故事选刊》2012年第10期,《微型小说一千零一夜》百花洲文艺出版社2012年3月。

《恒源堂药店》(笔记小说),《今古传奇》2006年第3期。

《意外》(小小说),《羊城晚报》2006年4月10日,《晚报文萃》2006年第8期,《微型小说选刊》2006年第17期,《大河报》2006年9月7日,《青年文摘》2007年第3期,《中篇小说月报》2007年第4期,《2006微型小说》漓江出版社2007年1月,《羊城晚报花地50年作品选》花城出版社2008年12月,《2011年手机小说选》长江文艺出版社2012年1月。

《冯家膏药》(笔记小说),《长江文艺》2006年第11期。

《吴嫂进城》(短篇小说),《时代文学》2006年第4期,《当代》2008年第3期,《中华文学选刊》2008年第10期。

《桂嫂》(笔记小说),《金山》2006年第7期,《微型小说选刊》2006年第18期。

《大力士》(笔记小说),《监察风云》2006年第10期。

《瞪大眼睛看着你》(短篇小说),《山东文学》2012年第9期。

《老徐》(笔记小说),《天津文学》2013年第8期。

《关同》(笔记小说),《天津文学》2012年第1期。

《打鱼的老贾》(笔记小说),《短小说》2012年第12期。

《败家子》(笔记小说),《雅盗·神偷》河南文艺出版社2008年1月。

《姜刺猬》《老宋》《唐家油坊》(笔记小说),《小镇人物·鞋铺》河南文艺出版社2009年8月。

《白校长》(笔记小说),《西湖》2010年第2期。

《知青陈烨》(笔记小说),《青春》2009年第12期。

《刘老贵和他的两个老婆》(笔记小说),《花雨》2010年第1期。

《卖羊肉的老方》《李中国》(笔记小说),《绿洲》2007年第4期。

《卢家干店》《老黄牛》(笔记小说),《文学界》2007年第8期。

《兽医老胡》(笔记小说),《莽原》2008年第1期。

《施玉路》(笔记小说),《作品》2007年第2期,《中篇小说月报》2009年第10期,《2008中国微型小说年选》花城出版社2009年1月。

《宫老师》(笔记小说),《绿洲》2008年第6期,《2008中国微型小说年选》花城出版社2009年1月。

《柳氏白铁铺》(笔记小说),《青岛文学》2007年第1期,《朔方》2011年第7期。

《康天峙》(笔记小说),《章回小说》2008年第9期。

《袁大恩》(笔记小说),《短小说》2011年第8期。

《雷家弹花店》(笔记小说),《满族文学》2012年第1期,《红岩》2012年第5期。

《白强》(笔记小说),《伊犁河》2012年第1期。

《高垛头儿》(笔记小说),《长江文艺》2008年第8期。

《芳嫂》(笔记小说),《福建文学》2009年第8期,《2009最适合中学生阅读微型小说年选》北方妇女儿童出版社2010年1月。

《老片儿》(笔记小说),《短小说》2011年第10期。

《皮才美》《小阎》(笔记小说),《山东文学》2007年10月增刊。

《王跑》(笔记小说),《岁月》2008年第10期。

《乔中河》《牛新华》《卢金凤》《朱长丰》(笔记小说),《小镇人物·鞋铺》河南文艺出版社2009年8月。

《邵强》(笔记小说),《短小说》2008年第1期。

《白金明》(笔记小说),《当代小说》2008年第8期。

《老白》(笔记小说),《作品》2007年第2期。

《杨春暖》(笔记小说),《作品》2007年第2期,《红岩》2012年第5期,《2008中学生最喜欢的100篇微型小说》华东师范大学出版社2009年1月。

《皮匠》(笔记小说),《小说界》2009年第1期。

《海氏豆腐店》(笔记小说),《雨花》2009年第10期。

《马义元》《老苑婆》(笔记小说),《绿洲》2012年第3期。

《李泽北》(笔记小说),《传奇故事》2011年第2期。

《邱大力》(笔记小说),《短小说》2012年第10期。

《于家面铺》(笔记小说),《小说界》2010年第1期。

《鞋铺》(笔记小说),《小说界》2010年第1期,《十月》2012年第6期。

《雷云中》(笔记小说),《短小说》2012年第2期。

《龙铁匠》(笔记小说),《天池》2009年第1期。

《老黑》(笔记小说),《西湖》2009年第9期。

2007年

《李老善》(笔记小说),《伊犁河》2012年第1期。

《张大锤》(笔记小说),《青岛文学》2007年第1期,《朔方》2011年第7期。

《来自民间的睿智》(评论),《东京文学》2007年第1期。

《陶都树》《杨纯斋》(笔记小说),《小说界》2007年第3期。

《永康粮号》(笔记小说),《小说界》2007年第3期,《精美小小说读本》光明日报出版社2009年2月。

《袁克文》(笔记小说),《长江文艺》2007年第4期,《翠苑》2013年第2期。

《刘昌大》《陈州烙花店》(笔记小说),《长江文艺》2007年第4期。

《竹斐园》（笔记小说），《长江文艺》2007年第8期，《微型小说一千零一夜》百花洲文艺出版社2012年3月。

《我们距贵族有多远》《闲话庭院》（散文），《北京人文》2007年第7期。

《易连升》（笔记小说），《章回小说》2007年第7期。

《吕公馆》（笔记小说），《章回小说》2007年第7期，《满族文学》2013年第4期。

《梁满屯》《张语景》《霍大道》（笔记小说），《章回小说》2007年第11期。

《赵宝刚》（笔记小说），《小说界》2007年第5期。

《袁世钧》（笔记小说），《佛山文艺》2007年第12期。

《往事烙得太深》（短篇小说），《天津文学》2010年第1期。

《赵宝庆》（笔记小说），《小说界》2007年第5期。

《亨得利钟表店》（笔记小说），《佛山文艺》2008年第6期，《2008年值得中学生珍藏的100篇传奇故事》华东师范大学出版社2009年1月。

《刘金荣》（笔记小说），《长江文艺》2011年第8期。

《知青田亚》（笔记小说），《章回小说》2008年第9期。

《甘以正》（笔记小说），《长江文艺》2008年第8期。

《老蓝》（笔记小说），《短小说》2012年第6期。

《宋老三》（笔记小说），《时代文学》2009年。

《老施》（笔记小说），《小镇人物·白狗》河南文艺出版社2009年8月。

《黄瘸子》（笔记小说），《花雨》2008年。

《楚天奇》（笔记小说），《青岛文学》2013年第9期。

《木匠常亮》（笔记小说），《文学港》2013年第2期。

《田家炮铺》（笔记小说），《天池》2008年第11期，《微型小说精品》2009年第3期，《精美微型小说读本》光明日报出版社2009年2月，《文学港》2013年第2期。

《梁木匠》（笔记小说），《天津文学》2008年第9期，《山东文学》2013年第2期。

《老蒋婆》（笔记小说），《天池小小说》2009年第10期。

《老蹦》《韩进富》（笔记小说），《文学港》2012年第1期。

《雷大凡》（笔记小说），《山东文学》2013年第2期。

《李老华》（笔记小说），《广西文学》2008年第6期，《精美微型小说读本》光明日报出版社2009年2月。

《杀猪的卫家》（笔记小说），《小说界》2010年第1期。

《殷不透》（笔记小说），《短小说》2012年第4期。

《孙义都》(笔记小说),《时代文学》2008 年第 11 期。

《刘邦汉》(笔记小说),《长江文艺》2011 年第 8 期,《山东文学》2013 年第 2 期。

《雷英》(笔记小说),《文源》2012 年第 3 期。

2008 年

《丁家斋》(笔记小说),《小说月刊》2008 年第 12 期,《微型小说精品》2009 年第 4 期。

《郭老鹏》(笔记小说),《长江文艺》2008 年第 8 期。

《袁文流》(笔记小说),《满族文学》2012 年第 1 期。

《赵全宝》(笔记小说),《都市小说》2006 年第 2 期。

《万县长》《山陕会馆》《吕紫阳》(笔记小说),《天津文学》2008 年第 1 期。

《余太清》(笔记小说),《长江文艺》2008 年第 2 期。

《更夫老全》(笔记小说)《短小说》2008 年 3 期,《微型小说选刊》2008 年第 10 期。

《奇诊》(笔记小说),《章回小说》2008 年第 5 期,《阳光》2013 年第 1 期。

《金铸樵》(笔记小说),《章回小说》2008 年第 5 期。

《牵猴走天下》(散文),《中国地理》2008 年第 9 期。

《赵铁头》(笔记小说),《佛山文艺》2008 年第 6 期,《小小说选刊》2008 年第 14 期,《中国最佳小小说》长江文艺出版社 2008 年 1 月。

《钱光佑》(笔记小说),《佛山文艺》2008 年第 6 期。

《方家药室》《陈哲儒》(笔记小说),《雨花》2008 年第 11 期。

《余金亭》《陈天行》(笔记小说),《佛山文艺》2008 年第 12 期。

《胡泊三》(笔记小说),《北方文学》2008 年第 10 期,《精美微型小说读本》光明日报出版社 2009 年 2 月。

《任家粮行》(笔记小说),《天津文学》2012 年第 1 期。

《雷邦一》(笔记小说),《伊犁河》2012 年第 1 期。

《麻线张》(笔记小说),《绿洲》2012 年第 3 期。

《天芝堂》(笔记小说),《文学港》2010 年第 4 期,《一个女孩的天荒地老》地震出版社 2012 年 9 月。

《景曰畛》(笔记小说),《金麻雀奖获奖作家文丛·孙方友卷》世界图书出版广东有限公司 2013 年 12 月。

《亨得利钟表店》(笔记小说),《瑞竹堂》江西高校出版社 2012 年 12 月。

《杨乐》(笔记小说),《鬼屁·穷相》河南文艺出版社 2008 年 1 月。

《金盛祥商行》《曾公廉》(笔记小说),《佛山文艺》2010 年第 7 期。

《阴化阳》(笔记小说),《章回小说》2010 年第 2 期。

《张广臣》(笔记小说),《四川文学》2009 年第 8 期。

《马文瑄》(笔记小说),《安徽文学》2011 年第 6 期。

《老高》(笔记小说),《海外文摘》2013 年第 9 期。

《徐老三》《梦婆》《张三》(笔记小说),《小镇人物·白狗》河南文艺出版社 2009 年 8 月。

《醋婆》(笔记小说),《株洲日报》2008 年 6 月 16 日。

《康记货栈》(笔记小说),《十月》2012 年第 6 期。

《江小雪》(笔记小说),《长江文艺》2009 年第 11 期,《小说界》2012 年第 3 期。

《花家布店》(笔记小说),《十月》2012 年第 6 期。

《赵平常》(笔记小说),《广西文学》2009 年第 8 期,《2009 最适合中学生阅读微型小说年选》北方妇女儿童出版社 2010 年 1 月。

《谷家屯》(笔记小说),《特区文学》2013 年第 1 期,《山东文学》2013 年第 2 期。

《赵老邪》(笔记小说),《北京文学》2009 年第 7 期,《2009 中国小说精选》长江文艺出版社 2010 年 1 月。

《谢鹅英》(笔记小说),《青春》2010 年第 12 期。

《蒋大少》(笔记小说),《特区文学》2013 年第 1 期。

《雷老甫》(笔记小说),《短小说》2009 年第 4 期。

《白岩》(笔记小说),《长江文艺》2009 年第 11 期。

《老转白亢》《关莲凤》《牛老师》《高老师》(笔记小说),《小镇人物·白狗》河南文艺出版社 2009 年 8 月。

《大表哥》(笔记小说),《半岛晨报》2010 年 10 月 14 日。

《马小田》(笔记小说),《长江文艺》2009 年第 1 期,《红岩》2012 年第 5 期。

《杨瘸子》(笔记小说),《短小说》2009 年第 6 期,《2009 年名家精品微型小说排行榜》重庆大学出版社 2010 年 1 月。

《章老三》(笔记小说),《短小说》2010 年第 12 期。

《鲁峰》(笔记小说),《北京文学》2009 年第 12 期。

《钱氏饺子铺》(笔记小说),《天津文学》2008 年第 9 期。

《王超群》《白狗》(笔记小说),《佛山文艺》2009 年第 8 期。

《王娟》(笔记小说),《佛山文艺》2010 年第 3 期,《小小说选刊》2011 年第 20 期,《南方农村报》2012 年 2 月 4 日,《2010 年中国微型小说精选》长江文艺出版社2011年1月,《临别只闻花生香——品味卷》地震出版社2012年6月。

《周水泊》(笔记小说),《短小说》2010年第8期。

《女匪》(长篇小说),《长江文艺》2008年春季号。

2009年

《楚天齐》(笔记小说),《小说月刊》2009年第1期。

《关莲凤》(笔记小说),《长江文艺》2009年第1期,《天津文学》2013年第8期。

《康记货栈》(笔记小说),《绿洲》2009年第5期,《十月》2012年第6期。

《把梳子卖给和尚的几种理由》(中篇小说),《天津文学》2009年第5期,《中篇小说月报》2009年第7期。

《魏国鼎》(笔记小说),《当代小说》2009年第7期。

《何玉灵》(笔记小说),《佛山文艺》2010年第12期,《绿洲》2013年第3期。

《遗案调查》(短篇小说),《长江文艺》2011年第1期。

《赵氏祠堂》(短篇小说),《雨花》2011年第9期。

《吴老太进城》(短篇小说),《广州文艺》2012年第4期。

《陈州二绝》(笔记小说),《北方文学》1995年第2期。

《陈州当铺》(笔记小说)。

《白光源》(笔记小说)。

《施本言》《程老师》(笔记小说),《莽原》2011年第5期。

《沈玉刚》(笔记小说),《广西文学》2010年11月。

《昌盛永绸缎店》(笔记小说),《绿洲》2010年第3期,《长江文艺》2013年第7期,《2010年中国微型小说精选》长江文艺出版社2011年1月。

《晋泰号中药店》(笔记小说),《绿洲》2010年第3期,《2011微型小说年选》漓江出版社2012年1月。

《王老哑》《曾国藩与相士》(笔记小说),《绿洲》2010年第3期。

《陈州烟厂》(笔记小说),《佛山文艺》2010年第7期。

《王秋芬》(笔记小说),《广西文学》2009年第8期,《2009最适合中学生阅读微型小说年选》北方妇女儿童出版社2010年1月。

《洋人儿》(笔记小说),《红豆》2010年第4期。

《尚中祥》(笔记小说),《文艺报》2011年6月22日。

《方阿訇》(笔记小说),《阳光》2010年第1期。

《濮家班》(三十集电视剧本),2009年1月30日写完。

《乐神葛天》(长篇小说),中国工人出版社2010年10月。

2010 年

《任家米行》(笔记小说),《山东文学》2010 年第 2 期。

《赵平常》(笔记小说),《短小说》2012 年第 2 期。

《求情》(小小说),《佛山文艺》2010 年第 3 期,《微型小说选刊》2010 年第 23 期。

《耿雪奥》(笔记小说),《微型小说选刊》2009 年第 5 期,《文学港》2010 年第 4 期,《特别关注》2010 年第 10 期。

《杏林春暖》《珍宝》(百字小说),《小说月刊》2010 年第 10 期,《2011 年手机小说选》长江文艺出版社 2012 年 1 月。

《婚姻介绍所》(百字小说),《小说月刊》2010 年第 10 期,《闪小说》百花洲文艺出版社 2011 年 10 月,《2011 年手机小说选》长江文艺出版社 2012 年 1 月。

《闲话轿子》(散文),《半岛晨报》2010 年 9 月 6 日,《美食》2011 年第 3 期。

《刘炳娣》《打工妹红》(笔记小说),《佛山文艺》2010 年第 12 期。

《陈州古旧书摊》(笔记小说),《西湖》2010 年第 5 期。

《吉兆炳》(笔记小说),《短小说》2011 年第 2 期。

《赵翰林》(笔记小说)。

《棋魂》(笔记小说)。

《黄算盘》(笔记小说),《翠苑》2012 年第 2 期。

《错误》(笔记小说)。

《周光第》(笔记小说)。

《老郎庙》(笔记小说)。

《陈州鞋店》(笔记小说),《百花园》2011 年第 4 期。

《罗维娜》(笔记小说),《莽原》2011 年第 5 期。

《将军跪殿》(笔记小说)。

《高家澡堂》(笔记小说),《岁月》2013 年第 8 期。

《王桂英》《李岚》(笔记小说),《佛山文艺》2011 年第 6 期。

2011 年

《人与猴》(散文),《青岛文学》2011 年第 2 期,《散文选刊》2011 年第 6 期。

《小镇的爱情》(中篇小说),《当代小说》2011 年第 3 期。

《谎话结出的硕果》(中篇小说),《小说界》2011 年第 5 期。

《浪漫在瞬间》(短篇小说),《钟山》2011 年第 3 期。

《谋嫁》(笔记小说),《小说月刊》2011 年第 8 期,《小小说选刊》2011 年第 19

期,《南方农村报》2011 年 11 月 19 日,《故事家》2012 年第 2 期,《2011 年小小说选》漓江出版社 2012 年 1 月。

《宋人与花》(散文),《中华读书报》2011 年 9 月 7 日。

《械斗》(笔记小说),《百花园》2011 年第 11 期。

《田五和赵七》,《2011 年中国微型小说排行榜》百花洲文艺出版社 2012 年 4 月。

《倾腔的长嘶》(评论),《青年导报》2011 年 7 月 21 日。

《冉氏剃头铺》《谭记小卖铺》(笔记小说),《十月》2012 年第 6 期。

《三娃儿》(笔记小说),《章回小说》2012 年第 6 期。

《陈州成衣店》(笔记小说),《长江文艺》2012 年第 2 期。

《大鸿酒坊》(笔记小说),《雨花》2012 年第 7 期,《长江文艺》2013 年第 7 期。

《骆崇棠和他的女人》(笔记小说),《雨花》2012 年第 7 期。

《程秋业》《汇宝金店》(笔记小说),《天津文学》2012 年第 11 期。

《陈州盐号》《陈州浴池》(笔记小说),《特区文学》2012 年第 3 期。

《田裁缝》(笔记小说),《雨花》2014 年第 8 期。

《迷案》(笔记小说)。

《吴干臣》(笔记小说),《郑州晚报》2012 年 12 月 16 日。

《雷邦枢》《赵林》(笔记小说),《特区文学》2013 年第 1 期。

《汪家果铺》(笔记小说),《瑞竹堂》江西高校出版社 2012 年 12 月。

《谭老二》(笔记小说)。

《韩武兵》(笔记小说)。

《沈家诊所》(笔记小说)。

《雪妹》(笔记小说),《佛山文艺》2013 年第 4 期。

《卢晓玉》(笔记小说),《芳草·潮》2012 年第 1 期。

《杨家火烧》(笔记小说),《特区文学》2013 年第 4 期。

2012 年

《程乃乾》(笔记小说),《金麻雀奖获奖作家文丛·孙方友卷》世界图书出版广东有限公司 2013 年 12 月。

《银杏酒楼》(笔记小说)。

《注意作品中的震撼点》(创作谈),《浦江文学》2012 年第 1 期。

《敬话鬼谷子》(随笔),《中华读书报》2012 年 4 月 4 日。

《牌坊》(随笔),《文学报》2012 年 4 月 26 日。

《茶婆》（笔记小说），《文源》2012 年第 3 期。

《杏林手语》《刺杀书记》《寻宝》《琼花》（笔记小说），《中国闪小说》2012 年 4 期。

《敬话钟馗》（散文），《中华读书报》2012 年 7 月 18 日。

《寻找》（百字小说），《大河报》2012 年 7 月 3 日。

《价值》（百字小说），《大河报》2012 年 8 月 2 日。

《闲话旗袍》（散文），《燕赵晚报》2012 年 9 月 21 日。

《举人坟》（笔记小说），《原州》2012 年第 4 期。

《教魂》（笔记小说）。

《寿图》（笔记小说）。

《胡罗锅》（笔记小说）。

《李哲》（笔记小说）。

《罗仰羲》（笔记小说）。

《郭家药号》（笔记小说），《长江文艺》2013 年第 7 期。

《李学谦》（笔记小说），《绿洲》2013 年第 3 期。

《彭雪枫与鹿邑酒》（笔记小说），《郑州晚报》2013 年 2 月 1 日。

2013 年

《1958 年的元旦节》（散文），《中华读书报》2013 年 1 月 9 日。

《袁克文与泥兴壶》（笔记小说），《钦州日报》2013 年 3 月 1 日。

《闲话江湖》（散文），《中华读书报》2013 年 4 月 10 日。

《诗意的真诚之美》（序），《大河报》2013 年 4 月 19 日。

《闲话夜市》（散文），《中华读书报》2013 年 6 月 12 日。

《说说袁克定》（笔记小说），《中华读书报》2013 年 6 月 26 日。

《卖丸子的焦家》《袁成宣》《何家粉坊》（笔记小说），《特区文学》2013 年第 4 期。

《多事之秋》（短篇小说）。

《信仰》（短篇小说）。

《蒋家饭庄》《赵增丰》（笔记小说），《长城》2013 年第 6 期。

《师小瑜》（笔记小说）。

《曾庆年》（笔记小说），《北京文学》2014 年第 7 期。

《黄月典》（笔记小说）。

《吕泽棋》（笔记小说），《芳草》2013 年第 5 期。

《傅全宝》（笔记小说）。

《师小瑜》(笔记小说)。

《黄月典》(笔记小说)。

《许半梦》《高善赞》(笔记小说),《安徽文学》2013 年第 8 期。

《妈妈,俺想您》(小小说),《小说界》2013 年增刊。

《本土与世界》(创作谈),《中华读书报》2013 年 7 月 31 日。

《从象义关系谈小说之"小"》(访谈录),《南方文坛》2013 年第 6 期,《鸭绿江》2013 年第 8 期。

《俗世达人》(短篇小说集),河南文艺出版社 2013 年 7 月。

《打工男女》(短篇小说集),中国工人出版社 2013 年 10 月。

2014 年

《心灵的虹》(短篇小说集),江西高校出版社 2014 年 6 月。

《小镇奇人》(短篇小说集),作家出版社 2014 年 7 月。

《孙方友小说全集·〈陈州笔记〉卷》(新笔记小说共四册),河南文艺出版社 2014 年 12 月。

《孙方友小说全集·〈小镇人物〉卷》(新笔记小说共四册),河南文艺出版社 2014 年 12 月。

研究资料索引

孙方友研究资料索引

孙青瑜、马萱收集整理

杨晓杰:《孙方友及其小说》,《中州文坛》1984年第3期。

王冉、王小林:《在新时期的格局中——读孙方友的小说创作》,《奔流》1985年第3期。

周翰藻:《评〈架子会首与县委书记〉》,《安徽文学》1985年第3期。

徐静:《以小见大,平中见奇——简评〈价值〉》,《安徽文学》1987年第11期。

曹阳:《读〈布袋儿哥〉》,《文学报》1984年8月23日。

傅开沛:《数点小荸闪珠光》,《河南日报》1985年12月26日。

庄众:《读孙方友的笔记小说》,《百花园》1990年第4期。

金锐:《讽刺的艺术 艺术的讽刺》,《河南农民报》1990年3月13日。

张进:《半路出家得真谛——读〈孙方友小小说小辑〉》,《颍水》1991年第1期。

王保民:《独到的构思和叙述》,《小小说名作赏析集》河南人民出版社1992年版。

李少咏:《各显命脉 各精神——孙方友、墨白小说风格比较》,《颍水》1992年第1期。

南丁:《晕说孙方友》,《莽原》1992年第3期。

曹增渝:《〈面对粗鄙而热辣的人生〉〈仲夏小调〉和〈生活是太阳〉漫评》,《莽原》1992年第3期。

阿蒙:《神偷之"神"》,《中学生阅读》1992年第5期。

李少咏:《孤岛与大陆的对话——〈血祭〉的文化蕴含》,《宋河报》1992年8月20日。

杨晓敏:《河南有个孙方友》,《文艺报》1993年6月19日。

金锐:《读方友新作漫笔》,《百花园》1993年第5期。

金城:《文坛孙氏两兄弟》,《当代人》1994年第2期。

李少咏:《解脱困窘的探险——读解孙方友的〈虚幻构成〉》,《没有人看见草生长》河南人民出版社1994年版。

李少咏:《追寻:一个古老的故事——读孙方友的〈玉镯奇案〉》,《没有人看见草生长》河南人民出版社 1994 年版。

李少咏:《叙述出来的世界——读孙方友小小说集〈女匪〉》,《没有人看见草生长》河南人民出版社 1994 年版。

磊子:《战争与战争的人——读〈鸟女〉》,《平顶山日报》1994 年 6 月 22 日。

刘连群:《人间有味是清欢——致孙方友》,《小小说月报》1994 年第 11 期。

刘海涛:《奇人奇事显深意——孙方友小小说创作论》,《百花园》1995 年第 2 期。

孙肃然:《中州自古多传奇》,《传奇文学选刊》1995 年第 5 期。

寇子:《中州鬼才孙方友》,《小小说选刊》1995 年第 17 期。

刘海涛:《突兀叙述与空白叙述——当代小说叙述技巧谈之二》,《短篇小说》1995 年第 5 期。

吴然:《孙方友小小说谈片》,《小小说选刊》1995 年第 23 期。

任动:《〈刺客〉:陈州的传奇》,《宋河报》1995 年 11 月 20 日。

建宇:《巧妙的构思》,《小小说选刊》1995 年增刊。

刘海涛:《传奇题材与叙述意蕴》,《小小说选刊》1996 年第 4 期。

李少咏:《在梦与现实间漫游——阅读孙方友的一种角度》,《小小说研究》1996 年第 1 期。

凌鼎年:《中州文坛一"农民"——记作家孙方友》,《文学报》1996 年 2 月 15 日。

凌林:《孙方友访谈录》,《中国文学》(英文版)1996 年第 4 期。

段应昌:《一曲献给劳动妇女的颂歌——读孙方友散文〈妻子曾经年轻过〉》,《周口日报》1996 年 4 月 26 日。

汝荣兴:《小中见大,发人深省——读〈满票〉》,《微型小说选刊》1996 年第 12 期。

郭林祥:《故乡小曲传真情》,《中国文学》(法文版)1996 年第 4 期。

金锐:《陈州有个孙方友》,《太阳》1996 年第 4 期。

朱凡:《机智》,《山西文学》1996 年第 2 期。

石兰:《〈血火烧云〉赏析》,《中华传奇》1996 年第 3 期。

李国现:《焦灼的关怀和悲悯——读孙方友〈私卡〉有感》,《沧桑》1997 年第 2 期。

何波:《〈武生〉的启示》,《钦州湾报》1997 年 9 月 24 日。

高军:《传奇题材凸现的复杂人性——孙方友小小说创作》,《未来》1997 年第 5 期。

王中杰:《笔下有情自动人》,《小小说选刊》1998 年第 4 期。

冯子:《孙方友小小说的诗学》,《百花园》1999 年第 4 期。
冯子:《读孙方友的〈花船〉》,《牡丹》1998 年第 4 期。
冯子:《读孙方友的〈鸟女〉》,《小说林》1998 年第 6 期。
于刚:《孙方友,别忘了周口这方土》,《教育周刊》1998 年 9 月 7 日。
向锋:《孙方友走进都市》,《河南新闻出版报》1998 年 10 月 16 日。
孔令更:《命运之果——读孙方友〈笔记小说五题〉》,《东京文学》1999 年第 1 期。
墨白:《大哥孙方友》,《短篇小说》1999 年第 9、10 期。
卓目:《孙方友老调重弹》,《小小说研究》2000 年第 1 期。
秦德龙:《微型小说的人物刻画——读孙方友的〈老鸢〉》,《微型小说选刊》2000 年第 10 期。
高军:《小小说结尾的艺术——从孙方友的〈晶晶〉说开去》,《沧州日报》2000 年 4 月 28 日。
胡旭东:《小小说"大腕"孙方友》,《大江晚报》2000 年 12 月 1 日。
凌鼎年:《实力派作家孙方友》,《小小说月报》2001 年第 2 期。
童道明:《新生活带来的新观念——看〈工钱〉》,《〈咱老百姓〉电视文学剧本专辑(第十一辑)·聚焦百姓》中国广播电视出版社 2000 年版。
阙建华:《时代发展与观念嬗变的微型标本:阅读〈工钱〉》,《〈咱老百姓〉电视文学剧本专辑(第十一辑)·聚焦百姓》中国广播电视出版社 2000 年版。
梁光弟:《呼唤新的义利观——电视短剧〈工钱〉观后》,《〈咱老百姓〉电视文学剧本专辑(第十一辑)·聚焦百姓》中国广播电视出版社 2000 年版。
侯德云:《小小说的孙方友》,《小小说选刊》2002 年第 15 期。
王玉锋:《云梦隐者——读孙方友的长篇小说〈鬼谷子〉》,《中华读书报》2002 年 8 月 19 日。
刘海燕、墨白:《用生命来写作——关于孙方友小小说的对话》,《百花园》2002 年第 8 期。
奚同发:《〈鬼谷子〉梅开二度》,《文学报》2002 年 11 月 7 日。
段荃法:《孙方友与他的陈州系列小说》,《河南新闻出版报》2002 年 11 月 22 日。
孙青瑜:《孙方友小小说的独特魅力》,《南方文坛》2003 年第 2 期。
孙青瑜:《论孙方友小小说》,《河北大学学报(哲学社会科学版)》2003 年第 1 期。
雷从俊:《以兵家视点演绎鬼谷子传奇》,《解放军报》2003 年 8 月 25 日。
初清华:《评〈旗袍〉》,《语文大阅读》2003 年第 6 期。

刘英俊:《枪林弹雨中的女人——读孙方友小小说中的女性形象》,《文化时报》2005年4月21日。

魏红:《陈州奇人孙方友》,《河南电力报》2005年9月23日。

李振帮:《地域文化的探索者》,《河南籍著名作家评传》大众文艺出版社2005年版。

孙青瑜:《想象与浓缩——与孙方友对话》,《文艺界》2005年第11期。

蔡家园:《传奇书写中的诗性闪光》,《作家报》2006年2月20日。

陈雄:《陈州画师孙方友》,《金山》2006年第3期。

吴金:《浅析〈牛黄〉》,《微型小说选刊》2006年第5期。

刘英俊:《美的森林——孙方友小说中的"闲笔"的六个关键词》,《文化时报》2006年3月7日。

野莽:《孙方友和他们家的一窝作家》,《辽河》2006年第7期。

段崇轩:《传统叙事的魅力——评孙方友的小说创作》,《小说评论》2006年第5期。

张运群:《浅谈〈牛黄〉的"妙"》,《微型小说选刊》2006年第15期。

冯子:《孙方友的微型名作〈马老四〉浅探》,《金山》2006年第11期。

高军:《孙方友小小说创作简论》,《小小说内外》2006年第5期。

王健:《孙方友的笔记小说》,《漯河日报》2007年3月18日。

徐贵杰:《评〈蚊刑〉》,《金山》2005年第6期。

徐贵杰:《评〈女匪〉》,《金山》2005年第8期。

徐贵杰:《评〈女票〉》,《金山》2005年第10期。

孙青瑜:《想象与浓缩——评孙方友的笔记体小说》,《绿洲》2007年第4期。

王剑:《民间立场上的文化探寻——简论孙方友新笔记体小说的艺术特点》,《阅读与写作》2007年第10期。

刘小俊:《语言要像鸡汤一样》,《东方今报》2007年12月5日。

奚同发:《孙方友和他的〈陈州笔记〉》,《河南工人报》2008年4月21日。

墨白:《孙方友著作序言两篇》,《红豆》2011年第4期。

顾建新:《孙方友论》,《微型小说学》中国文联出版社2000年版。

历亚丽:《"一叶落而知秋"——论孙方友小小说》,《科教文汇(下旬刊)》2008年第7期。

何弘:《陈州的民间化叙写》,《我看》(文论集)河南文艺出版社2000年版。

孙荪:《传奇孙方友》,《时代文学》2010年第9期。

孙荪:《卷帙浩繁的百姓列传——读孙方友〈小镇人物〉》,《文艺报》2009年11月10日。

胡沛萍:《个体命运中的历史面影和人生》,《青春》2009年第12期。
蓝蓝:《趴着看人生——孙方友印象》,《时代文学》2010年第9期。
田中禾:《颍河的精灵——漫说孙方友》,《时代文学》2010年第5期。
聂鑫森:《诚厚儒雅　锦口绣心——孙方友其人其文》,《时代文学》2010年第5期。
曹多勇:《写意孙方友》,《时代文学（上半月）》2010年第5期。
张滢莹:《孙方友:卖过冰棍的作家》,《文学报》2010年3月18日。
曾凡:《活生生的乡村人物》,《文艺报（周一版）》2010年10月18日。
刘涛:《回到小说的本意》,《青春》2010年第12期。
马静:《孙方友,亦庄亦谐》,《目标》2010年第12期。
水尘:《笔记小说里的大千世界》,《宁波晚报》2008年9月20日。
孙青瑜:《孙氏笔记体的文化意义》,《红豆》2011年第4期。
刘天平、曾小燕:《巧构情节妙生花——孙方友小小说创作论》,《富孀》世界图书出版公司2011年版。
王庆杰:《民间叙事的精神隐喻——孙方友"笔记小说"的文化解读》,《语文知识》2011年第8期。
刘宏志:《全球化时代的传统坚守》,《小小说研究》2011年第2期。
杨晓敏:《河南小小说作家简论（上）》之《孙方友:打一口深井》,《东京文学》2012年第11期。
文能:《孙方友笔下的陈州》,《佛山文艺》2011年第1期。
孙青瑜、孙方友:《尽力把家乡写成一片原始森林——孙方友访谈》,《西湖》2012年第8期。
陈永林:《想念孙方友》,《郑州晚报》2013年8月1日。
王保银:《难忘的关怀——忆著名作家孙方友先生》,《信阳文学》2014年第3期。
孙瑜:《白云之下,白云之上——追思方友老师》,《信阳文学》2014年第3期。
孔会侠:《人模人样的壮美——怀念方友老师》,《信阳文学》2014年第3期。
俞传美:《怀念恩师孙方友》,《信阳文学》2014年第3期。
李国俊:《缅怀孙方友老师》,《信阳文学》2014年第3期。
安昌河:《颍河传奇》,《信阳文学》2014年第3期。
喊雷:《永不忘却的记忆——悼方友弟》,《大河文学》2013年第3期。
秦德龙:《道别孙方友》,《大河文学》2013年第3期。
李乃庆:《哭方友》,《大河文学》2013年第3期。

钱良营：《听方友兄讲"鬼故事"》，《大河文学》2013年第3期。

吴万夫：《亦师亦友孙方友》，《牡丹》2013年第9期。

杨晓敏：《送别孙方友兄》，《开封日报》2013年8月2日。

胡竹峰：《孙方友先生》，《安徽商报》2013年8月3日。

李鑫：《故乡的笔名》，《文艺报》2013年8月7日。

柳岸：《方友大哥，走好》，《文艺报》2013年8月7日。

梁宁：《孙方友与他的新笔记体小说》，《大河报》2013年8月7日。

杜欣：《孙方友的文学传奇》，《周口晚报》2013年7月29日。

伍俊：《亦兄亦友孙方友》，《东京文学》2013年第10期。

张鲜明：《小小说达人走了 〈俗世达人〉来了》，《河南日报》2013年8月12日。

奚同发：《河南文学界追思孙方友》，《文艺报》2013年8月14日。

张恩岭：《人如流星 文章永驻》，《周口日报》2013年8月9日。

于扬：《作家孙方友魂归故里》，《大河报》2013年8月5日。

侯发山：《怀念孙方友》，《郑州日报》2013年8月4日。

奚同发：《那个写小小说的作家走了》，《大河报》2013年8月1日。

《用等身的著作，留下了一座文学的高山》，《周口日报》2013年8月2日。

罗皓菱：《"小小说大王"逝世 文坛泪别孙方友》，《北京青年报》2013年7月30日。

张滢莹：《他的传奇，不会随风而逝》，《文学报》2013年8月1日。

孙方之：《难忘方友》，《淄博日报》2013年8月2日。

邵远庆：《山有大树》，《周口日报》2013年8月9日。

《沉重哀悼孙方友老师》，《中华日报》(泰国)2013年7月29日。

凌鼎年：《方友走了，我忍不住哭了三回》，《金山》2013年第9期。

邓同学：《哭方友》，《海外文摘（文学版）》2013年第9期。

李佩甫：《绮丽其文 儒雅其人》，《河南经贸职业学院学报·纪念孙方友专刊》2013年第3、4期合刊。

晨之风：《孙方友传》，《河南经贸职业学院学报·纪念孙方友专刊》2013年第3、4期合刊。

沉毅：《孙方友先生赋》，《河南经贸职业学院学报·纪念孙方友专刊》2013年第3、4期合刊。

宋云龙：《我为农民哭健儿》，《河南经贸职业学院学报·纪念孙方友专刊》2013年第3、4期合刊。

钟銮城：《为天下苍生笑几声》，《河南经贸职业学院学报·纪念孙方友专刊》2013年第3、4期合刊。

郑积梅:《孙方友小说的传奇叙事》,《河南经贸职业学院学报·纪念孙方友专刊》2013年第3、4期合刊。

冯子:《孙方友,或短小说的革新》,《河南经贸职业学院学报·纪念孙方友专刊》2013年第3、4期合刊。

江媛:《作家孙方友的民间写作姿态》,《河南经贸职业学院学报·纪念孙方友专刊》2013年第3、4期合刊。

八月天:《你给大家丢了一个炸弹》,《河南经贸职业学院学报·纪念孙方友专刊》2013年第3、4期合刊。

杨晓敏等:《悼念孙方友诗词选十九首》,《河南经贸职业学院学报·纪念孙方友专刊》2013年第3、4期合刊。

水尘:《笔记小说里的大千世界》,《河南经贸职业学院学报·纪念孙方友专刊》2013年第3、4期合刊。

东綦潭:《妙笔画贪官》,《河南经贸职业学院学报·纪念孙方友专刊》2013年第3、4期合刊。

墨棣:《从孙方友的文学创作看人格的作用》,《河南经贸职业学院学报·纪念孙方友专刊》2013年第3、4期合刊。

日出江花:《民俗的风景 现实的写生》,《河南经贸职业学院学报·纪念孙方友专刊》2013年第3、4期合刊。

刘成林:《怀念作家孙方友》,《章回小说》2013年第10期。

宋曼曼:《小人物大世界——对孙方友〈小镇人物〉系列小说的探讨》,《剑南文学(经典阅读)》2012年第10期。

杨晓敏:《用传奇书写传奇》,《当代小小说百家论》河南文艺出版社2012年版。

周水涛:《新时期小城镇叙事小说研究》(专著),社会科学文献出版社2012年版。

舒晋瑜:《新站集走出来的孙氏兄弟》,《中华读书报》2012年8月30日。

孙方友、孙青瑜:《从象义关系谈小说之"小"》(访谈),《南方文坛》2013年第6期。

马兵:《由虚而实,爱情五种》,《当代小说》2014年第2期。

宋庄:《看中国作家如何向古典致敬》,《人民日报海外版》2013年5月14日。

王微微:《追忆孙方友》,《佛山文艺》2013年第10期。

江媛:《来自民间的悼念——"〈俗世达人〉首发式暨孙方友先生追思会"综

述》,《莽原》2013 年第 6 期。

徐蕊:《历史的缝隙——评孙方友〈小镇人物五题〉》,《青春》2013 年第 12 期。

孙青瑜:《评追赶楼子船》,《阳光》2013 年第 2 期。

周云青:《孙方友新笔记小说研究综述》,《文学教育(上)》2014 年第 4 期。

刘宏志:《传统的魅力——谈孙方友小说中的传统叙事精神》,《周口师范学院学报》2014 年第 1 期。

牟凡:《小人物　大世界——孙方友的"小人物"世界探析》,《当代小说(下半月)》2009 年第 5 期。

梁宁、宋懿帆:《〈孙方友小说全集〉在郑首发》,《大河报》2014 年 7 月 28 日。

刘洋:《孙方友〈陈州笔记〉卷首发》,《河南日报》2014 年 7 月 28 日。

尚新娇:《中国笔记小说有了又一座"高峰"》,《郑州晚报》2014 年 7 月 29 日。

奚同发:《〈孙方友小说全集·陈州笔记〉卷〉首发》,《河南工人日报》2014 年 7 月 28 日。

张延文:《乡土文化的理想精神——论孙方友"新笔记小说"的美学内涵》,《大观(东京文学)》2014 年第 10 期。

孙青瑜:《亡父不知亲人痛》,《青春》2014 年第 7 期。

《〈孙方友小说全集·陈州笔记〉卷〉首发式暨孙方友先生逝世一周年纪念会纪要》,《大观(东方文学)》2014 年第 22 期。

张延文:《历史的映射及其反光——孙方友〈小镇人物〉的多重意蕴》,《创作与评论》2015 年第 24 期。

墨白:《在生与死之间——我与〈中华读书报〉》,《中华读书报》2014 年 8 月 20 日。

王微微:《孙方友笔下的陈州》,《佛山文艺》2011 年第 11 期。

刘成林:《怀念孙方友》,《章回小说》2013 年第 10 期。

张延文:《论孙方友〈小镇人物〉中的隐性叙事》,《郑州师范教育》2014 年第 6 期。

杨文臣:《"酒神艺术家"孙方友》,《郑州师范教育》2014 年第 6 期。

李倩冉:《陈州曾有说书人》,《青春》2014 年第 7 期。

王晓峰:《重新发现孙方友》,《中国艺术报》2015 年 6 月 15 日。

刘海燕:《"孙方友〈陈州笔记〉研讨会"纪要》,《中州大学学报》2015 年第 3 期。

刘海涛:《孙方友笔记体小小说的人物、情节与立意——兼论笔记体小小说创作原理》,《中州大学学报》2015 年第 3 期。

顾建新:《传承·拓展——孙方友"新笔记小说"谈片》,《中州大学学报》2015 年第 3 期。

谢志强:《〈陈州笔记〉:一个独立的文学"天地"》,《中州大学学报》2015 年第 3 期。

闫兵:《孙方友的叙事学》,《奔流》2015 年第 6 期。

张滢莹:《文学陈州:于无声处听惊雷》,《文学报》2015 年 4 月 9 日。

王剑:《新站镇的文学时光》,《私人阅读》河南文艺出版社 2014 年版。

南丁:《再说孙方友》,《莽原》2015 年第 6 期。

夏琪:《孙方友笔记体小说再现笔记小说辉煌》,《中华读书报》2015 年 4 月 1 日。

刘洋:《它是中国笔记小说的又一座高峰》,《河南日报》2015 年 3 月 30 日。

江媛:《从那年那月到今年今月》,《河南日报》2015 年 3 月 15 日。

墨白:《〈陈州笔记〉的价值与意义》,《孙方友小说全集·〈陈州笔记〉卷·序》河南文艺出版社 2014 年版。

江媛:《孙方友年谱》,《孙方友小说全集·〈小镇人物〉卷四·附录》河南文艺出版社 2014 年版。

孙青瑜、马萱:《孙方友写作年表》,《孙方友小说全集·〈陈州笔记〉卷四·附录》河南文艺出版社 2014 年版。

冯杰:《说不尽的"孙淮阳"》,《郑州日报》2014 年 10 月 12 日。

孔会侠:《琥珀一样的生命》,《河南工人日报》2015 年 7 月 30 日。

杨晓敏:《孙方友的〈陈州笔记〉》,《中华读书报》2015 年 4 月 15 日。

刘海燕:《孙方友〈陈州笔记〉研讨会综述》,《莽原》2015 年第 6 期。

周云青:《陈州笔记系列小说叙事研究》,河南大学 2012 年硕士论文。

邢梦洋:《孙方友和墨白比较研究》,河南师范大学 2015 年硕士论文。

编 后 记

孙方友的文学生涯堪称辉煌，全国小小说金麻雀奖，首届吴承恩奖，六次蝉联《小小说选刊》两年一度大奖，四次荣获中国微型小说学会年度一等奖……这些重量级奖项足以说明一切。读者如果翻翻这本集子中的文章，会看到文坛同人和评论者们都对孙方友及其文字击节叹赏、赞不绝口。然而，大多数人却避开了对孙方友的文学成就和文学地位进行正面评价。不错，"小小说之王""蒲松龄之后就是孙方友""中国当代笔记小说最重要的奠基人"等评价确实不低，但都是谈论他在小小说领域的成就和贡献。如果把他和各种文体的优秀作家放在一起，把他放在整个文学史中，我们当如何评价？南丁先生用了一个很重的字眼："伟大"——"他是当代伟大的小说家"[①]。

为什么只有南丁先生做出了这样的评价？一方面，是我们自知自己没有南丁先生在文坛上的分量，我们担心越位发言会贻笑大方。另一方面，也是更重要的一个方面，是我们对孙方友的研究还不够，我们还没有真正深刻地认识到孙方友的价值和意义，正如何向阳所说，"对于方友的研究，其实跟他的创造是不匹配的"[②]。

"孙方友是民间文化滋养的精灵"，民间文化和传统文化的关系是什么？和我们推重的经史文化、高雅文化或庙堂文化相比，民间文化是一种粗糙的、等而下之的文化形态吗？民间文化中包含了怎样的生命精神？面对孙方友精镂细刻出的五行八作、器物工艺，除了凭吊感怀，我们还应该悟到些什么？还有那些奇士奇女、匪枭巨骗，他们和我们的生命存在有着怎样的关系？当下，发扬民族优秀文化传统的呼声很高，但没有什么实质性成效，孙方友在文学上的努力能为民族文化精神的重建做出怎样的贡献？孙方友的写作使用的是传统的叙事语言和叙事手法，其中就没有我们津津乐道的现代、后现代的精神和元素吗？进而言之，传统就意味着过去，意味着保守吗？我们慨叹中国当代文论的"失

[①] 南丁：《再说孙方友》，见本书"自述·访谈·印象记"部分。
[②] 刘海燕：《孙方友〈陈州笔记〉研讨会综述》，见本书"研究论文选辑"部分。

语",慨叹古代文论的现代转换之艰难,孙方友的写作是否能给我们一些启迪?类似文化上、文学上和文论上的课题,我们都还没有做深入的思考,甚至在我们的视野之外。不过,细读下本书第一部分选编的孙方友的创作谈和访谈,我们就会发现他对于上述课题是有自觉意识的,自然他也把相应的探索和思考融入他的作品中,只是我们没有注意到——我们大抵还是只把他当成了一个"传奇"作家,而轻视和忽略了他的思想和他文学中深蕴的思想。

  南丁先生真诚而朴淡:"我说方友传世,我说方友伟大,绝不是一时激动,绝不是感情用事,可靠吗?值得相信吗?且不论。但是,我知道,我说了不算。当代作家,谁人传世,谁人不朽,谁人伟大,当代人说了都不算。需要等待,等待那个绝对权威的历史老人发声。"① 等待不是什么都不做。如果没有巴赫金,现在我们可能只是把拉伯雷当成一个出色的儿童作家或滑稽作家,我们可能无法理解为什么要把他和但丁、莎士比亚相提并论(在巴赫金眼中,他甚至比后两者更伟大)。孙方友和拉伯雷一样是民间文化在文学领域中最卓越的表达者,可只有南丁先生说他伟大。是的,南丁先生说的也不算,他可能够不上伟大;但如果他够得上伟大,却因我们重视和研究得不够而被湮没了,那将是我们莫大的悲哀和损失。——毕竟,"那个绝对权威的历史老人"的公正有时也要依靠学人们的笃思明辨。

杨文臣
2016 年 3 月 1 日

---

① 南丁:《再说孙方友》,见本书"自述·访谈·印象记"部分。